Robert Bauval, 1948 in Ägypten geboren, ist Ingenieur. Er hat fast ausschließlich in Ägypten und im Vorderen Orient gelebt und beschäftigt sich seit mehr als 15 Jahren mit ägyptologischen Fragen. Seine Forschungsergebnisse wurden in Fachzeitschriften publiziert.

Adrian Gilbert ist Schriftsteller, Journalist und Verleger. Sein Interesse an ungelösten Fragen der Ägyptologie brachte ihn mit Robert Bauval zusammen. *Das Geheimnis des Orion* ist Bauvals und Gilberts erste gemeinsame Veröffentlichung.

Dieses Buch wurde auf chlor- und säurefreiem Papier gedruckt.

Vollständige Taschenbuchausgabe Januar 1996
Droemersche Verlagsanstalt Th. Knaur Nachf., München

Titel der Originalausgabe »The Orion Mystery«

Originalverlag William Heinemann
(Reed Consumer Books Ltd.), London
Umschlaggestaltung Manfred Waller, Reinbek,
unter Verwendung einer Fotografie von Neal Wilson
(© der Fotografie: The Telegraph Colour Library)
Druck und Bindung Clausen & Bosse, Leck
Printed in Germany
ISBN 3-426-77210-8

5 4 3 2 1

[redacted]

Robert Bauval
Adrian Gilbert

DAS GEHEIMNIS DES ORION

Nach mehr als 4000 Jahren wird das Geheimnis der Pyramiden gelöst

Aus dem Englischen von
Udo Rennert und
Andrea von Struwe

Knaur

Für Michèle und Dee

INHALT

DANKSAGUNG

Das vorliegende Buch ist das Ergebnis einer zehnjährigen Forschungsarbeit. Es ist daher nicht einfach, allen zu danken, die uns geholfen haben, dieses Projekt zu verwirklichen. Zuerst möchten wir unseren Ehefrauen Michèle Bauval und Dee Gilbert danken, ohne deren praktische und emotionale Unterstützung das Rätsel des Orion sicher noch lange ungelöst geblieben wäre.

Unser besonderer Dank gilt weiter Dr. I.E.S. Edwards (1954 bis 1974 Kustos der Abteilung für ägyptische Altertümer am Britischen Museum), dem Ingenieur und Archäologen Rudolf Gantenbrink, Professor Jean Kerisel (Generalsekretär der Société Franco-Egyptienne); Professor Hermann Brück (1957 bis 1975 Königlicher Astronom von Schottland), Professor Mary Brück (Dozentin für Astronomie an der Edinburgh University), Dr. Jaromir Malèk (Griffith Institute, Ashmolean Museum), Professor Nicolas Mann (Leiter des Warburg Institute in London), Dr. Vivian Davies (Abteilung für ägyptische Altertümer, Britisches Museum), Dr. Alessandra Nibbi (Ägyptologin und Herausgeberin der Zeitschrift *Discussions in Egyptology*), Jean-Paul und Pauline Bauval (Malaga), Denis and Verena Seisun (San Diego), Marion Krause-Jach (Berlin), Lyndsay Kent (Birmingham), John und Josette Orphanidis (Kairo), Geoffrey and Therese Gauci (Sydney), Dr. Henri Riad (Kairo), Robin Cook (Glastonbury), Viviane Vayssieres (London), David und Christiane Joury (Riad), Michael and Sue Pim (Beaconsfield), David Keys (London), Alice Harper (London), Erich von Däniken (Solothurn), Hoda Hakim (Kairo) und Osta Sabry (Kairo).

Ferner möchten wir uns bei Bill Hamilton, Sarah Fisher und allen Mitarbeitern von A. M. Heath & Company Ltd. bedanken; ebenso bei Sarah Hannigan, Jo Mayer und allen Mitarbeitern von Heinemann Mandarin.

Wir danken auch den vielen Mitarbeitern der Bibliotheken, die wir in Anspruch genommen haben: der Mitchel-Bibliothek an der Universität von Sydney, der Ashmolean-Bibliothek in Oxford, der Bibliothek des Warburg Institute in London, der County Library in Beaconsfield sowie der British Library.

Nicht zuletzt sind wir dem Roboter UPUAUT 2 verbunden, der uns allen viele «Wege öffnete».

Und wir sind folgenden Autoren und Verlagen zu Dank verpflichtet:

Penguin Books Ltd. für die Genehmigung, aus J. B. Sellers Buch *The Death of Gods in Ancient Egypt* zu zitieren; Chatto & Wilson Ltd. für die Erlaubnis, aus E. C. Krupps Buch *Astronomen, Priester, Pyramiden* zu zitieren; Thames and Hudson für die Erlaubnis, aus R. T. Rundle Clarks Buch *Myth and Symbols in Ancient Egypt* zu zitieren; der Egypt Exploration Society für die Genehmigung, Sir A. Gardiners Aufsatz aus dem *JEA II*, 1925, abzudrucken; Dr. Virginia Trimble für die Erlaubnis, ihren Artikel aus *MIOAWB, Bd. 10*, 1964, abzudrucken; der Oxford University Press für die Genehmigung, aus R. D. Faulkners Buch *The Ancient Egyptian Pyramid Texts* zu zitieren; Dr. I. E. S. Edwards für die Erlaubnis, aus sämtlichen seiner Veröffentlichungen zu zitieren und aus Briefen, die für unsere Arbeit wichtig waren; Dr. J. Malék für die Erlaubnis, aus einem persönlichen Brief zu zitieren; Rudolf Gantenbrink für die Erlaubnis, seine Meßdaten zu benutzen; der British Museum Press für die Erlaubnis, aus R. O. Faulkners Buch *The Book of the Dead* zu zitieren.

Robert G. Bauval und Adrian G. Gilbert, 1993

EINLEITUNG

Die letzten Wunder der Alten Welt

Seine Majestät König Cheops verbrachte seine ganze Zeit damit, herauszufinden, wieviel geheime Kammern es im Heiligtum des Thot gab, um für seinen eigenen ‹Horizont› (Pyramide) etwas Ähnliches zu schaffen.
– Papyrus Westcar, Ägyptisches Museum, Berlin

Und wissen wir alles über die Cheopspyramide, kennen wir sie wirklich? Vor mehr als achtzig Jahren glaubten die Archäologen, sie endgültig erforscht zu haben. Aber entdeckte man dann nicht zufällig 1945 die riesigen unbeschädigten Totenbarken?
– Georges Goyon: *Die Cheops-Pyramide. Geheimnis und Geschichte.*
Bergisch Gladbach, 1979.

In den vorchristlichen Jahrhunderten, als Alexandria zu den bedeutendsten Städten des griechischen Reiches gehörte, existierten sieben Bau- und Kunstwerke, die als die Sieben Weltwunder berühmt waren. Sechs von ihnen – die Hängenden Gärten der Semiramis von Babylon, das Kultbild des Zeus von Olympia, der Tempel der Artemis in Ephesus, das Mausoleum zu Halikarnassos, der Koloß von Rhodos und der Leuchtturm der einstigen Insel Pharos bei Alexandria – gibt es nicht mehr. Nur ein Weltwunder können wir heute noch bestaunen: die ägyptischen Pyramiden.

Diese gigantischen Bauwerke, neben denen Stonehenge wie ein kleiner Steinhaufen wirkt[1], haben die Menschen jahrhundertelang in ehrfürchtiges Staunen versetzt. Allein die Größe der Pyramiden, von der Perfektion ihrer geometrischen Form einmal abgesehen, ist beeindruckend, und es ist uns bis heute ein Rätsel, wie sie erbaut wurden. Obwohl wir heutzutage über modernste Technologien verfügen, würde es uns einige Schwierigkeiten bereiten, die Pyramiden nachzubauen. Im alten Ägypten gab es weder Lastwagen noch Kräne, weder Stahlseile noch Winden, ja nicht einmal Eisenwerkzeuge. Ohne ein so einfaches Hilfsmittel wie den Flaschenzug gelang es den alten Ägyptern, schwerste Steinblöcke zu gewaltigen Bergen aufzuschichten, die darüber hinaus erstaunlich exakt ausgerichtet waren. Vor noch größere Rätsel stellt uns allerdings die Frage, *warum* die Pyramiden gebaut wurden. Wie kamen die Ägypter auf die Idee, Pyramiden zu errichten, die es bis dahin, soweit wir wissen, nicht gegeben hatte?[2] Und warum verstreuten sie diese Bauwerke über ein so großes Areal, statt sie an einem Ort zu konzentrieren?[3]

Die moderne Ägyptologie hat bislang auf diese Fragen keine befriedigenden Antworten gefunden. In den Standardwerken stößt man auf die Aussage, daß die Pyramiden als Königsgräber dienten. Doch warum bauten die Ägypter Gräber, die bis zu 147 Meter hoch waren, wenn ein einfaches Loch im Boden denselben Zweck erfüllt hätte? Warum trieben sie diesen ungeheueren Aufwand, nur um einen Leichnam zu bestatten? Selbst wenn wir davon ausgehen, daß die Pharaonen über uneingeschränkte Macht verfügten und als Götter verehrt wurden, so scheint der Pyramidenbau doch eine ungeheuere Verschwendung von Zeit und Energie gewesen zu sein.

Die weitverbreitete Vorstellung, daß die gigantischen Bauwerke von einem Heer von Sklaven ausgeführt wurden, ist ein Mythos. Es gibt keinerlei Belege dafür, daß Menschen gegen ihren Willen zum Pyramidenbau gezwungen wurden; vielmehr scheint das Gegenteil der Fall gewesen zu sein. Allein die hohe Qualität der handwerklichen Arbeit läßt auf den persönlichen Einsatz der Beteiligten schließen. Darüber hinaus zeugen die Details der Ausschmückungen der Pyramiden von Werten und Idealen, die im Gegensatz zu dem brutalen Bild stehen, das die Nachwelt bis heute vom antiken Ägypten zeichnet.

Tatsächlich waren die Ägypter ein hochzivilisiertes, tiefreligiöses Volk, und das zu einer Zeit, als wir Europäer noch auf einer primitiven Stufe lebten. Vieles deutet darauf hin, daß die alten Ägypter mit dem Bau ihrer Pyramiden weniger ihre Pharaonen verherrlichten, und mochten diese auch noch so mächtig sein, sondern vor allem ihre religiösen Überzeugungen zum Ausdruck brachten. Aber die Ägypter waren auch ein sehr geheimnisvolles Volk; nur wenige Auserwählte waren in die Mysterien ihrer Religion eingeweiht. Da es gerade jene waren, die den Bau der Pyramiden leiteten, wundert es nicht, daß wir so wenig über ihre Motive wissen.

Jede Pyramide gibt uns ihre eigenen Rätsel auf, allen voran die Große Pyramide von Gizeh. Nachdem sie jahrhundertelang unberührt geblieben war, drang 820 n.Chr. eine Gruppe von arabischen Arbeitern im Auftrag des Kalifen Abdullah el-Mamun, Sohn des legendären Harun al-Raschid[4], in die Pyramide ein. Nachdem sie in wochenlanger Arbeit einen engen Stollen in den massiven Kalkstein getrieben hatten, stießen sie schließlich auf einen dunklen Gang. Sie erforschten ihn und weitere Tunnel und Korridore und entdeckten schließlich drei Kammern, die zu ihrer großen Enttäuschung aber leer waren. In der sogenannten Königskammer stand ein ebenfalls leerer Granitsarkophag, dessen Deckel fehlte.

Von den alten Ägyptern selbst erfahren wir erstaunlich wenig über die Pyramiden. Zur Regierungszeit Tut-ench-Amuns (um 1300 v.Chr.) standen die Pyramiden von Gizeh bereits über 1000 Jahre, und niemand wußte noch, wer sie erbaut hatte und warum. Die Griechen und Römer, die Ägypten zwischen dem 4. Jahrhundert v. Chr. und dem 7. Jahrhundert n. Chr. besetzten, interessierten sich kaum für sie. Lediglich der griechische Historiker Herodot, der im 5. Jahrhundert v.Chr. einige Zeit in Ägypten verbrachte, versuchte in seinen *Historien* der Entstehung und dem Zweck der Pyramiden nachzugehen. Dieser früheste uns bekannte Bericht ist eine Mischung aus persönlichen Eindrücken, Gerüchten und alten Mythen.[5] Erst im 7. Jahrhundert n.Chr., als Ägypten unter arabische Herrschaft fiel, wurde der erste ernsthafte Versuch unternommen, die Pyramiden zu erforschen.

Die Große Pyramide hat bis heute Forscher und Abenteurer fasziniert und mehr Interesse auf sich gezogen als jedes andere Bauwerk der Geschichte. Jahrhundertelang vermutete man, daß sie weitere Geheimnisse berge, und viele glaubten, daß sich in ihrem Inneren eine geheime Kammer befände, die man eines Tages finden würde.

Generationen von Ägyptologen und Amateurforschern haben nach ihr gesucht und dabei alle verfügbaren Mittel – von Dynamit bis zu Röntgenstrahlen – eingesetzt, doch ohne Erfolg.

Am 22. März 1993 berichtete die internationale Presse[6] darüber, daß Rudolf Gantenbrink, ein unbekannter deutscher Ingenieur und Experte für Robotertechnik, die bedeutendste archäologische Entdeckung der letzten zehn Jahre gemacht habe. Gantenbrink, der vom Deutschen Archäologischen Institut in Kairo beauftragt worden war, die Belüftung der Großen Pyramide zu verbessern, hatte einen kleinen, ferngesteuerten Roboter UPUAUT 2 («Öffner der Wege» in altägyptischer Sprache) den südlichen Schacht der sogenannten Königinnenkammer hinaufgeschickt. Nach etwa 65 Metern kam der Roboter zum Stehen und filmte mit seiner Videokamera etwas, das wie eine kleine Tür mit einem verheißungsvollen Spalt darunter aussah.

Eine Tür weist auf etwas hin, vielleicht auf eine Kammer. Falls so eine Kammer existiert, kann sie nicht geplündert worden sein, denn der Schacht wurde beim Bau der Pyramide an beiden Seiten verschlossen. Was immer die alten Ägypter hinter dieser Tür verbargen, es liegt seit mindestens 4400 Jahren unberührt dort. Wenn die Pyramidenbauer einen solchen Aufwand betrieben, um es zu verstecken, muß es ihnen sehr wichtig gewesen sein, vielleicht sogar wichtiger als die Mumie eines toten Pharaos. Möglicherweise handelt es sich um etwas, das für die Religion der alten Ägypter von zentraler Bedeutung war und über Funktion und Bedeutung der Pyramiden allgemein Aufschluß geben könnte …

Rudolf Gantenbrink war nicht der einzige, der sich für die Schächte interessierte; auch ich hatte mich schon einige Jahre mit ihrer astronomischen Ausrichtung befaßt. Zufälligerweise besuchten Adrian Gilbert und ich die Große Pyramide wenige Tage bevor UPUAUT 2 auf seine Entdeckungsreise ging. Wir wollten die Königinkammer und die Öffnung des südlichen Schachts fotografieren und lernten bei dieser Gelegenheit Rudolf Gantenbrink und sein Team kennen, während sie die letzten Vorbereitungen für die Erforschung des südlichen Schachts trafen.

Adrian und ich interessierten uns vor allem für die symbolische Bedeutung der Schächte. Es ist mittlerweile allgemein bekannt, daß sie nicht in erster Linie der Belüftung dienten. Vielmehr scheint der Ausrichtung der Schächte eine wesentliche Bedeutung zuzukommen. Sie zeigen auf bestimmte Sternenkonstellationen, die im alten Ägypten eine wichtige Rolle spielten. Ich hatte mich schon seit einigen Jahren mit der vergessenen Sternenreligon der Pyramidenbauer beschäftigt und mehrere Artikel zu diesem Thema veröffentlicht.[7] Meine Untersuchungen deuteten darauf hin, daß der bisher angenommene Neigungswinkel eines der beiden Schächte nicht ganz stimmte. Ich hoffte nun, daß uns Gantenbrinks neueste Messungen genauere Daten liefern würden und sich damit auch unsere These von der astronomischen Ausrichtung dieses Schachts bestätigen würde.

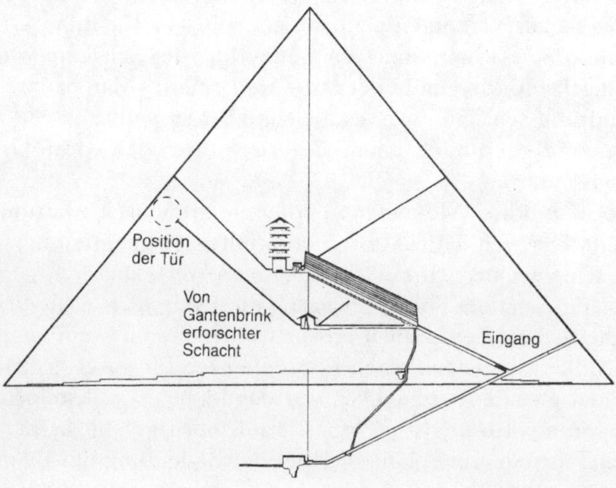

1. Querschnitt der Großen Pyramide mit Kammern, Gängen und Schächten

Gantenbrinks Entdeckung wurde in London auf der Titelseite des *Independent* gemeldet, und der zuständige Redakteur der Zeitung bat mich, etwas zur religiösen Bedeutung der Schächte zu sagen. Ich erläuterte, daß der südliche Schacht der Königskammer auf die drei Gürtelsterne im Sternbild Orion ausgerichtet sei, das mit dem Gott Osiris gleichgesetzt wurde, und daß der entsprechende Schacht der Königinkammer (dessen oberes Ende durch die «Tür» verschlossen ist) auf Sirius weise, den Stern der Göttin Isis.[8] Meiner Ansicht nach konnte die Ausrichtung der beiden Schächte kein Zufall sein, sondern war mit der Funktion der Pyramide verknüpft.

Auf diesem Weg erfuhr die Öffentlichkeit zum ersten Mal von der wissenschaftlichen Debatte, die über den Zusammenhang zwischen einer Sternenreligion und den Pyramiden geführt wurde. Sämtliche Standardwerke zur Ägyptologie hatten bisher nur die «Sonnenhypothese» vertreten. Am selben Abend gab Dr. Edwards, eine weltweit anerkannte Autorität auf dem Gebiet der Pyramidenforschung, ein Interview im britischen Fernsehen und unterstützte meine Theorie. Er äußerte die Vermutung, daß hinter der «Tür» des Schachts eine Statue des Pharaos verborgen sein könnte, die «in Richtung Orion blickt». Sein Kommentar zur Bedeutung der Schächte wurde am nächsten Morgen in der *Daily Mail* zitiert: «Man nannte sie Belüftungsschächte, weil es niemand besser wußte ... Sie zeigen zum Sternbild Orion, dessen Sterne den Gott Osiris repräsentierten.»[9]

Gantenbrinks Messungen enttäuschten meine Erwartungen nicht: Der von UPUAUT 2 ermittelte Neigungswinkel des Schachts deckte sich exakt mit meinem Wert. Dieses Ergebnis bestätigte meine Theorie, wonach die Pyramiden nach einem einheitlichen Gesamtplan erbaut worden waren – ein simpler Gedanke mit erstaunlichen Konsequenzen für unser Verständnis der Pyramidenzeit. Dies war das letzte Mosaiksteinchen, das mir zur Lösung des Orion-Rätsels noch gefehlt hatte und meine astrologische Theorie über die Bedeutung der Pyramiden bestätigte.

1
Die Anfänge des Orion-Rätsels

Seit Jahrtausenden ist der Himmel die bewegende Kraft der Wissenschaft [des Menschen], verkörpert dessen Hoffnungen und Träume für die Zukunft; nirgendwo ist die Vision der ersten Menschen, die ihre Gedanken in Stein meißelten, so deutlich abzulesen wie in den Gräbern des frühen Ägypten.
– Jane B. Sellers: *The Death of Gods in Ancient Egypt*. London, 1992.

I. EIN TANZ FÜR SIRIUS

Im Jahre 1979 kaufte ich mir auf dem Londoner Flughafen Heathrow das Buch *Das Sirius-Rätsel* von Robert Temple.[1] Ich war auf dem Weg in den Sudan, wo ich an einem Bauprojekt mitarbeiten sollte, das den Blauen Nil mit dem Rahad durch ein Kanalsystem verbinden würde.[2]

Das Buch entpuppte sich als eine Art historischer Kriminalroman, der mich vor allem deshalb fesselte, weil er von einem afrikanischen Stamm handelte, den Dogon, die alle sechzig Jahre eine als «Sigui» bezeichnete Zeremonie durchführten. Während dieses Rituals setzten die Priester Masken auf und vollzogen einen komplizierten Tanz. Es handelte sich dabei um ein Erneuerungsritual, das auf den Himmelsbewegungen des Sirius, den wir auch als «Hundsstern» bezeichnen, beruhte. Sirius ist der hellste Stern am Himmel und steht im Sternbild Großer Hund, direkt unterhalb des Sternbilds Orion.[3] Da sich das Buch auch mit Aspekten der altägyptischen Astronomie beschäftigte und ich mich nicht nur leidenschaftlich für Ägyptologie, sondern auch für altägyptische Astronomie interessiere, schien es mir ein idealer Begleiter für meine Reise in den Sudan zu sein, wo es die herrlichsten Sternenhimmel gibt.

Temples Buch stützte sich im wesentlichen auf einen Artikel, den zwei französische Anthropologen namens Griaule und Dieterlen in den fünfziger Jahren verfaßt hatten.[4] Sie hatten bei ihren Untersuchungen über die Dogon herausgefunden, daß diese über ein erstaunliches Wissen über Sirius und seinen unsichtbaren Begleiter, den «weißen Zwerg» Sirius B, verfügten. Der in Großbritannien lebende Amerikaner Robert Temple, Mitglied der Royal Astronomical Society, mit einem Hochschulabschluß in Orientalistik und Sanskritistik, stieß Anfang der sechziger Jahre auf die Arbeit der beiden Franzosen. Temple fragte sich verblüfft, wie die Dogon von der Existenz von Sirius B wissen konnten, da dieser Stern selbst mit einem sehr starken Teleskop kaum zu erkennen ist (erst 1970 gelang es dem Astronomen Irving Lindenblad unter einigen Schwierigkeiten, eine Aufnahme von Sirius B zu machen).[5] Wenn man bedenkt, daß selbst heute kaum jemand von der Existenz von Sirius B weiß, fragt man sich, woher die Dogon bereits in den fünfziger Jahren ihre präzisen Kenntnisse über diesen Stern hatten.

Ebenso rätselhaft ist die Art und Weise, wie die Dogon ihre Kenntnisse über den Stern aufzeichneten; dazu dienten ihnen die geschnitzten rituellen Masken, die sie in Höhlen aufbewahrten und die zum Teil mehrere hundert Jahre alt sind. Woher rührte die seltsame Fixierung der Dogon auf diesen winzigen Stern, und woher stammte ihr Wissen?

Temple kam zu dem Schluß, daß es keinesfalls von modernen Astronomen stammen konnte, sondern vermutlich den Dogon überliefert worden war, noch bevor diese in ihre heutige Heimat Mali, südlich der Sahara, wanderten. Im alten Ägypten war Sirius der wichtigste Stern am Himmel und wurde mit Isis, der Lieblingsgöttin der Ägypter, gleichgesetzt. Angeregt durch den Artikel der beiden französischen Anthropologen, gelangte Temple schließlich über sein Studium eines geheimnisvollen afrikanischen Stammes zu den alten Ägyptern. Er schrieb:

«Als ich 1967 ernsthaft mit der Arbeit an meinem Manuskript begann, ging es nur um die Überlieferungen eines afrikanischen Stammes: der Dogon in Mali ... Die Dogon besaßen Informationen über das Sirius-Sternensystem – so unglaubliche

Informationen, daß ich einfach nicht anders konnte: ich mußte der Sache nachgehen. Sieben Jahre später häuften sich bei mir die Anhaltspunkte dafür, daß das Wissen der Dogon in Wirklichkeit schon mehr als 5000 Jahre alt ist. Schon die «alten» Ägypter besaßen es, und zwar bereits in prädynastischer, prähistorischer Zeit vor 3200 v. Chr.»[6]

Auch wenn die übrigen Ausführungen Temples über die Mythologie des Nahen Ostens höchst spekulativ waren, so hatte er doch ein rätselhaftes Phänomen aufgedeckt, das eine nähere Betrachtung wert war. Falls die Dogon ihre Kenntnisse über Sirius B von den alten Ägyptern übernommen hatten, so kann man vermuten, daß diese noch viel mehr über die Sterne wußten. Ich war immer davon ausgegangen, daß die Ägypter zu allen Zeiten nicht die Sterne, sondern den Sonnengott Rê verehrt hatten. Darüber hinaus wußte ich, daß man unter dem ketzerischen Pharao Echnaton (ca. 1350 v. Chr.) eine Zeitlang den Gott Aton, der durch die Sonnenscheibe symbolisiert wurde, angebetet hatte.[7]

Auf jeden Fall wußte ich zu dem Zeitpunkt, als ich *Das Sirius-Rätsel* las, kaum etwas über die sehr alte Sternenreligion der Ägypter. Ich sollte bald feststellen, daß dieses überaus interessante, jedoch kaum erforschte Thema für das Verständnis der Himmelsreligion der alten Ägypter von großer Bedeutung ist. Ferner stellte sich heraus, daß man über die Sternenreligion deswegen so wenig geschrieben hatte, weil sie auf einem höchst geheimen Wissen beruhte. Die Ägypter waren vermutlich die größten Astronomen der Antike, doch im Gegensatz zu den Römern oder Griechen verfügte nur ein kleiner Kreis von Eingeweihten über die entsprechenden Kenntnisse.[8] Zumindest ein Teil dieses geheimen Wissens bezog sich auf die Sterne.

Es lag auf der Hand, daß ich nicht unter den Stämmen Malis, sondern in Ägypten nach weiteren Anhaltspunkten suchen mußte. Dort hatten die alten Ägypter eine Fülle an zeitgenössischen Zeugnissen – in Form von Tempeln, Gräbern, Obelisken, Inschriften und vor allem Pyramiden – hinterlassen. Ich hatte das sichere Gefühl, daß das verlorengegangene Wissen von großer Bedeutung war, und wollte die Spur weiterverfolgen.

Nachdem 1980 mein Arbeitsvertrag im Sudan abgelaufen war,

führte mich mein nächster Auftrag in das Wüstenkönigreich Saudi-Arabien. Ich ahnte nicht, daß ich noch vor Ablauf des Jahres auf einen weiteren bedeutenden Anhaltspunkt stoßen würde, der mein Interesse am Sternenrätsel neu wecken und auf den Zusammenhang mit den Pyramiden hindeuten würde.

II. DAS LAND DER GOTTKÖNIGE

Ägypten wäre vielleicht nur ein Randstreifen der östlichen Sahara, wenn es nicht den längsten Fluß der Erde – den Nil – gäbe. Dieser gewaltige Strom, der tief im Innern Afrikas entspringt, wird von den Wasserreservoirs des Tanasees in Äthiopien sowie des Albert- und Victoriasees in Uganda gespeist und ist die Lebensader der heißen, trockenen Regionen des Sudan und Ägyptens. Aus der Luft betrachtet, sieht der Fluß wie eine riesige Schlange aus, die sich träge nordwärts bis zum kühlen Mittelmeer windet. Der Nil kontrastiert eindrucksvoll mit der ihn umgebenden glühenden Wüste.

Die Ägypter hatten allen Grund, den Nil zu verehren, den sie als Manifestation einer göttlichen Ordnung ansahen. Aufgrund der geringen Regenmengen war der Nil die einzige verläßliche Wasserquelle der Ägypter, deren Leben durch seinen Rhythmus wesentlich bestimmt wurde: Die alljährliche, zur Zeit der Sommersonnenwende eintretende Nilüberschwemmung, die durch die Schneeschmelze hoch oben in den äthiopischen Bergen ausgelöst wurde, war das entscheidende Ereignis des Jahres. Der Nil bewässerte einen breiten Streifen Land zu beiden Seiten seines Ufers und hinterließ jenen dicken schwarzen Schlamm, der die Fruchtbarkeit des Bodens so sehr steigerte. Dank dieser natürlichen Düngung waren mehrere Ernten im Jahr möglich. Ägypten war tatsächlich ein «Geschenk des Nils» und ist es eigentlich bis heute geblieben.

Das besiedelte Land (mit Ausnahme einiger Wüstenoasen) läßt sich in zwei geographisch deutlich voneinander unterschiedene Gebiete unterteilen: das lange, enge Niltal, das sich durch Schluchten und ebene Wüste windet, und das dreieckige, flache Delta, durch das der Fluß ins Mittelmeer mündet.

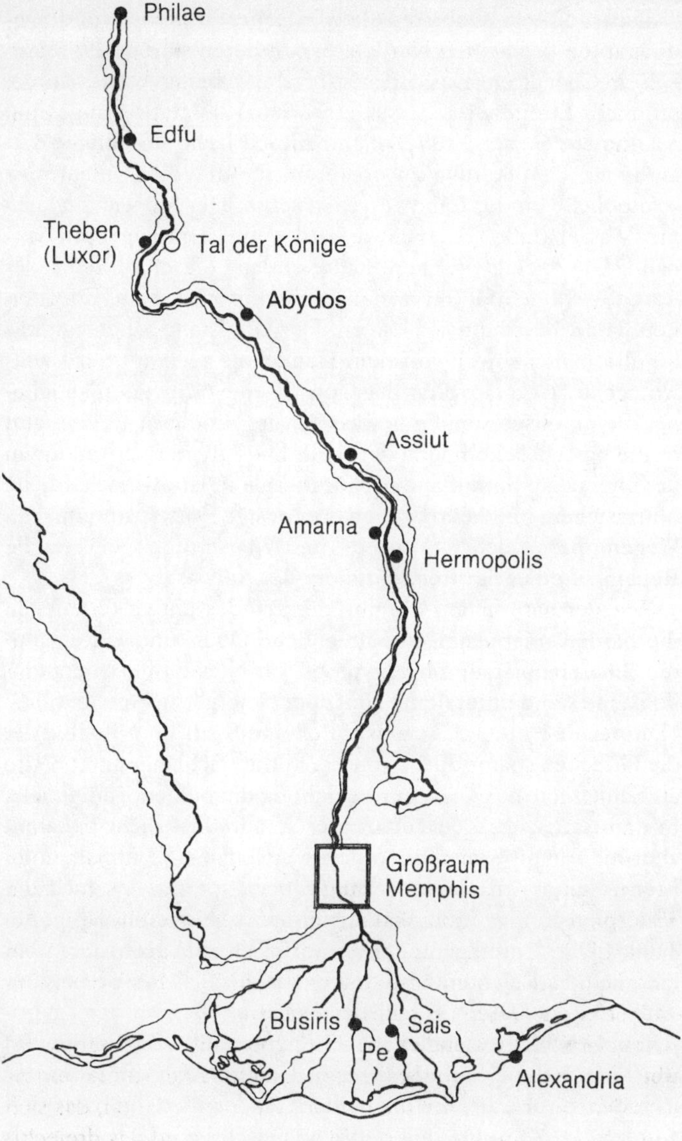

2. Das Niltal, in südlicher Richtung gesehen

Diese beiden Gebiete, die von jeher als Ober- und Unterägypten bezeichnet wurden, haben einen sehr unterschiedlichen Charakter. Das fruchtbare Tal Oberägyptens ist ein schmaler Streifen Land von etwa 960 Kilometer Länge und 5 Kilometer Breite. Früher reichte diese Fläche aus, um die dort ansässige Bevölkerung zu ernähren, die allerdings nicht ausschließlich von der Landwirtschaft lebte. Der Nil war zugleich die Wasserstraße, die Schwarzafrika und Unterägypten verband. Die oberägyptischen Städte entlang dieser Verkehrsader waren wichtige Märkte; man handelte mit Elfenbein, Edelsteinen, Holz, Myrrhe und Sklaven. Der Wohlstand Oberägyptens beruhte daher sowohl auf dem Handel als auch auf der Landwirtschaft. Unterägypten dagegen ist eine Schwemmlandebene, die praktisch ständig bewässert wird; in dieser Region gibt es die besten Ackerböden der Welt. Die Ägypter verwandelten das ehemalige Sumpfland nach und nach in landwirtschaftliche Nutzflächen, und heute stehen dort riesige Dattelpalmenhaine. Wegen ihrer reichen Weizen- und Maisernten gehörte die Region zu einer der Kornkammern der Antike.

Aus der natürlichen Teilung des Landes entwickelten sich die beiden unabhängigen Königreiche Ober- und Unterägypten. Die Hauptstadt Oberägyptens war Nechen bei Hierakonpolis. Sie stand unter dem Schutz der Geiergöttin Nechbet. Die Hauptstadt Unterägyptens war Pe, eine Stadt im Nildelta, die die Griechen später Buto nannten, mit der Schlangengöttin Uto als Schutzgöttin. In welcher Beziehung die beiden Königreiche in prähistorischer Zeit zueinander standen, ist nicht bekannt, aber die Ägyptologen gehen davon aus, daß sie erstmals unter Menes, einem mächtigen König Oberägyptens, der auch der «Skorpion-König» hieß, vereinigt wurden. Es heißt, daß er um 3100 v. Chr. Unterägypten unterwarf, sich zum Herrscher über ein geeintes Reich erklärte und damit die 1. Dynastie begründete. Dieses Datum gilt in der Regel als Beginn der ägyptischen Geschichte, obgleich die Ägypter ihre Zivilisation für weit älter halten. Sie führen ihren Ursprung auf ein Goldenes Zeitalter zurück, in dem die beiden Länder von Göttern regiert wurden. Diese sollen den menschengestaltigen Gott Osiris als ersten göttlichen Pharao auserwählt haben. Die Tatsache, daß

Ägypten ursprünglich aus zwei Königreichen bestand, blieb jedoch unvergessen, und die Pharaonen trugen stets den Titel «Herr beider Länder» oder «König von Ober- und Unterägypten». Sie übernahmen außerdem beide Schutzgöttinnen, Uto und Nechbet, und trugen häufig eine Doppelkrone, die aus der roten Krone für Unterägypten und der weißen für Oberägypten zusammengesetzt war und die Herrschaft über beide Länder symbolisierte.

Auf den Zusammenschluß beider Königreiche durch Menes folgten 31 Dynastien, bis im Jahre 332 v. Chr. Alexander der Große das Land eroberte und die Ptolemäer die Macht übernahmen. Als Ägypten 30 v. Chr. an das Römische Reich fiel, brach die Dynastienfolge mit Kleopatra als letzter Königin Ägyptens endgültig ab. Dieser lange Zeitraum von etwa 3100 bis 30 v. Chr. wurde in verschiedene Perioden unterteilt, von denen jede mehrere Dynastien umfaßt.[9] Wir beschäftigen uns in diesem Buch hauptsächlich mit der Periode des Alten Reiches (ca. 2686–2181 v. Chr.), die auch als Pyramidenzeit bezeichnet wird und von der 3. bis zur 6. Dynastie reicht. Die Pyramidenzeit erlebte ihren Höhepunkt in der 4. Dynastie, als die größten Pyramiden gebaut wurden.[10]

Menes gründete eine neue Hauptstadt in Memphis, inmitten üppiger grüner Palmenhaine am Westufer des Nils. Die Lage unweit der Spitze des Flußdeltas, an der Nahtstelle zwischen Ober- und Unterägypten, hatte eine politische und zugleich symbolische Bedeutung. Von dieser ehemals so glanzvollen Reichshauptstadt ist allerdings nicht viel übriggeblieben: Wo einst Paläste und Tempel standen, weiden heute Esel und Rinder unter Dattelpalmen. Sobald die erforderlichen Mittel zur Verfügung stehen, sollen hier größere Ausgrabungen durchgeführt werden. Bisher sind unsere archäologischen Kenntnisse über die antike Metropole jedoch noch erstaunlich spärlich. Als man später, im Neuen Reich (ca. 1450 v. Chr.), die Hauptstadt des vereinigten Ägyptens nach Theben in Oberägypten verlegte, erlebte Memphis noch bis weit in das 2. Jahrhundert n. Chr. hinein einen kontinuierlichen Aufschwung.

Einige Kilometer westlich von Memphis liegt die uralte Totenstadt Sakkara; ein Königsfriedhof, der in der gesamten ägyptischen Geschichte eine bedeutende Rolle spielte. Hier stehen die berühmte Stufenpyramide des Djoser und mehrere kleinere Pyramiden, darunter auch die des Unas, dem letzten Pharao der 5. Dynastie. Der Name Sakkara ist wahrscheinlich von Sokar abgeleitet, einem falkenköpfigen Gott, der als Hüter der Totenstadt galt.[11] In Sakkara befinden sich außerdem zahlreiche Gräber, von denen einige mit Szenen aus dem Alltagsleben der Ägypter kunstvoll verziert sind und uns eine Vorstellung vom Leben in der Pyramidenzeit vermitteln. Und es werden immer noch neue, aufregende Funde gemacht, darunter das Grab eines Generals von Ramses II., das man kürzlich südlich von Sakkara entdeckte. Leider haben diese Grabstätten, wie die Pyramiden auch, unter den verheerenden Folgen des Tourismus gelitten, und es wäre dringend notwendig, sie vor weiterer Zerstörung zu bewahren.

Etwa 20 Kilometer nördlich von Memphis, auf der östlichen Nilseite, befindet sich die berühmte heilige Stadt Annu oder Heliopolis[12], wie die Griechen sie später nannten. Die Stadt war der Hauptsitz der mächtigen Priesterschaft und eine Stätte des Gelehrtentums, und hier befand sich auch der große Tempel des Sonnengottes Rê. In ihrer Funktion als Hüter des Staatskults übten die Priester von Heliopolis großen Einfluß aus. Ihre Schule der Weisheit war bis in die Ptolemäerzeit hinein berühmt, und auch Herodot berichtete sehr beeindruckt von ihr.[13]

Heute ist Neu-Heliopolis ein eleganter Vorort von Kairo, und in Alt-Heliopolis, das weiter nördlich liegt, erinnert kaum noch etwas an die bedeutende Stadt der Antike. Alles, was von ihrer großartigen Vergangenheit übriggeblieben ist, sind ein Obelisk des Sesostris I., eines mächtigen Pharaos aus der 12. Dynastie (ca. 1940 v. Chr.), und ein paar zerbröckelte Säulen und Balken eines antiken Tempels. Der verloren wirkende Obelisk erinnert an einen riesigen, gen Himmel weisenden Steinfinger. Er ist der letzte der zahlreichen Obelisken, die einst in Heliopolis standen; zwei davon hatte Thutmosis III., Pharao der großen 18. Dynastie, errichten lassen. Beide wurden um 12 v. Chr. von den Römern nach Alexandria gebracht und vor dem Caesaraeum, einem Kaiser Augustus geweihten Tempel, aufgestellt. Weder Thutmosis noch die Römer hätten es sich vorstellen können, daß diese beiden Obelisken eines Tages, im Jahre 1878 n. Chr., Ägypten für immer verlassen würden. Einer davon steht nun in London am Victoria Embankment und wird irreführenderweise «Cleopatra's Needle» genannt; der andere ist in New York vor dem Metropolitan Museum of Art zu bewundern.[14]

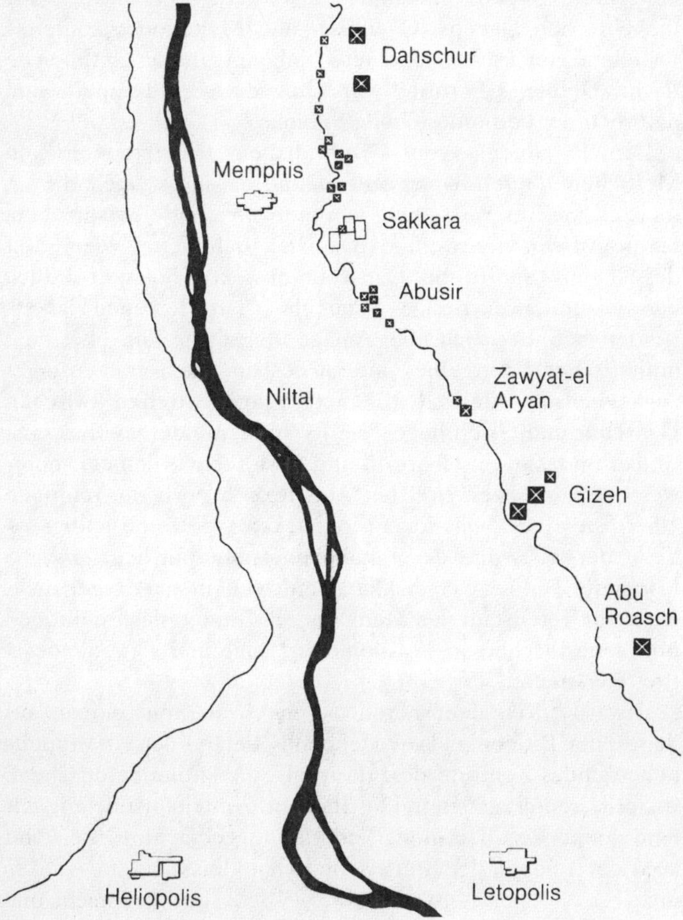

3. Detailansicht der Gegend um Memphis

Auf der Westseite des Nils, ein kurzes Stück stromaufwärts von Heliopolis, befindet sich das Hochplateau von Gizeh, das unter Ägyptologen auch «Mokattam» genannt wird. Hier am Rande der Wüste, von den schnell wachsenden Vororten Kairos eingeholt, zeugt die berühmte Pyramidengruppe, das letzte der Sieben Weltwunder, von Ruhm und Glanz ihrer Erbauer, den drei großen Pharaonen aus der 4. Dynastie, die die Griechen Cheops, Chephren und Mykerinos nannten.[15] Daneben gibt es noch kleinere Nebenpyramiden, zahlreiche flache Gräber, Überreste von Kapellen und Tempeln und natürlich der berühmte Große Sphinx.

Die Pyramiden von Gizeh haben Generationen von Menschen in ihren Bann gezogen, und sie sind es auch, die am meisten unserer Vorstellung von einer Pyramide entsprechen. Heute wissen nur wenige Besucher, daß bereits der Vater des Cheops (Snofru) bei Dahschur, etwa 20 Kilometer südlich von Gizeh, zwei riesige Pyramiden hatte erbauen lassen. Leider befindet sich die Anlage bei Dahschur in einem militärischen Sperrgebiet und ist deshalb für Touristen nicht zugänglich. Auf dem 20 Kilometer langen Streifen zwischen Dahschur und Gizeh liegen die Pyramidenfelder von Sakkara, Abusir und Zawyet el-Aryan, und etwa sechs Kilometer nordwestlich von Gizeh sind bei Abu Roasch noch die traurigen Überreste einer Pyramide aus der 4. Dynastie zu besichtigen – Teile der Basis und des Fundaments. Medum liegt etwa 65 Kilometer südlich von Sakkara und wird in der Regel nicht mehr zur Totenstadt von Memphis gezählt, die sich im übrigen über eine Fläche von 30 Kilometer Länge und vier Kilometer Breite erstreckt.[16]

Etwa 17 Kilometer nördlich von Gizeh, und beinah auf demselben Breitengrad wie Heliopolis, befand sich ein weiteres bedeutendes Zentrum des Altertums: die antike Stadt Chem, später Letopolis genannt. Die Stadt am Nildelta wurde eng mit dem Falkengott Horus in Verbindung gebracht. Dort stand auch ein Tempel, der älter als die Pyramiden war.[17]

Zur Zeit des Pyramidenbaus gab es in Heliopolis keine Obelisken, sondern lediglich eine grob behauene heilige Säule, von der offenbar der antike Name der Stadt, Annu, herrührt.[18] Damals existierte Kairo noch nicht, und Heliopolis war das religiöse Zentrum des Landes. In Annu stand ein Tempel, der dem Gott Atum – «der Vollkommene, Vater aller Götter» – geweiht war. Während der Pyramidenzeit wurde Atum immer mehr mit dem Sonnengott Rê gleichgesetzt, der schließlich Atums Platz einnahm und diesen zur «alten Sonne» degradierte, der im Westen untergehenden Sonne. Doch vor der Pyramidenzeit stand Atum noch für den «einen Gott», was etwa unserem christlichen Gottvater entspricht. Atum verkörperte die schöpferische Kraft der Sonne und aller anderen Erscheinungen auf der Erde.[19]

In Heliopolis gab es einen heiligen Berg oder Hügel, auf dem der «erste Sonnenaufgang» stattgefunden haben soll[20], und dort soll vor der Pyramidenzeit auch die heilige Säule gestanden haben. Zu Beginn der Pyramidenzeit gab es dort eine weitere heilige Reliquie, die entweder die Säule ersetzte oder, was wahrscheinlicher ist, diese krönte.[21] Das war der Benben, ein geheimnisvoller, konischer Stein, dem man aus Gründen, die wir später erläutern werden, kosmische Ursprünge zuschrieb. Der Benben-Stein befand sich im Tempel des Phönix und symbolisierte den legendären kosmischen Vogel der Erneuerung, der Wiedergeburt und der kalendarischen Zyklen. In der altägyptischen Kunst wurde der Phönix gewöhnlich als Graureiher dargestellt, möglicherweise wegen des Zugverhaltens dieser Vögel. Man glaubte, daß der Phönix immer wieder nach Heliopolis kommen würde, um wichtige Zyklen oder den Beginn eines neuen Zeitalters anzukündigen.[22] Sein allererstes Erscheinen in Heliopolis soll auch den Benben-Stein hervorgebracht haben, den man wahrscheinlich als göttlichen «Samen» des kosmischen Wundervogels ansah. Dieser Aspekt (auf den wir später noch eingehen werden) läßt sich aus der Bedeutung des Stammworts *ben* oder *benben*, das menschliches Sperma, Ejakulation oder auch Befruchtung bezeichnet, ableiten.[23] Der geheimnisvolle Benben-Stein verschwand, lange bevor Herodot Ägypten bereiste, nicht ohne jedoch seinen Namen an den Abschlußstein – das Pyramidion – zu übertragen, der normalerweise die Spitze einer Pyramide, und später auch eines Obelisken, bildete.[24]

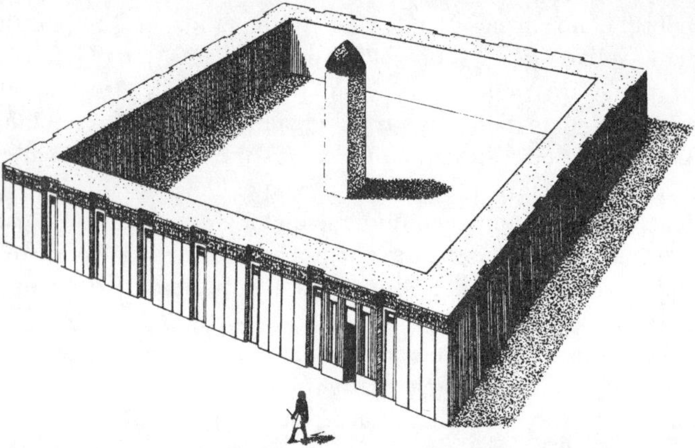

4. So könnte der Tempel des Phönix in Heliopolis ausgesehen haben. Im Innern die Atum-Säule mit dem Benben-Stein

Welche Bedeutung hatte der Benben, und was geschah mit ihm? Der Benben war zentraler Bestandteil des Pharaonenkults, der später zum Bau der Pyramiden führte. Wie bereits erwähnt, befand sich Heliopolis in den Händen der Priesterschaft, die in der Pyramidenzeit beachtliche Macht innehatte, und es besteht kaum Zweifel daran, daß ihr auch die Planung der Pyramiden oblag.[25] Wir dürfen uns die Priester von Heliopolis nicht als Priester im heutigen Sinne vorstellen; es handelte sich vielmehr um hochqualifizierte Gelehrte, die sich nicht nur in religiösen Fragen auskannten, sondern auch in der Beobachtung der Himmelskörper und wahrscheinlich auch in der Kunst der symbolischen Architektur und der Hieroglyphenschrift, der «heiligen Schrift» der Ägypter.[26]

5. Der ägyptische Phönix oder Benu

Die Ägyptologen gehen davon aus, daß Heliopolis das Zentrum des Staatskults war. Obwohl man in den verschiedenen Gauen nach wie vor lokale Götter verehrte, war die heliopolitanische Religion, deren Pantheon die Götterneunheit war, überall akzeptiert.[27] Das Pantheon bestand aus Atum-Rê und den acht Gottheiten Schu, Tefnut, Geb, Nut, Osiris, Isis, Seth und Nephtys, die dieser selbst erzeugt hatte. Atum oder Atum-Rê, der Schöpfer der Welt, der auch menschliche Gestalt annehmen konnte, masturbierte und schuf auf diese Weise Schu, den Luftgott, und Tefnut, die Göttin der Feuchtigkeit. Dieses Paar brachte Geb, den Erdgott, und Nut, die Himmelsgöttin, hervor. Als Geb und Nut sich paarten, wurden sie von ihrem Vater Schu unterbrochen, der als Luftstoß zwischen sie fuhr und das göttliche Liebespaar – und somit auch Himmel und Erde – trennte. Trotz dieses *coitus interruptus* gebar Nut, die Himmelsgöttin, vier Gottheiten in Menschengestalt, die auf der Erde weiterlebten: Osiris und Seth, zwei männliche Götter, sowie ihre Schwestern Isis und Nephthys. Osiris und Isis verbanden sich und gingen als erstes Götterpaar, das über Ägypten herrschte, in den bedeutendsten altägyptischen Mythos ein. Isis gebar ihren von Osiris gezeugten Sohn Horus. Da Osiris oder seine «Seele» häufig mit dem Phönix gleichgesetzt wurde, ist es durchaus möglich, daß der Benben-Stein unter anderem Osiris' Samen symbolisierte und damit auch die Zeugungskraft, aus der Horus im Schoß der Isis hervorging.[28]

Mit den fünf letztgenannten anthropomorphen Gottheiten werden wir uns hauptsächlich beschäftigen, ganz besonders mit Osiris, der als der erste Gottkönig Ägyptens galt, und dessen tragischer Tod und wundersame Wiederauferstehung die Grundlage der altägyptischen Mythen und den Ursprung des Wiedergeburtskults darstellt.[29]

IV. DIE PYRAMIDENZEIT

Die alten Ägypter glaubten fest an ein Weiterleben nach dem Tod. Um den Toten den Eintritt in das himmlische Jenseits zu ermöglichen, hielt man es für unerläßlich, den Leichnam des Verstorbenen so gut es ging zu konservieren und den Toten mit der erforderlichen Ausrüstung für die beschwerliche Reise in die Ewigkeit auszustatten.

In prädynastischer Zeit wurden die Toten in einfachen Gruben im Wüstenboden beigesetzt. Man legte den Leichnam in Fötusstellung auf die Seite, was offenbar die geeignetste Position für die Wiedergeburt im Jenseits war. Im trockenen Klima der Westlichen Wüste fand eine natürliche Mumifizierung statt, die ursprünglich wohl eher zufällig als beabsichtigt war. Allerdings bestand stets die Gefahr, daß Schakale oder Wildhunde die Leichen freilegten und sie entweihten, oder daß Grabräuber die Gräber fanden und deren kostbare Beigaben stahlen. In der 1. Dynastie begannen die Ägypter, mit einem Oberbau aus Lehmziegeln und Steinen die Bestattungsgrube zu bedecken und somit das Grab zu schützen. Es handelte sich dabei um massive, rechteckige Bauten mit flachen Dächern, die gemeinhin als *mastabas*[30] bezeichnet wurden. Sie sind über die gesamte Totenstadt von Memphis verstreut. Diese Grabbauten waren im gesamten Alten Reich üblich. Bis zum Ende der 2. Dynastie wurden auch einige Könige auf diese Weise beigesetzt, danach aber nur noch hochgestellte Persönlichkeiten und Adlige. In Zukunft sollten sich die Könige viel großartigere «Häuser der Ewigkeit» errichten lassen.[31] Die aus Stein und Lehmziegeln gebauten Mastabas waren vermutlich weit besser ausgestattet als die Häuser, in denen ihre Erbauer wohnten. Für den Ägyptologen Dr. Edwards hatte dies religiöse Gründe:

«In einem Land, wo ausgezeichneter Stein reichlich vorhanden ist, könnte es merkwürdig anmuten, daß Herrscher und herrschende Schichten sich damit begnügten, ihr Leben in Häusern zuzubringen, die viel schlechter gebaut waren als ihre Gräber. Der alte Ägypter aber sah die Sache anders: Sein Haus oder sein Palast sollten nur für einige Jahre ihren Zweck erfüllen und konnten, falls notwendig, jederzeit erneuert werden. Das Grab jedoch, das er seine ‹Burg der Ewigkeit› nannte, sollte für immer halten.»[32]

In der 3. Dynastie entstanden die ersten sogenannten Stufenpyramiden, die man sich eher als stufenförmige Türme vorstellen sollte.[33] Das größte je in Ägypten erbaute und noch erhaltene Exemplar ist die Stufenpyramide des Königs Djoser in Sakkara; sie ist auch die erste, an der echte Steinmetzarbeiten ausgeführt wurden. Man hatte nicht, wie sonst üblich, grobe Steine aufeinandergeschichtet, sondern die Steine gebrochen und sorgfältig behauen.[34] Diese Neuerung wird einem genialen Baumeister und Priester namens Imhotep zugeschrieben. Imhotep, den die Griechen mit ihrem Medizingott Asklepios gleichsetzten, wurde in späterer Zeit sogar vergöttlicht. Er war außerdem der Hohepriester von Annu und oberster Astronom mit dem Titel «Oberster der Sternkundigen».[35]

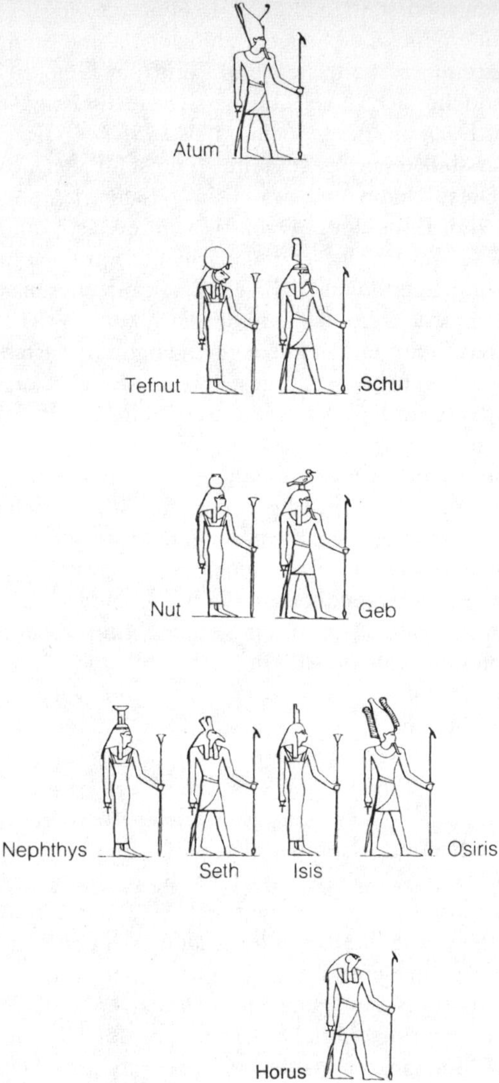

6. Die Götterneunheit von Heliopolis mit Horus, dem Sohn von Isis und Osiris

Die Stufenpyramide des Djoser ist ein eindrucksvolles Bauwerk. Sie ist 60 Meter hoch und hat eine rechteckige Grundfläche. Wahrscheinlich haben sich in ihr die Grabkammer des Königs Djoser und weitere Kammern für die übrigen Familienmitglieder befunden. Die zikkuratähnliche Form scheint eine Leiter zu symbolisieren. Die sechs Stufen führen zu einer Plattform hinauf und sollten vermutlich die Planetenbahnen, die die Erde umgeben, darstellen – und damit auch die Stadien, die die Seele des Toten bei ihrem Aufstieg in den Himmel durchlaufen mußte. In den Mythologien der ganzen Welt findet sich diese Vorstellung wieder, die William Lethaby in seinem Buch *Architecture, Mysticism and Myth* (1993) sehr gut beschreibt. In einem Abschnitt über die Zikkurat von Borsippa, die Nebukadnezar restaurieren ließ, übersetzt Lethaby Nebukadnezars Inschrift wie folgt:

«Ich habe die Perle von Borsippa – den Tempel der sieben Sphären der Welt – restauriert und vervollkommnet. Ich habe ihn mit Ziegeln wiederaufgebaut und diese mit Kupfer überzogen. Ich habe das Heiligtum Gottes mit verschiedenen Schichten, aus Marmor und anderem edlen Gestein, überzogen.»[36]

Nach einem längeren Abschnitt über zikkuratähnliche Bauwerke in Assyrien, China und Mexiko schreibt Lethaby über die Stufenpyramiden in Ägypten:

«Maspero und Perrot sind geneigt, dem Bericht eines griechischen Schriftstellers zu glauben, wonach die Große Pyramide mit verschiedenen Farbschichten verziert war und eine vergoldete Spitze besaß; und es kann wohl kaum Zufall sein, daß die frühesten Pyramiden, die aus den ersten vier Dynastien stammen, stufenförmig gebaut wurden. Die sechs Stufen der Pyramide in Sakkara, deren Höhe nach oben hin immer weiter abnimmt, von 11,58 Meter unten bis 8,83 Meter ganz oben, weisen eine verblüffende Ähnlichkeit mit der Zikkurat von Babylon auf. Und Mr. Petrie hat festgestellt, daß die Pyramide von Medum [sic] ursprünglich sieben Stufen aufwies, ehe sie mit der äußeren, glatten Ummantelung überzogen wurde und somit zu ‹einer Pyramide wurde, die zukünftigen Herrschern als Modell diente›.»[37]

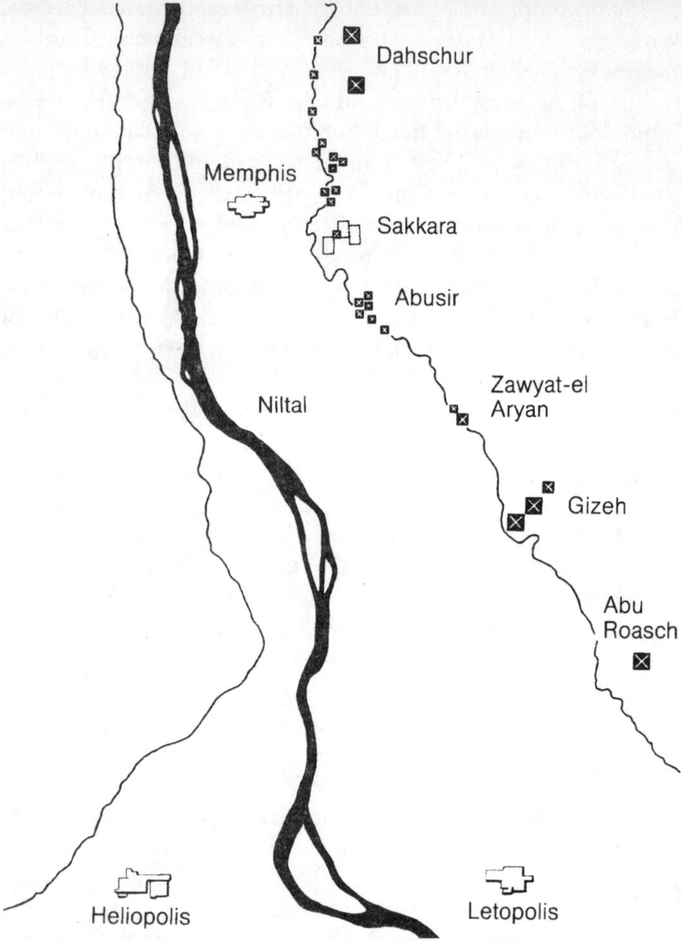

7. Die Pyramiden der 4. Dynastie

So gesehen ist das Stufenbauwerk des Djoser mehr als nur das Grab eines mächtigen Königs; es ist die Manifestation bestimmter religiöser Vorstellungen und zugleich ein Ausdruck höchster Kunstfertigkeit. Als Symbol der altägyptischen Religion überragt es erhaben die Totenstadt und die Gräber von Generationen. Von Memphis und dem nahen Niltal aus gut sichtbar, könnte es die ständige Mahnung dargestellt haben, daß der Sinn des irdischen Lebens darin bestand, sich auf das Leben im Jenseits vorzubereiten.

Nach Imhoteps Werk in Sakkara wurden noch eine Reihe weiterer Stufenpyramiden erbaut; besonders erwähnt sei hier die Stufenpyramide von Medum, etwa 45 Kilometer südlich von Sakkara. Man vermutet, daß sie ein unbekannter Nachfolger Djosers namens Huni erbauen ließ, über den man so gut wie nichts weiß. Die Bauherren der Stufenpyramiden wurden schließlich von den berühmten Königen der 4. Dynastie abgelöst, die die echten Pyramiden erbauen ließen. Dazu gehören die eindrucksvollen Pyramiden von Dahschur und die weltberühmte Pyramidengruppe von Gizeh. Es ist denkbar, daß Imhotep diese Pyramiden auch geplant hatte, den Bau selbst jedoch nicht mehr miterlebte.

2
Die Berge der Sternengötter

Hör mich Rê! Was du gesagt hast, Rê,
‹o daß daß ich einen Sohn hätte›, als du
König warst, Rê ...

Siehe den (König), Rê, (der König) ist
dein Sohn ...
der shd-Stern aus Gold ...
– Pyramidentexte, Zeile 886a, 887a, 889d.

Moderne Archäologen haben eine geradezu
vorsintflutliche Ahnungslosigkeit auf dem Gebiet der
Astronomie an den Tag gelegt, eine Ahnungslosigkeit, die
so weit ging, daß einige von ihnen nicht einmal wußten,
daß es das Phänomen der Präzession überhaupt gibt.
– G. de Santillana, zitiert aus Peter Tompkins:
Cheops – Die Geheimnisse der Großen Pyramide.
Klagenfurt, o.J., S. 191.

I. DIE SONNENTHEORIE

Wie bereits erwähnt, war die Vorläuferin der echten Pyramiden die Stufenpyramide des Djoser, das älteste große Steinbauwerk, das bisher entdeckt wurde. Sie markierte einen Wendepunkt in der Entwicklung der ägyptischen Zivilisation, die mit dem plötzlichen Aufstieg der 4. Dynastie ihre Blütezeit erreichte. Der Bau von Djosers Grabmal setzte nicht nur Phantasie und Innovationsgeist voraus, sondern auch einen Entwicklungsschub in bezug auf Arbeitstechnik und -organisation. Mit der Errichtung der Stufenpyramide vollzog die ägyptische Grabarchitektur den Sprung von den Mastabas aus Lehmziegeln zu den echten Pyramiden.

Unter Ägyptologen ist man sich weitgehend darin einig, daß

die Stufenpyramide eine Weiterentwicklung der Mastaba war. Im Gegensatz zu den Mastabas und den noch älteren Grubengräbern sollten die Stufenpyramiden jedoch weithin sichtbar sein, und ihre äußere Form war genauso wichtig wie die Ausstattung der Grabkammern. Die Theorie, daß die Stufenpyramiden als kosmische Symbole dienten, ist keineswegs revolutionär.[1] Auf der ganzen Welt finden sich Bauwerke mit ähnlicher Form und Bedeutung, von den Stupas in Südostasien bis zu den stufenförmigen Pyramiden in Zentralmexiko. Sie gehen alle auf denselben Archetyp zurück: das Bauwerk als Symbol für einen Berg oder eine Leiter, auf der man in das himmlische Reich aufsteigen kann. Und es diente auch als Plattform, auf der der Monarch oder Herrscher seine priesterlichen Pflichten ausübte. Diese Vorstellung findet sich in der religiösen Mythologie beinahe aller Kulturen wieder. Sie gehörte auch zum mythischen Erbe der Ägypter, die mit dem Hügel von Annu ähnliche Vorstellungen verbanden: Der heilige Hügel des Atum erhob sich aus dem Urozean, und auf seiner Kuppe stand die heilige Säule, gekrönt mit dem Benben-Stein, dem heiligen Samen Atums.

Wir wissen nicht, was sich ursprünglich auf der Spitze der Stufenpyramide des Djoser befand, aber es könnte eine Nachbildung des Benben-Steins[2] gewesen sein, was dem in der Pyramidenzeit üblichen Symbolismus durchaus entsprochen hätte. Wir wissen allerdings, daß die späteren, echten Pyramiden mit Nachbildungen des Benben versehen waren, denn so nannten die alten Ägypter die Pyramidia, die Abschlußsteine ihrer Pyramiden. Im Ägyptischen Museum in Kairo sind einige Exemplare zu sehen[3], die im übrigen einen weiteren Beweis dafür liefern, daß es beim Pyramidenbau um weit mehr ging als um die Errichtung kunstvoller Grabbauten.

Aus der Verbindung zwischen dem Benben und Heliopolis, der «Sonnenstadt»[4], haben einige Ägyptologen geschlossen, daß die Pyramide im wesentlichen ein Sonnensymbol ist und ihre geometrische Form Sonnenstrahlen darstellt, die durch die Wolkendecke schräg auf die Erde fallen. Demnach hätte die Pyramide die symbolische Funktion einer Steinrampe, auf der der Pharao zur Sonne aufsteigen kann. Diese relativ neue

Hypothese ist eine Erweiterung der Theorie, wonach die Stufenpyramiden verschiedene Planetenbahnen symbolisieren. In seinem Buch *Pyramids of Egypt* greift Dr. Edwards diese Theorie auf und zitiert Alexandre Moret: «Die großen Dreiecke der Pyramidenseitenflächen scheinen vom Himmel zu fallen, so wie Sonnenstrahlen durch die Wolken brechen, wie wenn eine Leiter aus Strahlen vom Himmel heruntergelassen würde, wenn die Sonnenscheibe vom Sturm verschleiert ist.»[5] Dr. Edwards ergänzt dies mit folgender Beobachtung:

«Wenn man auf der Straße nach Sakkara steht und nach Westen zum Pyramidenplateau hinüberschaut, dann kann man die Sonnenstrahlen durch eine Lücke in den Wolken in etwa demselben Winkel hervorbrechen sehen, den auch die Neigung der Pyramide bildet. Der Eindruck, den diese Szene auf uns macht, ist der eines immateriellen Urbildes und eines materiellen Abbildes, die man hier nebeneinander sieht.»[6]

Diese «Sonnenstrahlen-Hypothese» hat sich mittlerweile so durchgesetzt, daß sie unter Ägyptologen weitgehend als historische Tatsache gilt. Allerdings hat diese Theorie (und schließlich ist es nur eine Theorie) den Blick auf die wahre symbolische Bedeutung dieser Monumentalbauten verstellt. Doch zunächst möchten wir auf die Geschichte des Pyramidenbaus eingehen, die mit Snofru, dem ersten König der 4. Dynastie, beginnt.

II. DAS RÄTSEL UM SNOFRUS PYRAMIDEN

In einem Zeitraum von 500 Jahren, von etwa 2700 bis 2200 v. Chr., wurden in der Westlichen Wüste, nicht weit entfernt vom heutigen Kairo, über 30 Millionen Tonnen Steine bewegt. Diese ungeheure Steinmenge wurde für den Bau von Pyramiden verwandt[7], von denen einige, wie die Große Pyramide in Gizeh, gut über 140 Meter hoch sind. Sie markieren den riesigen Königsfriedhof des antiken Memphis, den wir heute als Totenstadt von Memphis bezeichnen.[8] Während dieser Zeit, die auch Pyramidenzeit oder Altes Reich genannt wird, war auf dem gigantischen Baugelände ein Heer von Arbeitern beschäftigt, während eine ebenso große Zahl von Steinmetzen, Goldschmieden, Malern und Schreibern meißelte, schmolz, pinselte und schrieb und alle Vorbereitungen für die königlichen Begräbnisse traf.

Um einmal einen Eindruck von dem Umfang dieser Arbeiten zu vermitteln, möchte ich zum Vergleich ein Beispiel aus neuerer Zeit anführen. 1980 berichtete eine englischsprachige Zeitung in Saudi-Arabien, daß ein französisch-amerikanisches Konsortium einen großen Vertrag über den Bau der neuen Universität von Riad abgeschlossen hatte. Der Begriff «groß» wurde dem gewaltigen Ausmaß des Projekts kaum gerecht, denn es handelte sich um den größten Vertrag den je ein Unternehmen zu einem Festpreis in der Geschichte des Bauwesens ausgehandelt hatte. Der Auftragswert betrug über eine Milliarde US-Dollar. Der erforderliche logistische Aufwand war überwältigend: 8000 Arbeiter sollten vor Ort beschäftigt werden, Millionen Kubikmeter Steine und Erde mußten angeliefert und Hunderttausende von Kubikmetern Beton gegossen werden. Es waren zahlreiche Baubüros, ein gigantischer Swimmingpool und weitere Freizeiteinrichtungen für die Mitarbeiter geplant.

Dennoch nahm sich der Bau der Universität von Riad bescheiden aus, verglichen mit den baulichen Leistungen, die vor beinah 4500 Jahren in Gizeh und Dahschur vollbracht wurden. Wenn wir uns vor Augen halten, welche Hilfsmittel – Kräne, Bagger und Lastwagen – uns heute zur Verfügung stehen, wird das noch deutlicher. Alle bisherigen Erklärungsmodelle werden dem Phänomen nicht gerecht. Die monumentalen Pyramidenanlagen in Gizeh und Dahschur als «Königsfriedhöfe» mit «Königsgräbern» zu bezeichnen, ist eine gewaltige Untertreibung; genauso unangemessen wäre es, das Schloß von Versailles als Haus oder den Petersdom in Rom als Kapelle zu bezeichnen. Im Pyramidenbau offenbarten sich das hervorragende technische Können und der kühne Erneuerungsgeist der Pyramidenzeit. Doch was ist eigentlich unter der Pyramidenzeit zu verstehen? Was für ein Goldenes Zeitalter war diese Zeit?

Dr. Edwards schreibt: «Die Pyramidenzeit in engerem Sinn entspricht ... der Zeit, die mit der 3. Dynastie beginnt und mit der 6. Dynastie endet.»[9] In diesem Zeitraum wurden auf einem

Wüstenstreifen, der von Abu Roasch im Norden bis Medum im Süden reichte, auf einer etwa 80 Kilometer langen und 4 Kilometer breiten Fläche also ungefähr 28 Pyramiden errichtet. Solche Zahlen vermitteln jedoch ein falsches Bild von der Realität. Es wird häufig übersehen, daß die intensivste Bauphase, in der sieben der 28 Pyramiden entstanden, in der 4. Dynastie, also in einem sehr kurzen Zeitraum, stattfand. Aufgrund ihrer gewaltigen Ausmaße wurden für den Bau dieser sieben Monumente mehr als 75 Prozent der 30 Millionen Tonnen Steine, die in der gesamten Pyramidenzeit verbaut wurden, verwandt. Fünf dieser sieben Pyramiden, drei in Gizeh und zwei in Dahschur, sind bis heute nahezu intakt erhalten.

Der erste König der 4. Dynastie war Snofru, Vater des Cheops. Aus Gründen, die bis heute ungeklärt sind, kamen Snofru und seine Baumeister von der Stufenpyramide ab und wandten sich einer neuen, kühneren Bauform zu: der riesigen, glattwandigen Pyramide. Unter Ägyptologen ist man sich weitgehend darin einig, daß die Gründe für diesen radikalen Wandel religiöser Natur gewesen sein müssen. Um welche Motive es sich dabei handelte, ist allerdings unklar. Sicher ist jedenfalls, daß sich die Erbauer der Stufenpyramiden aus der 3. Dynastie neben dem innovativen Snofru recht provinziell ausnahmen. Snofrus Baumeister errichteten zwei gigantische Pyramiden, wie sie, nach unseren heutigen Erkenntnissen, kein anderer Pharao vor oder nach ihm je erbauen ließ. Ägyptologen gehen davon aus, daß Snofrus Baumeister ihm auch bei einem weiteren Bauprojekt wertvolle Dienste leisteten: der Umwandlung der Stufenpyramide von Medum in eine echte Pyramide durch Auffüllen der Stufen mit Mauerwerk und Anbringen glatter Verkleidungen.[10] Diese Theorie ist allerdings unter Wissenschaftlern immer noch umstritten. Da die Pyramide von Medum sehr weit südlich der Totenstadt von Memphis liegt und ihr Bau bereits in der 3. Dynastie begann, sollte man sie unabhängig von den Pyramiden der 4. Dynastie betrachten.

Um sich eine Vorstellung von der bautechnischen Revolution, die Snofru einleitete, machen zu können, vergleiche man am besten die Stufenpyramide des Djoser, zu deren Bau man 850 000 Tonnen Material[11] benötigte, mit Snofrus beiden Monumentalbauten in Dahschur, für die man zusammen an die neun Millionen Tonnen Material verwendete. Wir haben bis heute keine zufriedenstellende Erklärung für diesen erstaunlichen Aufschwung auf bautechnischem und organisatorischem Gebiet, aber es ist offensichtlich, daß Snofru von einer großen Idee inspiriert wurde, an der möglicherweise der legendäre Baumeister und Priester Imhotep beteiligt war. Erstaunlich ist nicht nur das gigantische Ausmaß der Bauprojekte, sondern auch die Tatsache, daß plötzlich eine Technik zur Verfügung stand, die es ermöglichte, große Steinblöcke, von denen einige mehrere Tonnen wogen, auf eine Höhe von fast 100 Metern zu heben.[12] Um das Kernmauerwerk dieser Pyramiden zu errichten, wurden in den Steinbrüchen große Blöcke harten Kalksteins gebrochen, abtransportiert, bearbeitet, aufeinandergesetzt und in eine perfekte geometrische Form gebracht, die bis heute erhalten blieb.[13] Es geht daher nicht um die Frage, ob die Pyramiden tatsächlich nur als Grabmäler dienten, sondern um die Frage, welche Veränderungen zu Beginn von Snofrus Regierungszeit den Bau dieser monumentalen Bauwerke nicht nur möglich, sondern sogar erforderlich machten.

Die Standardwerke der Ägyptologie geben uns keine befriedigende Antwort auf diese Frage. Sie übersehen die Bedeutung des enormen Anstiegs in der Bautätigkeit während Snofrus Regierungszeit. Dr. Jaromir Malék vom Griffith Institute in Oxford geht in seinem neusten Buch über die ägyptischen Pyramiden nur am Rande auf diesen Aspekt ein: «... die Neuerungen, die zu jener Zeit [der 4. Dynastie] eingeführt wurden, waren so umfassend, daß mir ihre Ursachen eher im religiösen als im rein technischen Bereich zu liegen scheinen.»[14] Davor hatte sich der namhafte Architekt und Ägyptologe Dr. Alexander Badawy zu dieser Frage geäußert: «In Medum schuf man eine echte Pyramide, indem man die Stufen einer Schichtpyramide mit Mauerwerk auffüllte ... In Dahschur ließ Snofru zwei echte Pyramiden mit quadratischem Grundriß errichten, von denen eine als rhombische oder Knick [Pyramide] bezeichnet wird ... Man hat allerdings festgestellt, daß der obere Teil der Pyramide mangelhaft ausgeführt ist ... vermutlich wurde er in Eile fertiggestellt.»[15]

Die Bauarbeiten in Dahschur als «eilig» zu bezeichnen ist eher untertrieben. Wenn Snofrus Baumeistern nur dieselben Ressourcen zu Verfügung standen wie ihren Vorgängern, und alles scheint dafür zu sprechen, dann hatten sie es mehr als eilig. Was die Situation erheblich erschwerte, war die Tatsache, daß an drei Bauplätzen gleichzeitig gearbeitet wurde: an den beiden Pyramiden in Dahschur, die zwei Kilometer auseinander lagen, und in Medum, das etwa 50 Kilometer weiter südlich lag und mindestens eine Tagesreise flußaufwärts entfernt war. Selbst wenn die Arbeit auf den drei Bauplätzen perfekt durchorganisiert war, so erforderte das gesamte Unternehmen umfangreiche unterstützende Maßnahmen, die selbst heute einem großen Bauunternehmer eine Menge abfordern würden. Daß es in einer Epoche, in der man weder das Rad noch den Flaschenzug noch Eisenwerkzeuge kannte, möglich war, innerhalb von vielleicht 20 Jahren 9 Millionen Tonnen Kalksteinblöcke zu brechen, zu transportieren und zu verlegen, ist ein Phänomen, dem man auf den Grund gehen sollte. Doch zunächst möchte ich diese gewaltigen Bauleistungen im historischen Kontext darstellen.

III. DAS GOLDENE ZEITALTER DER 4. DYNASTIE

Was könnte etwa 2650 v. Chr., als Snofru an die Macht kam und die glanzvolle 4. Dynastie begründete, geschehen sein? 1947 versuchte Dr. Edwards als erster, das Rätsel um Snofrus Pyramiden systematisch zu ergründen. Bis dahin hatten die Ägyptologen vergeblich versucht, hinter das Geheimnis der Pyramide von Medum zu kommen, die ganz allein im äußersten Süden der Totenstadt von Memphis stand, ursprünglich eine stufenförmige Form gehabt hatte und später in eine echte Pyramide mit glatten Außenflächen umgebaut worden war.[16]

Es fanden sich weder auf der Pyramide selbst noch anderswo Inschriften aus der Entstehungszeit der Pyramide, die den Namen ihres Erbauers preisgaben. Allerdings entdeckte man in einem nahe gelegenen Tempel Inschriften, die die Ägyptologen als «Graffiti» bezeichnen: eingeritzte Namen oder

Sprüche von Besuchern. Aus diesen Graffiti, die aus der Zeit der 18. Dynastie stammen – etwa 1200 Jahre nach Snofrus Regierungszeit –, geht hervor, daß man die Pyramide von Medum zu jener Zeit (ca. 1400 v. Chr.) Snofru zuschrieb.[17] Dr. Edwards übersetzte den Graffito eines Schreibers namens Aa-cheper-Ra-seneb, der zur Regierungszeit Thutmosis' III. gelebt hatte: «... im 41. Regierungsjahr Thutmosis' III. ... kam ich, den schönen Tempel König Snofrus zu sehen ...» Edwards verweist auf noch ältere Graffiti, die bis in die 5. Dynastie zurückreichen (etwa 250 Jahre nach der Regierungszeit Snofrus) und die ebenfalls Snofrus Namen in Verbindung mit Medum erwähnen.[18] Diese Hinweise würden normalerweise genügen, um die Pyramide von Medum eindeutig Snofru zuzuschreiben, wenn es nicht die beiden anderen Pyramiden in Dahschur gäbe, «von denen die südliche mit Sicherheit von Snofru erbaut wurde»[19], und darüber hinaus zahlreiche Indizien dafür, daß die nördliche ebenfalls von ihm stammt. Nicht weit von Dahschur stieß man auf eine Inschrift aus der Regierungszeit König Pepis I. aus der 6. Dynastie, in der die «beiden Pyramiden des Snofru»[20] erwähnt werden. Da es sich bei dieser Inschrift um einen Abschnitt aus einem offiziellen Königserlaß handelte, der Snofrus Priester von der Steuerpflicht befreite, können wir diese Quelle als zuverlässig ansehen. Man fand in Dahschur eine weitere Inschrift aus der 5. Dynastie, in der die «südliche Pyramide des Snofru»[21] erwähnt wird. Wenn man beide Inschriften vergleicht, so geht aus ihnen hervor, daß es zwei Pyramiden gegeben hat, eine südliche und eine nördliche, die beide Snofru gehörten. Nun stellte sich allerdings die Frage, welche der beiden Pyramiden als die südliche angesehen wurde: die südlichere der beiden in Dahschur, die auch als Knickpyramide bezeichnet wird, da sich ihr Neigungswinkel etwa auf halber Höhe verändert, oder die Pyramide von Medum? Schließlich fand man auf dem Grab eines Priesters, das zur südlichen Pyramide von Dahschur gehörte, eine Inschrift, die von der «südlichen Pyramide des Snofru»[22] handelt. Damit bestätigte sich, daß die Pyramide von Dahschur als die südliche Pyramide Snofrus zu betrachten ist und sich ihr nördliches Pendant ebenfalls in Dahschur befand. Aber wie war die

Pyramide von Medum einzuordnen? Die Ägyptologen waren ratlos.

Dr. Edwards wies einen Weg aus dieser archäologischen Sackgasse. Er meinte, daß die beiden Pyramiden zwar eindeutig Snofru zugeordnet wurden, daß diese Zuordnung allerdings auch «als Symbol für Snofrus Herrschaft über Ober- und Unterägypten angesehen werden» könne; eine dritte Pyramide scheine daher «keine Berechtigung zu haben, weder eine praktische noch eine symbolische».[23] Hinter Edwards' Aussage verbirgt sich das freimütige Bekenntnis, daß archäologische Befunde durchaus zu falschen Schlüssen führen können. Solange keine neuen Anhaltspunkte vorlägen, so Edwards, solle man davon ausgehen, daß Snofru zwar der Eigentümer der Pyramiden von Dahschur sei, daß er die Pyramide von Medum jedoch lediglich von einem Stufenbauwerk in eine echte Pyramide umbauen ließ.

Edwards' Standpunkt leuchtete ein. Was den Erbauer der ursprünglichen Stufenpyramide in Medum betraf, so ging man davon aus, daß es sich um den Pharao Huni handelte, über den weiter nichts bekannt ist. Da Huni offenbar unmittelbar vor Snofru regiert hatte und es nahelag, daß auch er sich eine eigene Pyramide hatte errichten lassen, war das Snofru-Rätsel praktisch gelöst, und die Ägyptologie konnte sich endlich wieder anderen Pyramiden-Fragen widmen.

Edwards, dessen Theorie über Medum nicht nur logisch war, sondern auch romantische Anklänge besaß, wies jedoch darauf hin, daß es keinerlei Inschriften aus der Entstehungszeit der Stufenpyramide oder aus späteren Epochen gäbe, die den geheimnisvollen Huni mit der Pyramide von Medum in Verbindung brachten. Er warnte deshalb vor dem voreiligen Schluß, «daß es sich bei der Stufenpyramide von Medum tatsächlich um seine Pyramide handelte ...».[24]

Dies führt uns zu einer weiteren interessanten Frage: Warum ließ Snofru zwei Pyramiden bauen, während sich seine Vorgänger und Nachfolger ausnahmslos mit einem Grabmal zufriedengaben? Wollte er an zwei Orten beigesetzt werden? Möglicherweise gehen wir bei unseren Überlegungen aber auch von einem falschen Eigentumsbegriff aus. Könnte es nicht sein, daß man die Pyramiden nicht als persönlichen Besitz eines bestimmten Königs ansah, sondern als Eigentum des gesamten Herrschergeschlechts oder gar der gesamten Kultgemeinschaft? Snofru mag zwei Pyramiden errichtet und eine umgebaut haben, doch möglicherweise «gehörten» sie ihm gar nicht, wie wir bisher angenommen haben. Schließlich wurden die mittelalterlichen Kathedralen in der Regierungszeit bestimmter Monarchen erbaut, ohne daß sie ihnen persönlich gehörten, selbst wenn sie in ihnen beigesetzt wurden.

Wenn die von Ägyptologen allgemein anerkannte Eigentumstheorie zutrifft, wie ist es dann zu erklären, daß Snofru, der zwei, möglicherweise sogar drei Pyramiden erbauen ließ, seine Urheberschaft der Nachwelt nicht mitteilte? Auf den Außenwänden und im Innern der Pyramiden von Dahschur hätte es reichlich Platz für Inschriften gegeben. Doch kein einziger König der 4. Dynastie hinterließ seinen Namen auf der Pyramide, die angeblich ihm gehörte. Es gibt nicht eine einzige offizielle Inschrift aus der damaligen Zeit, nicht einmal in der Großen Pyramide.

Stellen Sie sich vor, Sie hätten weder Kosten noch Mühen gescheut, um in jahrzehntelanger Arbeit das größte Grabmal der Geschichte erbauen zu lassen. Würden Sie ein großes Geheimnis daraus machen, wer diese großartige Leistung vollbracht hat? Wir wissen, daß die Erbauer der Pyramiden es nicht etwa generell ablehnten, offizielle Inschriften auf ihren Grabmonumenten anbringen zu lassen. Seit König Unas, dem letzten Herrscher der 5. Dynastie, wurden die Pyramiden mit Hunderten von Inschriften versehen, die uns deutlich Auskunft darüber geben, welcher König sie erbauen ließ.[25] Genausowenig trifft es zu, daß die Ägypter der 4. Dynastie nicht schreiben konnten; in der näheren Umgebung der Pyramiden finden sich zahlreiche Inschriften, die aus der 4. Dynastie und aus früherer Zeit stammen. In der Kapelle der Königin Meresanch sind heute noch viele Hieroglyphentexte zu sehen. Das Fehlen solcher Inschriften in oder auf den Pyramiden der 4. Dynastie steht in auffälligem Gegensatz zu der Zeit der Mastabas und zu allen nachfolgenden Dynastien.

Warum also hinterließen Snofru, Chufu (Cheops) und ihre Nachfolger keine Inschriften auf oder in ihren Pyramiden? Selbst wenn wir unterstellen, daß sie nicht an ihrem posthumen Ansehen interessiert waren, so stellt sich doch die Frage, weshalb sie selbst die Götter darüber im unklaren ließen, wer diese großartigen Bauwerke errichtet hatte. Ist es nicht denkbar, daß sich die Könige der 4. Dynastie tatsächlich nicht als Eigentümer der Pyramiden sahen? Wäre es möglich, daß die Pyramiden der 4. Dynastie Teil eines Gesamtkonzepts waren, das den Bau von sieben verschiedenen Pyramiden an ganz bestimmten Stellen vorsah?

Die 4. Dynastie nimmt innerhalb der Pyramidenzeit eine herausragende Stellung ein. So wie die Ankunft des ägyptischen Phönix eine neue Ära verhieß, kündigte sich mit der Gründung der 4. Dynastie ein Goldenes Zeitalter an: Innerhalb kurzer Zeit sollte ein gigantisches Bauprogramm umgesetzt werden, dessen Umfang und handwerkliche Qualität bis in die Neuzeit unübertroffen blieb.[26] Und genauso plötzlich, wie diese Blütezeit einsetzte, endete sie auch wieder. Die Ägyptologie erklärt dieses Phänomen mit «religiösen Umwälzungen» und «Bürgerkriegen»[27], wofür es jedoch keinerlei Beweise gibt. Um eine zufriedenstellende Antwort zu finden, müssen wir bis zu den Anfängen der Pyramidenforschung zurückgehen und jede Aussage neu überprüfen. Beginnen wir mit der Datierung der Pyramiden.

IV. DIE DATIERUNG DER PYRAMIDENZEIT

In den vierziger Jahren stellten die Chronologen die wissenschaftliche Erforschung des alten Ägyptens auf eine neue Grundlage, indem sie die erste dynastische Epoche um ein Jahrtausend nach vorn verschoben. In den dreißiger Jahren des 19. Jahrhunderts datierte Champollion – Vater der wissenschaftlichen Ägyptologie und Hieroglyphenexperte – den Anfang der 1. Dynastie auf etwa 5867 v. Chr. Danach korrigierte der deutsche Ägyptologe Karl Lepsius die Zahl auf 3892 v. Chr. In den siebziger Jahren desselben Jahrhunderts datierte Mariette den Beginn der 1. Dynastie wieder zurück auf 5004 v. Chr. Schließlich legte sich sein Kollege Dr. Brugsch auf 4400 v. Chr. fest. Brugschs Berechnungen basierten offenbar auf der schlichten Annahme, daß es pro Jahrhundert durchschnittlich drei Generationen gibt.[28] In Ermangelung überzeugenderer Alternativen wurde sein System von den meisten Ägyptologen übernommen und jahrzehntelang angewandt.

In den vierziger Jahren dieses Jahrhunderts wurde die Datierung der 1. Dynastie erneut korrigiert, diesmal auf ca. 3100 v. Chr. Seitdem wird diese Zahl immer wieder revidiert, auf 3150 v. Chr., 3300 v. Chr. oder 2900 v. Chr. –, so daß wir uns verwirrt fragen, welches Datum wir eigentlich ansetzen können. Auf jeden Fall können wir folgern, daß die Datierung des alten Ägyptens alles andere als perfekt ist, und daß subjektive Faktoren wie eigene Interpretationen und persönliche Meinungen natürlich eine Rolle spielen. Solange die Wissenschaft sich nicht exakter Methoden bedient, wie beispielsweise der Radiokarbonmethode, kann sie nicht exakt sein; auch die Erforschung des Symbolismus in der Architektur, der auf der astronomischen Ausrichtung der Pyramiden beruht, kann nicht exakt sein, wenn man auf Berechnungen der Präzession, also der Schwankung der Erdachse, verzichtet.[29] Wir können uns deshalb nur wundern, wie es den ersten Ägyptologen ohne diese modernen Hilfsmittel gelang, solche Daten wie «5004 v. Chr.» oder «5867 v. Chr.» festzulegen. Heutzutage stellen Chronologen ihren Schätzungen ein «circa» (ca.) voran, um auf eine mögliche Ungenauigkeit hinzuweisen. Trotzdem begegnen uns nach wie vor solche gewagten Datierungen wie «ca. 2686 v. Chr.», «ca. 2584 v. Chr.» oder «ca. 2614 v. Chr.» für den Beginn von Snofrus Regierungszeit.[30] Nicht nur, daß solche exakten Zahlen zu der Annahme verleiten, sie seien korrekt; sie werden auch noch selten genug belegt. Je früher die Epoche, desto unzuverlässiger sind die herkömmlichen Datierungssysteme. Hinsichtlich der Pyramidenzeit können solche Schätzungen dann gleich um ein ganzes Jahrhundert oder mehr voneinander abweichen.[31]

In einem Brief, den wir während unserer Vorbereitungen zu diesem Buch von Dr. Edwards erhielten, bezeichnete er die Datierung von Chufus (Cheops) Regierungszeit auf ca. 2600 v. Chr. als «äußerst zufriedenstellend».[32] Aufgrund der neuesten Zahlen vom Mai 1993, die Rudolf Gantenbrinks Messungen in den Schächten der Großen Pyramide ergaben, mußten wir allerdings diese «äußerst zufriedenstellende» Datierung um ganze 150 Jahre auf ca. 2450 v. Chr. korrigieren[33], denn zu dieser Zeit wurden die Schächte gebaut.

Als Pharao Snofru an die Macht kam, gab es in der Westlichen Wüste, nicht weit von seiner Residenz Memphis, bereits einige Stufenpyramiden. Heute ist nur noch die Pyramide des Djoser erhalten. Ein gutes Stück weiter südlich stand die einsame Stufenpyramide von Medum. In der Totenstadt von Memphis befanden sich außerdem noch zahlreiche Mastaba-Gräber, und weiter nördlich lag die heilige Stadt Heliopolis mit ihrer mächtigen Priesterschaft. So etwa sah die Region zu Beginn der 4. Dynastie aus.

Snofrus wagemutiger Entschluß, von der traditionellen Form der Stufenpyramide abzugehen, führte zum Bau der beiden gewaltigen, glattwandigen Pyramiden in Dahschur. Allerdings war dies wohl eher das Verdienst seines Architekten und Priesters, bei dem es sich entweder um den legendären Imhotep selbst oder um seinen Nachfolger handelte. Imhotep wird gemeinhin die Erfindung der Steinmetzkunst zugeschrieben, auch galt er als führender Mediziner seiner Zeit. Edwards weist jedoch ganz richtig darauf hin, daß Imhoteps Titel «Oberster der Sternkundigen» darauf schließen läßt, daß er auch ein antiker Astronom war, der die Bewegungen der Sterne studierte.[34] Da der Hohepriester von Heliopolis meist diesen Titel führte, liegt die Vermutung nahe, daß Imhotep und alle anderen großen Baumeister die Funktion des Hohenpriesters in der heiligen Stadt innehatten.[35] Nachdem Imhotep (oder sein Nachfolger) die Bauarbeiten an der Stufenpyramide des Djoser erfolgreich abgeschlossen hatte, verfolgte er möglicherweise ein weit kühneres Ziel: die Verwirklichung eines einheitlichen Baukonzepts für die Totenstadt von Memphis, das die volle

Entfaltung des königlichen Wiedergeburtskults ermöglichen würde.[36]

Es heißt, daß Snofru nach einer Regierungszeit von beinah 34 Jahren starb. Mit der Krönung seines Sohns Chufu (Cheops) sollte der Pyramidenbau seinen Höhepunkt erreichen.

V. DIE DREI GROSSEN PYRAMIDEN VON GIZEH

Als Snofru um 2480 v. Chr.[37] friedlich starb, hinterließ er als sein Vermächtnis die beiden gewaltigen Pyramiden in Dahschur. Etwa 21 Kilometer nördlich von Dahschur befindet sich das felsige Hochplateau von Gizeh (Mokattam-Berge).[38] Dieses Plateau mißt von Norden nach Süden 2,2 Kilometer und von Osten nach Westen 1,1 Kilometer. Es neigt sich leicht Richtung Osten und fällt dann jäh zum Niltal hin ab.[39] An diesem eindrucksvollen Ort nahm Chufu, der älteste Sohn des Snofru, das ehrgeizige Projekt in Angriff, aus dem das letzte Weltwunder der Antike hervorgehen sollte.

Es gibt keine befriedigende Erklärung dafür, weshalb Chufu nicht in die Fußstapfen seines Vaters trat und seine Pyramide ebenfalls in Dahschur erbauen ließ, oder in Sakkara, wo sich die Stufenpyramiden und Mastaba-Gräber seiner Vorfahren befanden. Die einfachste Erklärung wäre, daß ihn die erhöhte Lage des Gizeh-Plateaus reizte, und daß sein Baumeister das Gelände für ideal hielt, um eine Pyramide zu errichten, die jene in Dahschur weit übertraf. Wenn diese Vermutung zutrifft, so stellt sich allerdings die Frage, weshalb nicht schon Snofru auf diese Idee gekommen war. Dahschur liegt schließlich nicht viel näher bei Memphis als Gizeh und ist zudem ein ziemlich niedriger Standort, der hinter den Palmenhainen um Memphis kaum zu sehen ist.[40] Tatsächlich kommt es heute noch vor, daß uninformierte Touristen völlig überrascht sind, wenn sie erfahren, daß es außer den Pyramiden von Gizeh noch zwei weitere große Bauwerke dieser Art gibt. Warum also entschied sich Chufu für Gizeh, das vom Grabmal seines Vaters so weit entfernt war? Vielleicht hatte er gar keine andere Wahl: Vielleicht gehörte der Standort Gizeh bereits zum Gesamtplan für eine Anlage, die sich von Süden nach Norden erstrecken sollte und noch zur Regierungszeit seines Vaters entworfen worden war. Der Ägyptologe Georges Goyon, der im Auftrag König Faruks die Cheops-Pyramide erforschte, glaubte, daß Gizeh «mit Sicherheit von Priester-Astronomen aus bestimmten religiösen und wissenschaftlichen Erwägungen heraus als Standort ausgewählt» wurde. Um welche Erwägungen es sich konkret handelte, verrät uns Goyon allerdings nicht. Wir teilen jedoch seine Ansicht.

VI. DIE GROSSE PYRAMIDE

Selbst heute noch ist die Große Pyramide, trotz ihres beschädigten Zustands und der kaum noch vorhandenen, leuchtendweißen Verkleidungssteine, ein überwältigender Anblick. Majestätisch erhebt sie sich aus der Wüstenlandschaft, überragt die Vororte des modernen Kairo und wirkt dabei eher wie ein eigentümlicher Bestandteil der Landschaft, ein geometrisch geformter Berg, als ein von Menschenhand geschaffenes Bauwerk. 1914, kurz vor Ausbruch des Ersten Weltkrieges, besuchte der Mathematiker und Journalist P. D. Ouspensky zum ersten Mal Gizeh. Er berichtet:

«Man erreicht das Plateau auf einer kurvenreichen, ansteigenden Straße, die durch einen Einschnitt im Felsen führt. Wenn man bis zum Ende der Straße geht, findet man sich auf gleicher Höhe mit den Pyramiden wieder, vor der sogenannten Cheops-Pyramide (Chufu), auf der Seite, wo sich auch der Eingang befindet. Zur Rechten sieht man in einiger Entfernung die zweite Pyramide und dahinter die dritte liegen.

Hier oben bei den Pyramiden ist man in einer anderen Welt, die sich gänzlich von der unterscheidet, die man vor zehn Minuten verlassen hat. Dort war man von Feldern, grünen Blättern, Palmen umgeben. Hier ist man in einem anderen Land, einer anderen Landschaft, einem Königreich aus Sand und Stein. *Das ist die Wüste.* Der Übergang ist abrupt und unerwartet. (...) Die unbegreifliche Vergangenheit wurde lebendig und war so nah, daß ich glaubte, sie mit den Händen greifen zu können, und die Gegenwart verschwand, wirkte fremd und fern.»[41]

Die Große Pyramide von Chufu hat, wie die anderen Pyramiden auch, einen quadratischen Grundriß, ist in den Details jedoch am perfektesten gestaltet. Zwischen 1880 und 1882 führte Sir Flinders Petrie die erste gründliche Vermessung des Bauwerks in der Neuzeit durch. Er benutzte modernste Instrumente und ging seine Aufgabe mit äußerster Gewissenhaftigkeit an. Er fand heraus, daß die Seiten der Pyramide tatsächlich fast exakt auf die vier Himmelsrichtungen ausgerichtet sind: Nord, Süd, Ost und West. (Die Genauigkeit dieser Orientierung, mit einer durchschnittlichen Abweichung von nur etwa drei Minuten in jeder Richtung, was weniger als 0,06 Prozent ausmacht, ist wirklich bemerkenswert.) Die Vermessung der Seitenlängen ergab folgende Maße: Nordseite 230,25 Meter, Südseite 230,44 Meter, Ostseite 230,38 Meter und Westseite 230,35 Meter. Obwohl keine zwei Seiten genau gleich lang sind, beträgt die Differenz zwischen der längsten und der kürzesten nur 19 Zentimeter, weniger als 0,08 Prozent der durchschnittlichen Seitenlänge.

Wenn man sich allein die Größe des Bauwerks vor Augen hält, grenzt ein solches Maß an Genauigkeit, nicht nur hinsichtlich der Ausrichtung nach den Himmelsrichtungen, sondern auch hinsichtlich der Exaktheit der quadratischen Grundfläche und der Einhaltung des Neigungswinkels an ein Wunder. Bei einem Umfang von beinah einem Kilometer und einer Grundfläche von über 53 000 Quadratmetern könnte die Pyramide bequem die Kathedralen von Florenz und Mailand, den Petersdom in Rom, die Westminster Abbey und die Saint Paul's Cathedral in London fassen.[42] Es fragt sich, ob auch nur eines dieser Bauwerke aus der Neuzeit hinsichtlich seiner Ausrichtung oder Konstruktion an die Präzision der Großen Pyramide heranreicht. Obgleich die Pyramide mehrere Kammern enthält, ist sie kein ausgehöhltes Bauwerk, sondern besteht zum großen Teil aus massivem Mauerwerk. Es wurden etwa 2,5 Millionen Kalksteinblöcke verbaut, von denen jeder durchschnittlich 2,6 Tonnen wiegt, was einem Gesamtgewicht von über 6,3 Millionen Tonnen entspricht.[43]

Wir können über die handwerklichen und technischen Fähigkeiten der altägyptischen Pyramidenbauer nur staunen.

Es gelang ihnen nicht nur, das Monument nach den vier Himmelsrichtungen auszurichten und die quadratische Grundfläche sowie die Neigungswinkel exakt einzuhalten, sondern auch die vier schrägen Außenflächen mit fein poliertem weißen Kalkstein zu verkleiden, der aus den Steinbrüchen von Tura am östlichen Nilufer stammte. Wie man anhand der wenigen noch erhaltenen Verkleidungssteine am Fuß der Nordseite feststellen kann, waren diese sogar noch größer als die Blöcke, die man für das Kernmauerwerk der Pyramide verwendete, und jeder wog etwa 15 Tonnen. Sie wurden so exakt zusammengefügt, daß in die Zwischenräume nicht einmal eine Messerklinge gepaßt hätte. Seit dem 13. Jahrhundert n. Chr. wurden die Verkleidungsblöcke nach und nach von den Arabern abgeschlagen (es heißt, um damit in Kairo Moscheen zu bauen). In intaktem Zustand muß die Pyramide wie ein Juwel in der Sonne gefunkelt haben und einen noch atemberaubenderen Anblick als heute geboten haben.

Mittlerweile kann man die schmalen Gänge, die in die Pyramiden führen, bequem hinauf- und hinuntergehen, da sie mit Geländern und hölzernen Rampen mit Trittstegen aus Metall ausgestattet sind. In den Pyramiden von Gizeh gibt es sogar elektrisches Licht. Bevor man in den vierziger Jahren diesen Luxus einführte, stellte die Erforschung der Pyramiden für ihre Besucher ein beschwerliches Unterfangen dar, wie P. D. Ouspensky 1914 feststellte:

«Der Boden ist sehr glatt; es gibt keine Stufen, aber die polierten Steine sind mit waagrechten, ziemlich abgetretenen Kerben versehen, in die man seitlich den Fuß stellen kann. Außerdem ist der Boden mit feinem Sand bedeckt, so daß man aufpassen muß, daß man nicht den ganzen Weg hinabrutscht. Unser beduinischer Führer geht leichtfüßig voran. In der einen Hand hält er eine brennende Kerze, die andere streckt er uns hilfreich entgegen. Man geht den schrägen Schacht in gebückter Haltung hinunter. Der Abstieg dauert lang – schließlich sind wir am Ende angelangt.»[44]

Eines hat sich seit damals natürlich nicht verändert: die niedrige Deckenhöhe und das steile Gefälle des Schachts. Er ist nur etwa 1,19 Meter hoch, 1,04 Meter breit und hat einen Neigungswinkel von 26 Grad 31 Minuten 23 Sekunden zur Horizontalen. Auf insgesamt 105,15 Metern führt der Gang steil hinab, erst durch das Kernmauerwerk der Pyramide, dann durch den darunterliegenden, gewachsenen Fels. Er verläuft weitere 8,83 Meter waagrecht und mündet schließlich in eine grob behauene Kammer. Die Funktion dieser unterirdischen Kammer ist bis heute ungeklärt und in Fachkreisen umstritten. Sie wurde offenbar nie fertiggestellt, was zu der Theorie geführt hat, daß der ursprüngliche Bauplan der Pyramide mehrfach verändert wurde. Nach dieser Theorie war die unterirdische Felsenkammer ursprünglich als Grabkammer des Königs vorgesehen. Aus irgendeinem Grund wurde dieser Plan noch in der Anfangsphase des Baus fallengelassen, und man begann weiter oberhalb, in der Pyramide selbst, eine neue Kammer zu bauen – die sogenannte Königinkammer. Später brach man auch dieses Vorhaben ab, woraufhin ein weiterer Korridor (die Große Galerie) und ein dritter Raum (die Königskammer) entstanden. Man nimmt an, daß der König in dieser letzten Kammer, die einen großen Sarkophag enthält, beigesetzt wurde. Allerdings fand man in der Königskammer weder die Überreste einer Mumie noch irgendwelche Grabbeigaben, woraus man schloß, daß die Pyramide ausgeplündert worden war.

Die Theorie, daß die beiden ersten Kammern aufgegeben wurden, erscheint zunächst plausibel, ist unter bautechnischen Gesichtspunkten jedoch kaum zu halten. Wenn tatsächlich während bereits laufender Bauarbeiten beschlossen worden wäre, die Konstruktion der Pyramide zu verändern, hätte dies die Baumeister vor schier unlösbare Probleme gestellt. Noch unwahrscheinlicher erscheint es, daß der Plan ein zweites Mal umgeworfen wurde, besonders wenn man bedenkt, daß dies den Bau der Großen Galerie, die für sich genommen schon eine außergewöhnliche Bauleistung war, und den der Königskammer bedeutet hätte. Wir glauben vielmehr, daß die Königs- und die Königinkammer sowie die Große Galerie, die die beiden Räume miteinander verbindet, nicht nur von Anfang an geplant waren, sondern sogar für die Gesamtkonzeption der Pyramide von zentraler Bedeutung waren. Es gibt keinerlei Beweise dafür, daß die unterirdische Kammer zu irgendeinem Zeitpunkt als Grabkammer des Königs vorgesehen war. Sie könnte durchaus auch vor dem Bau der Pyramide entstanden sein, als Teil einer früheren Anlage, die sich an derselben Stelle befunden hatte. Wir können diese Vermutung zwar nicht beweisen, halten jedoch die These, daß die Kammer aus bautechnischen Gründen aufgegeben wurde, für wenig überzeugend. Die Ägypter waren Experten im Bau von unterirdischen Kammern und hätten sich nicht so leicht davon abbringen lassen, den König unter der Pyramide beizusetzen, wenn dies sein Wunsch gewesen wäre.

Heutzutage ist der Zutritt zur unterirdischen Kammer untersagt. Etwa 18 Meter hinter dem Eingang der Pyramide beginnt ein aufsteigender Gang. Auch hier muß man eine beschwerliche Strecke von ungefähr 40 Metern zurücklegen, bei einer Steigung von über 26 Grad. Er verläuft, wie der absteigende Gang, genau in Nord-Süd-Richtung (d. h. meridional). Am oberen Ende dieses Korridors befindet sich das Herzstück der Pyramide, die Große Galerie. Doch zunächst folgen wir dem abzweigenden, waagrechten Gang zur Königinkammer.

Wie so viele Rätsel der Großen Pyramide ist auch die Funktion der Königinkammer bis heute ungeklärt. In Fachkreisen ist man sich weitgehend darin einig, daß der Raum als Grabkammer des Königs vorgesehen war, daß dieser Plan jedoch, wie im Falle der unterirdischen Kammer, wieder verworfen wurde. Als möglicher Grund wurde unlängst angeführt, daß der Eingang für den Granitsarkophag (der sich jetzt in der Königskammer befindet) zu klein gewesen sei.[45] Diese Theorie erscheint uns kaum haltbar. Es ist sehr unwahrscheinlich, daß der Pharao als Bauherr eines solch gewaltigen, perfekten Grabmals seine Baupläne änderte, nur weil sein Sarkophag etwas zu groß ausgefallen war. Eine solche Panne scheint kaum möglich.

Die Königinkammer ist nicht sehr groß: Sie mißt in west-östlicher Richtung 5,47 Meter und in nord-südlicher Richtung 5,23 Meter, die giebelartige Decke ragt an ihrer höchsten Stelle 6,22 Meter auf. In der Ostwand befindet sich eine Nische, die sehr an einen *mihrab* erinnert (eine Gebetsnische, wie es sie in vielen Moscheen gibt). Die Rückwand der Nische wurde von unbekannten Schatzsuchern herausgeschlagen, die dort zweifellos eine Geheimkammer vermuteten. Doch das erwies sich als Irrtum; wahrscheinlich stand in dieser Nische einmal eine Statue des Königs.[46] Die Wände sind mit sorgfältig eingepaßten, glatten Kalksteinplatten verkleidet. Obwohl die Königinkammer nicht so groß und kunstvoll ausgestaltet ist wie die Königskammer, macht sie keineswegs einen unfertigen Eindruck. Da die Kammer exakt auf der Ost-West-Achse der Pyramide liegt, scheint sie eine besondere Bedeutung gehabt zu haben. Darüber hinaus ist kaum anzunehmen, daß die alten Ägypter einen solchen Aufwand trieben und dann die Kammer kurz vor ihrer Vollendung aufgaben.

Von besonderem Interesse sind für uns, wie für Rudolf Gantenbrink, die beiden sogenannten «Luftschächte», die von der Königinkammer ausgehen und die jahrelang die Theorie der Planänderung stützten. Diese beiden Schächte, von denen es auch zwei in der oberhalb liegenden Königskammer gibt, wurden zum ersten Mal 1872 von einem britischen Ingenieur namens Waynman Dixon hinter den Wänden der Kammer entdeckt.[47] Wie in der Königskammer auch weist ein Schacht Richtung Süden, der andere Richtung Norden. Weitere Untersuchungen ergaben, daß die beiden Schächte nicht bis zu den Außenseiten der Pyramide führen, womit die These widerlegt war, daß sie einmal der Luftzufuhr gedient hätten.[48] Petrie, der 1881 die Schächte gründlich erforschte, war der erste, der mit Hilfe eines Neigungsmessers ihre Neigungen und Längen maß. Nachdem er festgestellt hatte, daß die Schächte nicht sehr lang waren, kam er zu dem Schluß, daß sie keinerlei praktischen Zweck erfüllten. Durch dieses Ergebnis sahen sich die Anhänger der Theorie einer Planänderung bestätigt. Sie erklärten sich die Tatsache, daß die Schächte nicht die Außenwände der Pyramide durchstießen, damit, daß sie zur selben Zeit aufgegeben worden waren wie die Königinkammer. Man hätte die Frage wahrscheinlich endgültig auf sich beruhen lassen, wenn nicht Rudolf Gantenbrink bewiesen hätte, daß die Schächte viel länger als bislang angenommen sind.[49]

Die Große Galerie, die vom Niveau der Königinkammer zum Niveau der Königskammer hinaufführt, ist eine bemerkenswerte architektonische Leistung. Sie stellt in mehrfacher Hinsicht den kunstvollsten und zugleich rätselhaftesten Teil der inneren Anlage der Großen Pyramide dar und läßt sich in ihrer eindrucksvollen Wirkung nur schwer beschreiben. Die Große Galerie hat denselben Steigungswinkel wie der aufsteigende Gang, ist jedoch im Gegensatz zu dem engen, niedrigen Schacht 8,53 Meter hoch. Wenn man in der Galerie steht und zum oberen Ende hinaufblickt, erscheint sie sogar noch höher. Die eigenwillige, funktional wirkende Konstruktion erinnert an einen riesigen Treppenaufgang, obwohl es gar keine Stufen gibt. Die Wände sind mit fein polierten Kalksteinböden aus Tura verkleidet. Ouspensky liefert eine anschauliche Beschreibung:

«An der Konstruktion dieses treppenartigen, oberen Korridors fallen sofort eine Menge rätselhafter Details auf. Als ich ihn mir näher ansah, kam ich zu dem Schluß, daß dieser Korridor der Schlüssel zum Verständnis der gesamten Pyramide ist. Von meinem Standort aus konnte ich sehen, daß der obere Korridor sehr hoch war und sich an den Seiten, wie eine Art Treppengeländer, hohe Steinsockel befanden, die bis zum Boden, d.h. dem Niveau, wo ich stand, reichten. Der Boden des Korridors befand sich allerdings nicht auf demselben Niveau, sondern endete etwa ... in Mannshöhe. Um von meinem Standort aus in den Korridor zu gelangen, mußte ich zuerst an einem der beiden seitlichen Sockel hochsteigen und dann in die ‹Treppe› selbst springen. Ich bezeichne diesen Korridor deshalb als ‹Treppe›, weil er so steil ansteigt. Er hat keine Stufen, sondern nur abgetretene Kerben für die Füße. Wenn man hinaufgeht, wobei man sich an einem der beiden ‹Sockel› festhalten muß, hat man das Gefühl, daß der Boden unter einem wegrutscht.»[50]

Heutzutage ist es nicht mehr so beschwerlich, die Große Galerie vom Niveau der Königinkammer zum Niveau der Königskammer hinaufzugehen, da es zu beiden Seiten kleine Metallstufen und ein Geländer zum Festhalten gibt, dazu in der Mitte eine Holzrampe mit rutschfesten, metallenen Trittflächen.

Auch wenn die Große Galerie heute leichter zu erkunden ist

als damals, so ist sie nicht weniger geheimnisvoll, vor allem wenn man sich vor Augen hält, daß dieser seltsame Raum bereits zu Lebzeiten von Antonius und Kleopatra uralt war. Die Wände der Galerie sind gekragt, so daß sie sich zur Decke hin verjüngt. Wenn man die Konstruktion im Querschnitt betrachtet, erinnert sie an die eigenartige Nische in der Königinkammer, die ebenfalls gekragt ist. Die Gestaltung der Galerie wirkt so archaisch, daß sie schon wieder modern ist – ein Phänomen, das in der ägyptischen Architektur häufiger anzutreffen ist. Die Große Galerie strahlt eine Kälte aus, die schwer zu erklären ist. Es scheint, als hätte sie nie als Aufgang für Menschen gedient, sondern einen ganz anderen, sehr speziellen Zweck erfüllt. Viele hatten den Eindruck, als sei die Große Galerie Teil einer Maschinerie, deren Funktion wir uns nicht erklären können.

Diese Beobachtung ist keineswegs neu. Der Neoplatoniker Proklos äußerte bereits im vierten Jahrhundert in seinem Kommentar zu Platons *Timaios*[51] diese Vermutung. Er vertrat die Theorie, daß die Große Pyramide vor ihrer Fertigstellung als gigantische Sternwarte gedient hätte und daß die Große Galerie Teil einer Konstruktion gewesen sei, mit der man den Himmel beobachten konnte. Diesen Gedanken griff der viktorianische Schriftsteller Richard A. Proktor in seinem 1833 veröffentlichten Buch *The Great Pyramid: Observatory, Tomb and Temple* auf.[52] Er beschrieb, wie man die verschiedenen Gänge während der Bauzeit der Pyramide zu astronomischen Beobachtungen hätte einsetzen können. Seiner Ansicht nach hätte man die Große Galerie dazu benutzen können, um den zeitlichen Durchgang der Sterne zu ermitteln. Proctor glaubte, daß die Vertiefungen in den seitlichen Sockeln dazu gedient hatten, eine bewegliche Rampe in bestimmten Positionen zu fixieren. In Anbetracht der Tatsache, daß die Galerie meridional zum südlichen Himmel verläuft, hätte sie tatsächlich bis zur Fertigstellung des oberen Teils der Pyramide zu diesem Zweck eingesetzt werden können.

Einige moderne Ägyptologen vermuten dagegen, daß die Galerie lediglich zur Lagerung von Granitfallsteinen diente. Es fragt sich allerdings, warum sich die alten Ägypter mit dem Bau eines Lagerraums eine solche Arbeit machten, wenn eine einfache Kammer genau denselben Zweck erfüllt hätte. Niemand kennt die Lösung für das Geheimnis der Großen Galerie, und vielleicht werden wir sie auch nie finden.

Am oberen Ende der Großen Galerie schließt sich die Königskammer an. Dieser Raum ist bautechnisch der gelungenste. Er mißt von Osten nach Westen 10,46 Meter, von Norden nach Süden 5,23 Meter und hat eine Höhe von 5,81 Metern. Die Grundfläche der Kammer ergibt ein doppeltes Quadrat mit einer Seitenlänge von je 5,23 Meter. Wenn die Wände ein wenig niedriger wären, würde der Raum sogar einen doppelten Würfel ergeben. Im Gegensatz zur Königinkammer, die mit Kalkstein ausgekleidet ist, besteht die Königskammer aus fein poliertem schwarzen Assuan-Granit.[53] Wer immer diese Kammer errichtete, war ein Meister seines Handwerks. Die Granitblöcke an den Wänden und der Decke wiegen jeweils etwa 30 Tonnen und haben eine vollkommen glatte Oberfläche. Wie schon bei den Verkleidungssteinen der Außenflächen wurde auch hier zur Verbindung der einzelnen Blöcke kein Mörtel benutzt. Die Blöcke waren perfekt zurechtgehauen und präzise zusammengefügt. Dies war wohl schon bei den großen Kalksteinblöcken schwierig genug gewesen, bei den riesigen Granitblöcken grenzt es an ein Wunder.

An der Westwand der Kammer steht der rätselhafte Granitsarkophag. Obwohl man annimmt, daß das die letzte Ruhestätte Chufus war, entdeckte man in diesem Raum keinerlei Spuren von Einbalsamierungsmaterial oder Reste von Grabbeigaben. Da man weder in dieser Kammer noch in der übrigen Pyramide irgendeinen Hinweis auf den Verbleib des Leichnams fand, vermuten viele Forscher, daß die tatsächliche Grabkammer Chufus noch nicht entdeckt wurde. Die Kanten des Sarkophags in der Königskammer sind stark beschädigt, da sich Souvenirjäger immer wieder Stückchen davon abgeschlagen haben.

Schließlich bleiben noch die beiden Luftschächte in der Königskammer zu erwähnen. Wie in der Königinkammer auch befinden sie sich in der Nord- und der Südwand des Raums, führen jedoch durch die Pyramide hindurch ins Freie. Obwohl alle vier Schächte nur einen Querschnitt von etwa 20 mal 20 Zentimeter aufweisen, ist es offensichtlich, daß sie bewußt geschaffen wurden. Es scheint jedoch wenig plausibel, daß sie der Belüftung dienten. Wozu hätte man eine Grabkammer belüften sollen? Außerdem geschah das in keiner anderen Pyramide. Da diese Schächte für unsere Theorie von zentraler Bedeutung sind, werden wir uns später noch eingehender mit ihnen beschäftigen. Mittlerweile ist man sich darin einig, daß sie nicht als Belüftungsschächte geplant waren, obwohl es Gantenbrink und seinem Team tatsächlich gelang, in den Schächten der Königskammer Ventilatoren zu installieren. Sie senkten die Luftfeuchtigkeit von 90 auf 60 Prozent, was dem Wert der Außenluft entspricht. Diese Maßnahme war erforderlich, weil täglich Tausende von Besuchern durch diese Kammern gehen und mit der Atemluft Feuchtigkeit hinterlassen.

Mit der Vollendung der Großen Pyramide erreichte die Pyramidenzeit ihren Höhepunkt. Die fertiggestellte Pyramide war 147 Meter hoch, etwa 50 Meter höher als die größere der beiden Pyramiden von Snofru in Dahschur. Der Unterschied zwischen den beiden Pyramiden entspricht etwa der Höhe eines zwanzigstöckigen Hochhauses. Chufus Arbeiter mußten zwei Millionen Tonnen mehr Steine brechen und verbauen, als für den Bau der beiden Pyramiden von Dahschur benötigt worden waren. Wir wissen aus schriftlichen Überlieferungen, daß Chufu es mit dem Bau seiner Pyramide sehr ernst nahm.

Im Ägyptischen Museum in Berlin befindet sich ein Dokument, das als Papyrus Westcar bezeichnet wird. Es stammt aus dem Neuen Reich, ist jedoch mit Sicherheit eine Abschrift eines aus der 5. Dynastie stammenden Originals, denn es erzählt von der Entstehung der 5. Dynastie durch das Eingreifen des Sonnengottes Rê. Die Geschichte spielt in der 4. Dynastie während der Regierungszeit Chufus.

Chufu, den es nach Unterhaltung verlangt, bittet seinen Sohn Dedefrê, ihm einen Magier namens Dedi zu schicken, einen alten Weisen «von hundert und zehn Jahren ... der die Anzahl der geheimen Kammern von Thot kennt. Nun verbrachte die Majestät des Königs Cheops ihre gesamte Zeit damit, diese geheimen Kammern des Heiligtums des Thot zu suchen, um für ihren Horizont etwas Ähnliches zu schaffen ...» Er war deshalb begierig darauf, den alten Magier kennenzulernen. Mit Horizont ist in diesem Zusammenhang die Große Pyramide gemeint, die auch «der Horizont des Chufu» genannt wurde.[54] Thot war natürlich der antike Gott der Weisheit, der mit einem Ibiskopf dargestellt wurde und von dem es hieß, daß er die Wissenschaft und die Hieroglyphenschrift erfunden habe. Seine berühmten 42 Bücher befanden sich angeblich in Heliopolis und bildeten die Grundlage des staatlichen Wiedergeburtskults. In späterer Zeit wurde Thot mit dem griechischen Gott Hermes gleichgesetzt, dem man wiederum die Planung und den Bau der Großen Pyramide zuschrieb.[55] Als der Magier am Hof eintrifft, bittet Cheops ihn, einige Zauberkunststücke vorzuführen. Danach fragt er ihn: «Es heißt auch, daß du die Anzahl der geheimen Kammern im Heiligtum des Thot kennst ...» Darauf antwortet Dedi: «O mein König, mein Herr, ich kenne ihre Anzahl nicht, aber ich kenne den Ort, wo sie zu finden ist ... in einem Gebäude in Heliopolis, das ‹Archiv› heißt, gibt es eine Truhe aus Feuerstein. In dieser Truhe ist sie zu finden.» Dedi fügt jedoch hinzu, daß weder er selbst noch der König diese Information bekommen wird, da dies nur drei zukünftigen Königen gelingen wird, die die Frau eines Priesters in Heliopolis gebären wird. Er zählt die Namen der ersten drei Könige der 5. Dynastie auf: Userkaf, Sahure und Neferirkare.

Leider verrät uns der Papyrus Westcar nicht, was mit der Truhe in Heliopolis geschah: ob Chufu sie fand und die in ihr enthaltenen Informationen für den Bau seiner Pyramide benutzte.

Noch lange nach Chufus Tod rissen die Bauarbeiten in Gizeh nicht ab. Sein Nachfolger Chefre (Chephren) ließ neben der Großen Pyramide eine weitere riesige Pyramide erbauen. Obwohl sie einige Meter niedriger ist, wirkt sie höher als die Cheops-Pyramide, da sie auf einer etwas höher gelegenen Stelle des Gizeh-Plateaus steht. Nach Chefre folgte Menkaure (Mykerinos), der eine kleinere Pyramide von 65,5 Metern Höhe errichten ließ. Für sich betrachtet ist auch die dritte Pyramide ein gigantisches Bauwerk, wirkt jedoch neben ihren beiden Nachbarn klein und unscheinbar.

Sechs Kilometer nordöstlich von Gizeh liegt Abu Roasch, wo Dedefrê, ein Sohn Chufus, seine Pyramide erbaute. Das Grabmal hat die Zeit und die zahlreichen Plünderungen nicht unbeschadet überstanden, und heute ist der kümmerliche Geröllhügel kaum noch als Pyramide zu erkennen. Die Abmessungen sind nicht genau bekannt. Man vermutet jedoch, daß es sich um ein größeres Bauwerk handelte, etwa in der Größe der Pyramide des Menkaure in Gizeh. Ein weiterer Pharao namens Nebka, möglicherweise ein Bruder oder Sohn Chufus, plante in Zawyet el-Aryan, etwa 5 Kilometer südöstlich von Gizeh, eine Pyramide. Sie wurde entweder nie fertiggestellt oder in späteren Epochen nach und nach abgetragen und als Steinbruch benutzt.[56] Mit Nebka ging die 4. Dynastie zu Ende. Was dann geschah, ist nicht überliefert. Wir können an der Abnahme der Bautätigkeit lediglich ablesen, daß nach der 4. Dynastie das Interesse am Pyramidenbau zurückging.

Um die Leistungen der Pharaonen besser einschätzen zu können, ist es sinnvoll, die Maße der uns bekannten Pyramiden einander gegenüberzustellen. Die folgende Tabelle führt jeweils die ungefähre Pyramidenhöhe und das Gewicht des Baumaterials auf:

Höhe und Gewicht der Pyramiden aus der 4. Dynastie

Standort	Höhe in Metern	Gewicht in Mio. Tonnen
Medum	80	1,60
Dahschur Süd	102	3,59
Dahschur Nord	101	4,00
Gizeh (Chufu)	147	6,18
Gizeh (Chafre)	140	5,28
Gizeh (Menkaure)	65	0,57
Abu Roasch	unbekannt	0,50
Zawjet el-Aryan	unbekannt	1,50
Gesamtmenge		23,22

Zu diesen 23 Millionen Tonnen muß man noch die Steinmenge hinzurechnen, die man für den Bau von Umfassungsmauern, Tempeln, Rampen und anderen Bauten benötigte, die zu jeder Pyramiden-Anlage gehörten. Bei einer vorsichtigen Schätzung können wir eine weitere Million Tonnen Kalkstein und Granit hinzuaddieren. Die Gesamtmenge von 24 Millionen Tonnen[57] macht mehr als 80 Prozent des in der gesamten Pyramidenzeit verwendeten Steinmaterials aus. Man kann also sagen, daß die 4. Dynastie alle vorhergehenden und nachfolgenden Dynastien buchstäblich überragte.

VII. DER NIEDERGANG DER 4. DYNASTIE

Jaromir Malék, Leiter des Griffith Institute im Ashmolean Museum, ist der Meinung, daß wir keinerlei Vorwissen über Architektur oder Geschichte benötigen, um zu erkennen, wann eine Pyramide erbaut wurde:

«Wir brauchen uns nur ihre heutige Form anzusehen: Die Stufenpyramide ... stammt aus der 3. Dynastie ... die richtigen Pyramiden, deren scharfe, klare Konturen sich gegen den Himmel abzeichnen, datieren aus der 4. Dynastie; die Pyramiden aus der 5. und 6. Dynastie wiederum sind in einem derart beschädigten Zustand, daß sie wie riesige Haufen aus Schutt und Steinblöcken aussehen ...»[58]

Wer die Pyramiden einmal selbst besichtigt, dem wird schnell auffallen, daß die Qualität des Pyramidenbaus nach der 4. Dynastie drastisch nachließ. Die Könige der 5. Dynastie ließen in Abusir, etwa 9 Kilometer südöstlich von Gizeh, fünf kleine Pyramiden bauen und zwei weitere kleine in Sakkara, nicht weit von Djosers Stufenpyramide. Sie zeichnen sich alle durch eine mangelhafte Bauweise aus. Die Ausführung des Kernmauerwerks, das größtenteils eingestürzt ist, kann man im Gegensatz zur Bauweise ihrer berühmten Vorgängerinnen aus der 4. Dynastie nur als schludrig bezeichnen. Sämtliche Pyramiden aus der 5. Dynastie sind heute nur noch gewaltige Schutthaufen, manche sehen eher wie Erdhügel als wie Pyramiden aus.[59] Die Pharaonen der 6. Dynastie ließen in Sakkara vier kleine Pyramiden bauen, die alle etwa 53 Meter hoch und von noch schlechterer baulicher Qualität waren. Mit diesen vier letzten Exemplaren ging «das Pyramidenzeitalter par excellence», wie Edwards es nannte, schließlich zu Ende.[60]

2,75 Millionen Tonnen Kalkstein wurden für den Bau der Pyramiden der 5. und 6. Dynastie benötigt, weniger als die Hälfte der Steinmenge, die für Chufus Pyramide in Gizeh verwendet wurde. Dieses geringe Bauvolumen und die offensichtlich schludrige Ausführung deuten darauf hin, daß es gegen Ende der 4. Dynastie zu einschneidenden Veränderungen kam; Veränderungen, die ebenso unerklärlich sind wie die Ursachen für den plötzlichen Aufschwung der 4. Dynastie unter Snofru und dessen ehrgeiziges Projekt in Dahschur.

Da die Pyramidenbauer der 5. und 6. Dynastie auf die Erfahrungen der glanzvollen 4. Dynastie zurückgreifen konnten, hätte man in bautechnischer Hinsicht eine Steigerung erwarten können. Daß es statt dessen zu einer Rückentwicklung in der Kunst des Pyramidenbaus kam, führen manche Ägyptologen auf soziale Umwälzungen und ökonomische Faktoren zurück. Falls die Bauherren der 5. und 6. Dynastie nicht in der Lage gewesen sein sollten, den Pyramidenbau im selben Umfang fortzuführen wie die Pharaonen der 4. Dynastie, so hätte es ihnen doch zumindest nicht schwerfallen dürfen, das bautechnische Niveau ihrer Vorgänger zu halten.

Es hat den Anschein, als wäre es am Ende der 4. Dynastie zu einem rapiden Verlust an technischen Kenntnissen und Fertigkeiten gekommen, von dem sich der Pharaonenstaat nicht mehr erholte.

Diese Veränderung ist so auffällig, daß selbst der äußerst vorsichtige Kenner der ägyptischen Architektur, Dr. Alexander Badawy, über die Pyramiden von Abusir bemerkte, sie seien «deutlich schlechter gebaut als die megalithischen Bauwerke aus der 4. Dynastie».[61]

Die Gründe für den Niedergang zwischen dem Ende der 4. Dynastie und dem Beginn der 5. Dynastie sind unter Ägyptologen nach wie vor umstritten. Als Hauptursache werden immer wieder sozialpolitische Umwälzungen angeführt; dem widerspricht Dr. Malék jedoch mit dem Hinweis, daß «das Alte Reich nicht durch Umwälzungen in die Knie gezwungen wurde, die auf Volkserhebungen beruhten, ... es fand auch keine großangelegte Invasion ausländischer Mächte statt ...». Er vermutet vielmehr, daß es zu einer Schwächung der Staatsmacht kam, bedingt durch «eine allmähliche Umverteilung von Grundbesitz von der Zentralregierung auf die Kult- und Tempelgemeinschaften und den Adel insgesamt».[62] Soweit wir wissen, gibt es für diese Aussage jedoch keinerlei Belege. Es gibt weder Übertragungsurkunden noch irgendwelche Erlasse, die diese These stützen. Edwards hingegen vermutet, daß es zu einem tiefgreifenden kulturellen und religiösen Wandel kam, der eine Machtverschiebung zugunsten der Priesterschaft des Sonnengottes Rê, deren Zentrum Heliopolis war, zur Folge hatte. Doch auch er räumt ein, daß es «an dokumentarischem Material fehlt», das seine Theorie untermauern könnte.[63] Tatsächlich weiß niemand, was wirklich geschah. Mit den herkömmlichen Erklärungen kommen wir dem Phänomen jedenfalls nicht auf die Spur. Wir können lediglich feststellen, daß am Ende der 4. Dynastie etwas geschah, was schließlich zum Niedergang, wie Malék es ausdrückt, der glanzvollen Pyramidenzeit führte.

Die Pyramiden von Gizeh stellen die Krönung des Pyramidenbaus im alten Ägypten dar. Es scheint jedoch, als hätte sich die dynamische Kraft der 4. Dynastie nur langsam verloren. Auch wenn die Pyramiden der 5. und 6. Dynastie kleiner und schlechter gebaut waren als ihre Vorgängerinnen, so bestand jedoch nach wie vor der Drang, Pyramiden zu bauen. Wir glauben nicht, daß es nach der 4. Dynastie zu einem Niedergang kam, sondern daß sich etwas ereignete, das die Regierung dazu veranlaßte, die Staatsmacht an eine weniger erfahrene Regierung zu übergeben.

VIII. ERSTE HINWEISE AUF EINEN GESAMTPLAN

Im Jahre 1934, gegen Ende der Großen Depression, stattete ein erfolgreicher amerikanischer Architekt namens James A. Kane dem Leiter des Oriental Institute an der University of Chicago, Dr. John Wilson, einen Besuch ab. Kane hatte eine dicke

Mappe bei sich, die detaillierte Zeichnungen, Berechnungen und Vermessungsdaten enthielt. Diese Unterlagen bezogen sich nicht etwa auf ein neues Bürogebäude oder irgendeine Villa in Neuengland, sondern auf das Gizeh-Plateau und die drei dort befindlichen großen Pyramiden. Wilson reagierte zunächst skeptisch und versuchte, Kane von seinem hoffnungslosen Vorhaben abzubringen, «das Rätsel der Pyramiden lüften» zu wollen. Was dann jedoch geschah, beschreibt Wilson mit folgenden Worten: «Ich ertappte mich dabei, daß ich ständig ‹Zufall!› rief. Nun, man mag sich ein- oder zweimal auf den Zufall berufen, doch wenn mehrere divergierende Elemente immer wieder zusammentreffen, dann wird aus dem Zufall eine gewollte Übereinstimmung.»[64]

Der Architekt stieß ihn darauf, daß die drei Pyramiden von Gizeh, wenn man sie zusammen betrachtete, eindeutig nach einem architektonischen Gesamtplan erbaut worden waren. In seiner wissenschaftlichen Arbeit mit dem Titel *The Ancient Building Science* legte Kane eine ausführliche Untersuchung der geoarchitektonischen Aspekte der Pyramiden von Gizeh vor und wies überzeugend nach, daß jede der drei großen Pyramiden Teil eines einheitlichen Plans war, der bereits zu Beginn des großen Bauprojektes in Gizeh existiert haben muß. Kane kam zu dem Ergebnis, daß die drei Pyramiden von Gizeh nach einem Bauplan entworfen worden waren, der auf präzisen geometrischen und vermessungstechnischen Prinzipien beruhte, die wiederum auf astronomischen Beobachtungen basierten. Bereits in den dreißiger Jahren war den meisten Ägyptologen bekannt, daß die Pyramiden nach astronomischen Gesichtspunkten angeordnet und ausgerichtet waren. Beispielsweise sind die Grundflächen der Pyramiden alle meridional ausgerichtet, so daß jede Seite ihrer quadratischen Grundfläche in eine Haupthimmelsrichtung zeigt. Die Tatsache, daß die Eingänge der Pyramiden sich alle auf der Nordseite befinden und ihre inneren Systeme entlang ihrer Nord-Süd-Achse verlaufen, weist darauf hin, daß die meridionale Ausrichtung von zentraler Bedeutung war.

Der amerikanische Archäologe Martin Isler verwies kürzlich im Zusammenhang mit der Cheops-Pyramide auf dieselbe Tatsache: «... eine exakte Ausrichtung konnte nur mit Hilfe der Himmelskörper erreicht werden.»[65] Die Genauigkeit der Ausrichtung ist wirklich verblüffend. Eine durchschnittliche Abweichung von nur 1,8 Bogenminuten ist bei einem so riesigen Bauwerk minimal.[66] Der oder die Himmelskörper, die bei der Ausrichtung der Pyramiden als Fixpunkt dienten, können unmöglich (wie Isler annahm) die Sonne oder der Mond gewesen sein, da sie viel zu groß dafür sind. Es muß sich vielmehr um den winzigen Lichtpunkt eines oder mehrerer Sterne gehandelt haben. Auch Edwards unterstützt diese Sternen-Hypothese: «... es scheint wahrscheinlicher, daß dieser hohe Grad an Genauigkeit mit Hilfe der Beobachtung von Sternen und nicht der Sonne erzielt wurde.»[67] Diese Vermutung liegt auch deswegen nahe, weil wir wissen, daß die alten Ägypter leidenschaftliche Astronomen waren. Die Priester beobachteten den Nachthimmel nicht nur aus religiösen Gründen, sondern auch, um mit Hilfe von Aufgang und Kulmination der Sterne die Zeit messen zu können. Sie waren in der Lage, die scheinbare tägliche und jährliche Bewegung der Sterne als «Zeiger» einer natürlichen «Sternenuhr» zu benutzen. Der Übersetzer der Pyramidentexte, R. O. Faulkner, meinte dazu: «... es ist weithin bekannt, daß sich die alten Ägypter nicht nur aus praktischen Gründen so sehr für die Sterne interessierten, ... sondern [daß sie] auch Sternkarten und Sterntabellen in ihre Särge und Gräber einmeißeln ließen ... wobei die Sterne als Götter oder als die Seelen der Toten angesehen wurden.»[68] Tatsächlich haben Edwards und andere mehrfach nachgewiesen, daß die Sternenbeobachtung die einfachste Methode war, um die quadratische Grundfläche einer Pyramide an einer Nord-Süd-Linie auszurichten. Alles deutet darauf hin, daß astronomische Beobachtungen beim Pyramidenbau eine wichtige Rolle spielten, nicht nur, weil man damit die größte Genauigkeit erzielte, sondern auch, weil zu Beginn der Pyramidenzeit eine auf einem Ahnenkult beruhende Sternenreligion existierte.[69]

James Kanes Ideen, so einleuchtend sie uns erscheinen mögen, fanden in ägyptologischen Kreisen jedoch wenig Anklang. Als er seine Untersuchung veröffentlichte, wurde sie kaum beachtet und war bald vergessen. Etwa 40 Jahre später nahm das

American Research Centre in Egypt (ARCE) ein Projekt zur kartographischen Erfassung des Gizeh-Plateaus in Angriff. Das Projekt wurde zwischen 1984 und 1986 in zwei Phasen durchgeführt. Leiter des Teams war Mark Lehner, ein amerikanischer Ägyptologe von der Yale University. Nachdem er zunächst in Ägypten zwei größere Berichte in der Zeitschrift des ARCE veröffentlicht hatte, publizierte Lehner seinen vollständigen Bericht in einer renommierten deutschen Fachzeitschrift.

Lehners Untersuchung stützt sich im wesentlichen auf topographische, geologische und geophysikalische Daten. Im Hinblick auf seine früheren Arbeiten [70] verwundert es, daß sich Lehner weder für mögliche kultische Aspekte des Bauplans interessierte noch für die architektonische oder astronomische Symbolik der Grabmäler. Sein Hauptaugenmerk galt der Morphologie des Geländes und der Ermittlung von exakten Koordinaten zur Untersuchung der geologischen Formationen des Gizeh-Plateaus. Während man gespannt auf neue Beweise für die Theorie wartete, daß die Pyramiden von Gizeh Teil eines einheitlichen Gesamtplans seien, lieferten die zwischen 1984 und 1986 durchgeführten Vermessungsarbeiten lediglich eine komplexe Fülle geologischer Meßwerte, die eher neue Fragen aufwarfen als alte beantworteten. Obgleich Dr. Lehner auf dem Gebiet der Geologie und der Landvermessung zweifellos Beachtliches leistete, blieb die brennende Frage nach einem einheitlichen Bauplan unbeantwortet; im Gegenteil, der technische Fachjargon trug eher noch zur Verkomplizierung des Sachverhalts bei. Allerdings zeigte sich Lehner tief beeindruckt von den gewaltigen Ausmaßen der Pyramiden von Gizeh und Dahschur aus der 4. Dynastie: «... wenn man in einem Diagramm die Pyramidenarchitektur über die Zeit darstellt, dann zeigt die kurze Periode der 4. Dynastie einen hohen Ausschlag, der die Bauleistungen der Pharaonen vor und nach dieser Periode weit in den Schatten stellt.»[71] Lehner fand später heraus, daß am östlichen Rand der Pyramidenbauten eine eindeutige diagonale Orientierungslinie verlief. Diese Linie verläuft von der südöstlichen Ecke der ersten Pyramide (Chufu) zur südöstlichen Ecke der dritten Pyramide (Menkaure) und wurde später von Wissenschaftlern als «Lehnerlinie» bezeichnet.[72]

Nachdem Kane und nun auch Lehner in der Pyramidenforschung eine neue Richtung eingeschlagen hatten, begann man allmählich über einen einheitlichen Gesamtplan für Gizeh nachzudenken. Es gab mindestens noch zwei weitere Forscher, die diesen Gedanken verfolgten und zu noch außergewöhnlicheren Ergebnissen kamen als Kane und Lehner.

IX. EIN EINHEITLICHER GESAMTPLAN

Wenn unterschiedliche Herangehensweisen zu denselben Ergebnissen führen, dann kristallisiert sich eine schlüssige Theorie heraus. So verhielt es sich auch mit der Theorie eines Gesamtplans, die, noch ehe Lehner sein Vermessungsprojekt abgeschlossen hatte, ganz plötzlich aufkam. John Legon, ein Physiker aus Surrey in England, kam auf eine ähnliche Idee. Er erläuterte die Grundlagen seiner Theorie zum ersten Mal in *Reports of the Archaeology Society of Staten Island.*[73] 1988 veröffentlichte er in der Oxforder Zeitschrift *Discussions in Egyptology* einen ausführlicheren Artikel mit dem Titel »A Ground Plan at Gizeh»[74], in dem er einen «möglichen Zusammenhang in der Anordnung der drei Pyramiden» von Gizeh untersuchte.

Ende 1988 machte mich Dr. Edwards, der Legons Theorie über einen Gesamtplan für Gizeh ernst zu nehmen schien, auf Legons Arbeit aufmerksam:

«Die Einbindung der drei Pyramiden in ein einheitliches Konzept war offensichtlich ein ehrgeiziges Projekt und läßt darauf schließen, daß die Architekten und Baumeister der 4. Dynastie über weit mehr Macht verfügten ... als bisher angenommen. Beispielsweise schienen sie sich, was die kleineren Ausmaße der dritten Pyramide anging, gegenüber Menkaure durchgesetzt zu haben, der sicherlich gerne ein ebenso großes Bauwerk wie seine Vorgänger gehabt hätte. Da die drei großen Pyramiden von Medum und Dahschur allem Anschein nach von Snofru erbaut wurden, ist es durchaus denkbar, daß Chufu selbst den Bau der drei Pyramiden von Gizeh nach einem einheitlichen Gesamtentwurf plante.»[75]

Legon wies nach, daß die drei Pyramiden von Gizeh in ein

Rechteck paßten, dessen Nord-Süd-Seite 1732 Ellen und dessen Ost-West-Seite 1432 Ellen maß.[76] Er entdeckte weiter, daß man diese Seiten, bei einer Grundmaßeinheit von 1000 Ellen, auch als 1000 $\sqrt{3}$ und 1000 $\sqrt{2}$ ausdrücken kann. Da diese Seiten jeweils ein rechtwinkliges Dreieck ergaben, konnte die Diagonale als 1000 $\sqrt{5}$ ausgedrückt werden. Legon kam zu dem Schluß, daß diese mathematische und geometrische Harmonie kein Produkt des Zufalls sein konnte. Er war entschlossen, seine Theorie über einen Gesamtplan für Gizeh, die mittlerweile auch von anderer Seite unterstützt wurde, zu beweisen. Leider versäumte er es, die religiösen oder kultischen Motive für einen solchen Bauplan zu untersuchen.[77] Die Frage, die noch immer nicht beantwortet ist, lautet: Welche Bedeutung hatte der Gesamtplan?

Im Februar 1988 veröffentlichte der Lehrer und Geologe Robin J. Cook einen Aufsatz mit dem Titel «The Giza Pyramid: A Design Study».[78] Cook baute auf den Erkenntnissen Lehners und Legons auf, kam aber zu dem weiterführenden Ergebnis, wonach «der Entwurf der Gizeh-Pyramiden auf einem System geometrischer Prinzipien beruht und daß die Anlage als Gesamtprojekt geplant war ...». Cook fand heraus, daß die mittlere Pyramide, die des Chephren, durch ein geometrisches Achsensystem mit den kleineren Nebenpyramiden der ersten und der dritten Pyramide verbunden war. Die wichtigsten Winkel, mit denen gearbeitet wurde, betrugen 60 und 26,5 Grad. Ein gleichschenkliges Dreieck hat einen Winkel von 60 Grad, und wenn man durch das doppelte Quadrat eine Diagonale zieht, erhält man einen Winkel von 26,5 Grad. Dieser 26,5-Grad-Winkel findet sich in den Hauptgängen der Großen Pyramide und in dem doppelten Quadrat der Grundfläche der Königskammer wieder. Cook, der hier an keinen Zufall glauben wollte, vermutete, anders als Legon und anfänglich wohl auch Lehner, daß dieser Entwurf eine tiefe symbolische Bedeutung enthielt. Er hoffte nachweisen zu können, daß die Anwendung geometrischer und geoarchitektonischer Gestaltungsprinzipien Ausdruck eines Systems antiker numerischer Philosophie war. Er stellte zutreffend fest:

«Die Pyramiden von Gizeh verkörpern eine in Stein gehauene symbolische Botschaft in der Sprache der mathematischen Philosophie. Die Gizeh-Gruppe ist wahrscheinlich der *symbolische Ausdruck des heliopolitanischen Mythos* [Hervorhebung von uns] ...»[79]

Cook gelang es allerdings nicht, die in Stein gehauene symbolische Botschaft zu entschlüsseln.[80] Er und Legon hatten zwar den hochentwickelten Stand der ägyptischen Geometrie und ihre praktische Anwendung zur Zeit des Pyramidenbaus nachgewiesen, doch damit waren weder die Bedeutung der Pyramiden von Gizeh noch ihre Anordnung erklärt.

Wir müssen also weiter nach Antworten suchen, diesmal nicht in Gizeh, sondern in den kleinen Pyramiden der 5. und 6. Dynastie in Sakkara. In der unscheinbaren Pyramide des Unas befinden sich einige außergewöhnliche Inschriften.

3
Die Entdeckung der Pyramidentexte

Die Pyramidentexte … stellen die älteste uns erhaltene Sammlung ägyptischer religiöser Texte und Bestattungsliteratur dar. Darüber hinaus wurden sie von allen Textsammlungen dieser Art am wenigsten verfälscht und sie sind für das Studium der ägyptischen Religion von fundamentaler Bedeutung …
– R. O. Faulkner: *The Ancient Egyptian Pyramid Texts*. Warminster, 1993.

Alexander Piankoff, ein Übersetzer der Pyramidentexte, … war ein entschiedener Gegner des gegenwärtigen Trends, die religiösen Texte lediglich zur Ermittlung von Jahreszahlen und zur Sammlung isolierter Fakten heranzuziehen … [ihm] ging es darum, die Pyramidentexte für sich sprechen zu lassen, damit die Symbole und Urformen religiösen Denkens zutage traten … die Pyramidentexte dienten dazu, die Wiedergeburt des toten Königs auf dieselbe Weise sicherzustellen wie die des Gottes Osiris/Orion …
– J. B. Sellers: *The Death of Gods in Ancient Egypt*. London, 1992.

I. DIE STUNDE DES SCHAKALS

Im Innern einiger Pyramiden der 5. und 6. Dynastie befinden sich die ältesten religiösen Texte, die je entdeckt wurden. Sie werden aus naheliegenden Gründen «Pyramidentexte» genannt. Es ist seltsam, daß die Inschriften nicht allein schon wegen ihres enormen Alters besser bekannt sind. Dagegen haben viele schon von den Qumran-Schriften gehört, die aus einer viel späteren Epoche (ca. 100 v. Chr.) stammen und nur halb so interessant sind. Die Pyramidentexte wurden selbst in wissenschaftlichen Fachkreisen wenig beachtet – ein Phänomen, das ebenso erstaunlich ist wie die Pyramidentexte selbst.

So war auch ich 1979 überrascht, als ich zum ersten Mal auf die Pyramidentexte stieß, daß ich nicht schon früher von ihnen gehört hatte. Als ich mich mit Freunden in Kairo darüber unterhielt, erfuhr ich, daß selbst viele Ägypter nichts von ihrer Existenz wußten. Ich war überzeugt davon, daß diese Texte weit bedeutender waren, als bisher angenommen wurde, und beschloß, mich eingehender mit ihnen zu beschäftigen. Ich stellte sehr bald fest, daß alles, was mit den uralten Texten zusammenhing, geheimnisumwittert war, selbst ihre Entdeckung, zu der es unter äußerst seltsamen Umständen kam.

Im Winter des Jahres 1879 kursierte in Kairo das Gerücht, daß es in den kleinen, unerforschten Pyramiden in Sakkara sehr alte Inschriften gäbe. Das Gerücht breitete sich aus und sorgte für die übliche Reaktion aus Skepsis und Neugier, bis es schließlich auch Professor Gaston Maspero zu Ohren kam. Er war erst kürzlich nach Kairo gekommen, um die Leitung der Mission d'Archéologie Française zu übernehmen, und hatte ehrgeizige Pläne für seine berufliche Zukunft. Maspero, ein erfahrener Archäologe und brillanter Philologe, wußte sehr wohl, daß oft die größten archäologischen Funde solchen Gerüchten, dem Gemunkel auf den Märkten, zu verdanken waren, und sein Instinkt sagte ihm, daß an diesem Gerücht etwas dran sein könnte. Es schien seinen Verdacht zu bestätigen, daß nicht alle ägyptischen Pyramiden so stumm waren, wie immer behauptet wurde, und er beschloß, der Sache nachzugehen.

Dem Gerücht nach hatte jemand in der Totenstadt von Memphis frühmorgens einen Schakal oder Wüstenfuchs gesehen, der regungslos neben einer verfallenen Pyramide verharrt hatte. Es schien, als wollte das Tier den *reis* oder Vorarbeiter, der ihn erspäht hatte, necken oder ihn auffordern, ihm zu folgen. Langsam ging der Schakal zur Nordseite der Pyramide, hielt einen Moment inne und verschwand dann in einem Loch. Der verblüffte Araber beschloß, dem Tier zu folgen. Er schlüpfte durch das enge Loch und fand sich im dunklen Innern der Pyramide wieder. Er kroch vorwärts und gelangte bald in eine Kammer. Als er seine Fackel hochhielt, sah er, daß die Wände vom Boden bis zur Decke mit Hieroglyphen bedeckt waren. Sie waren mit äußerster Kunstfertigkeit in den harten Kalkstein gemeißelt und türkis und golden bemalt. Der *reis* war über eine der bedeutendsten archäologischen Entdeckungen des späten 19. Jahrhunderts gestolpert – verschlüsselte Botschaften, die die Wissenschaft auf ihrem Weg zur Lösung des Pyramidenrätsels ein entscheidendes Stück weiterbringen sollten.

Es entbehrt nicht einer gewissen Ironie, daß die Texte mit Hilfe eines Schakals entdeckt wurden. Im alten Ägypten gab es zwei Schakalgötter, die vermutlich verschiedene Aspekte desselben göttlichen Urbilds verkörperten. Der erste und bekanntere war Anubis, der in ägyptischen Grabmälern immer in derselben Funktion dargestellt wird: Er überwacht das rituelle «Wägen des Herzens», die gefürchtete letzte Prüfung des Toten, die darüber entscheidet, ob seine Seele in das Reich des Osiris aufgenommen wird oder nicht. Es wurden auch hölzerne Skulpturen des Anubis angefertigt und als Wächter in die Gräber der Pharaonen gestellt. Ein besonders schönes Exemplar befand sich im Grab des jungen Tut-ench-Amun und ist heute im Ägyptischen Museum in Kairo zu sehen. Der zweite Schakalgott war Wepwawet oder Upuaut, der «Öffner der Wege». Nach ihm benannte Gantenbrinks Team seinen Roboter.

Aus den alten Texten geht der Unterschied zwischen Anubis und Upuaut nicht hervor, aber wie Robert Temple in seinem Buch *Das Sirius-Rätsel* erwähnt, setzte man Anubis mit Sirius gleich, dem hellsten Stern im Sternbild Großer Hund. Upuaut schien mit dem nördlicheren Sternbild Kleiner Hund identifiziert worden zu sein. (Der Schakal spielt auch bei unserer Suche nach der Lösung des Orion-Rätsels eine Rolle, und ich sollte «meinem» Schakal in Gizeh begegnen, kurz bevor ich eine große Entdeckung machte.)

II. PARLEZ VOUS FRANÇAIS?

Die näheren Umstände der Entdeckung der Pyramidentexte sind bis heute nicht eindeutig geklärt. Dies hängt unter anderem mit der Tatsache zusammen, daß in den siebziger Jahren des vorigen Jahrhunderts in Ägypten unruhige Verhältnisse herrschten. Die innenpolitische Situation war angespannt, und Unruhen drohten, vielleicht gar ein Bürgerkrieg. Es mehrten sich die offenen Proteste gegen die Anwesenheit von Ausländern, und man fürchtete einen Aufstand gegen den Marionetten-Khediven Taufik Pascha.[1] In Großbritannien hielt sich eine Kriegsflotte bereit, um nach Ägypten zu segeln und gegen die Rebellen und ihren Führer Achmed Arabi vorzugehen, falls diese weiter die Autorität des Khediven unterminierten und die Europäer in Kairo und Alexandria bedrohten.[2] Inmitten dieses politisch instabilen Klimas sorgte das Gerücht über die Entdeckung der Inschriften für zusätzliche Sorge und Verunsicherung unter den ausländischen Archäologen in Kairo, die nicht nur um ihren Lebensunterhalt, sondern auch um ihre archäologischen Schätze bangten.

Im allgemeinen wird die Entdeckung der Pyramidentexte Gaston Maspero zugeschrieben, obwohl der wahre Ablauf der Ereignisse, die zu dem aufsehenerregenden Fund führten, nach wie vor im dunkeln liegt. Es ist zwar ausreichend belegt, daß er am 28. Februar 1881 als erster die Pyramide des Unas betrat, aber man weiß auch, daß Auguste Mariette (1821–81), Leiter der ägyptischen Altertümerverwaltung, zu diesem Zeitpunkt bereits zwei andere, mit Inschriften versehene Pyramiden heimlich erforscht hatte.[3]

Es heißt, daß der arabische *reis*, wahrscheinlich enttäuscht darüber, daß er in der kleinen Pyramide keinen «richtigen» Schatz entdeckt hatte, seinen Fund der Altertümerverwaltung meldete. Somit erfuhr auch Auguste Mariette davon, der der führende Ägyptologe seiner Zeit war und den ehrenvollen Titel «Pascha» trug. Mariette war in Boulogne geboren und lebte seit 1851 in Ägypten. Schon wenige Monate nach seiner Ankunft hatte er sich mit der Entdeckung des Serapeums in Sakkara einen Namen gemacht, dem riesigen Labyrinth aus unterirdischen Gängen, die Dutzende von massiven Sarkophagen mit den heiligen Apis-Stieren von Memphis enthielten. Mariette gewann bald die Freundschaft des Khediven Said und später auch seines Sohnes Ismail, der ihn mit weitreichenden Befugnissen ausstattete. Mariette gründete den Service des Antiquités de l'Égypte, den Vorläufer der späteren ägyptischen Altertümerverwaltung, und das Museum von Bulak, aus dem später das Ägyptische Museum wurde, das sich heute in Kairo am Tahrir-Platz befindet. Mariette war der erste Leiter der Altertümerverwaltung, was damals in Ägypten eine einflußreiche Position war. Er überwachte den Handel mit Altertümern und die Vergabe von Ausgrabungslizenzen an ausländische Institutionen.

Als 1880 die Pyramidentexte entdeckt wurden, war Mariettes Name jedem Ägypter ein Begriff. Er hatte sich als Archäologe einen hervorragenden Ruf erworben. Allerdings war er auch dafür bekannt, starrsinnig und autoritär zu sein, was ihn mehr als einmal in Schwierigkeiten mit seinen politischen Gönnern gebracht hatte.[4] Und Mariettes Stern war damals schon im Sinken: Er war ein erschöpfter, kranker Mann und hatte seine Frau und sein einziges Kind in einer Pestepidemie verloren. Mariette herrschte über die Totenstadt von Memphis, wo er außer dem Serapeum noch weitere archäologische Schätze entdeckt hatte, wie ein Monarch über sein Reich.

Es war allgemein bekannt, daß Mariette als junger Mann ein Querkopf gewesen war. Er war ursprünglich im Auftrag des Louvre nach Ägypten gesandt worden, nicht etwa um Ausgrabungen durchzuführen, sondern um koptische Manuskripte ausfindig zu machen, für deren Erwerb man ihm die entsprechenden Mittel zur Verfügung gestellt hatte. Statt dessen folgte Mariette seinem Instinkt und finanzierte mit dem Geld Ausgrabungen in Sakkara, für die er keinerlei Genehmigung besaß. Glücklicherweise hatte ihn sein Gefühl nicht getrogen, und er entdeckte das Serapeum. Die Kuratoren des Louvre verziehen ihm und schickten sogar noch mehr Geld, damit er die Ausgrabungen fortsetzen konnte.[5] Aber dies gehörte nun endgültig der Vergangenheit an. Der alte, müde Mariette weigerte sich, seinen jüngeren Kollegen dieselben Freiheiten einzuräumen, die er sich selbst einmal genommen hatte. Als man ihn auf die Gerüchte über die Pyramide aufmerksam machte, lehnte er es nicht nur ab, ihnen nachzugehen, sondern ließ es auch nicht zu, daß andere sich der Sache annahmen. Trotz dringender Bitten seitens Masperos und anderer hielt er an seiner sturen, selbstherrlichen Haltung fest. Er hielt es für reine Zeit- und Geldverschwendung, diese bisher unerforschten Pyramiden zu erkunden, und versteifte sich auf den Standpunkt, daß Pyramiden nun einmal Gräber seien und folglich auch nicht «sprechen» könnten. Da sie ganz offenkundig *muettes* (stumm) seien, könnten sie unmöglich Inschriften enthalten. Seine Kollegen, darunter auch Maspero, beschlossen, die Sache auf sich beruhen zu lassen.

Wenn man es recht bedenkt, war Mariettes Argument nicht so leicht von der Hand zu weisen. Selbst der optimistische Maspero mußte zugeben, daß sämtliche Pyramiden, die man bis dahin geöffnet hatte, darunter auch die Pyramiden von Gizeh, keine einzige Inschrift aus ihrer Entstehungszeit enthielten. Eine Ausnahme waren die relativ bedeutungslosen Graffiti.[6] Es gab keinen Grund zu der Annahme, daß es sich mit den kleineren Pyramiden in Sakkara anders verhielt. Der einzige gegenteilige Hinweis war das Gerücht über den Schakal, das Maspero ernst nahm, Mariette aber wenig beeindruckte und nur zu dem üblichen Einwand veranlaßte: «Wenn die Pyramiden Texte enthalten würden, wären sie doch keine Gräber mehr, oder?»[7] Maspero bemerkte später: «Mariettes Meinung zum Thema Pyramiden war hinreichend bekannt: Im Vorwort zu seiner unvollendeten Arbeit über die Mastabas versuchte er nicht nur nachzuweisen, daß sie keinerlei Texte enthielten, sondern vertrat auch die Ansicht, daß sie nie irgendwelche Inschriften enthalten hätten und daß es eine Verschwendung an Zeit und Geld wäre, sie zu öffnen ...»[8]

Am Anfang des Jahres 1880 löste sich zumindest das finanzielle Problem. Die französische Regierung ließ der ägyptischen Altertümerverwaltung eine großzügige Spende über 10 000 Francs zukommen, unter der Bedingung, daß zumindest eine der ungeöffneten Pyramiden in Sakkara erforscht würde. Maspero hatte dringend um diese Mittel gebeten, in der Hoffnung, Mariette dadurch umstimmen zu können. Seine Strategie war erfolgreich, aber die Dinge nahmen trotzdem einen anderen Verlauf, als Maspero gehofft hatte:

«Die Arbeiten, die im April 1880 unter der Führung des Reis Muhammad Chahin begannen, führten zur Entdeckung von zwei zerstörten Kammern und einem Gang, die mit Hieroglyphen bedeckt waren. Monsieur Mariette überreichte mir die Abdrücke, die Mr. Emile Brugsch-Bey von den Inschriften genommen hatte, ohne mich über deren Herkunft aufzuklären. Er bat mich, sie zu untersuchen und zu übersetzen. Ich erkannte auf den ersten Blick, daß es sich um Texte aus der Pyramide von Pepi I. handelte.»[9]

Laut Maspero behauptete Mariette, daß diese Texte nicht aus einer Königspyramide stammten, sondern aus dem großen Mastaba-Grab eines Adligen:

«Monsieur Mariette hatte sich so in seine Theorie von den ‹stummen› Pyramiden verrannt, daß er anfangs nicht zugeben wollte, daß das Grab, aus dem die Inschriften stammten, eine Pyramide war und daß sie als Grabstätte Pepis I. gedient hatte. Seiner Meinung nach handelte es sich lediglich um eine besonders große Mastaba, die einer gewöhnlichen Privatperson gehört hatte ...»[10]

Am 4. Januar 1881 gab Mariette endlich nach. Es war vielleicht seine letzte Chance, in die Geheimnisse der Pyramiden eingeweiht zu werden. Widerstrebend beauftragte er seinen Mitarbeiter Emile Brugsch, diesem lästigen «Schakal-Gerücht» auf den Grund zu gehen.

Einige Tage später berichtete Brugsch, daß die Geschichte des *reis* stimmte. Die Inschriften waren nicht in einer Mastaba, sondern in einer Pyramide gefunden worden.[11] Doch für Mariette war es zu spät. Der große Archäologe lag auf dem Sterbebett und sollte die Texte nicht mehr mit eigenen Augen sehen. Am 19. Januar 1881 starb er in Bulak, nicht weit entfernt von dem berühmten Museum, das er gegründet hatte. Sein einbalsamierter Leichnam liegt heute in einem Sarkophag im Garten des Ägyptischen Museums in Kairo. Auf dem Grabmal erhebt sich eine Bronzestatue von ihm, auf deren Gedenktafel zu lesen ist: «A Mariette Pasha, L'Égypte Reconnaissante.»

Wie nicht anders zu erwarten, trat Maspero Mariettes Erbe an und wurde umgehend zum Leiter des Service des Antiquités de l'Égypt ernannt. Es war nicht schwer zu erraten, welche Maßnahmen er zuerst ergreifen würde: Mit den weitreichenden Befugnissen seines Amtes ausgestattet, konnte er nun die vollständige Erforschung der vernachlässigten kleinen Pyramiden in der Totenstadt von Memphis in Angriff nehmen.

So kam es, daß Maspero in der zweiten Februarwoche 1881, unter einer strahlenden Wintersonne, das archäologische Unternehmen in generalstabsmäßiger Manier startete. Er beschloß, «die gesamte Frontseite der Totenstadt von Memphis in Angriff zu nehmen, daß heißt von Abu Roasch bis Lischt ...».[12] Die Pyramiden von Pepi I. und Merenre waren bereits von Brugsch geöffnet worden, und es sollten weitere «schnelle Erfolge folgen. Am 28. Februar wurde Unas geöffnet, am 13. April Pepi II. und Neferirkare und am 29. Mai Teti ...» Bis Ende 1882 wurden noch weitere Pyramiden erforscht, aber keine neuen Inschriften mehr gefunden. Trotzdem vermeldete Maspero stolz, daß «in weniger als einem Jahr fünf der sogenannten ‹stummen› Pyramiden gesprochen hatten ...».[13]

Das war mehr, als er sich je hatte träumen lassen. Man hatte buchstäblich Tausende von Zeilen in Hieroglyphenschrift gefunden. Als Maspero die Fülle des Textmaterials beschreibt, ist ihm seine freudige Erregung anzumerken: «Das Ergebnis ist beachtlich. Die Pyramiden haben uns an die 4000 Zeilen Hymnen und magische Formeln offenbart, deren überwiegender Teil ursprünglich aus der prähistorischen Periode der ägyptischen Geschichte stammt.»

Die von ihm sehr vorsichtig geschätzte Entstehungszeit liegt um das Jahr 3200 v. Chr., beinahe zwei Jahrtausende vor der Entstehung des Alten Testaments und über 3400 Jahre vor der Niederschrift der ersten christlichen Evangelien. Die Pyramidentexte stellen das älteste religiöse Schrifttum dar, das je gefunden wurde.

Von den fünf erforschten Pyramiden enthielt die des Unas, des letzten Königs der 5. Dynastie (ca. 2300 v. Chr.), die größte Anzahl von Texten; sie sind nicht nur die ältesten, sondern auch die prächtigsten der gesamten Sammlung. Maspero war der erste Mensch in der Neuzeit, der die Kammern dieser Pyramide betrat und die Texte sah. Er mußte gebückt durch den niedrigen, absteigenden Gang gehen, bis er in die Kammer mit dem Sarkophag und der wunderschönen giebelförmigen Decke gelangte. Dort betrachtete er mit ehrfürchtigem Staunen die kunstvoll gemeißelten Hieroglyphen an den Wänden.

Maspero stand nun vor der schwierigen Aufgabe, die Inschriften, die er entdeckt hatte, zu übersetzen und zu deuten. Er schrieb: «Es befinden sich drei verschiedene Arten von Texten an den Wänden: rituelle Texte, Gebete und Zauberformeln.»[14] Leider bediente sich Maspero einer ungeschickten Wortwahl, die, wie viele ähnlicher Kommentare, die Bedeutung der Textsammlung schmälerte. Indem Maspero die Pyramidentexte – eine der bedeutendsten archäologischen Entdeckungen, die je gemacht wurden – praktisch als Produkte eines heidnischen Aberglaubens hinstellte, heftete er ihnen das Etikett der Belanglosigkeit an. Wie viele andere nach ihm war Maspero nicht in der Lage, den astronomischen Gehalt der Texte zu erkennen, geschweige denn das bedeutsame geheime Wissen, das in ihnen zum Ausdruck kam.

Maspero benötigte fünf Tage, um mit Emile Brugschs Hilfe die Texte in der Pyramide von Unas abzuschreiben. Innerhalb weniger Wochen hatte er eine erste Übersetzungsversion angefertigt, die er in dem offiziellen Mitteilungsblatt der Mission Archéologique d'Égypte veröffentlichte. Er schrieb später:

«Ich verheimlichte nicht die Tatsache, daß diese vorläufige Übersetzungsversion sehr eilig angefertigt wurde und es möglicherweise besser gewesen wäre, mit der Veröffentlichung noch zu warten. Doch ich ging davon aus, daß die Ägyptologen es in Anbetracht der Bedeutung der Texte vorziehen würden, möglichst bald eine Übersetzung in der Hand zu haben, als lange auf eine tiefschürfende Arbeit zu warten, und daß sie mir deshalb etwaige Irrtümer bei der Auslegung nachsehen würden.»[15]

Masperos Eingeständnis sollte sich als notwendig erweisen, denn seine Interpretation der Pyramidentexte war tatsächlich voreilig gewesen. Leider verbreiteten nicht nur er, sondern auch andere Ägyptologen Anfang des 20. Jahrhunderts zahlreiche falsche Urteile über die Pyramidentexte. In ihrem eifrigen Bemühen, Übersetzungen zu erstellen und Kommentare zu veröffentlichen, ließen sie sich zu sehr von ihren Gefühlen und ihrer christlichen Weltsicht leiten.

Das größte Unheil richtete ein amerikanischer Ägyptologe namens James Henry Breasted an, der 1912 den ernsthaften Versuch unternahm, die Pyramidentexte zu interpretieren. Breasted las in die Texte etwas hinein, was überhaupt nicht in ihnen enthalten war. Er glaubte, auf die Reste eines Kampfes zwischen einem Sonnen- und einem Sternenkult gestoßen zu sein, wobei der Sternenkult bereits im Niedergang begriffen und eigentlich nur noch aus nostalgischen Gründen vorhanden gewesen sei:

«Die stellaren Bilder stammen zweifellos aus einer früheren Zeit, als sie noch unabhängig von den solaren Bildern existierten ... es ist offenkundig, daß die stellaren Vorstellungen von den solaren verdrängt wurden ... der Sonnenglauben ist so dominierend, daß wir davon ausgehen können, daß die Pyramidentexte in ihrer Gesamtheit und in der Form, in der sie uns heute erhalten sind, auf einem Sonnenkult basieren.»[16]

Breasted kam folglich zu dem Schluß, daß man dem Sternenkult keine Beachtung schenken müßte. Er richtete sein ganzes Augenmerk auf das, was er für das zentrale Thema der Pyramidentexte hielt: den Sonnenkult. Das unvermeidliche Ergebnis war, daß Breasted auch die Pyramiden eng mit dem Sonnenkult in Verbindung brachte und ihnen und ihrer symbolischen Funktion für lange Zeit seinen «solaren» Stempel aufdrückte. Schließlich war Breasted nicht irgendein Ägyptologe: Gegen Ende seiner «glänzenden Laufbahn» hätte man mit seinen akademischen Titeln und wissenschaftlichen Verdiensten zwei ganze Buchseiten füllen können. Breasted wurde zum «wahren Begründer der Ägyptologie in der Neuen Welt» erhoben.[17]

James Henry Breasted (1865–1935) stammte aus «einem gediegenen Elternhaus im Mittleren Westen und hatte ursprünglich Pfarrer werden wollen». Sein Interesse für die Völker der Antike führte ihn schließlich zum Studium der «Länder der Bibel», obwohl er nach wie vor von «einem starken Sendungsbewußtsein erfüllt war».[18] Er arbeitete zunächst als Gehilfe in verschiedenen Apotheken und machte 1882 seinen Abschluß in Pharmazie. Danach studierte er in Chicago Hebräisch und wechselte 1890/91 auf die Yale University. Dort begann er, sich für das Studium der Ägyptologie zu interessieren, was seine lebenslange Leidenschaft werden sollte. 1892 ging er nach Berlin, wo er bei dem deutschen Philologen Dr. Adolf Erman studierte und sich allmählich einen Namen machte. J. D. Rockefeller Jr., der eines Tages auf ihn aufmerksam wurde und mit dem ihn bald eine freundschaftliche Beziehung verband, unterstützte Breasted 1924 mit einer Spende, die ihm unter anderem die Gründung des Oriental Institute in Chicago ermöglichte – dem ersten ägyptologischen Lehrstuhl in den USA. Mit Hilfe weiterer finanzieller Unterstützung Rockefellers gelang es Breasted, das Oriental Institute zum führenden ägyptologischen Institut der Neuen Welt zu machen, was ihm die Hochachtung von Kollegen und Studenten gleichermaßen einbrachte.[19] Angesichts seiner einflußreichen Stellung und seines hohen akademischen Ansehens hätten es wohl nur wenige gewagt, Breasteds weithin anerkannte Ansichten öffentlich in Frage zu stellen.

Zweifellos hat Breasted einen enormen Beitrag zur Ägyptologie geleistet, doch das ändert nichts an der Tatsache, daß seine christlich geprägte Weltsicht und seine Überzeugung, daß die Pyramidentexte auf einer monotheistischen Sonnenreligion beruhten, beinah jeden Weg zu einer Neuinterpretation versperrt hätten. Viele Ägyptologen waren der Meinung, daß Breasteds Auslegung nicht ganz schlüssig war und die astronomischen und stellaren Elemente der Texte genauer untersucht werden müßten. Da Breasteds Sonnentheorie jedoch bei anderen einflußreichen Ägyptologen großen Anklang fand, blieben seine Ansichten lange Zeit unangefochten.

Breasted war von der geheimnisvollen Religion der alten Ägypter fasziniert. In seinem Buch *The Development of Religion and Thought in Ancient Egypt* machte er es sich zur Aufgabe, die Entwicklung religiöser Vorstellungen im alten Ägypten aufzuzeigen. Er hielt die Pyramidentexte für das aufpolierte Machwerk «mehrerer aufeinanderfolgender, willkürlich vorgehender Bearbeiter».[20] «Was beinhalten die Pyramidentexte?» fragte er in seinem Buch und gab seiner breiten, interessierten Leserschaft folgende Antwort:

«... man kann im wesentlichen von sechs unterschiedlichen Textbestandteilen sprechen:

1) Ein Begräbnisritual und ein Ritual für die Totenopfer am Grab
2) Zaubersprüche
3) Sehr alte Rituale der Anbetung
4) Alte religiöse Hymnen
5) Fragmente alter Mythen
6) Gebete und Bittgesuche für den toten König.»[21]

Breasted reduzierte die Pyramidentexte zum archaischen Hokuspokus abergläubischer Priester-Magier, die sehr merkwürdige Vorstellungen von den jenseitigen Problemen ihrer verstorbenen Könige hatten. Man konnte das schwerlich noch als Religion bezeichnen. Breasteds Ansicht nach entwickelten sich echte religiöse Vorstellungen erst viel später, während der Regierungszeit des «ketzerischen» Pharaos Echnaton (ca. 1350 v. Chr.).

Zu diesem Zeitpunkt, so Breasted, wandelte sich der Sonnenkult zu einem Sonnenglauben mit monotheistischen Zügen. Dieser Prozeß wurde angeblich durch den neuen Aton-Kult ausgelöst, den der feinsinnige und sanftmütige Pharao Echnaton eingeführt hatte.[22] Breasted sah in Echnatons berühmten Großvater, dem großen Thutmosis III., den Führer einer «nationalen Priesterschaft, wie es sie bis dahin im Nahen Osten noch nicht gegeben hatte, und den ersten Pontifex maximus» unter dem Gott Amun. Indem Breasted Thutmosis III. zu einer Art pharaonischem Papst erhob, dessen Amt er auch als «amunistisches Papsttum» bezeichnete, suggerierte er bei seiner amerikanischen Leserschaft eine beinahe jüdisch-christliche Vorstellung von dem seltsamen Enkel von Thutmosis III. Breasted bediente sich einer Terminologie, die Echnaton zum Vorboten einer monotheistischen Religion werden ließ, in der die Sonne – oder besser: die Sonnenscheibe – Symbol des einen Gottes, des «Wortes» ist.[23]

Diese Darstellung wird Breasteds Leserschaft nicht sonderlich überrascht haben, denn viele hielten Moses für einen Zeitgenossen Echnatons. Es wurde von mancher Seite sogar behauptet, daß Moses an der Entwicklung und der Verschmelzung des monotheistischen, hebräischen Glaubens mit der Religion der Pharaonen maßgeblich beteiligt gewesen sei.[24] Trotz allem ließ sich der Sternenkult, der auf der polytheistischen Sternenverehrung der Babylonier beruhte und deshalb mit dem hebräischen Glauben unvereinbar war, nicht wegdiskutieren. Die Pyramidentexte enthielten eindeutige stellare Elemente, die Breasted und seinen Vorgängern nicht ins Konzept paßten. Die Sternentheorie wurde als unausgegoren abgetan, denn sie hätte ja den «reinen» Sonnenglauben der Pyramidenzeit beschmutzen können.

Wegen dieser mangelhaften ersten Studien wäre einer der wichtigsten Schlüssel zum wahren Verständnis der Pyramidentexte fast verlorengegangen: die allegorische Astronomie. Verschüttet unter einem Berg akademischer Erläuterungen, die auf Masperos Veröffentlichungen folgten, wäre der astronomische Erklärungsansatz vielleicht nie beachtet worden, hätte man nicht 1982, ein Jahrhundert nach der Entdeckung der Pyramidentexte, einen schicksalhaften Fund gemacht. Wir werden in späteren Kapiteln auf dieses Ereignis zu sprechen kommen. Zunächst möchten wir jedoch auf die Texte selbst und auf ihre Beziehung zu dem weit bekannteren ägyptischen *Totenbuch* eingehen. Das *Totenbuch* ist eine Sammlung ähnlicher Texte, stammt jedoch aus späterer Zeit und ist auf Papyrus geschrieben. Mit diesem Grundwissen ausgerüstet, werden wir dann zum Kern unseres Rätsels vordringen: der Rolle des Sternbilds Orion in der ägyptischen Religion.

III. DAS «ALTE TESTAMENT» DER ÄGYPTER

Wie wir bereits erwähnten, handelt es sich bei den Pyramidentexten um Hieroglyphen-Inschriften, die auf die inneren Wände einer Pyramide aus der 5. Dynastie und vier weiterer aus der 6. Dynastie gemeißelt sind. Ihre Entstehungszeit liegt folglich zwischen dem Bau der frühesten Pyramide (Unas), ca. 2300 v. Chr., und dem der letzten (Pepi II.), ca. 2100 v. Chr. Allerdings handelt es sich selbst bei diesen ältesten uns bekannten religiösen Schriften nicht um die Originale. Sie gehen vielmehr auf ein noch älteres, verlorengegangenes Urmaterial zurück.

Wir können uns glücklich schätzen, daß die Texte, seit sie auf die Wände der Pyramiden gemeißelt wurden, nicht durch die Hand von Bearbeitern oder Schreibern weiter verfälscht wurden – wie es bei anderen religiösen Texten, beispielsweise der Bibel, geschah. Es ist bedauerlich, daß sich in den letzten Jahrzehnten vergleichende Religionswissenschaftler und Experten für Philosophiegeschichte so wenig für diese Texte interessiert haben.

In Anbetracht der weit entwickelten Theologie und Mythologie, die in den Pyramidentexten zum Ausdruck kommt, und der Tatsache, daß die Texte speziell bei königlichen Zeremonien und Riten in der glanzvollen Ära der Pyramidenzeit eingesetzt wurden, läßt sich zweifelsfrei sagen, daß die Kopien, die uns auf den inneren Wänden der Pyramiden erhalten sind, tatsächlich aus älteren, nicht mehr vorhandenen Quellen stammen. Wie lange vor Unas' Regierungszeit wurden diese Urtexte verfaßt?

Diese Frage läßt sich vielleicht am besten beantworten, wenn man untersucht, wie der Entdecker der Texte, Gaston Maspero, und andere Gelehrte, Ägyptologen und Übersetzer nach ihm die Pyramidentexte einordneten. In einem Vortrag, den Maspero kurz nach seinem Fund hielt, sprach er von «4000 Zeilen Hymnen und magische Formeln [...], deren überwiegender Teil ursprünglich aus der prähistorischen Periode der ägyptischen Geschichte stammt». Selbst die moderne Chronologie datiert das «prähistorische» Ägypten auf spätestens ca. 3200 v. Chr. – eine Datierung, die Maspero und seine Zeitgenossen sogar noch für sehr vorsichtig gehalten hätten.

1912 schrieb Breasted über die Pyramidentexte:

«Entgegen landläufiger Meinung ist die bedeutendste religiöse Schriftsammlung Ägyptens nicht etwa das *Totenbuch*, sondern eine weit ältere Literatur, die wir heute als Pyramidentexte bezeichnen. Diese Texte, die noch in den Pyramiden der 5. und 6. Dynastie in Sakkara erhalten sind, bilden das älteste, uns erhalten gebliebene Schrifttum der antiken Welt und geben Aufschluß über das früheste Kapitel in der Geistesgeschichte der Menschheit ...»[25]

Seit Breasted dies niederschrieb, gab es hinsichtlich der Einordnung der Pyramidentexte einige Verwirrung. In der ersten Hälfte unseres Jahrhunderts herrschte unter Ägyptologen (vor allem in nicht-akademischen Kreisen) die weitverbreitete Unsitte, die Bestattungsliteratur und viele andere altägyptische Texte unterschiedslos als «Totenbuch» zu bezeichnen, wobei man die Pyramidentexte für dessen älteste Fassung hielt. Für diesen Trend war unter anderem Professor Wallis-Budge verantwortlich:

«Die Geschichte der umfangreichen Sammlung religiöser Schriften, die das *Totenbuch* der alten Ägypter enthält, läßt sich klar in vier Perioden unterteilen, denen sich wiederum vier verschiedene Fassungen zuordnen lassen:

I. Die Fassung, die die Priester des Kollegs von Annu (das On der Bibel und das Heliopolis der Griechen) erstellten und die auf einer Reihe nicht mehr vorhandener Texte basiert, ... ist uns in fünf Exemplaren erhalten, die in Wände und Gänge der Pyramiden aus der 5. und 6. Dynastie in Sakkara eingemeißelt sind. Es wurden Teile davon auch auf Gräbern, Sarkophagen, Särgen, Stelen und Papyri aus der Zeit zwischen der 11. Dynastie und etwa 200 n. Chr. gefunden.

II. Die thebenaische Fassung, die gewöhnlich in Hieroglyphenschrift auf Papyri niedergeschrieben wurde, war in verschiedene Abschnitte oder Kapitel unterteilt, die eigene Überschriften hatten, für die es aber keine festgelegte Reihenfolge gab. Diese Version wurde häufig zwischen der 18. und 20. Dynastie verwendet.

III. Eine Fassung, die der vorhergehenden sehr ähnelt. Sie wurde in hieratischer, aber auch in hieroglyphischer Schrift auf Papyri geschrieben. In dieser Fassung, die etwa in der 20. Dynastie benutzt wurde, hatten die Kapitel keine festgelegte Reihenfolge.

IV. Die sogenannte Saiten-Fassung, deren Kapitel vermutlich irgendwann vor der 26. Dynastie in eine festgelegte Reihenfolge gebracht wurden. Sie wurde auf Hieratisch und in Hieroglyphenschrift niedergeschrieben und hauptsächlich zwischen der 26. Dynastie und dem Ende der Ptolemäerzeit benutzt.»[26]

Budges Einteilung ist alles andere als zufriedenstellend. Seine Fassungen II, III und IV weisen zwar viele Gemeinsamkeiten auf, unterscheiden sich jedoch deutlich von den Pyramidentexten. Darüber hinaus werden die Pyramidentexte mit viel späteren Texten, wie den Sargtexten, in einen Topf geworfen.

Die Zusammenfassung der ägyptischen religiösen Schriften unter der Bezeichnung «Totenbuch» hat verhindert, daß die Pyramidentexte von wissenschaftlicher Seite differenziert beurteilt und in ihrer Einzigartigkeit wahrgenommen wurden.

Immerhin fügte Budge noch an, daß die Pyramidentexte «Belege dafür enthalten, daß sie lange vor der Regierungszeit König Menes' (ca. 3300 v. Chr.) nicht nur verfaßt, sondern auch bearbeitet [...] wurden ...».[27] Dr. Edwards bestätigte 1947 Budges Aussage: «Die Pyramidentexte sind zum größten Teil sicher nicht in der 5. oder 6. Dynastie entstanden, sondern früher.»[28] Es gibt keinen Grund, diese Einschätzung zu bezweifeln. Wir glauben sogar, daß die Pyramidentexte und die in ihnen enthaltene Sternenreligion viele Jahrhunderte vor der 5. Dynastie entstanden.

Die Erstellung einer endgültigen Übersetzung der Pyramidentexte erwies sich als langwieriges Unterfangen. Nach Masperos vorschnellem Versuch widmeten sich deutsche Wissenschaftler intensiv dieser Aufgabe. Dr. Kurt Sethes Pionierarbeit (1910–12) sei hier an erster Stelle genannt. In den fünfziger und sechziger Jahren folgten einige englische Übersetzungen, die erste von Samuel B. Mercer, Professor für semitische Sprachen und Ägyptologie an der Universität von Toronto, dann eine weitere von Alexander Piankoff, der allerdings nur die Inschriften aus der Unas-Pyramide übersetzte.[29] 1969 veröffentlichte schließlich der angesehene britische Philologe Raymond Faulkner seine Übersetzung mit dem Titel *The Ancient Egyptian Pyramid Texts*[30], die bis heute als die beste Fassung gilt. 1986, etwa 100 Jahre nach Entdeckung der Pyramidentexte, erschien seine Übersetzung als Taschenbuch, 1993 folgte eine Neuauflage. Faulkner, der vom Alter und Inhalt der Inschriften beeindruckt war, schrieb:

«Die Pyramidentexte ... stellen die älteste, uns erhaltene Sammlung ägyptischer religiöser Texte und Bestattungsliteratur dar. Darüber hinaus wurden sie von allen Textsammlungen dieser Art am wenigsten verfälscht ... Unter diesen sehr alten Texten gibt es auch einige, die etwa aus derselben Zeit stammen wie die Pyramiden, in die sie eingemeißelt wurden ...»[31]

Wir können also davon ausgehen, daß wir es mit Texten zu tun haben, deren überwiegender Teil lange vor der 5. Dynastie entstand. Obwohl das älteste Exemplar in der Pyramide des Unas, dem letzten König der 5. Dynastie, gefunden wurde, war ich mir sicher, daß sich die Texte auf eine Religion und auf Rituale bezogen, die in der 4. Dynastie praktiziert wurden – in der Periode, in der auch die gigantischen Pyramiden von Gizeh und Dahschur entstanden. Ich ging davon aus, daß ich mich mit dieser Datierung im Einklang mit der allgemeinen Lehrmeinung befand. Schließlich stimmten alle Ägyptologen, die sich mit den Pyramidentexten beschäftigt hatten, darin überein, daß die Texte sehr altes Material enthielten, das vor der Pyramidenzeit entstanden war.

Ich stellte allerdings bald fest, daß sich die Ägyptologen zwar schnell darin einig waren, daß die Pyramidentexte älter als die 5. Dynastie sein mußten, gleichzeitig jedoch bemängelten, daß es dafür keine eindeutigen Belege gäbe. Ich fand diese Haltung sehr widersprüchlich: Entweder man akzeptiert auf der Grundlage philologischer Studien, daß die Texte sehr altes Gedankengut enthalten, oder man stellt sich auf den Standpunkt, daß sie nicht vor der 5. Dynastie entstanden sein können. Es war offensichtlich, daß die in den Pyramidentexten enthaltenen Vorstellungen nicht nur während der Regierungszeit König Unas' existiert haben konnten, sondern daß es möglicherweise Jahrhunderte gedauert hatte, bis sie sich zu einer königlichen Staatsreligion entwickelt hatten. Trotzdem verlangten die Ägyptologen eindeutige Beweise, die noch nicht zu erbringen waren. Viele Wissenschaftler verwerfen die philologischen Beweise, die in solchen Fällen eigentlich genügen sollten, und bestreiten, daß die Texte vor der Regierungszeit Unas' oder gar vor der 4. Dynastie entstanden sein können.

Diese paradoxe Haltung führte in eine wissenschaftliche Sackgasse, aus der einige mutige Forscher schließlich Auswege aufzeigten.[32] Viele Wissenschaftler zogen es vor, sich mit den

Pyramidentexten erst gar nicht zu beschäftigen, um sich nicht an einer Debatte beteiligen zu müssen, die möglicherweise ihrem akademischen Ruf hätte schaden können. Nur wenige hatten Interesse daran, sich mit archaischem Textmaterial zu befassen, von dem es hieß, daß es eine «willkürliche» Ansammlung von «Zaubersprüchen und Hymnen» sei und gar nicht oder nur wenig zum Verständnis altägyptischer Vorstellungen und «Wissenschaften» beitragen könne. Außerdem hatten Breasted und andere ja bereits genug über die Pyramidentexte geschrieben.

Die Weigerung, den Inhalt der Pyramidentexte auf die 4. Dynastie oder früher rückzudatieren, läßt sich in vieler Hinsicht mit dem Standpunkt vergleichen, daß die vier Evangelien (das erste datiert aus dem 4. Jahrhundert) nicht in das 3. Jahrhundert oder gar in die Zeit, in der Jesus lebte, «rückdatiert» werden könnten, obwohl wir wissen, daß das Christentum zu diesem Zeitpunkt im Nahen Osten und in Rom bereits weit verbreitet war. Im Gegensatz zu dem intensiven Studium altchristlicher Texte in Hunderten von wissenschaftlichen Einrichtungen auf der ganzen Welt (die geistlichen nicht mitgerechnet) scheinen viele Ägyptologen, was die Untersuchung der Pyramidentexte angeht, in eine Art akademische Totenstarre verfallen zu sein. Ein gutes Beispiel hierfür ist ein Brief, den ich von Cathleen Keller erhielt, Professorin für Ägyptologie an der University of California in Berkeley. Sie wies darauf hin, daß die uns überlieferten Exemplare der Pyramidentexte (frühestens) auf das Ende der 5. Dynastie zu datieren sind, ein wenig später als die Bauzeit der Pyramiden von Gizeh, und riet uns deshalb, mit unserer Datierung auf die 4. Dynastie vorsichtig zu sein.[33]

Cathleen Keller räumte jedoch ein, daß «viele Kollegen nicht so vorsichtig sind und häufig die Gizeh-Anlage mit Ritualen aus den Pyramidentexten in Verbindung bringen». Allerdings ließ sie uns darüber im unklaren, was sie eigentlich mit «vorsichtig» meinte. Ich halte die Rückdatierung auf die 4. Dynastie für vorsichtig genug, vor allem, wenn man bedenkt, daß der Großteil der uns erhaltenen Pyramidentexte auf älteren Vorlagen basiert.

1959 hatte der bekannte Ägyptologie-Professor R. T. Rundle Clark bereits gewarnt: «Übertriebene Vorsicht führt zu einem völlig falschen Verständnis ... Gerade für die Interpretation benötigt man jedoch Mut.»[34] Hier war endlich ein Ägyptologe, der die Ansicht vertrat, daß «man religiöse Literatur ohne eine gewisse Einfühlung in den Standpunkt ihrer Verfasser nicht verstehen kann».[35] Rundle Clark hielt die Pyramidentexte für die bedeutendste Leistung ihrer Zeit und bat seine Kollegen, sie auch «als solche einzuordnen und nicht als buntes Sammelsurium von Sprüchen, die zusammengefügt wurden, um die Ambitionen rivalisierender Priesterschaften zu befriedigen ...».[36] Je länger man sich mit den Texten befassen würde, so Rundle Clark, desto deutlicher würden ihre «literarische Qualität und ihr intellektueller Gehalt» zutage treten. Er appellierte an die Wissenschaft, die Texte in ihrer ganzen Bedeutung zu würdigen.

Mir wurde bald bewußt, was Rundle Clark mit dem Hinweis gemeint hatte, daß die Interpretation der Pyramidentexte Mut erfordere: Die vage Warnung von Dr. Keller war harmlos gegen den Brief eines Schweizer Professors in Kairo, in dem er mir unmißverständlich zu verstehen gab, daß ich das Thema lieber den «Experten» überlassen und mich mit Dingen befassen sollte, von denen ich etwas verstünde. Er riet mir, «die Sache aufzugeben und ein guter Ingenieur zu werden».[37]

Je länger ich recherchierte, desto unterschiedlicher reagierten die Akademiker. Manche meinten, nicht auf die «mathematischen» oder «astronomischen» Aspekte meiner These eingehen zu können, andere reagierten verblüfft, die meisten jedoch ließen sich, zumindest in der Anfangsphase, nicht einmal dazu herab, mir zu antworten. Ich hatte nicht nur den Eindruck, auf verbotenes Terrain vorzudringen, sondern auch, daß die Erforschung der Pyramidenzeit unter astronomischen Gesichtspunkten in ägyptologischen Kreisen absolut verpönt war: Das eine schien mit dem anderen unvereinbar zu sein. Dr. Keller faßte in ihrem Brief dieses Problem mit der Feststellung zusammen, daß vielen seriösen Ägyptologen die Beziehung zwischen astronomischen Phänomenen und der altägyptischen Architektur nicht behage. Sie gäben nur ungern zu, daß die astronomischen

Kenntnisse der alten Ägypter weniger von wissenschaftlicher Neugier als von religiösen Vorstellungen herrührten.[38]

Diese übervorsichtige Haltung und die Abneigung gegenüber der Astronomie hat dazu geführt, daß die Pyramidentexte selbst heute, mehr als 100 Jahre nach ihrer Entdeckung, unter Laien kaum bekannt sind, noch weniger natürlich die Sternenreligion oder die astronomischen Aspekte der Texte.

Zunächst möchten wir weiterverfolgen, was mit den Pyramidentexten seit ihrer Entdeckung 1880 geschah. Dann werden wir die Texte im Hinblick auf ihre wichtigsten Inhalte – die Pyramidenbauten, das Niltal bei Memphis und den Himmel über beiden – untersuchen.

IV. DAS FALSCHE PROGRAMM FÜR DIE DATEIEN

Wer mit Computern gearbeitet hat, weiß, was passiert, wenn man eine Datei aufruft, die mit einem inkompatiblen Textverarbeitungsprogramm erstellt wurde: Auf dem Bildschirm erscheint eine entstellte Version des Textes.

Etwas Ähnliches geschah mit den Pyramidentexten und den ägyptischen Pyramiden. Wir glauben, daß sie mit dem falschen Programm gelesen wurden. Wir sprechen nicht von der Übersetzung der Hieroglyphenschrift in eine moderne Sprache, schließlich setzen wir größtes Vertrauen in die Arbeit von Faulkner und seinen Kollegen, sondern von der Interpretation dieser Texte durch die Ägyptologen. Wir sind der Meinung, daß es einen Code gibt und wir diesen erst verstehen müssen, bevor wir die Pyramidentexte entschlüsseln und ihre wahre, geheime Bedeutung entdecken können.

Obwohl Maspero zwischen 1884 und 1894 nach und nach große Teile der Pyramidentexte veröffentlichte, fanden sie eigentlich nur in Fachkreisen Verbreitung, wie es bei neuen archäologischen Textfunden häufig der Fall ist. Beispielsweise wurden die berühmten, 1940 entdeckten Qumran-Schriften erst kürzlich einer breiten Leserschaft zugänglich gemacht. Ganz ähnlich verhielt es sich mit den Pyramidentexten, über die die Öffentlichkeit nach ihrer Entdeckung kaum etwas erfuhr. 1910 gab Sethe die «erste Standardausgabe» heraus, ein unhandliches, teures Werk in drei Bänden. (Sethe war es im übrigen, der die Bezeichnung «Spruch» einführte, um kleine Kapitel, die manchmal nur ein paar Zeilen umfaßten, kenntlich zu machen.)

Der erste Wissenschaftler, der zu der Ansicht kam, daß der Sternenkult in den Pyramidentexten eine nähere Betrachtung wert sei, war der Ägyptologe Dr. Selim Hassan, ein Ägypter, der 1946 in einem Band seines umfangreichen Werks *Excavations at Giza* eine ausführliche Interpretation der Pyramidentexte vorlegte. Obgleich Hassan weder die Absicht noch den Namen hatte, Breasteds anerkannte Sonnentheorie ernsthaft in Frage zu stellen, widmete er den stellaren Elementen in den Pyramidentexten doch weit mehr Aufmerksamkeit, als es bisher der Fall gewesen war. Er stellte fest: «In einer fernen Epoche der Geschichte des ägyptischen religiösen Denkens existierte der Glaube, daß die Seele des Königs nach dem Tod ein Stern unter den Sternen am Himmel werden würde...»[39]

Weshalb Hassan annahm, daß dieser Glaube in «einer fernen Epoche» und nicht in der Pyramidenzeit existiert hatte, ist unklar. Seine These basierte auf dem Studium der Pyramidentexte und nicht auf dem religiösen Schrifttum aus «einer fernen Epoche», wie seine Aussage vermuten läßt. Es gibt kein religiöses Schrifttum, das älter ist als die Pyramidentexte. Hassans Gedankengang ist offensichtlich: Er entdeckte in den Texten Elemente einer Sternenreligion, nahm jedoch an, daß sie aus einer «fernen Epoche» stammen mußten, einfach, weil Breasted es so postuliert hatte. Breasteds Einfluß auf die Ägyptologie war nach wie vor enorm. Seine Ansichten waren wissenschaftliches Dogma und blieben lange Zeit unangetastet. Doch die Sonnentheorie hatte erste Risse bekommen. Hassan hatte erkannt, daß es in den Pyramidentexten zahlreiche Verweise auf die Sterne und das Sternenschicksal der Pharaonen gab.

1952 gab Mercer die erste englische Übersetzung der Pyramidentexte heraus, die erschwinglich war und ein handlicheres Format hatte. Die Ausgabe bestand aus vier Bänden, von denen drei Interpretationen enthielten.[40] Mercer, der sich eingehender mit den stellaren Prinzipien in den Texten befaßte, erkannte im Gegensatz zu Breasted und Hassan, daß sich hinter der Liturgie eine primitive Astronomie verbarg, die sich in poetischen Allegorien und Symbolen ausdrückte. Er war vermutlich der erste, der in den Pyramidentexten mehr sah als nur eine umfangreiche Ansammlung von «Hymnen und Zaubersprüchen», die ein paar nachlässige Schreiber zusammengestellt hatten. Seine zum Teil recht komplizierte Studie war der erste Schritt zu der wissenschaftlichen Erkenntnis, daß die religiösen Rituale in den Pyramidentexten Aussagen enthielten, die sich durch stellare und astronomische Bezüge erklären ließen.

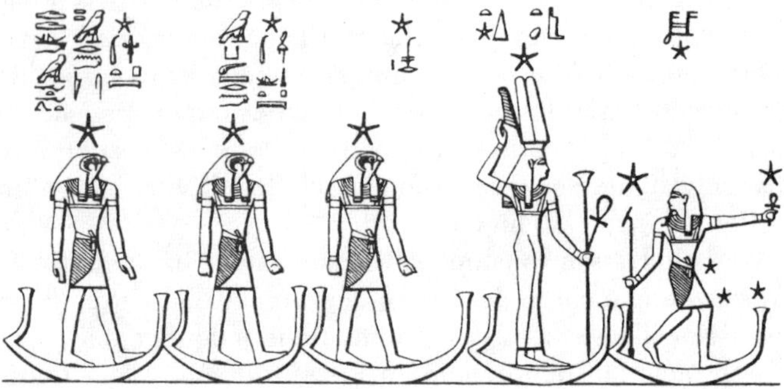

8. Sothis/Sirius und die drei Gürtelsterne folgen Sahu/Orion in der täglichen Himmelsprozession.

Mit dieser Ansicht widersprach Mercer natürlich der etablierten Lehrmeinung und mußte sich den Vorwurf gefallen lassen, voreilig und leichtfertig zu sein. Man bemängelte ferner, daß seine Übersetzungen «nicht dem aktuellen Kenntnisstand des Altägyptischen entsprechen»[41], was nicht ganz stimmte. Mercers Arbeit gebührt ein vorrangiger Platz in der Erforschung der Pyramidentexte, und seine «voreilige» Haltung könnte sich noch als klug erweisen. (Ich sollte bald feststellen, daß ich bei Akademikern Mißbilligung erntete, sobald ich Mercer zitierte.) Mercer machte nicht nur darauf aufmerksam, daß die Pyramidentexte Allegorien über die Sterne und ihre Bewegungen enthalten, sondern erkannte auch, daß sich aus ihnen eine mit mythologischen und rituellen Elementen durchsetzte Astronomie herauslesen ließ. Und er zeigte auf, was das zentrale Thema der Pyramidentexte war: der Glaube, daß der verstorbene König als Stern wiedergeboren werden und seine Seele in den Himmel aufsteigen und in das Sternenreich von Osiris/Orion, dem Gott der Toten und der Wiederauferstehung, eingehen würde:

«Der Hundsstern wurde mit Sirius identifiziert; Orion wurde mit Osiris gleichgesetzt ... Die Gleichsetzung von Osiris mit Orion überrascht nicht, ... [denn] eines der zentralen Themen der Pyramidentexte war die vollkommene Identifizierung des toten Königs mit Osiris...»[42]

Mercer war auch davon überzeugt, daß der in den Texten beschriebene Kult sehr alt sei: «Die Verehrung des Osiris ist zweifellos prähistorisch ... in der Pyramidenzeit war der Kult bereits fest etabliert.»[43]

Das Sternenreich des Osiris nannte man Duat. Faulkner kam nach sorgfältigen, genauen Studien, die für eine Übersetzung der Pyramidentexte unerläßlich sind, zu dem Schluß, daß die Duat nicht Teil der Sonne war, sondern meist als «Teil des sichtbaren Himmels»[44] angesehen wurde. Zwei Jahre vor Veröffentlichung seiner Übersetzung untersuchte Faulkner die Sternenreligion in den Pyramidentexten und publizierte seine Ergebnisse in dem renommierten *Journal of Near Eastern Studies.*[45] Ich bin Dr. Edwards zu großem Dank verpflichtet, der mich 1986, als die Arbeiten zu diesem Buch noch schleppend vorangingen, auf diesen wichtigen Aufsatz aufmerksam machte.[46] Faulkner zitierte eine lange Reihe von Textstellen, in denen die Sterne in Verbindung mit der Seele der toten Könige und ihrem Schicksal im Jenseits erwähnt werden, ignorierte jedoch Hunderte von Passagen, die sich ebenfalls auf das Sternenschicksal der Könige beziehen, ohne daß das Wort Stern explizit erwähnt wird; ebenso unerwähnt blieben Textstellen, die sich in Allegorien und Metaphern auf die Sterne beziehen.

Wie Mercer herausstellte, wurde der tote König mit Osiris und dieser wiederum mit dem Sternbild Orion gleichgesetzt.[47] Faulkner stellte außerdem fest, daß das Sternbild Orion Aufenthaltsort für die Seelen der toten Könige war, sobald sie sich in Sterne verwandelt hatten.

Ich kam zu dem Schluß, daß die Ergebnisse der beobachtenden Astronomie in der Architektur der Pyramidenbauten ihren symbolischen Ausdruck gefunden haben mußten. Es stellte sich heraus, daß ich nicht der einzige war, der eine Neubewertung der Pyramidentexte für dringend erforderlich hielt, falls wir dem Geheimnis der ägyptischen Pyramiden auf die Spur kommen wollten.

Die erste deutliche Kritik, verknüpft mit der Forderung nach einer neuen, unvoreingenommenen Beurteilung der Pyramidentexte, hatte 1948 der renommierte Orientalist Dr. Henri Frankfort geäußert, Professor für Orientalistische Archäologie an der University of Chicago und Leiter des Warburg Institute in London. Frankfort warf Breasted «biblische» Ansichten vor und beklagte die Tatsache, daß kein ernsthafter Versuch unternommen worden sei, die wahre Bedeutung der Pyramidentexte herauszufinden.[48] Zwei Jahre nach Mercers Kommentaren zu den Pyramidentexten kam massive Kritik von anderer Seite auf. Der Philologe Alexander Piankoff, der die Inschriften aus der Unas-Pyramide übersetzt hatte, bemängelte:

«Die wissenschaftliche Erforschung der ägyptischen Religion ist übergangslos von einem Extrem ins andere gefallen. Die ersten Ägyptologen fanden die [altägyptische] Religion höchst mysteriös und mystisch ... Dann folgte eine plötzliche Kehrtwendung: Wissenschaftler verloren jedes Interesse an der Religion als solcher und sahen die religiösen Texte nur noch als Quellenmaterial für ihre philologisch-historischen Studien an...»[49]

1992, während Adrian und ich bereits an diesem Buch arbeiteten, wurde ein weiterer, noch energischerer Ruf nach einer Neubewertung der Texte laut, verknüpft mit der Forderung nach Einbeziehung der Astronomie. Die Ägyptologin Jane B. Sellers, die seit fast 60 Jahren die astronomischen Aspekte der Pyramidentexte untersucht[50], bringt in ihrem kürzlich erschienenen Buch *The Death of the Gods in Ancient Eypt*[51] die Kritik zur Sprache, die von vielen Seiten am Umgang der Ägyptologen nicht nur mit den Pyramidentexten, sondern auch mit den alten religiösen Texten allgemein geübt wurde.[52] Sie zitiert Henry Frankfort, der ganz offen die dominierende Rolle Breasteds bei der Erforschung der Pyramidentexte angriff:

«[James H. Breasted] beschrieb 1912 die ‹Entwicklung des religiösen Denkens im alten Ägypten› als eine Herausbildung von ethischen Idealen, die auf einer christlichen und keineswegs altägyptischen Religion beruhten. Seitdem ist man hinsichtlich der Interpretation (der Pyramidentexte) auf der Stelle getreten ... Die produktivsten Autoren ... nahmen unserem Thema gegenüber eher eine naturwissenschaftliche als eine geisteswissenschaftliche Haltung ein; während sie sich angeblich mit einer Religion befaßten, waren sie in Wirklichkeit ganz damit beschäftigt, eine wirre Fülle von Material zu ordnen.»[53]

Sellers bemerkte dazu: «Frankfort wies darauf hin, daß die Vertreter dieser wissenschaftlichen Schule seit den zwanziger Jahren in diesem Bereich dominierten. Er warf ihnen vor, die populäre Meinung verbreitet zu haben, daß die Religion in direktem Zusammenhang mit politischer Macht stünde. Dabei hätten sie den Wald vor lauter Bäumen nicht gesehen.»

Lange bevor ich Sellers' erfrischend freimütigen Kommentar las, war auch ich zu dem Schluß gekommen, daß man die Pyramidentexte nicht wirklich verstehen konnte, solange man die Worte übersetzte und deutete, ohne ein Hintergrundwissen über die beobachtende Astronomie zu besitzen. Es lag auf der Hand, daß die Texte ohne entsprechende Vorkenntnisse und die Einbeziehung der symbolischen Pyramidenarchitektur unverständlich bleiben würden. Es konnte keinen Zweifel darüber geben, daß es sich bei den Texten um wertvolle Zeugnisse handelte, die unser wissenschaftliches Interesse verdienten, und keineswegs um das willkürliche Produkt leichtfertiger Schreiber. Die Texte deuteten darauf hin, daß sie von einer Gruppe eingeweihter Priester-Astronomen verfaßt worden waren, die die Staatsreligion der Könige gelenkt hatte – eine Religion, die auf dem Glauben basierte, daß sich die göttergleichen Könige nach ihrem Tod in Astralseelen verwandelten und ihren Platz im Reich des Osiris einnahmen.

Doch warum glaubte man, zu diesem Zweck diese gewaltigen Pyramiden errichten zu müssen? Woher rührte die Vorstellung, daß man den einbalsamierten Leichnam des Königs in «seiner» Pyramide in der Totenstadt von Memphis bestatten mußte, damit seine Seele in den Himmel zu Osiris aufsteigen konnte?

4
Laßt die Pyramidentexte sprechen

Vielleicht ist es nicht nötig, die Pyramide und den Benben mit der Sonne zusammenzubringen, wie so oft unbefriedigenderweise versucht wurde; denn die Pyramide kann das Mittel gewesen sein, um die Wiedergeburt des Königs zu bewirken, ebenso wie die Dekane selbst wiedergeboren werden. Die Pyramidentexte sagen …
– E. C. Krupp: *Astronomen, Priester, Pyramiden. Das Abenteuer Archäoastronomie.* München, 1980, S. 237.

Es ist dieses Gemisch von Astronomie und Religion, diese Verflechtung von Mythos und Wirklichkeit, diese Anwendung fortgeschrittenen Beobachtens, Bauens und Vermessens für Zwecke der Phantasie, die den Betrachter von Leben und Wissenschaft in Ägypten so frustriert und fasziniert.
– J. Cornell: *Die ersten Astronomen. Eine Einführung in die Ursprünge der Astronomie.* Stuttgart, 1983, S. 117.

I. IM LAND DER PHARAONEN

Im Herbst 1982 bot sich mir die Gelegenheit zu einem Kurzurlaub in Ägypten, wo meine Mutter, die dort geboren war, damals noch lebte. Ich bin zwar europäischer Abstammung, jedoch ebenfalls in Ägypten geboren und aufgewachsen. Das Land übt auf mich immer wieder eine belebende Wirkung aus. Obwohl es in materieller Hinsicht arm ist, besitzt es bis heute einen großen Reichtum an Vitalität und Spiritualität.

Meine Geburtsstadt Alexandria, einst eine glanzvolle Handelsmetropole, ist mittlerweile heruntergekommen und platzt aus allen Nähten. Sie wurde nach ihrem Gründer Alexander dem Großen benannt und entwickelte sich unter seinen Nachfolgern, den griechischen Ptolemäern, zu einer Stadt, die es dank ihrer großartigen Architektur und ihrer Lage am Mittelmeer durchaus mit Athen und Rom aufnehmen konnte. Alexandrias Ruf als Zentrum der Gelehrsamkeit und ihre berühmte Bibliothek zogen Gelehrte und Studenten aus dem gesamten Mittelmeerraum an. Hier konnte man den liberalen Ideen platonischer und pythagoreischer Philosophen und den Lehren fortschrittlicher Astronomen lauschen.[1] Auch unter römischer Herrschaft blieb die Stadt ein Zentrum wissenschaftlicher Bildung und avantgardistischer Ideen. Dies änderte sich erst mit der Eroberung durch die Araber im 8. Jahrhundert n. Chr.

Bis dahin war Alexandria eine Stadt mit einem regen geistigen Leben gewesen, ein Schmelztiegel ethnischer Gruppen, zu denen Griechen, Syrier, Äthiopier, Römer und Juden ebenso gehörten wie die einheimischen Ägypter, die Kopten hießen.[2] Nach der arabischen Eroberung schottete sich Ägypten gegenüber europäischen Einflüssen immer stärker ab, und Alexandria verfiel zusehends. Die Stadt sollte viele Jahrhunderte lang in Bedeutungslosigkeit versinken, bis 1798 Napoleon in Ägypten einmarschierte. Doch erst nach 1830, unter dem ersten türkischen Vizekönig (Khediven) Muhammed Ali, gewann die Stadt wieder etwas von ihrem verlorenen Glanz zurück. Der listige Despot holte Europäer – Briten, Malteser, Franzosen und Italiener – ins Land, die ihn bei der Modernisierung Ägyptens unterstützen sollten. Innerhalb eines Jahrhunderts war Alexandria wieder die eleganteste Stadt im gesamten Mittelmeerraum. Nach der Abdankung des ägyptischen Königs Faruk 1952, dem Suezkonflikt 1956 und der Übernahme der Macht durch Nasser wurde der Druck auf Ausländer jedoch so stark, daß die meisten Europäer Alexandria verließen und es wieder den ortsansässigen Arabern überließen. Leider konnte die Revolution nicht die demographischen Probleme des Landes lösen, und während die ägyptische Bevölkerung in den nachfolgenden Jahrzehnten in besorgniserregendem Tempo wuchs, ging Alexandria erneut unaufhaltsam seinem Niedergang entgegen. 1910 besaß Ägypten 10 Millionen Einwohner, heute sind es bereits 55 Millionen; 1982 war Alexandria so überfüllt und verkommen, daß ich kaum noch die Stadt meiner Kindheit erkannte.

Wie üblich stand eine Fahrt zu den Pyramiden auf dem Programm. Falls es «eindeutige Beweise» für die Sternenreligion der alten Ägypter geben sollte, so glaubte ich sie dort finden zu können. Schließlich waren die Pyramiden zu einer Zeit entstanden, in der laut Robert Temple die Sternenreligion von großer Bedeutung war. Als Ingenieur und Vermesser suchte ich jedoch nach greifbareren Beweisen, als sie Temple mit der Deutung antiker Mythen hatte erbringen können. Aufgrund meiner langjährigen Erfahrungen in Afrika und dem Mittleren Osten betrachtete ich die Berichte der Dogon-Priester mit äußerster Skepsis, so überzeugend sie auch klingen mochten. Ich wollte etwas Handfestes, etwas, das man sehen, fühlen, möglicherweise sogar messen konnte. Ich fragte mich, ob die alten Ägypter nicht vielleicht irgendein Zeichen oder eine Botschaft in den Pyramiden hinterlassen hatten. Wozu hatten sie sonst diese riesigen Bauwerke errichtet? Falls sie eine Botschaft hinterlassen hatten, mußte sie mit ihren religiösen Vorstellungen in Verbindung stehen und könnte eine Antwort auf das Sirius-Rätsel sein, von dem Temple berichtet hatte. Ich war auf der Suche nach unumstößlichen Beweisen, die auch ein Expertengremium überzeugen würden.

In einer warmen Mainacht, zwei Stunden vor Sonnenaufgang, fuhr ich auf der Wüstenstraße von Alexandria nach Kairo. Auf dieser schlecht erhaltenen Piste erreicht man Kairo von Nordwesten her, so daß man als erstes die drei Pyramiden von Gizeh sieht. Ich kam gerade noch rechtzeitig, um zu erleben, wie die aufgehende Sonne die Außenwände der majestätischen Bauwerke zum Glühen brachte – ein ehrfurchtgebietender, geheimnisvoller Anblick. Um diese Zeit waren auf dem Gelände nicht die üblichen Touristenmassen anzutreffen, sondern nur eine Handvoll Pyramidenliebhaber wie ich, die für dieses Schauspiel gerne auf ein paar Stunden Schlaf verzichteten.

Oberhalb der Anlage parkte ich den Wagen und konnte von Westen her das gesamte Gizeh-Plateau überblicken. Ich blieb ein paar Minuten stehen, atmete die frische Morgenluft ein und lief dann hinunter zur kleinsten der drei Pyramiden, der des Menkaure. Ein plötzliches Flügelflattern ließ mich zusammenzucken; Hunderte von Tauben flogen auf und umkreisten die Spitze der Pyramide. Ich beschloß, ein paar Stufen hinaufzuklettern, um die beiden größeren Pyramiden vor dem Hintergrund der aufgehenden Sonne besser fotografieren zu können; als ich hinaufstieg, entdeckte ich, daß ich nicht allein war. Ein kleiner Wüstenschakal beobachtete mich wachsam. Ein seltener Anblick, nicht nur weil Schakale in der Umgebung von Kairo nahezu ausgestorben sind, sondern auch weil sie äußerst menschenscheu sind. In all den Jahren, die ich in Ägypten verbracht hatte, selbst auf meinen zahlreichen Jagdausflügen in der Westlichen Wüste, hatte ich keinen einzigen Schakal gesehen. Es hätte wohl kaum einen geeigneteren Ort und Zeitpunkt für diese unverhoffte Begegnung geben können. Wir starrten uns einige Sekunden an, dann verschwand der Schakal um eine Ecke. Plötzlich fiel mir wieder die Geschichte von der Entdeckung der Pyramidentexte ein und der Schakal, der den *reis* in Sakkara zum Eingang der Pyramide von Pepi I. geführt hatte. So ein Glück werde ich wohl nicht haben, schoß es mir durch den Kopf. Es gab nicht das geringste Anzeichen dafür, daß auch ich bald eine erstaunliche Entdeckung machen würde; eine Entdeckung, die mit den Pyramidentexten zusammenhing und die mein ganz bisheriges Leben verändern würde.

Nach Sonnenaufgang fuhr ich weiter Richtung Sakkara. Ich war seit etlichen Jahren nicht mehr dort gewesen und wollte mir noch einmal die berühmten Inschriften in der Pyramide des Unas ansehen, dem letzten König der 5. Dynastie (ca. 2350 v. Chr.). Die Sonne stand schon hoch, und es wurde langsam heiß. Ich hielt an der Straße am Kanal und machte eine Frühstückspause. Als ich in Sakkara eintraf, ging ich zur Südseite der Anlage, um den Touristen und den einheimischen Fremdenführern zu entgehen. Am Ende des langen steinernen Weges, der einst der symbolische Aufweg vom Nil bis zum Pyramidenkomplex gewesen war, konnte ich die Umrisse von

Unas' Pyramide erkennen. Sie ähnelte eher einem großen Geröllhügel, was auch auf die übrigen Pyramiden der 5. Dynastie zutrifft.

Ein alter *reis* in einer schäbigen *galabije*, dem einheimischen Gewand, bewachte den Eingang der Pyramide und wartete auf ein *bakschisch* (Trinkgeld). Mit einer ägyptischen 5-Pfund-Note (etwa zwei Mark) öffnen sich auch dem Touristen viele Türen. Für 50 US-Dollar würde der alte Mann, wenn er könnte, die Pyramide in Zeitungspapier einwickeln und verkaufen. So sieht die traurige Realität der ägyptischen Altertümer aus. Niemand kann es den Wächtern dieser Baudenkmäler verübeln, daß sie versuchen, das Beste aus ihrer Situation zu machen. Bei einem Monatseinkommen, von dem man in England nicht einmal ein Essen bezahlen könnte, und einem Dutzend hungriger Münder, die gestopft werden müssen, sind sie auf einen Nebenverdienst angewiesen: Gegen entsprechende Bezahlung gewähren sie bevorzugten Zutritt zu den Pyramiden, was bei einem großzügig bemessenen *bakschisch* auch das Berühren und Fotografieren der Inschriften einschließen kann oder das Privileg, unbehelligt in der Pyramide umherzustreifen. Viele dieser Männer machen seit Jahrzehnten diese Arbeit und wachen eifersüchtig über die einträglichsten Posten entlang der Haupt-Touristenrouten. Manche arbeiten umsonst oder bezahlen sogar eine Gebühr, um diese lukrativen Jobs zu bekommen. Im Laufe der Jahre habe ich mich mit ihnen angefreundet. Sie haben gelernt, die Grabmäler, die sie bewachen sollen, zu lieben, wenn auch aus anderen Gründen als ich, und wenn man ihnen einen angemessenen Lohn zahlen würde, würden sie ihre Arbeit gut machen.

Ibrahim, ein alter, erschöpfter *reis*, den ich seit Jahren kannte, verhandelte gerade mit einer lauten japanischen Touristengruppe. Als ich auf ihn zutrat, strahlte er über das ganze Gesicht und begrüßte mich mit einem freundlichen *salaam*, während ich meinen üblichen kleinen Auftritt inszenierte. Ich erzählte den Japanern, daß Ibrahim früher einmal ein «Freund von Howard Carter» gewesen sei und ihn «Ägyptologen» für den besten Führer im ganzen Land hielten. Dann riet ich ihnen, ihm ein reichliches *bakschisch* zu geben, und bat sie, bei der Besichtigung nicht die Inschriften zu beschädigen. Ich wandte mich von der eifrig nickenden Gruppe ab, zwinkerte dem höchst zufriedenen Ibrahim zu und betrat mit eingezogenem Kopf die Pyramide.

In tief gebückter Haltung ging es erst durch einen absteigenden Gang, dann durch einen waagrechten Korridor, bis ich schließlich in die erste Kammer gelangte, wo ich, wie Maspero 100 Jahre zuvor, auf die mit eingemeißelten Texten bedeckten Kalksteinwände blickte. Die Inschriften sind noch so gut erhalten, daß man sich kaum vorstellen kann, daß sie über 4000 Jahre alt sind. Auf der schwach beleuchteten Wand stand der Name «Osiris-Unas» einige Dutzend Mal in einer geraden Reihe. Darüber war «Sahu» zu lesen, das altägyptische Wort für Orion. Dann wurde mein Blick auf die mit Sternen verzierte, giebelförmige Decke gelenkt.

II. DIE AUSLEGUNG DER PYRAMIDENTEXTE

Es kommt häufig vor, daß die mit der Erforschung sehr alter Texte betrauten «Experten» nicht in der Lage sind, die Texte für sich sprechen zu lassen. Sie verbringen viel Zeit damit, das Material akribisch zu durchforsten und den Inhalt auszuwerten und scheinen letzten Endes doch nur an philologischen Untersuchungen und Debatten interessiert zu sein. Im Laufe dieses Prozesses werden Lücken im Text aufgefüllt und einfache Worte durch komplizierte ersetzt. Erläuterungen stehen entweder in eckigen Klammern oder werden in den Fußnotenteil verbannt, wo der Leser noch tiefer im Morast akademischer Wichtigtuerei versinkt. Haarspalterei und die Suche nach Schwachstellen und sachlichen Fehlern in der Argumentation der Gegenseite tragen wenig zur Erhellung des Sachverhalts bei, sondern stiften eher noch Verwirrung und lenken vom eigentlichen Thema ab.

Den Pyramidentexten ist es nicht anders ergangen: Man hat sich in wortreichen Debatten über ihre philosophischen und philologischen Aspekte ausgelassen, und theologische und etymologische Diskussionen haben den esoterischen Charakter der Texte überbetont. Nachdem man sie auf diese Weise malträtiert hat, genießen sie heute den traurigen Ruf, ein trockener Stoff zu sein, mit dem sich besser Wissenschaftler oder «Experten» befassen. Dabei ging die wahre Bedeutung dieser Urtexte, in denen ein starker Glaube an ein Leben nach dem Tod zum Ausdruck kommt, immer mehr verloren.

Anfangs tappte auch ich in diese Falle und studierte wissenschaftliche Artikel und Doktorarbeiten, bis mir irgendwann auffiel, daß manche Experten weder ein echtes Interesse noch ein Gespür für die Texte besaßen und hauptsächlich damit beschäftigt waren, sich gegenseitig zu widerlegen und anzugreifen. Sie stellten die Religion der alten Ägypter als eine pseudoliturgische Ansammlung von Ritualen hin, neben denen die Zeremonien der römisch-katholischen Kirche einfach und klar erscheinen mußten.

Es gab nur einen Ausweg aus diesem Dilemma: Ich mußte die beste Übersetzung finden und mir eine eigene Meinung bilden. Ich besorgte mir Faulkners vielgerühmtes Werk und fing noch einmal ganz von vorne an. Als wichtigste Regel galt, in die Textstellen möglichst wenig hineinzudeuten. Die Texte sollten so weit wie möglich für sich sprechen. Es gibt Passagen, die selbst für einen Laien klar und eindeutig sind. Nur wenn wir uns an diese Regel halten, können wir die Verbindung zwischen den Texten und dem Pyramidenkult erkennen: die Pyramidenarchitektur und die mit ihr verbundene Astronomie. Wenn wir diese beiden Bereiche gemeinsam betrachten, verstehen wir die Rituale der pharaonischen Wiedergeburt.

Zunächst möchten wir jedoch der Frage nachgehen, ob der Wiedergeburtskult der alten Ägypter ein Sonnen- oder ein Sternenkult war. Genauer gesagt: Glaubte man, daß der verstorbene König mit der Sonne verschmolz oder er sich in einen Stern verwandelte?

III. DER STERNENKÖNIG DER PYRAMIDENZEIT

Ägyptologen haben aufgezeigt, daß die altägyptische Theokratie auf der Vorstellung beruhte, daß der König zu Lebzeiten die

Reinkarnation des Horus, des ersten Gott-Königs Ägyptens, sei, und somit auch Sohn von Osiris und Isis. Man glaubte, daß der Pharao nach seinem Tod in den Himmel aufstieg und selbst «ein Osiris»[3] wurde. Doch warum ein Osiris? Was bedeutete die Lehre von der Osiris-Werdung?

Die zahlreichen Textstellen in der Unas-Pyramide, in denen der verstorbene König als Osiris-Unas bezeichnet wird, bringen deutlich zum Ausdruck, daß der mumifizierte Unas, in seiner jenseitigen Form, ein Osiris werden wird. Des weiteren erfahren wir, daß die Osiris-Könige Sterne wurden; nicht irgendwelche, sondern ganz bestimmte Sterne in der Umgebung des Sternbilds Orion. Die Ägyptologen kamen daher vor langer Zeit zu dem Schluß, daß das Wiedergeburtsritual dazu diente, die toten Könige in Osiris zu verwandeln, oder, genauer gesagt, in die Astralform des Osiris (wie auch Mercer annahm)[4], nämlich Sahu oder das Sternbild Orion.[5]

Die Wiedergeburtszeremonien gehen auf die Vorstellung zurück, daß der tote Osiris mit Hilfe der magischen Mumifizierungs-Rituale, die seine Schwester und Gemahlin Isis mit Unterstützung des Anubis an ihm vollzieht, wieder zum Leben erweckt wird. Jane Sellers erkannte die wichtige Bedeutung dieses Gedankens: «Die Pyramidentexte dienten dazu, die Wiedergeburt des toten Königs auf dieselbe Weise sicherzustellen wie die des Gottes Osiris/Orion.»[6] Die Texte stellten eine Art pharaonische «Lebensversicherungspolice» dar, die der Priesterschaft während der Wiedergeburts-Zeremonien in den Pyramiden als Anleitung dienten. Mit Hilfe der magischen Worte gelang es der Seele des toten Königs, sich in einen Stern zu verwandeln und zu Osiris/Orion aufzusteigen. Dort würde sie sich dem Ur-Osiris anschließen und wie dieser ein Sternengott im Sternbild des Orion werden. Der Ur-Osiris war Herr der Duat, des von Astralwesen bewohnten Totenreichs.[7]

Dr. Otto Neugebauer und Dr. Richard Parker, die viele Jahre an der Brown University in Rhode Island zusammengearbeitet haben und als Experten altägyptischer Astronomie gelten, waren die ersten, die das Himmelsbild Sahus – eine riesige menschliche Figur – eindeutig als das Sternbild des Orion identifizierten.[8] Sie schrieben: «Anhand der Bezeichnungen für die Dekane (Sterngruppen) von Sahu wie ‹Oberarm› oder ‹Unterarm› usw. ließ sich feststellen, daß es sich bei Sahu um eine menschliche Gestalt handeln mußte, die im übrigen auch in den Querspalten der Sarguhren und auf verschiedenen astronomischen Deckengemälden, beispielsweise im Grab des Senmut, abgebildet ist.»[9] Auf der Decke von Senmuts Grab ist ein schreitender Mann zu sehen, über ihm die drei hellen Sterne des Oriongürtels.

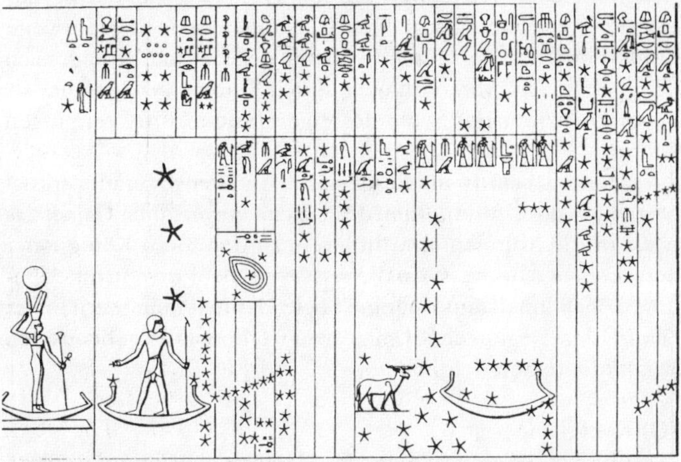

9. Deckengemälde aus dem Grab des Senmut (Neues Reich). Über Sahu/ Orions Kopf sieht man die drei Sterne des Oriongürtels. Er wird von dem Sternhaufen der Hyaden angeführt, ihm folgt Sirius/Sothis.

Parker und Neugebauer zogen daraus folgenden Schluß: «Sahu wird in den Pyramidentexten mit Osiris gleichgesetzt, was sich mit seiner Darstellung als menschliche Gestalt auf Särgen und Deckengemälden völlig deckt.»[10] In altägyptischen Abbildungen gibt es zahlreiche Darstellungen von Osiris/Orion, deren älteste sich auf dem Abschlußstein oder Pyramidion der Pyramide von Amenemhet III. befindet, der heute im Ägyptischen Museum in Kairo zu sehen ist. Auch hier wird Sahu/Orion als schreitender Mann mit einem großen Stern in der Hand dargestellt.

Aus den altägyptischen Bestattungstexten und den Pyramidentexten geht eindeutig hervor, daß Sahu/Orion die Seele des Osiris war und man die Himmelsregion, in der sich dieses helle Sternbild befand, als idealen Aufenthaltsort für die Seelen der Könige ansah, nachdem diese die Phasen des Todes und der Wiedergeburt durchlebt hatten. Rundle Clark schreibt dazu:

«Der Aufgang Orions am südlichen Himmel, nach einer Periode der Unsichtbarkeit, ist ein Zeichen ... Osiris ist in eine ‹lebende Seele› verwandelt worden. Das Hauptziel der Bestattungsriten bestand darin, den Verstorbenen in diese zweite Osiris-Form zu überführen ... damit sich der tote König, nach den gebotenen Vorkehrungen durch seinen Nachfolger, als neuer Osiris mit der Seele des eigentlichen Osiris vereinigen konnte.»[11]

Der erste Schritt in diesem astralen Transfigurationsritual bestand in der Umwandlung des Leichnams in einen Osiris, das heißt in die Mumienform. Indem man den toten König, oder besser seine Mumie, Osiris-Unas, Osiris-Pepi usw. nannte, bereitete man ihn darauf vor, eine Seele, das heißt ein Stern in der Sahu/Orion-Region des Himmels zu werden. Dies geht aus den Pyramidentexten deutlich hervor:

«O [König] da,

du bist jener große Stern, der Gefährte des Orion, der den Himmel durchfährt mit dem Orion, der die (Duat) durchfährt mit Osiris.

Du steigst auf der östlichen Seite des Himmels, erneut zu deiner Zeit, verjüngt in deiner Stunde. Nut hat dich geboren zugleich mit Orion ...» [PT 882a–83c]

Die Aussage ist klar: Der tote König wird ein Stern im Sternbild Osiris/Orion. Wir erfahren außerdem, daß dieses Ereignis im Osten bei Sonnenaufgang stattfindet. Das bestätigt auch eine andere Passage:

«Siehe er ist (wieder) gekommen als Orion, siehe Osiris ist (wieder) gekommen als Orion ...

Dich empfängt der Himmel zusammen mit dem Orion, dich gebiert die Dämmerung zusammen mit dem Orion, ... Du steigst auf mit dem Orion auf der östlichen Seite des Himmels, du steigst hinab mit dem Orion auf der westlichen Seite des Himmels.

Euer Dritter ist die Sothis ...»
[PT 819c/820d, e/821b, c/822a]

Faulkner, der anerkannte Übersetzer der Pyramidentexte, wählte für Sirius den griechischen Namen Sothis. Wir werden in Zukunft im astronomischen Zusammenhang den Namen Sirius, im mythologischen Zusammenhang den Namen Sothis verwenden.

Man weiß, daß der Sirius-Stern (Sothis) mit der jährlichen Nil-Überschwemmung in Verbindung gebracht wurde, die etwa Ende Juni einsetzte (Mitte Juli nach dem Julianischen Kalender). Da Sirius immer unmittelbar nach dem Sternbild Orion aufging, wurden die Göttin Isis, die mit Sirius identifiziert wurde, und Osiris/Orion als Paar oder Einheit angesehen. Es gibt zahlreiche Passagen, in denen Osiris/Orion und Isis/Sothis gemeinsam erwähnt werden. Darüber hinaus werden Osiris und Isis in vielen Textstellen auch als Menschen dargestellt. Mercer war der Meinung, daß Sothis «in erster Linie als Göttin und nicht als Stern dargestellt wurde, und [zwar] als Isis ... [und in dieser] ... menschlichen Gestalt [...] eng mit dem Sternbild Orion verknüpft» war.[12] Das leuchtet ein, wenn man weiß, daß Sothis direkt nach Orion aufsteigt. Wallis-Budge schrieb dazu: «... die Erwähnung von Orion und Sothis ist deshalb aufschlußreich, weil sie uns zeigt, daß die frühen Ägypter irgendwann einmal glaubten, daß diese Sterne das Heim der verstorbenen Seelen seien.»[13] In den Pyramidentexten heißt es jedoch explizit, daß sich der König nach seinem Tod in eine Astralseele verwandeln und zu Osiris/Orion aufsteigen wird. Es gibt zahlreiche Textstellen, die das belegen: «Der König ist ein Stern ...» [PT 1583; von K. Sethe nicht übersetzt]

«... er ist ja jener Stern, der den Himmel bestrahlt ...» [PT 362b]

«Der König, ein Stern strahlend und weitgereist ... der König erscheint als ein Stern ...» [PT 262; von K. Sethe nicht übersetzt]

«T. stellt sich nun hin als jener Stern, der am Unterteil des Leibes des Himmels ist, ...» [PT 347a]

Aus den Pyramidentexten geht demnach eindeutig hervor, daß die toten Könige Sterne wurden und am unteren östlichen Himmel zu sehen waren. Wir erfahren ferner, daß es die Seelen der verstorbenen Könige sind, die sich in Sterne verwandeln:

«du wirst Seele sein wie der Lebensstern, ...» [PT 904c]

«ich bin eine Seele ...

der shd-Stern aus Gold, ...» [PT 886–889d; von K. Sethe nicht vollständig übersetzt]

«O (König) da,

du bist jener große Stern, der Gefährte des Orion ...» [PT 882a,b]

«... Siehe er ist (wieder) gekommen als Orion, siehe Osiris ist (wieder) gekommen als Orion, ...» [PT 819c]

Demnach war der tote König ein Osiris und seine Seele eine Osiris-Seele, die am Himmel durch Orion verkörpert wurde. Die Pyramidentexte bezeichnen das Sternenreich des Osiris als Duat, und in dieser Duat-Region lassen sich die Astralseelen nieder. Es gibt viele Anhaltspunkte dafür, daß die Duat sowohl mit dem Sternbild Osiris/Orion als auch mit den Pyramidenfeldern in der Totenstadt von Memphis identifiziert wurde:

«(Der König) kommt, damit er den Orion verklärt,
damit er den Osiris an der Spitze sein läßt, ...»
[PT 925a, b]

«Die (Duat) schlägt deine Hand zu dem Aufenthaltsort des Orion, ...» [PT 802c]

«Mögest du in den Himmel aufsteigen, möge der Himmel dich gebären wie Orion ...» [PT 2116; von K. Sethe nicht übersetzt]

«Lebe und sei jung neben deinem Vater (Osiris), neben Orion im Himmel ...» [PT 2180; von Sethe nicht übersetzt]

«In deinem Namen ‹der im Orion›, ...» [PT 186a]

«O (König) da,

du bist jener große Stern, der Gefährte des Orion, der den Himmel durchfährt mit dem Orion, der die (Duat) durchfährt mit Osiris.» [PT 882a – c]

Der verstorbene Osiris-König begab sich in die vorgeschriebene Himmelsregion, wohin ihm alle anderen toten Könige vorausgegangen waren, und gesellte sich zu Osiris/Orion. Wir können sogar in etwa sagen, welche Jahreszeit man für das astrale Wiedergeburtsritual für besonders geeignet hielt; zum einen ist dabei der frühmorgendliche Aufgang von Orion zu berücksichtigen, zum anderen wissen wir aus den Texten, daß Sothis ebenfalls eine Rolle spielte und deshalb zur selben Zeit sichtbar gewesen sein muß. Wir wissen außerdem, daß diese Konstellation den Auftakt zur jährlichen Nil-Überschwemmung bildete, die um die Sommersonnenwende einsetzte. Astronomischen Berechnungen zufolge fielen in der Pyramidenzeit diese drei Ereignisse um etwa 2750 v. Chr.[14] zusammen. Folgende Passage aus den Pyramidentexten bezieht sich auf diesen idealen Zeitpunkt: «Hingelegt sind (also) dem (König) die beiden Schilfbündel des Himmels,
damit er damit überfahre zu Rê zum Horizont.

(Nunwohl) (der König) wird überfahren, bis er steht auf der östlichen Seite des Himmels,

in seiner (des Himmels) nördlichen Gegend unter den Unvergänglichen Sternen,

die stehen an ihren Zeptern, die sitzen (?) an ihrer Ostwappenstandarte.

(Der König) wird unter ihnen stehen.

Der Bruder des (Königs) ist der Mond, der (Nachkomme) des (Königs) ist der Morgenstern.» [PT 1000a–01b]

Um die Zeit der Sommersonnenwende befindet sich die Sonne in der «nördlichen Gegend» des Himmels und geht in einem Azimut von 63,5 Grad auf, daß heißt etwa 26,3 Grad nördlich des genauen Ostens.[15] Zur selben Zeit geht Orion nur wenige Grad südlich des genauen Ostens auf, so daß der König «auf der östlichen Seite des Himmels» stehen kann. Mit Hilfe eines speziellen Computerprogramms können wir den Morgenhimmel zur Sommersonnenwende um 2750 v. Chr. simulieren und erhalten eine plastische Vorstellung davon, was die alten Texte beschreiben. Orion ist «ganz aufgegangen», und dieser außerordentlich wichtige Moment ist durch das Erscheinen des «Sterns der Isis» (Sothis) direkt über dem Horizont gekennzeichnet. Genau zu diesem Zeitpunkt vollzog der helle Stern Isis/Sothis seinen heliakischen Aufgang (d. h. seinen Aufgang kurz vor der Sonne), um eine «Neugeburt» und den Beginn eines neuen Jahres anzukündigen.[16]

IV. DIE NACHKOMMEN VON ISIS/SOTHIS UND OSIRIS/ORION

Obgleich unter Ägyptologen viel darüber diskutiert wird, wie die Pyramidentexte und die Rituale, die sie beschreiben, zu verstehen sind, ist man sich doch in einem Punkt einig: Die Rituale der königlichen Wiedergeburt basierten auf der eindringlichen Wiederholung der Osiris-Isis-Legende, der wundersamen Zeugung und späteren Geburt von Horus, ihres Sohns und Erben.

Der Osiris-Mythos ist an keiner Stelle vollständig überliefert. Es scheint, als wäre er den alten Ägyptern so vertraut gewesen, daß man es für unnötig hielt, ihn in den Pyramidentexten in einer Art Einleitung erneut zu beschreiben. Schließlich sind ja auch den meisten Christen die wichtigsten Ereignisse der Lebensgeschichte Jesu bekannt. Es gibt jedoch in den altägyptischen Bestattungstexten und den Pyramidentexten Tausende von Verweisen auf Osiris, Isis und Horus, aus denen sich die Osiris-Legende recht schlüssig rekonstruieren läßt:

Osiris war der älteste Sohn von Nut, der Himmelsgöttin, die auch Mutter von Isis, Seth, Nephthys und möglicherweise auch Anubis war. Osiris, ein Gott und Mensch zugleich, wurde der erste König von Ägypten, und seine Schwester Isis wurde seine Gemahlin. Er war ein guter König und führte die Gerichtsbarkeit (*maat*) ein. Mit Hilfe seines Wesirs, des «Gottes» Thot, unterwies er die Menschen in Religion und Kultur. Ägypten blühte auf, und alle waren zufrieden – bis auf Osiris' Bruder Seth. Er verschwor sich gegen seinen Bruder, ermordete ihn und hackte den Leichnam in kleine Stücke, die er über ganz Ägypten verstreute. Zu allem Unglück war Isis zu diesem Zeitpunkt noch kinderlos, so daß es keinen Erben für den Thron des Osiris gab. Dennoch war nicht alles verloren. Isis sammelte heimlich die Glieder ihres Mannes ein, fügte sie mit Hilfe ihrer Zauberkräfte wieder zusammen und schuf damit die erste Mumie Ägyptens. Nachdem sie ihn auf diese Weise wieder zum Leben erweckt hatte, konnte sie nun mit ihm schlafen. Obwohl die Wiederbelebung des Osiris nur vorübergehend war, wurde Isis von ihm schwanger. Nachdem seine Aufgabe auf Erden erfüllt war, verwandelte sich Osiris in ein Astralwesen (Orion) und herrschte von nun an über das Himmlische Reich der Toten – Duat genannt. Isis verbarg sich vor Seth in den Sümpfen des Deltas, nicht weit von Heliopolis entfernt, und gebar dort einen Sohn – Horus. Als dieser zu einem mächtigen Prinzen herangewachsen war, forderte er Seth zum Zweikampf, um sich das Anrecht auf den Thron seines Vaters zurückzuerobern. In diesem Kampf verlor Horus ein Auge und Seth seine Hoden. Obwohl der Kampf damit in gewisser Weise unentschieden ausging, ließ sich der Sonnengott schließlich davon überzeugen, Horus zum König auszurufen – dem ersten des Herrschergeschlechts der Pharaonen.[17]

Die Pharaonen legitimierten ihre Macht, indem sie sich auf ihre göttliche Herkunft beriefen, das heißt sich zur Reinkarnation des Horus erklärten. Der heroische Zweikampf zwischen Horus und Seth wurde zur Metapher für den Kampf der Pharaonen gegen unrechtmäßige Thronanwärter. Es ist allgemein bekannt, daß sämtliche Könige Ägyptens als Reinkarnation des Horus angesehen wurden. In dieser Eigenschaft waren sie auch die Hüter der altägyptischen *maat*[18], von «Recht und Ordnung». Wenn ein Horus-König starb, dann war ihm die Wiedergeburt bei Osiris gewiß, daß heißt die Verschmelzung mit Osiris im Totenreich der Duat. Der vakante Thron Ägyptens wurde dann von dem rechtmäßigen Erben, der die Rolle des Horus übernahm, besetzt. Somit war der Thronfolger der lebende Gottkönig, der Sohn von Osiris und Isis, im Gegensatz zu seinem toten Vater, der nun ein Osiris-König war. Diese zyklische Verwandlung von Horus zu Osiris und von Osiris zu Horus stand im Zentrum des Pharaonenkults. Da die Könige Götter waren, konnte ihre Sterblichkeit nur mit Hilfe dieses göttlichen Mythos erklärt werden, und es gab nie einen Zweifel darüber, daß sie im Totenreich des Osiris wiedergeboren werden würden. Die wesentliche Funktion der Pyramidentexte bestand darin, diese Wiedergeburt zu unterstützen.

Henri Frankfort zeigte auf, daß die Wiedergeburtsriten für einen verstorbenen König parallel zu den Krönungszeremonien für dessen Erben stattfanden.[19] Somit löste der Tod eines Pharaos zwei Ereignisse aus: seine Bestattung und die Krönung seines Nachfolgers. Auch in den Pyramidentexten wird deutlich, daß es sich um ein Doppelritual handelt; neben dem Begräbnis eines Horus-Königs, der ein Osiris werden soll, steht die Krönung des neuen Horus-Königs als Sohn des Osiris. Im astralen Sinne war der neue König der Sohn von Osiris/Orion. Ebenso wie man Osiris mit dem Sternbild Orion gleichsetzte, wurde seine Gemahlin und Schwester Isis mit Sothis (Sirius) identifiziert. Isis/Sirius (Isis/Sothis) war demnach die astrale Mutter des lebenden Königs. Wie wir gesehen haben, ist Sirius der hellste Stern am Himmel, und das Sternbild des Großen Hundes, zu dem er gehört, geht unmittelbar nach Orion auf.

In den Pyramidentexten spricht der lebende König, der neue Horus-König, während seiner Krönung und der Wiedergeburt seines Vaters, folgende beschwörende Worte:

«(König) kommt (um zu sein) mit euch,

(Der König) ergeht sich mit euch

(Der König) weidet {wie ihr weidet mit euch} im Gefilde des Malachits.» [PT 936a-c]

«Der Himmel ist heiter (?), die Sothis lebt (d.h. scheint), denn (der König) ist ja der Lebende (Stern), der Sohn der Sothis.» [PT 458a]

«Zu dir kommt seine Schwester [Gemahlin] Isis, froh der Liebe zu dir.

Du hast sie auf deinen Phallus gesetzt, damit dein Same hervorgehe (aufsteigt) in sie, indem er scharf ist (der scharfe), als Sothis.

Horus der Scharfe ist hervorgekommen aus dir als Horus, der in der Sothis war.

Du hast Gefallen an ihm / Angenehm ist es dir durch ihn in seinem Namen Geist, der in der dndr^{c}w-Barke war'; er rächt dich in seinem Namen «Horus, der Sohn, der seinen Vater rächt.» [PT 632a–633b]

«Die Schwester des (Königs) ist die Sothis, der (Nachkomme) (Königs) ist der Morgenstern ...» [PT 929b, 357b, 935c]

Auch der tote Osiris-König macht seine Ansprüche geltend:

«Schwanger geworden ist der Himmel mit seinem Weinstocksaft, geboren hat Nut (ihn) in Gestalt ihrer Tochter, des Morgens. Ich erhebe mich,

die Dritte ist mir Sothis ...» [PT 1082a – 1082d]

«Befiehl dem (lebenden König als Horus) dem Lebenden / Besitzer des Lebens, dem Sohn der Sothis, damit er für (den lebenden König) spreche

und ihm seinen Sitz (Thron) am Himmel festsetze.» [PT 1482a–1482b]

In diesen Textbeispielen wird die Beschwörung eines astralen Rituals beschrieben, in dem der tote König, als ein Stern von Osiris/Orion, mit Isis/Sothis (Sirius) den Geschlechtsakt vollzieht, um ihren Schoß zu befruchten und somit den astralen Horus, Sohn der Sothis, zu zeugen. Letzterer wird durch den rechtmäßigen Thronfolger repräsentiert, der nun der neue Pharao Ägyptens wird. Die Vermutung liegt nahe, daß Sothis' Sohn Horus ebenfalls mit einem Himmelskörper gleichgesetzt wurde. Faulkner nahm an, daß es sich dabei um den Planeten Venus (ein «Stern») handelte, der ja auch als «Morgenstern» bezeichnet wird.[20] Doch weder Venus noch irgendein anderer Planet können mit jenem «Morgenstern», der aus dem Schoß der Sothis (Sirius) «hervorkommt», identisch sein. Wer oder was könnte dieser «Morgenstern» gewesen sein, der sich angeblich so dicht bei Sirius befand?

In der Epoche um 2750 v. Chr. wies Sirius eine Deklination

von etwa 26,5 Grad südlich von Ost auf, während sich die Sonne 54 Grad nördlich, knapp unterhalb des Horizonts, befand.[21] Das bedeutet, daß sich keiner der Planeten während seines heliakischen Aufgangs in der Nähe von Sirius befunden haben kann. Welchen hellen Stern hätte man also als «Morgenstern» bezeichnen und so dicht bei Sirius sehen können? Könnte es einen hellen Himmelskörper in der Nähe von Sirius gegeben haben, den man im alten Ägypten noch sehen konnte, aber heute nicht mehr? Wäre ein «untergegangener» Stern eine plausible Erklärung?

An dieser Stelle möchten wir noch einmal auf Robert Tempels Buch *Das Sirius-Rätsel* zurückkommen, dessen Ausgangspunkt das geheime Wissen der Dogon in Mali war, die von einem unsichtbaren Begleitstern von Sirius berichteten. Temple vermutet, daß die astronomischen Kenntnisse der Dogon auf Überlieferungen aus dem antiken Ägypten von ca. 3200 v. Chr. beruhen. Heute heißt dieser unsichtbare Stern Sirius B. Er besitzt eine außergewöhnlich hohe Dichte, weshalb er in der Astronomie als «weißer Zwerg» bezeichnet wird, und kann nur durch ein sehr starkes Teleskop gesehen werden. Wissenschaftler gehen davon aus, daß Sirius B in der Antike nicht sichtbar war. Könnten sie sich möglicherweise irren?

Wir möchten diese Frage vorerst zurückstellen und uns wieder dem Orion-Rätsel und den geheimnisvollen Schächten in der Großen Pyramide zuwenden.

V. WEGE ZU DEN STERNEN

In der Großen Pyramide gibt es vier lange, schmale Schächte, die die Ägyptologen seit Jahrhunderten vor ein Rätsel stellen. Wir erwähnten sie bereits kurz, möchten nun jedoch ausführlicher auf sie eingehen.

Die beiden Schächte in der Königskammer sind seit Anfang des 17. Jahrhunderts bekannt. Als John Greaves, Savillian-Professor für Astronomie in Oxford, 1638 seine berühmten Vermessungen der Pyramiden von Gizeh durchführte, entdeckte er die Öffnungen der beiden Schächte und bemerkte, daß die

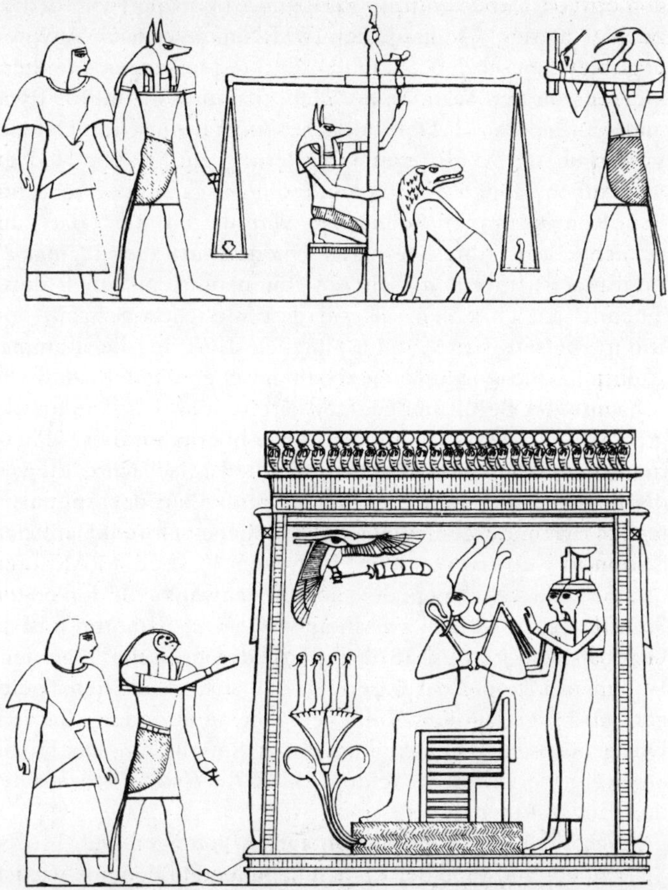

10. Szenen aus dem Totenbuch. Das Wägen des Herzens und die Vorführung einer würdigen Seele vor dem Gericht des Osiris. Osiris wird von seiner Schwester und Gemahlin Isis und ihrer gemeinsamen Schwester Nephthys unterstützt. Vor ihm stehen die vier Söhne des Horus auf einer Lotusblüte.

nördliche von «brennenden Lampen»[22] geschwärzt war. 1693 berichtete der französische Generalkonsul de Maillet ebenfalls von diesen Schächten, kam jedoch zu dem merkwürdigen Schluß, daß sie während der Bauzeit der Pyramide zur Beförderung von Lebensmitteln und zum Abtransport von Schutt gedient hätten.[23] Jomard, der 1798 Napoleon nach Ägypten begleitete, beschrieb ebenfalls die «tiefen, engen Hohlräume, die von den Wänden der Hauptkammer in Chufus Pyramide ausgehen».[24] Der britische Amateurforscher Colonel Vyse und sein Mitarbeiter J. S. Perring entdeckten 1837 an den Außenwänden der Pyramide die Ausgänge der Schächte der Königskammer. Zunächst vermuteten sie, daß die Schächte, trotz ihres geringen Querschnitts (ca. 22 mal 23 Zentimeter), in einen weiteren Raum führten, ließen diese Theorie jedoch fallen, als sie den südlichen Schacht von Schutt befreit hatten und plötzlich Luft in die Kammer strömte.[25] Sie zogen daraus den falschen Schluß, daß die Schächte der Belüftung gedient hätten, und prägten den Begriff «Luftschächte». Flinders Petrie übernahm diese Theorie und auch den neuen Begriff: »... die Luftschächte, die von dieser [Königs]kammer ausgehen, wurden auf der Außenseite der Pyramide gemessen; der nördliche schwankt auf den ersten 30 Fuß [ca. 9 Meter] zwischen 30 Grad 43 Minuten und 32 Grad 4 Minuten; der südliche schwankt auf den ersten 70 Fuß [ca. 24 Meter] zwischen 44 Grad 26 Minuten und 45 Grad 30 Minuten.»[26] 1872 äußerte der britische Ingenieur Waynman Dixon die Vermutung, daß sich in der tiefer gelegenen Königinkammer ähnliche Schächte befinden könnten. Der schottische Hofastronom Piazzi Smyth, für den Dixon arbeitete, berichtete in seinem Buch *The Great Pyramid* über ihre Entdeckung:

«Nachdem es Mr. Waynman Dixon gelungen war, in den Spalt in der Südwand der Königinkammer (auf den ihn, wie ich hörte, Dr. Grant zum ersten Mal aufmerksam machte) an einer bestimmten Stelle einen Draht unglaublich weit hineinzuschieben, wies er seinen genialen Zimmermann namens Bill Grundy an, an dieser Stelle mit Hammer und Meißel ein Loch zu schlagen ... danach markierte er an der Nordwand eine ähnliche Stelle. Dann machte sich der unschätzbare Bill Grundy mit Hammer und Stahlmeißel erneut an die Arbeit ...»

Sir Flinders Petrie, der 1880 die Neigung der Schächte vermaß, beschreibt den Vorgang wie folgt:

«Die von dieser [Königin]kammer ausgehenden Schächte wurden mit einem Goniometer gemessen; sie sehen genauso aus wie die Luftschächte in der Königskammer, aber ihre Öffnungen waren jeweils mit einer Steinplatte verschlossen, die nicht durchbrochen worden war; die Ausgänge der beiden Schächte wurden bisher nicht gefunden, obwohl Mr. Waynman Dixon, der sie zuerst entdeckte, und auch ich danach suchten ...»[27]

Doch dann folgt die seltsame Bemerkung: «Als ich die Südseite mit einem Teleskop absuchte, entdeckte ich in der 85. Steinlage etwas, das wie eine Öffnung aussah; aber ich kam nicht dazu, es näher zu untersuchen ...»[28]

Dank Gantenbrink, dessen Team mit Hilfe von alpiner Ausrüstung die Nord- und Südseite der Pyramide nach etwaigen Öffnungen absuchte, wissen wir heute, daß Petrie sich täuschte, als er glaubte, an der Südseite die Öffnung zu erspähen. Keiner der beiden Schächte in der Königinkammer durchstößt die Außenwände der Pyramide. Später behaupteten Ägyptologen fälschlicherweise, daß die Schächte etwa acht Meter hinter den Wänden der Königinkammer aufhörten. Petrie gab als Mittelwert für die Neigung der Schächte 37 Grad 28 Minuten für den nördlichen und 38 Grad 28 Minuten für den südlichen Schacht an. Beide Maße seien «das Mittel aus zwei Messungen, die nicht mehr als 6 Minuten [Bogenminuten] voneinander abwichen». Auch in diesem Punkt wurde Petrie widerlegt. Trotzdem hatte sein Bericht weitreichende Folgen für die Ägyptologie, weil daraufhin das wissenschaftliche Interesse an den Schächten in der Königinkammer nachließ. Man schloß aus der Tatsache, daß die Schächte nicht die Außenwände durchstießen, daß die altägyptischen Baumeister diese (und damit auch die Königinkammer) nicht vollendet hatten und sich dem Bau der höher gelegenen Königskammer zugewandt hatten. Diese Theorie hielt sich über viele Jahrzehnte, bis Rudolf Gantenbrink den südlichen Schacht der Königinkammer erforschte und nachwies, daß dieser viel länger ist, als Petrie angenommen hatte: Der Schacht reicht 19,5 Meter über das Bodenniveau der Königskammer hinaus und verläuft auf seinen letzten 25 Metern beinah parallel zum südlichen Schacht der Königskammer.[29]

Die Belüftungstheorie ist schon vor langem angezweifelt worden. 1924 stellte der belgische Ägyptologe Capart eine eigene Theorie zur Funktion der Schächte auf. Capart, der sich über die Bedeutung des gesamten Grabmals Gedanken machte, glaubte, daß die Schächte keineswegs der Belüftung, sondern vielmehr einem religiösen Zweck gedient hätten: «... es ist eher möglich, daß sie mit den Bestattungsriten zusammenhingen und möglicherweise der Seele des Königs einen Aufstieg ermöglichen sollten.»[30] Dieselbe Vermutung äußerte 1929[31] der deutsche Ägyptologe Steindorff. 1947[32] griff Edwards, wenn auch zurückhaltend, diesen Gedanken auf, und 1954[33] schloß sich ihm Vandier an. Etwa zur selben Zeit wie Vandier befaßte sich Badawy, ein Ägyptologe mit fundiertem Wissen in ägyptischer Astronomie, eingehend mit der von Capart vermuteten symbolischen Funktion der Schächte. Ein wissenschaftlicher Durchbruch stand unmittelbar bevor.

In seiner ausführlichen Studie über die altägyptische Architektur vertrat Badawy die Meinung, daß die Schächte in der Königskammer als symbolische Wege zu den Sternen gedient hätten, «die nördliche Passage ... für die Reise der Seele zu den unvergänglichen Zirkumpolarsternen, die südliche [für die Reise] zu Orion».[34] Die Ansicht, daß die Pyramidentexte das Sonnenschicksal des toten Königs widerspiegelten, hatte sich mittlerweile so durchgesetzt, daß bislang niemand an diese Möglichkeit gedacht hatte. Erst Badawy kam 1964 auf die Idee, mit Hilfe eines Astronomen Präzessionsberechnungen durchzuführen (siehe Anhang 2). Nachdem er auch Virginia Trimble um ihre Mitarbeit gebeten hatte, veröffentlichten sie gemeinsam ihre Ergebnisse in einer deutschen ägyptologischen Zeitschrift.[35] Badawy war für die ägyptologischen Aspekte zuständig, Trimble für die astronomischen. Zunächst setzte sich Badawy mit der Theorie auseinander, daß die Schächte der Belüftung gedient hätten.

«Diese Deutung hält ... einer kritischen Beurteilung nicht stand. Abgesehen von der Tatsache, daß die Ägypter in keiner ihrer Grabbauten je Vorkehrungen für eine Belüftung trafen, würde es sich im vorliegenden Fall um eine armselige Leistung handeln, gemessen am Standort der damals in Wohnhäusern üblichen Belüftungstechnik.[36]

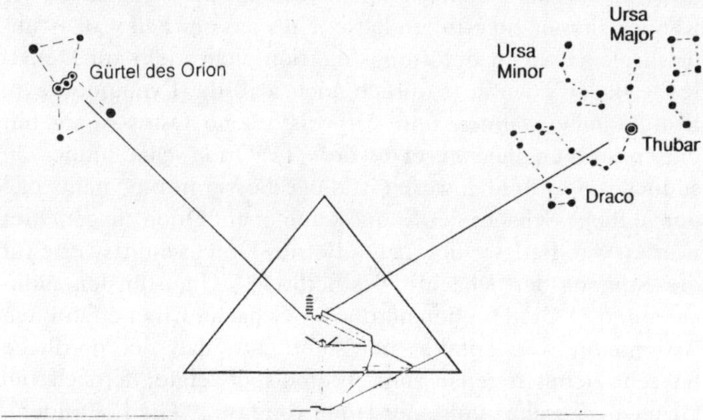

11. Querschnitt der Großen Pyramide von Gizeh. Ausrichtung der Schächte zu den Sternen um 2600 v. Chr., nach A. Badawy und V. Trimble, 1964

Badawys baugeschichtliche Untersuchungen hatten ergeben, daß die alten Ägypter keinerlei Maßnahmen zur Belüftung ihrer Gräber getroffen hatten, wie es auch nicht anders zu erwarten gewesen war.[37] In den Wohnhäusern hingegen gab es schräge Belüftungsschächte, die in die Decke mündeten und wegen der kühlen nördlichen Brise nach Norden ausgerichtet waren. Badawy kam daher zu dem überzeugenden Schluß:

«Um die Grabkammern des Cheops zu belüften, wären horizontal verlaufende Schächte an den Decken weit sinnvoller gewesen als die schrägen Schächte, die ungefähr einen Meter über dem Fußboden, etwa auf Höhe des Sarkophagdeckels, beginnen. Abgesehen von dieser unzweckmäßigen Anordnung ist zu bedenken, welche technischen Probleme der Bau der beiden schräg verlaufenden Schächte durch sämtliche Steinschichten hindurch mit sich gebracht hatte – ein Aufwand, den man sich hätte ersparen können, wenn man die Schächte durch eine horizontale Schicht geführt hätte.»[38]

Er wies auch darauf hin, daß die Öffnungen der Schächte in der Königinkammer ursprünglich verschlossen gewesen waren und daß dies sehr wahrscheinlich auch auf die Schächte in der Königskammer zugetroffen hatte. Falls das der Fall war, «stünde ihre angebliche Belüftungsfunktion nicht mehr zur Debatte».[39] Badawy wußte natürlich auch, daß die Pyramidentexte Sahu/Orion erwähnen und der verstorbene Osiris-König mit diesen Sternen gleichgesetzt wurde. Da Orion schon immer ein südliches Sternbild gewesen ist, liegt die Vermutung nahe, daß der südliche Schacht der Königskammer auf Orion ausgerichtet worden war. Badawy übernahm Petries Durchschnittswerte für die Neigung der Schächte, das heißt 44,5 Grad für den südlichen und 31 Grad für den nördlichen Schacht. Einer erfahrenen Astronomin wie Trimble fiel sofort auf, daß der nördliche Schacht ziemlich genau zum Himmelspol zeigte, der sich von Gizeh aus gesehen auf einer Höhe von fast 30 Grad befindet – genauer gesagt, 29 Grad 58 Minuten 51 Sekunden, vom Zentrum der Großen Pyramide aus gemessen. Virginia Trimble berechnete die Deklinationen der Sterne des Oriongürtels für circa 2600 v. Chr., der damals angenommenen Bauzeit der Großen Pyramide. Ihre Ergebnisse sehen folgendermaßen aus:[40]

Oriongürtel	Deklination um 2600 Grad	Minuten
Al Nitak (Zeta Orionis)	–15°	33'
Al Nilam (Epsilon Orionis)	–15°	16'
Mintaka (Delta Orionis)	–14°	45'

Die Cheops-Pyramide steht auf einer Breite von 29 Grad 59 Minuten. Von dieser Breite aus befindet sich der Himmels-äquator – eine gedachte Linie, die die scheinbare Himmelskugel, die die Erde umgibt, in die nördliche und die südliche Hemisphäre teilt – auf einer Höhe von 60 Grad 01 Minuten über dem südlichen Horizont (90°–29° 59' = 60° 01').

Da die Deklination des Himmelsäquators gleich null ist, weist alles, was darüber, also in der nördlichen Himmelshemisphäre, liegt, eine positive Deklination auf, alles, was sich unterhalb dieser Linie, also in der südlichen Hemisphäre, befindet, eine negative Deklination. Um die Höhe eines Sterns auf dem Meridian, von Gizeh aus in südlicher Richtung gesehen, auszurechnen, muß die Deklination von der Höhe des Himmelsäquators abgezogen werden (60 Grad 01 Minuten):

Oriongürtel	Höhe, Grad und Minuten
Al Nitak (Zeta Orionis)	(60° 02' –15° 33') = 44° 29'
Al Nilam (Epsilon Orionis)	(60° 02' –15° 16') = 44° 46'
Mintaka (Delta Orionis)	(60° 02' –14° 45') = 45° 17'

Trimble und Badawy bemerkten bald, daß es kein Zufall war, daß der südliche Schacht, der in einem Winkel von 44 Grad 30 Minuten auf den Meridian wies, auf den Durchgang des Oriongürtels ausgerichtet war. Trimble fand heraus, daß in der damaligen Epoche keine anderen sichtbaren Sterne an dieser Stelle den Himmel überquerten: «Man könnte vermuten, daß noch einige andere Sterne in derselben Weise über der Öffnung des Schachts vorbeiziehen. Tatsächlich aber gab es zu jener Zeit keinen anderen Stern von vergleichbarer Helligkeit, der eine Deklination zwischen 1 Grad 30 Minuten und 14 Grad 30 Minuten aufwies.»[41]

Badawy kam deshalb zu dem Schluß, daß man den Schacht ganz bewußt auf den Oriongürtel, das Zentrum des Sahu/Orion-Sternbildes, ausgerichtet hatte, um der Seele des toten Königs den Aufstieg in das Sternenreich von Sahu/Osiris (Orion) zu erleichtern. Badawy hatte sich allerdings um 0,5 Grad geirrt. Mittlerweile wissen wir, daß die Neigung des südlichen Schachts der Königskammer genau 45 Grad beträgt. Doch auch mit ihren 44 Grad 30 Minuten erzielten Trimble und Badawy ihre erstaunlichen Ergebnisse. (Seltsamerweise kamen sie nicht auf die Idee, ihre Erkenntnisse auf die beiden Schächte in der Königinkammer anzuwenden. Vermutlich hatten sie sich der allgemein anerkannten Theorie angeschlossen, daß sie aufgegeben worden waren.)

Die Entdeckung, daß der südliche Schacht der Königskammer um 2600 v. Chr. auf die drei Sterne des Oriongürtels ausgerichtet war, stieß in Fachkreisen auf wenig Resonanz. Erst 1981 griff Dr. Edwards schließlich das Thema auf, als er zu Ehren seines amerikanischen Freundes Dows Dunham einen Artikel verfaßte und darin folgende Aussagen machte:

«Die Pyramidentexte verweisen immer wieder auf eine Verbindung zwischen dem toten König und den Sternen, insbesondere den Zirkumpolarsternen, Orion und Sothis. Wissenschaftliche Untersuchungen haben ergeben, daß der nördliche Kanal (Schacht), der in einem Winkel von 31 Grad zur Waagrechten ansteigt, beinahe exakt auf den damaligen Polarstern (Alpha Draconis) ausgerichtet war, während die drei Sterne des Oriongürtels bei ihrer täglichen Kulmination direkt über dem südlichen Schacht, der eine Neigung von 44,5 Grad aufweist, standen. Es erscheint mir sehr unwahrscheinlich, daß eine solche Ausrichtung der Kanäle (Schächte) keine magische Bedeutung hatte.»[42]

Es ist seltsam, daß kein einziger Ägyptologe Badawys Theorie vertiefte. Möglicherweise lag es daran, daß sich Badawys Erkenntnisse im Widerspruch zu der immer noch vorherrschenden Theorie vom Sonnenschicksal der Pharaonen befand. Trotzdem gibt es einen unübersehbaren Zusammenhang zwischen der Ausrichtung des südlichen Schachts auf den Oriongürtel und den zahlreichen Passagen in den Pyramidentexten, die besagen, daß sich der König nach seinem Tod in dieser Himmelsregion aufhält.

Als ich begann, die Sternenreligion der Pharaonen zu erforschen, wußte ich nichts von Badawy und seinem Artikel. Wäre er mir damals schon bekannt gewesen, hätte mir das eine Menge Zeit und Arbeit erspart. Vor allem aber hätten mich Badawys Erkenntnisse in meinem Vorhaben bestärkt, was man von den Ägyptologen zu Beginn meiner Untersuchungen nicht gerade sagen konnte. Tatsache ist, daß ich mein Augenmerk auf Gizeh richtete, ohne etwas von diesen äußerst wichtigen astronomischen Anhaltspunkten zu wissen.

5
Der Gizeh-Plan

Sie [die Erbauer] waren offensichtlich in der Lage ... die kleinen Ausmaße der dritten Pyramide vorzuschreiben, obwohl anzunehmen ist, daß Menkaure (Mykerinos) sich ein Grabmal wünschte, das denen seiner Vorgänger ebenbürtig war ...
– J. A. R. Legon in: *Discussions in Egyptology*, 1988.

In Gizeh haben wir es mit einer Reihe von Grabmälern zu tun, deren Bauweise auf eine wohldurchdachte Planung schließen läßt, aber wir wissen nicht, auf welchen Prinzipien diese Planung beruhte.
– R. Cook: *The Pyramids of Giza.* Glastonbury, 1992.

I. EINE SELTSAME ABWEICHUNG

Nachdem ich während meines kurzen Ägypten-Urlaubs 1982 die Pyramide des Unas besichtigt hatte, besuchte ich am nächsten Tag einen weiteren wohlvertrauten Ort – das Ägyptische Museum in Kairo. Mein Ziel war der Ostflügel im Erdgeschoß, wo die meisten Funde aus der Pyramidenzeit ausgestellt sind.

Das Museum, das sich im Herzen von Kairo an der geschäftigen Nordseite des Tahrir-Platzes befindet, ist eine wahre Oase der Ruhe, sobald man seinen Hof betritt und dem hektischen Verkehr entronnen ist. Der Museumsbau wurde um die Jahrhundertwende von dem französischen Architekten Marcel Dourgnon entworfen; nicht von ungefähr ist in der gesamten Anlage ein französisches Flair spürbar, was nicht zuletzt auf das Mausoleum von Mariette zurückzuführen ist. Mariette hatte darum gebeten, daß man seine sterblichen Überreste in einem

Sarkophag bestattete und diesen im Museumsgarten aufstellte. Die erst kürzlich restaurierte Statue Mariettes überragt die Menschenmengen, die an einem Ort zusammenströmen, der einst ausschließlich Mariettes Domäne war. In einem Land, das sich immer mehr dem Fundamentalismus verschreibt, wirkt Mariettes Statue seltsam deplaziert – ein Relikt aus einer kolonialen Vergangenheit, auf das die Ägypter gerne verzichtet hätten. Im Garten am Eingang des Museums stehen zahlreiche Funde aus der Pharaonenzeit, die andernorts einen Ehrenplatz bekommen hätten. Da es im Museumsbau selbst keinen Platz für die vielen Statuen und Sarkophage gibt, hat man sie in den Garten verbannt, wo sie der extremen Luftverschmutzung und den neugierigen Fingern Tausender von Touristen ausgesetzt sind. In der öffentlichen Schule auf der Ostseite des Museums dienen zwei Sarkophage als Schulbank und ein dritter als Mülltonne.

Ich ging durch die Haupthalle zum Pyramidion (Benben) der Pyramide von Amenemhet III. Der Stein stammt etwa aus dem Jahre 1850 v. Chr. und bildete einst die Spitze der heute verfallenen Pyramide in Dahschur.[1] Er besteht aus glattpoliertem schwarzem Granit und ist am unteren Rand mit einer zweizeiligen Hieroglyphen-Inschrift versehen. Außer dem Horus-Symbol – eine geflügelte Sonnenscheibe und zwei Augen – ist auch Osiris/Sahu (Orion) als menschliche Gestalt zu sehen, die einen Stern in der ausgestreckten Hand hält. Als ich zum Ostflügel mit den Funden aus dem Alten Reich ging, kam ich an der Statue des Menkaure vorbei, dem Erbauer der dritten Pyramide von Gizeh. Die nicht sehr große Plastik aus grünem Schiefer ist meisterhaft ausgeführt. Der König hat ein sehr ausdrucksvolles Gesicht und strahlt Stärke und Macht aus, was für die Bildhauerkunst des Alten Reiches sehr charakteristisch ist. Menkaure wird von zwei Göttinnen flankiert. In der Art, wie sie seine Arme umfassen, liegt eine eigentümliche Mischung aus Zärtlichkeit und Stolz. Zweifellos waren diese Könige nicht die Tyrannen, für die man sie manchmal hält, sondern gottgleiche Herrscher, die geliebt und verherrlicht wurden.

Als ich schließlich den berühmten Saal 42 betrat, der viele Funde aus der 4. Dynastie enthält, fiel mein Blick sofort auf die prächtige Statue des Chefre, dem Erbauer der zweiten Pyramide von Gizeh. Die aus einem Block gehauene Plastik besteht aus schwarzem Diorit, einem granit-ähnlichen Gestein, das äußerst schwer zu bearbeiten ist. Dennoch ist der Stein so fein poliert, daß er wie Metall wirkt. Manche halten die Chefre-Statue für eines der bedeutendsten Kunstwerke der Welt. Der Bildhauer, der diesen Stein bearbeitete, muß ein Michelangelo seiner Zeit gewesen sein. Es ist rätselhaft, wie es ihm gelang, den Diorit lediglich mit Kupferwerkzeugen in eine so vollendete Form zu bringen. Chefre sitzt auf einem Thron, und sein Gesicht strahlt Autorität oder Güte aus, je nachdem, von welcher Seite man es betrachtet. Sein Kopf wird von den ausgebreiteten Flügeln eines Horus-Falken umrahmt, der auf seinen Schultern sitzt. Ich fand, daß selbst die kunstvollen Funde aus dem Grab des Tut-ench-Amun nicht von solch eindringlicher Schönheit sind.

Ich durchquerte den Ausstellungsraum und nahm so viele Eindrücke in mich auf, wie ich konnte. Dann fiel mein Blick auf ein großes Bild an der nördlichen Wand – eine Luftaufnahme von den Pyramiden von Gizeh. In der Bildunterschrift hieß es, daß es sich um eine Aufnahme der ägyptischen Luftwaffe wahrscheinlich aus den fünfziger Jahren handelte; hier sah ich zum ersten Mal ein Luftbild der Anlage von Gizeh, das direkt von oben aufgenommen worden war. Bevor ich dieses Bild entdeckte, hatte ich der merkwürdigen Tatsache, daß Menkaures Pyramide von der Süd-West-Anordnung der beiden größeren leicht abwich, nie besondere Beachtung geschenkt. Doch nun, aus dieser neuen Perspektive betrachtet, sprang sie mir ins Auge wie ein schief hängendes Bild an einer Wand. Ich hatte vor einigen Jahren als Vermessungsingenieur gearbeitet[2] und besaß eine gewisse Übung darin, solche Anomalien in Bauplänen zu erkennen. Ich hatte das Gefühl, daß Menkaures Pyramide *nicht genau da stand, wo sie hingehörte.* Ich fragte den Museumswärter, ob ich das Bild fotografieren dürfe, worauf er lächelnd nickte und mich auf die übliche halbmilitärische Art grüßte, was bedeutete, daß ein *bakschisch* angebracht war. Ich hatte einen Schwarzweißfilm in meiner alten Olympus und ein lichtstarkes 50-mm-Objektiv. Ich hielt die Kamera hoch und drückte nur einmal kurz auf den Auslöser. Dieser unprofessionelle Schnappschuß sollte den weiteren Verlauf meines Lebens verändern.

Nachdem mein Kurzurlaub beendet war, kehrte ich zu meinem Projekt nach Saudi-Arabien zurück. Ich ließ in Riad den Film entwickeln und bestellte mehrere Vergrößerungen der Luftaufnahme von den Gizeh-Pyramiden. Die leicht versetzte Lage von Menkaures Pyramide hatte mich neugierig gemacht, und ich wollte dem Rätsel auf die Spur kommen. Da die meisten meiner Freunde in Saudi-Arabien im Bauwesen beschäftigt waren, als Bauingenieure, Architekten und Bauplaner, hoffte ich, daß mir ihre Meinung weiterhelfen würde. Mich interessierte, ob wir für die seltsame Anordnung der drei Pyramiden eine gemeinsame Erklärung finden würden.

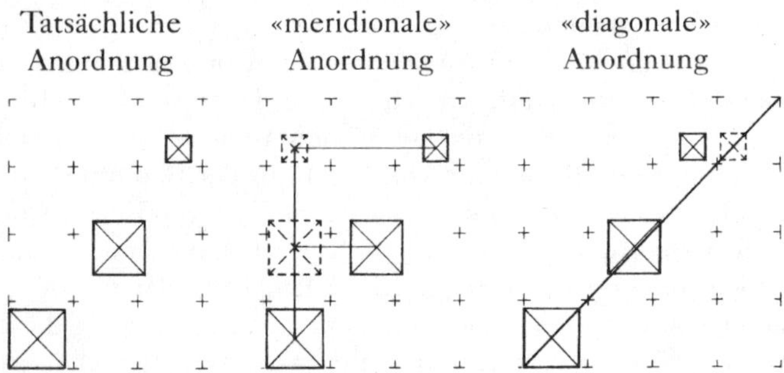

12. Auswertung der Anordnung der Gizeh-Pyramiden

Wie erwartet, kamen die meisten meiner Freunde, denen ich das Foto zeigte, zum selben Schluß: Jede der drei Pyramiden war nach ihrer eigenen meridionalen (Nord-Süd-)Achse ausgerichtet. Darüber hinaus fiel allen auf, daß die beiden größeren Pyramiden durch eine Süd-West-Diagonale verliefen. Sie stimmten darin überein, daß das auf einen einheitlichen Gesamtplan schließen ließ. Dann allerdings kam es zu der Verwirrung, die ich vorausgesehen hatte: Meine Freunde fragten sich, weshalb die dritte Pyramide soviel kleiner war als die anderen beiden. Noch rätselhafter erschien ihnen die Tatsache, daß sie von der Süd-West-Diagonalen, die die beiden anderen

Pyramiden verband, nach Osten hin leicht abwich. Alle waren sich darin einig, daß die Größe und die versetzte Lage von Menkaures Pyramide von ihrem Baumeister beabsichtigt gewesen sein muß. Die Frage war nur: Warum?

II. EIN ARCHITEKTONISCHER ENTWURF

Ich beschloß, das Foto auch einigen Freunden zu zeigen, die nicht aus der Baubranche kamen, sondern eher ein Verständnis für ästhetische und intellektuelle Fragen hatten. Mich interessierte, ob sie sich dieselbe Frage stellen würden. Diesmal jedoch zeichnete ich mit schwarzer Tinte die Süd-West-Diagonale, die die beiden größeren Pyramiden miteinander verband, ein und verlängerte die Linie bis zur Pyramide des Menkaure, um die seltsame Versetzung zu verdeutlichen. Außerdem verriet ich ihnen, in welcher Reihenfolge die Pyramiden aller Wahrscheinlichkeit nach gebaut worden waren: zuerst die Große Pyramide des Chufu (Cheops), dann die zweite Pyramide des Chefre (Chephren) und zuletzt die kleine, dritte Pyramide des Menkaure (Mykerinos). Natürlich stellten sie sich gleich die Frage, weshalb die letzte Pyramide soviel kleiner war und von der Süd-West-Achse der beiden anderen größeren abwich. Die Antworten deckten sich mit denen der ersten Gruppe: Die Größe und die versetzte Lage von Menkaures Pyramide schien von ihrem Baumeister so geplant gewesen zu sein. Die zweite Gruppe war allerdings stärker an der Frage interessiert, weshalb die dritte Pyramide soviel kleiner war als die beiden anderen. Ich lieferte ihnen die Standard-Erklärung: Menkaure hatte es an den erforderlichen Ressourcen gefehlt. Diese Erklärung befriedigte sie genausowenig wie mich, war jedoch nicht ohne weiteres von der Hand zu weisen. Gab es denn Belege für diese Hypothese? Soweit ich wußte, nein. Die Ägyptologen gehen davon aus, daß Menkaure genauso lange regiert hatte wie seine beiden Vorgänger in Gizeh. Außerdem wurde er immer als gleichrangig mit seinen unsterblichen Gefährten Chufu und Chefre dargestellt. Ich bot ihnen eine zweite gängige Erklärung an: Menkaure hatte nicht viel

Zeit und mußte deshalb eine kleinere Pyramide bauen. Aber auch diesmal mußte ich einräumen, daß es für diese These keinerlei Beweise gab. Der Bau von Menkaures Pyramide mußte einige Jahre gedauert haben – nach vorsichtigen Schätzungen sieben bis zehn Jahre[3]. Wie konnte Menkaure da in Eile gewesen sein? War er krank? Auch hierfür gab es keinerlei Anhaltspunkte. Aus seinen Statuen läßt sich eher schließen, daß er gesund und kräftig gewesen sein muß.

Mir wurde klar, worauf die zweite Gruppe hinauswollte: Egal, von welcher Seite man es betrachtete, es schien keinen einleuchtenden Grund dafür zu geben, daß sich Menkaure mit einer soviel kleineren Pyramide begnügt hatte. Er hatte aller Wahrscheinlichkeit nach über dieselbe unumschränkte Macht und dieselben Ressourcen wie seine unmittelbaren Vorgänger verfügt. Hinzu kommt, daß den Pharaonen jede Vorstellung von Wirtschaftlichkeit fremd war: Ihre wichtigsten Ressourcen waren eine ausreichende Zahl arbeitsfähiger Männer und ergiebige Kalksteinbrüche, woran es Menkaure zweifellos nicht gemangelt hatte. Außerdem hinterließen ihm seine Vorgänger wahrscheinlich ein Erbe, das ihm seine Aufgabe noch erleichtert haben muß: erschlossene Steinbrüche, Geräte, Unterkünfte für die Arbeiter, Schlitten und ähnliches – alles das also, was man heute in der Wirtschaft als «vorbereitende Maßnahmen» bezeichnet – und natürlich einen reichen Erfahrungsschatz.[4] Selbst wenn wir von der unwahrscheinlichen Annahme ausgehen, daß Menkaure über weniger Macht und weniger Ressourcen verfügte als Chufu und Chefre, so bleibt die Frage, weshalb er seine «minderwertige» Pyramide ausgerechnet in Gizeh erbaute und diesen Fakt der Nachwelt praktisch noch unter die Nase rieb? Es standen genügend andere Standorte zur Verfügung. Menkaures Pyramide war durchaus nicht klein, aber neben ihren beiden Nachbarn, die doppelt so groß waren und zehnmal soviel Steinmasse enthielten, mußte sie zwangsläufig winzig erscheinen. Warum also hatte sich Menkaure mit einem so bescheidenen Exemplar zufriedengegeben?

Eines stand fest: Menkaure wußte, daß seine Pyramide viel kleiner ausfallen würde als die Grabmäler seiner Vorgänger. Da solche riesigen Bauwerke lange im voraus geplant wurden, mußte Menkaure mit dem Vorhaben einverstanden gewesen sein. Doch warum sollte er einem Plan zugestimmt haben, der ihn neben seinen Vorgängern so unbedeutend erscheinen ließ? Welche Erklärungen wir auch durchspielten, wir entdeckten immer wieder neue Schwachpunkte. Aber vielleicht sahen wir diese Pyramide, oder eigentlich alle Pyramiden, unter einem falschen Blickwinkel. Wir betrachteten jede Pyramide isoliert, statt sie als Teil eines Gesamtkonzepts zu sehen. Wir sollten uns möglicherweise von der Vorstellung lösen, daß eine bestimmte Pyramide einem bestimmten Pharao gehörte; vielleicht handelte es sich um ein Konglomerat von Baudenkmälern, die in einen einheitlichen Plan eingebunden waren. Es wäre durchaus denkbar, daß sich der Pharaonenstaat als Hüter der gesamten Totenstadt von Memphis sah und die Kette der Pyramiden, die zur Totenstadt gehörten, keine einzelnen Grabmäler, sondern eine Einheit darstellte, die die höchsten Prinzipien des Wiedergeburtskults verkörperte. Alle Pyramiden bildeten die Totenstadt oder das Reich der Toten, was der Duat – dem «Ort, wo Osiris ist» – entsprach. Aber in welcher Beziehung stand die Totenstadt zu den Sternen des Osiris?

Was die Pyramidengruppe von Gizeh anging, so wurde mir klar, daß ich meine Fragen neu formulieren mußte: Warum sah der Gesamtplan zwei größere und eine kleinere Pyramide vor? Warum war die kleinste nach Osten versetzt? Die Antwort lag auf der Hand: Diese «Anomalien» waren Bestandteil eines Gesamtplans, dessen Umsetzung für den Bau der dritten Pyramide bestimmte Beschränkungen vorsah. Daraus ergibt sich bereits die nächste Frage: Beruhten diese Einschränkungen auf bautechnischen und geomorphologischen Faktoren oder auf religiösen Erwägungen?

Aufgrund meiner Erfahrungen mit der Planung von Bauprojekten, bei der neben anderen Faktoren auch die Vorstellungen der Kunden sowie die Beschaffenheit und Lage des Baugeländes über die Größe und den genauen Standort der Gebäude entscheiden, wußte ich, daß viele Details, die andere später vielleicht für Anomalien halten, von Anfang an geplant sind. Obwohl ich noch immer keine schlüssige Erklärung für die Tatsache gefunden hatte, daß die dritte Pyramide relativ klein und von der Süd-West-Anordnung der beiden anderen Pyramiden abwich, hatte ich nun eine Ausgangsbasis, von der aus ich den Planungsprozeß zurückverfolgen konnte. Es galt herauszufinden, welche Faktoren für die beiden auffälligen Merkmale von Menkaures Pyramide verantwortlich waren.

Die Luftaufnahme von den Gizeh-Pyramiden hatte mich auf einen wichtigen Aspekt aufmerksam gemacht, der auf dem Foto selbst allerdings nicht zu sehen war: den Nil. Nicht allzuweit östlich des Gizeh-Plateaus verlief das fruchtbare Niltal, und weiter oberhalb lag Kairo. Der Fluß kam von Süden und fächerte sich kurz hinter Kairo zu dem breiten Delta Unterägyptens auf. Wie der französische Ägyptologe Jean-Philippe Lauer feststellte, verlief der Nil «ziemlich genau nach Norden».[5] Wenn man von seinen natürlichen Windungen einmal absieht, hat der Fluß einen meridionalen Verlauf. Lauer zeigte ebenfalls, daß ab der 1. Dynastie alle Mastaba-Gräber eine ungefähre Süd-Nord-Ausrichtung aufweisen, sich also parallel zur Flußrichtung des Nils befinden. Ab der 4. Dynastie «erreichte die Ausrichtung der Pyramiden eine Exaktheit, die wirklich außerordentlich war».[6] Lauer fragte sich, wie die antiken Baumeister eine so präzise Süd-Nord-Ausrichtung erreichen konnten. Er kam zu dem Schluß, daß sich die alten Ägypter auf astronomische Erkenntnisse, genauer gesagt, auf die Beobachtung der Meridian-Durchgänge bestimmter Sterne gestützt haben mußten. Schon andere vor ihm, wie Edwards und der Astronom Zbinek Zaba, hatten dieselbe Hypothese aufgestellt.[7] Zaba vermutete nicht nur, daß den Pyramidenbauern die Sterne zur Ausrichtung ihrer Bauwerke dienten, sondern auch, daß ihnen das Phänomen der Präzession bekannt war.[8]

Ich wußte, daß jede der drei Pyramiden in Gizeh so ausgerichtet war, daß die Seiten ihrer quadratischen Grundfläche in eine der vier Himmelsrichtungen zeigten. Das bedeutete, daß jede von ihnen, ob beabsichtigt oder nicht, eine Art feststehender Kompaß war, der auf einfache Weise Ost, Nord, West oder Süd anzeigte, je nachdem, auf welcher Pyramidenseite man stand. Trotzdem verlief die Hauptachse der Pyramiden entlang ihres Meridians, und zwar in Nord-Süd-Richtung. Dies ergibt sich aus der Tatsache, daß der Eingang der Pyramiden an der Nordseite lag, so daß man das Bauwerk in südlicher Richtung betrat. Folglich war der Meridian das Hauptkriterium für die ursprüngliche Ausrichtung und Anordnung der Pyramidengruppe. Hier fiel jedoch eine weitere «Anomalie» auf: Wenn man die drei Pyramiden von Gizeh, von denen jede auf einem Meridian liegt, als Einheit betrachtet, so befinden sie sich nicht auf einem gemeinsamen Hauptmeridian, sondern sind entlang einer Süd-West-Achse angeordnet, wobei die dritte leicht nach Osten versetzt ist. Was veranlaßte die Baumeister zu dieser merkwürdigen Anordnung?

Der erste Faktor, der eine Rolle spielen kann, sind die Untergrundverhältnisse des Gizeh-Plateaus. Möglicherweise hatten die geologische und morphologische Beschaffenheit des Baugeländes diese ungewöhnliche Anordnung erforderlich gemacht. Doch ich kenne das Gizeh-Plateau gut genug, um sicher sagen zu können, daß einer Anordnung der drei Pyramiden entlang einer gemeinsamen meridionalen Hauptachse nichts im Wege gestanden hätte. Vermutlich hätte diese Lösung sogar weniger Aufwand bedeutet.[9] Wenn man die drei Pyramiden entlang einer Nord-Süd-Achse angeordnet hätte, hätte man lediglich zwei größere Steinbrüche östlich und westlich des Baugeländes benötigt, die man während der gesamten Bauzeit hätte nutzen können. Natürlich wäre auch die Ausrichtung der Pyramiden einfacher gewesen, da man lediglich eine Pyramide, die erste, am Meridian hätte ausrichten müssen. Um die anderen beiden Pyramiden in die richtige Lage zu bringen, hätte man die Linie lediglich nach Süden hin verlängern müssen.

Da offenbar von bautechnischer Seite her keine schwerwiegenden Einwände vorlagen, gab es eigentlich nur noch eine Erklärung für das scheinbar unlogische Vorgehen: Die Beschränkungen oder Kriterien, die zu der ungewöhnlichen Anordnung geführt hatten, beruhten weder auf baulichen noch auf logistischen Gründen, sondern auf religiösen Erwägungen. Doch um welche religiösen Motive könnte es sich gehandelt haben? Die befreundeten Architekten, die ich um Rat fragte, stimmten größtenteils mit mir darin überein, daß es für den Bauplan der Gizeh-Pyramiden eher symbolische als praktische

Gründe gegeben haben mußte. Sie wiesen mich darauf hin, daß die meisten Monumente – vor allem, wenn es sich um geometrisch sehr exakte Bauwerke wie die Pyramiden handelte – voller symbolischer Bezüge waren. Diese Symbolik bezog sich häufig auf den Standort des Bauwerks, auf seine Ausrichtung und die relative Position zu seiner geographischen Umgebung. Im Falle der Gizeh-Pyramiden war hinsichtlich ihrer Ausrichtung und geographischen Umgebung der Lauf des Nils ein deutlicher Bezugspunkt. Die Architekten berichteten, daß sich die sogenannte Historische Achse von Paris, die sich vom Louvre bis zum neuen Viertel La Défense erstreckt und über die Champs Elysées führt, am Lauf der Seine, die am Louvre vorbeifließt, orientiert.[10] In Washington DC bildet die Pennsylvania Avenue, die der französische Architekt L'Enfant entwarf, eine historische Achse, die das Weiße Haus mit dem Capitol verbindet. Bei ihrer Planung war auch der Verlauf des «heiligen» Flusses Potomac miteinbezogen worden.[11] Zweifellos hatten die Pyramidenbauer bei der Planung der Totenstadt von Memphis den meridionalen Verlauf des Nils berücksichtigt. Allerdings waren die drei Pyramiden in Gizeh nicht meridional, sondern entlang einer Süd-West-Achse angeordnet.

Dafür mußte es eine Erklärung geben. Und da die Pyramiden für die Religion der alten Ägypter offenbar von großer Bedeutung waren, mußte die Erklärung mit dem zentralen Glauben an die Wiedergeburt der Könige, die das Bauprojekt in Auftrag gegeben hatten, zusammenhängen.

Der gemeinsame Nenner war offensichtlich nicht im bautechnischen Bereich zu finden. Es mußten andere wissenschaftliche Disziplinen herangezogen werden. Die eindeutige astronomische Ausrichtung jeder Pyramide, die auf der Beobachtung von bestimmten Sternen beruhte, schien mir ein Indiz dafür zu sein, daß man auch die Anordnung der Pyramiden unter astronomischen Gesichtspunkten betrachten sollte. Ich beschloß, mir die Sterne einmal genau anzusehen.

6
Gizeh und der Gürtel des Orion

Der Mensch ist ein gefallener Gott, der sich an den Himmel erinnert.
A. de Lamartine: *Méditations poétiques* (1820).

Und Gott sprach: Es werden Lichter an der Feste des Himmels, die da scheiden Tag und Nacht und geben Zeichen, Zeiten, Tage und Jahre.
Genesis, I, 14

Er macht die Plejaden und den Orion.
Amos, V, 8

I. DER AUFGANG DES ORION

Es war Anfang November 1983, und die Nachthimmel in Saudi-Arabien waren, wie immer um diese Jahreszeit, außerordentlich klar. Es war die Zeit, in der die Ausländer, die in Riad lebten, an den Wochenenden in den goldenen Dünen etwa 20 Kilometer außerhalb der ausgedehnten westlichen Vorstädte dieser friedlichen Stadt zu kampieren pflegten.

Meine Frau Michèle hatte die übliche Ausrüstung eingepackt: alkoholfreies Bier, reichlich Trinkwasser, Lebensmittel und Schlafsäcke. Meine Tochter Candice war trotz ihrer vier Jahre schon eine erfahrene Wüstenreisende. Zwei weitere Paare mit ihren Kindern hatten sich uns angeschlossen. Wir wollten eine hohe Düne erklettern, auf der die Kinder im sauberen, goldfarbenen Sand spielen konnten, während die Erwachsenen es sich bei heißem Kaffee und Grillbraten gutgehen ließen. Wir freuten uns alle darauf, der ständigen harten Arbeit, der jedem Vergnügen abholden Stimmung in Riad und der erstickenden Atmosphäre einer zutiefst islamischen Gesellschaft zu entrinnen. Eine Nacht in den Dünen kann etwas Wunderschönes sein. Unmittelbar nach dem eindrucksvollen Schauspiel des Sonnenuntergangs brach die Dunkelheit herein, und ein sternenübersäter Himmel erschien zum Greifen nahe. Ich schlüpfte in meinen Schlafsack, versuchte die Sterne zu zählen und schlief darüber ein.

Aus irgendeinem Grund erwachte ich um ein Uhr morgens, möglicherweise aus einem unterbewußten Antrieb heraus. Wieder blickte ich nach oben, einen Augenblick lang im unklaren darüber, wo ich mich eigentlich befand. Hoch am südlichen Himmel erstreckte sich in einem weitgespannten Bogen, der für uns fast die Krümmung des Himmelsäquators markierte, ein leuchtendes Lichtband, das vor dem tintenschwarzen All prächtig erstrahlte. Es war die Milchstraße, und sie sah aus wie ein breiter Fluß. An ihrem westlichen Rand leuchteten Sterne und Sternhaufen heller als alle anderen Himmelskörper, von denen sie umgeben waren. Ich erkannte sie sogleich als das Sternbild des Orion und weckte meinen Freund Jean-Pierre, der mein Interesse an Astronomie teilte und der als passionierter Segler auch gelernt hatte, mit Hilfe der Sterne zu navigieren.

Schweigend gingen wir zusammen bis an die Kante der Düne. Während Jean-Pierre zu dem auffallend hellen Stern blickte, der gerade über dem Horizont aufgegangen war, machte er mich mit einem der Geheimnisse der Astronavigation vertraut. «Weißt du», fragte er mich, «wie man den Aufgangspunkt des Sirius findet, wenn der Orion schon aufgegangen ist?» Ich konnte nur die Schultern zucken. «Nun», sagte er, «als erstes mußt du die drei Sterne finden, die den Gürtel des Orion bilden. Diese drei liegen hintereinander auf einer Linie, die man mit dem Auge bis zum Horizont hinunter verlängern muß. An dieser Stelle geht der Sirius auf, sobald die drei Sterne etwa 20 Grad über dem Horizont stehen; das entspricht etwa der Breite einer Hand bei ausgestrecktem Arm und ungespreizten Fingern.» Er zeigte jetzt auf den hellen Stern am Horizont, den wir beide als Sirius kannten. Und dann fügte er eher beiläufig hinzu: «Eigentlich liegen die drei Sterne nicht exakt auf einer Linie. Wenn du genau hinsiehst, wirst du feststellen, daß der kleinste von ihnen, der oberste, leicht nach Osten versetzt ist und daß ihre Verbindungslinie relativ zur Achse der Milchstraße in südwestlicher Richtung verläuft. Außerdem ist interessant...» An dieser Stelle unterbrach ich ihn abrupt. Er sah mich verdutzt an, als ich die Worte wiederholte, die ich nur allzu gut aus den Pyramidentexten kannte: «Die Duat hat die Hand des Königs ergriffen an der Stätte, wo Osiris ist... O Osiris-König... Begib dich zu dem Wasserlauf... Man soll für dich eine Treppe zur Duat an der Stelle errichten, wo Osiris ist» [PT 1717]. Inzwischen waren auch die anderen wach geworden und kamen auf uns zu. «Je tiens l'affaire», rief ich aufgeregt.[1] Das waren die Worte Champollions, als er das Rätsel der ägyptischen Hieroglyphen gelöst hatte, und ich hoffte, daß jemand aus der Gruppe, dem ich die Luftaufnahme der Pyramiden von Gizeh gezeigt hatte, hinter meine Entdeckung kommen würde. Ihr Gesichtsausdruck verriet mir jedoch, daß meine Hoffnung vergebens war.

Jean-Pierre blickte noch immer aufmerksam zum Orion hinüber. «Was hast du gesehen?», erkundigte er sich amüsiert.

«Die drei Pyramiden von Gizeh», sagte ich ruhig.

«Die drei was...?», fragte Michèle. Sie hatte in den beiden vergangenen Monaten immer wieder Geschichten über die Sternenreligion der Ägypter mit angehört. «Soll das ein Witz sein...?»

«Nein, ich meine es ernst», sagte ich und wies auf den Gürtel des Orion. Damit nahm eine Geschichte ihren Anfang, die sich noch zehn Jahre fortspinnen sollte.

II. RO-SETAU: EINLASSTOR ZU DEN STERNEN

Die Tatsache, daß die alten Ägypter ihre Vorstellung von einer himmlischen Duat auf der Erde nachbildeten, ist den Ägyptologen aus zahlreichen überlieferten Bestattungstexten bekannt, die sich heute in den Museen in aller Welt befinden. Bisher hatte man jedoch angenommen, daß diese Nachbildung des Himmels überall sein konnte – was ich bezweifelte. Ich wußte aus Büchern, daß im Neuen Reich die Duat oder vielmehr ihr Einlaßtor in Abydos vermutet wurde, damals ein wichtiges Zentrum des Osiris-Kults. Doch ich hatte außerdem herausgefunden, daß das Gegenstück der Duat während der Pyramidenzeit in der Nähe von Memphis lag und die Duat zu allen Zeiten über einen Haupteingang oder ein Haupttor an einem Ort namens Ro-Setau verfügte.[2]

Ich untersuchte die Angelegenheit näher, und meine Ergebnisse deckten sich mit dem, worauf ich in jener Nacht in den Dünen gestoßen war. Der Winkel, den die Verbindungslinie der drei Sterne mit der Achse der Milchstraße bildet, die leichte Verschiebung des schwächsten Sterns, so daß die drei Sterne nicht genau auf einer Linie liegen, und schließlich die Tatsache, daß der südliche Schacht der Cheops-Pyramide zum Zeitpunkt ihres Baus genau auf diese Sterne gezeigt hatte – das alles konnte einfach kein bloßer Zufall sein. Doch wenn ich mit meiner Vermutung recht hatte, dann waren diese offensichtlichen Fakten der Aufmerksamkeit der Ägyptologen hauptsächlich deshalb entgangen, weil man die Pyramiden bisher ausschließlich mit der Sonnenreligion in Verbindung gebracht hatte. Diese allgemein akzeptierte Deutung war nicht so leicht ins Wanken zu bringen, so daß ich erst noch weitere Forschungen anstellen wollte, bevor ich den Ägyptologen mein Material unterbreitete. Der Name Ro-Setau war mein Ausgangspunkt. Wenn sich nachweisen ließ, daß Ro-Setau, das Haupttor der Duat, der Totenstadt von Gizeh, dem zentralen Teil der Memphis-Duat entsprach, dann konnte man damit schon etwas anfangen. Natürlich war der letztlich entscheidende Punkt die Antwort auf die Frage, ob auch andere Pyramiden, vor allem die der 4. Dynastie, mit anderen Sternbildern aus der Umgebung des Orion im Zusammenhang standen. Doch zunächst mußte die Frage beantwortet werden: Wo lag Ro-Setau, oder was war es überhaupt?

Bei Wallis-Budge, dem ehemaligen Kustos ägyptischer Altertümer im Britischen Museum, hatte ich die aufregende Feststellung gefunden, daß während der Pyramidenzeit die Totenstadt von Memphis, in der die Pyramidenfelder lagen, als die Duat des Sokar von Memphis bekannt war. Dieser Gott Sokar, ein Mann mit dem Kopf eines Falken, galt als Hüter der

Totenstadt Memphis und wurde, was für mich noch mehr von Interesse war, während der 4. Dynastie weitgehend mit Osiris gleichgesetzt. Das bestätigte auch Dr. Edwards, der geschrieben hatte: «Osiris [war] in der Pyramidenzeit mit Sokar, dem Gott der Totenstadt von Memphis, verschmolzen...»[3] Ich entdeckte außerdem, daß in zahlreichen Grabtexten der Mittelpunkt der Duat als Ro-Setau bezeichnet wurde. So beschreiben beispielsweise die Schabaka-Texte[4] die Region Memphis mit den Worten: «dies ist das Land... [der] Begräbnisstätte des Osiris im Haus des Sokar».[5]

Das führte Selim Hassan zu dem Schluß, daß der Mittelpunkt der Duat nicht nur mit Ro-Setau gleichgesetzt wurde, sondern mit «dem Reich des Osiris im Grab».[6] Im Buch der Beiden Wege, das Grabtexte aus der Zeit des Mittleren Reiches (ca. 2000 v. Chr.) enthält, lesen wir außerdem, daß Ro-Setau das Einlaßtor zur Totenstadt ist und es einen unmittelbaren Zugang zur Duat gewährt. Der Verstorbene sagt uns: «ich wandelte auf den Wegen von Ro-Setau zu Wasser und zu Land; diese Wege sind die des Osiris; sie sind im Himmel...»[7]

Jane Sellers, die seit vielen Jahren die Astronomie der Ägypter studiert hat, schreibt: «...die ausdrückliche Erwähnung im Buch der Beiden Wege, wonach die Wege, die nach Ro-Setau führen, sich zwar am Himmel befinden, aber über Wasser und über Land verlaufen, gibt uns einen Hinweis darauf, wie die Ägypter den [Götter-]Himmel verstanden haben.» Außerdem vermutet sie, daß »das Wasser, durch das die Wege führen, die Himmelsregion sein könnte, die wir heute als die Milchstraße bezeichnen».[8]

Ro-Setau wird auch in den Pyramidentexten in Verbindung mit dem Gott Sokar (oder Sokar-Osiris) erwähnt: «W. ist Sok[a]r von [Ro-Setau]. W. ist auf dem Wege nach dem Aufenthaltsort von Sok[a]r...» [PT 445] Der «Aufenthaltsort von Sokar» war natürlich die Totenstadt Memphis, doch anscheinend hatte er auch seinen Platz unter den Sternen in der Nähe der Milchstraße. Gab es demnach einen Zusammenhang zwischen dem Ro-Setau am Himmel, dem Gürtel des Orion und den Pyramiden von Gizeh?

Bislang sprach einiges dafür, daß Ro-Setau am «Aufenthaltsort von Sokar» [oder Sokar-Osiris] ein wirklicher Ort auf der Erde war, irgendwo in der Totenstadt von Memphis gelegen. Das entsprach auch der Auffassung von Religionshistorikern, die über altägyptische Symbolik geforscht haben und nach deren Ansicht ein wesentlicher Grundzug der ägyptischen Religion darin besteht, «daß ihre Symbolik eine doppelte war»: Jedes Ereignis der Menschheitsgeschichte wurde als «Wiederholung eines mythischen Ereignisses in der Zeit der Götter» betrachtet.[9] Die alten Ägypter glaubten, daß die Götter» – oder genauer: der «Weisheitsgott» Thot – selbst die Pyramiden von Gizeh während des Goldenen Zeitalters erbaut hatten, als die Götter noch auf der Erde lebten; die Vorstellung wurde später an die Griechen weitergegeben, die ebenfalls überzeugt waren, Thot, den sie Hermes nannten, habe die Pyramiden errichtet.[10] Ich erinnerte mich außerdem, daß in dem berühmten Papyrus Westcar aus dem Neuen Reich die Pyramide von Khufu (die Cheops-Pyramide), die als der Horizont von Khufu bezeichnet wurde, mit dem Heiligtum von Thot, angeblich irgendwo in Heliopolis, in Verbindung gebracht wurde.

Ich schlug in einem vor kurzem erschienenen Atlas Altägyptens nach und stellte fest, daß Ro-Setau sich in der Nähe Gizehs oder unmittelbar in Gizeh befunden hatte.[11] Zu meiner Verblüffung fand ich, daß dieser Name in der Totenstadt von Memphis eingezeichnet und die ungefähre Stelle als «südliches Gizeh» angegeben war. Rundle Clark bezeichnet den Gott sogar als «Sokar von Gizeh» und betrachtet diesen Ort als das antike Ro-Setau.[12] Viele Ägyptologen sind der Meinung, Ro-Setau sei der alte Name von Gizeh gewesen. Goyon glaubte, es habe sich an der Stelle des heutigen Dorfes Gizeh befunden[13], und Rundle Clark schreibt: «Ro-Setau [ist]... das moderne Gizeh, die Begräbnisstätte von Memphis und der Aufenthaltsort einer Abwandlung des Osiris mit Namen Sokar».[14] Nach Miriam Lichtheim, einer namhaften Philologin an der University of California, war Ro-Setau «die Totenstadt von Gizeh»[15], und ähnlich identifizierte Faulkner sie als die «Totenstadt von Gizeh oder Memphis, deren Name später für das Jenseits überhaupt stand».[16] Im Mittleren und im Neuen Reich wird Osiris als der «erhabene Gott in [Ro-Setau]» bezeichnet[17], und es ist zu vermuten, daß Ro-Setau als der Ort großer Rituale betrachtet wurde, durch die der Wiedergeborene «in den Tag hineingehen» kann als «einer, der mit Gott (Osiris) in seinem Zug zu seinem Fest von Ro-Setau folgt... hier beginnen die Zaubersprüche der Felder der Opfergaben und Sprüche für das Hineingehen in den Tag: des Kommens und Gehens in das Reich der Toten [Duat]...»[18]

Aus alledem ergab sich für mich deutlich, daß Ro-Setau kein mythischer Ort war, sondern tatsächlich Gizeh bedeuten mußte und als Einlaß zur Himmelsregion betrachtet wurde. Jetzt mußte ich nur noch herausfinden, ob der Zusammenhang, den ich zwischen den drei Pyramiden von Gizeh und den drei Sternen im Gürtel des Orion sah, sich aus einem umfassenderen Plan heraus erklären ließ.

III. DER HIMMELSFLUSS

Wie wir gesehen haben, enthalten die Pyramidentexte astronomische Daten über die Beobachtungen des Orion, des Sirius und der anderen Sterne jener Himmelsregion, die bei den alten Ägyptern die Bezeichnung Duat trug. Ebenso aufregend wie vielsagend war die Art und Weise, wie die alten Ägypter den Nil mit dem «Himmelsfluß», das heißt der Milchstraße, in Beziehung setzten, was in der Antike noch den Griechen vertraut war. Seit den Zeiten Homers wurde der Nil mit dem mythischen Himmelsfluß Okeanos (oder Eridanus) in Verbindung gebracht. Der Althistoriker A. B. Cook war der Meinung, daß Eridanus (heute ein schwach sichtbares Sternbild, das aus einer Kette von Sternen gebildet wird, welche die Sterne Rigel und Alchemar miteinander verbinden) «ursprünglich nichts anderes [war] als die Milchstraße» und daß in vorgriechischer Zeit Okeanos «einfach die Galaxis bedeutete». Cook war es auch, der die Aufmerksamkeit auf eine Bemerkung des Hyginus lenkte, wonach der Eridanus mit dem Nil gleichgesetzt und häufig auch Okeanos genannt wurde («*Eridanus: hunc alii Nilum, complures etiam Oceanum esse dixerunt*»).[19]

Daß Nil und Eridanus oder Okeanos gleichgesetzt wurden, war in der Welt der Antike offenbar allgemein bekannt. Selbst Diodorus berichtete, «Die Ägypter verstehen unter dem Oceanus ihren Nilstrom, bei welchen sie auch die Götter entstehen lassen»[20], und beim Chronisten Eusebius lesen wir: «Die Ägypter glauben, der Nil sei der Ozean, in dem das Geschlecht der Götter zur Welt kam.»[21] Später wurde der Eridanus auch mit dem Po in Italien, mit dem Rhein oder auch der Rhône gleichgesetzt, doch wie R. H. Allen bemerkt, paßt «keiner dieser vergleichsweise weit im Norden gelegenen Flüsse zum Sternbild Eridanus, denn es ist ein südliches Sternbild, und anscheinend muß sein irdisches Gegenstück in einer entsprechenden Region aufgesucht werden».[22]

Es ist nicht schwer zu erkennen, warum ein nilotisches Volk einen Zusammenhang zwischen seinem Fluß und der Milchstraße hergestellt hat. So wie der Nil Ägypten in zwei Regionen zerteilt, so teilt auch die Milchstraße den Himmel. Es ist sehr wahrscheinlich, daß diese Beziehung zwischen Nil und Milchstraße den Bewohnern der Nilufer den Gedanken eingab, in jener Himmelsregion gebe es ein kosmisches Ägypten, in das ihre Seelen nach ihrem Dasein als Erdenmenschen gelangen würden. Wallis-Budge hat das sehr anschaulich erklärt:

«Die Ägypter ... haben sich seit frühester Zeit ... einen materiellen Himmel vorgestellt, in dem die Inseln der Seligen von den Wassern des Nils umspült würden ... Andere wiederum lebten in ihrer Einbildung an den Ufern des himmlischen Nils, an denen sie Städte errichteten; und es sieht so aus, als sei es den Ägyptern nie gelungen, sich einen Himmel ohne einen Nil auszumalen ...»[23]

Nachdem ich diese Passage gelesen hatte, war ich nicht mehr überrascht, daß in den Pyramidentexten auch von einem «gewundenen Wasserlauf» im östlichen Himmel die Rede ist, der eine starke Ähnlichkeit mit dem Nil aufweist, mit der ihm eigenen «großen Wasserflut» und «Feldern» aus Schilf oder Binsen:

«Man möge mich [den toten König] aufrichten und mich zum Gewundenen Wasserlauf hinaufbefördern, man möge mich unter die Götter setzen, die unvergänglichen Sterne ...» [PT 1759]

«Bleibe fest, o König, an der Unterseite des Himmels mit dem Schönen Stern auf der Krümmung des Gewundenen Wasserlaufs ...» [PT 2061]

«Ich [der tote König] bin gekommen zu seinen Wasserläufen, die in dem Lande der Wasserflut der ... (Himmel) sind, zu der Stätte der Befriedigung, ... die sich am Horizont befindet ... [PT 508 a–508 b]

«Geöffnet ist der Ammenkanal, überschwemmt ist der Gewundene Wasserlauf, gefüllt sind die Gefilde der Binsen (mit Wasser), damit P. [der tote König] überfahre zur östlichen Seite des Himmels, zu jenem Orte, wo die Götter geboren werden, und er ist dort geboren ... [neu und jung] ... Jauchzet zu diesem P. ...Die Schwester des P. ist die Sothis, der [Nachkomme] dieses P. der Morgenstern. P. ist der (Stern), der am Unterteil des Leibes des Himmels ist bei Re ...» [PT 352 a–357 b]

Es wurde immer wahrscheinlicher, daß ich auf das wahre Geheimnis der Pyramiden gestoßen war. Die Duat, die sich entlang des «Westufers» der Milchstraße (des ursprünglichen Eridanus) erstreckte, war die Entsprechung, ja geradezu das Spiegelbild der Region, die heute die Totenstadt von Memphis darstellt. Es war natürlich keineswegs eine Totenstadt im altgriechischen oder westlichen Sinn des Wortes; es waren vielmehr die Elysischen Gefilde, das irdische Gegenstück zum himmlischen Wohnsitz der Gottkönige Ägyptens – genauer gesagt: Ägyptens während der Pyramidenzeit.

IV. DIE ENTWICKLUNG EINER THEORIE

Die Anzeichen mehrten sich, daß die alten Ägypter die Totenstadt von Memphis als irdisches Abbild der Duat angesehen haben. Während des gesamten Altertums galt die Milchstraße als himmlischer Fluß in Analogie zum Nil, und in Gizeh besitzen wir das Abbild des Gürtels des Orion auf Erden. Nunmehr mußte ich untersuchen, was die Pyramidentexte über die Pyramiden sagten, und zwar nicht über die Pyramiden als Metaphern einer religiösen Idee oder eines symbolischen Weltbilds, sondern als stoffliche Bauwerke. Dabei entdeckte ich etwas sehr Merkwürdiges: Die Pyramidentexte erwähnen die Pyramiden direkt nur sehr selten, und alle Äußerungen sind in einer einzigen langen Passage zusammengedrängt, die heute als Spruch 600 bekannt ist.

In diesem Spruch bietet der Sonnengott Rê dem Monument seinen gütigen Schutz an. Da er das Oberhaupt des Pantheons von Heliopolis und Ahnvater der Götter war, darunter auch von Osiris, kann das nicht überraschen, denn auch wir Christen erflehen den Schutz von Gott und glauben zugleich an die Wiederauferstehung seines Sohnes Jesus Christus. Rê, der Sonnengott, konnte durchaus die Pyramide und die gesamte Totenstadt beschützen, doch die Wiedergeburt sollte in Gestalt von Osiris erfolgen. Schließlich fand ich im Spruch 600, wonach ich gesucht hatte: eine unmißverständliche Aussage, in der der König und der Bau seiner Pyramide mit Osiris in Verbindung gebracht wurde. Der Spruch ist eine Anweisung an seinen Sohn, den neuen Horus-König, sich zu den Pyramidenfeldern zu begeben: «O Horus, dieser [verstorbene] König ist Osiris, diese seine Pyramide ist Osiris, dieses sein Bauwerk ist Osiris, begib dich dorthin ...» [PT 1657]

Um diese Worte besser zu verstehen, müssen wir uns daran erinnern, daß Versionen der Pyramidentexte nicht nur in einer, sondern in mehreren Pyramiden entdeckt wurden.[24] Deshalb dürfen wir annehmen, daß dieser Spruch nicht nur für einen bestimmten König, sondern als allgemeine Anrufung für alle verstorbenen Könige gedacht war. In der Mehrzahl liest sich der Spruch 600 so: «O Horus, diese [verstorbenen] Könige sind Osiris, diese ihre Pyramiden sind Osiris, diese ihre Bauwerke sind Osiris, begebt euch dorthin ...»

Ich verstand schließlich, daß dieser Spruch in einfachen Worten besagt, daß die Pyramidenbauten als Osiris betrachtet werden sollten. Da ich bereits wußte, daß die himmlische Form des Osiris Sahu war und diese Gestalt unserem heutigen Sternbild des Orion entsprach, stellten die Pyramiden zugleich Orion dar. Die Verfasser dieses Texts hätten ihre Intention nicht klarer oder einfacher ausdrücken können, und der Wortlaut bekräftigte meine Theorie, wonach die drei Pyramiden von Gizeh den Gürtel des Orion symbolisierten.

Jetzt mußte ich nach weiteren sichtbaren Beweisen suchen. Ich besaß eine gute Fotografie der drei Sterne des Oriongürtels und konnte sie vor eine Luftaufnahme der drei Pyramiden von Gizeh gegen das Licht halten. Die Übereinstimmung war verblüffend. Die Anlage der drei Pyramiden entspricht nicht nur der Lage der drei Sterne mit erstaunlicher Präzision, sondern die Leuchtkraft der Sterne, die sich aus ihrer Größe ergibt, entspricht auch der Größe der einzelnen Pyramiden: Es gibt drei Sterne, drei Pyramiden und drei Osiris/Orion-Könige.

Als ich das Wort Osiris las, begann ich, das Sternbild des Orion, die «Seele des Osiris», heraufzubeschwören. Spruch 600 zielt auf ein Ritual nach dem Tode, das nicht so sehr von den einbalsamierten Leichnamen der toten Könige handelt als vielmehr von ihren Seelen, genauer gesagt: ihren Astralseelen, die sich in der himmlischen Duat mit Orion/Osiris verbinden. Osiris war in diesem Fall natürlich zugleich Osiris/Orion. Demnach liest sich die zitierte Passage so: «O Horus, diese [Astralseelen der verstorbenen] Könige sind Orion/Osiris, diese ihre Pyramiden sind Orion/Osiris, diese ihre Bauwerke sind Orion/Osiris, begebt euch dorthin ...»

Plötzlich kam mir der Gedanke, daß möglicherweise nicht nur die drei Pyramiden von Gizeh, sondern auch noch andere Pyramiden der Totenstadt von Memphis bestimmten Sternen zugeordnet sein könnten. Jetzt, da die Pyramidengruppe von Gizeh als der Gürtel des Orion identifiziert war, konnte sie als Bezugs- oder Fixpunkt dienen. Entsprachen die beiden großen Pyramiden von Dahschur und die Pyramiden, die man in Abu Roasch und Zawyet el-Aryan ausgemacht hatte und die Gizeh flankieren, möglicherweise ebenfalls einzelnen Sternen der Duat? Es konnte auch gut sein, daß alle Pyramiden der 4. Dynastie in den Gesamtplan einbezogen waren, um die Seele des Osiris an das heilige Land von Memphis zu binden. Ich erinnerte mich daran, daß zwei der betreffenden Pyramiden, die des Djedefrê in Abu Roasch und die des Nebka in Zawyet el-Aryan, die Namen von Sternen trugen: «Djedefrê ist ein *sehed*-Stern», und «Nebka ist ein Stern».[25] Ein «*sehed*-Stern» bedeutete einen Stern der Duat. Um welchen Stern mochte es sich dabei handeln? Die Verlockung, der Sache weiter nachzugehen, war unwiderstehlich.

Ich breitete eine Karte des Gebiets um Memphis aus und verglich sie mit einer Darstellung der Himmelsregion, in der sich das Sternbild des Orion befindet. Sorgfältig schob ich die drei Pyramiden von Gizeh parallel zu den drei Sternen des Oriongürtels. Ich sah, daß die Pyramide von Nebka in Abu Roasch dem Stern Saiph oder dem «linken Fuß» des gesamten Sternbilds des Orion entsprach, die in Zawyet el Aryan dem Stern Bellatrix in seiner «rechten Schulter». Es gab keine bekannten Pyramiden an Stellen, die weiteren Sternen entsprochen hätten, etwa Beteigeuze und Rigel; entweder waren für sie nie Pyramiden errichtet worden, oder sie waren seit langem zerstört und unter dem Sand der westlichen Wüste begraben. Angesichts des Trümmerhaufens der Pyramiden von Zawyet el-Aryan und Abu Roasch ist das keine unwahrscheinliche Annahme. Fünf der sieben helleuchtenden Sterne des Orion besaßen demnach ihr irdisches Abbild in den Pyramiden der 4. Dynastie.

Die Pyramiden von Dahschur warfen dagegen ein Problem auf. Sie waren kein Bestandteil «unseres» modernen Orion-Sternbildes, und erst später fand ich heraus, welche Sterne von ihnen repräsentiert wurden. In diesem Stadium der Untersuchungen stand lediglich fest, daß meine «Theorie der Pyramiden-Orion-Korrelation» eine Eigendynamik angenommen hatte.

Nunmehr schien es an der Zeit, die Experten zu befragen und um ihre Meinung zu bitten.

7
Die Theorie der Pyramiden-Orion-Korrelation

Ich halte Ihre Argumente für sehr überzeugend ...
– I. E. S. Edwards, Kustos der Abteilung für ägyptische Altertümer im Britischen Museum (1955–1974), in einem Brief an den Autor, Oktober 1984.

Meiner Meinung nach wird Ihre Theorie einer unabhängigen Prüfung nicht standhalten ...
– T. G. H. James, Kustos der Abteilung für ägyptische Altertümer im Britischen Museum (1974–1984), in einem Brief an den Autor, Dezember 1983.

I. DIE EXPERTEN HABEN DAS WORT

Ende 1983 setzte ich ein kurzes Exposé mit einigen Handskizzen auf und schickte meine Theorie der Pyramiden-Orion-Korrelation, wie ich sie getauft hatte, an das Britische Museum. Ich wohnte immer noch in Riad und wußte, in welchem Schneckentempo die Post nach Europa abgefertigt wurde. Um so überraschter war ich über die schnelle Antwort. Es war ein Schreiben von Professor T. G. H. James, dem damaligen Kustos der Abteilung für ägyptische Altertümer. Dieses Amt hatte vor ihm, 1955 bis 1974, Dr. I. E. S. Edwards bekleidet, und davor wiederum so namhafte Größen wie Sir Wallis-Budge und Flinders Petrie. Die Antwort von Dr. James machte mich etwas ratlos. Wie er mir schrieb, war er zwar überzeugt, daß meine Theorie mit manchen Tatsachen übereinstimmte, doch falle es ihm schwer, sie als eine Erklärung für den Bau und die Lage der Pyramiden von Gizeh zu akzeptieren. Er fügte hinzu, die Theorie lasse sich nicht auf die beiden Pyramiden in Dahschur anwenden; es gebe keine echten archäologischen Belege zu ihrer Untermauerung, und sie werde vermutlich «einer unabhängigen Prüfung nicht standhalten».

Ich war enttäuscht über den auffälligen Mangel an Begeisterung in dieser Antwort. Ich gab dem Schreiber darin recht, daß noch viele Fragen zu klären waren, beispielsweise im Hinblick auf die beiden Snofru-Pyramiden in Dahschur, doch war ich verblüfft darüber, daß er meine Theorie so einfach abqualifizierte. Ich fragte mich, worin eine «unabhängige Prüfung» meiner Thesen bestehen sollte und warum er der Meinung war, es gebe «keine echten archäologischen Belege zu ihrer Untermauerung». Waren denn die Hinweise in den Pyramidentexten, die Aufsätze von Badawy über die Belüftungsschächte der Cheops-Pyramide, die ebenfalls den Oriongürtel ins Spiel brachten, und schließlich die Lage der Pyramiden von Gizeh zueinander keine «echten Belege» von zumindest so viel Überzeugungskraft, daß die Theorie eine nähere Prüfung verdient hätte? Ich hatte offenbar nicht den richtigen Ton getroffen und konnte nur annehmen, daß Dr. James mir mit seinem Brief auf taktvolle Weise zu verstehen geben wollte, daß die Korrelation zwischen den drei Pyramiden von Gizeh und den drei Sternen des Oriongürtels reiner Zufall sei.

Die Erfahrung hatte mich gelehrt, daß das Zusammentreffen mehrerer Zufälle meistens kein Zufall mehr ist. Zufall ist ein Wort, das wir alle gebrauchen, wenn wir nicht erklären können, warum bestimmte Ereignisse stattfinden oder bestimmte Tatsachen zusammentreffen. Was auf den ersten Blick einen zufälligen Eindruck macht, verliert diese Eigenschaft, sobald wir den Zusammenhang zwischen Ursache und Wirkung, zwischen Absicht und Ergebnis erkennen. Die hier vorliegenden Tatsachen standen in einem offenbaren Zusammenhang. Die Pyramidentexte, die in der 5. Dynastie zusammengestellt wurden, bezogen sich mit Sicherheit auf Geschehnisse, die sich während der vorangegangenen 4. Dynastie ereignet hatten. Aus ihnen erfahren wir unmißverständlich, daß der verstorbene Osiris-König zu einem Stern im Sternbild des Osiris/Orion wurde. Weiterhin gibt es den Schacht in der Cheops-Pyramide, der nach dem übereinstimmenden Urteil von Badawy und Trimble zum Zeitpunkt der Erbauung der Pyramide zum Gürtel des Orion gezeigt hatte. Und es gibt die anormale Größe und die geringfügig verschobene Lage der Mykerinos-Pyramide, Phänomene, die sich nur aus einer Korrelation mit dem Oriongürtel erklären ließen. Das alles – und noch mehr – waren in meinen Augen «echte archäologische Belege». Und schließlich, wenn man die zeitliche Distanz des Ereignisses bedachte, dann konnten wir uns glücklich schätzen, daß wir überhaupt irgendwelche Belege in der Hand hielten.

Im September 1984 verbrachte ich einige Urlaubstage in England. Kaum in London angekommen, beschloß ich, ins Britische Museum zu gehen, Dr. James aufzusuchen und zu sehen, ob es mir nicht doch noch gelang, sein Interesse an meiner Theorie zu wecken. Dr. James war jedoch nicht zu sprechen. Eine junge Assistentin, Dr. Carol Andrews, war sehr zuvorkommend, und als sie hörte, daß es um die Pyramiden ging, gab sie mir den Rat, mich an Dr. Edwards, den früheren Kustos der Abteilung für ägyptische Altertümer, zu wenden. Dieser hatte sich zwar 1974 aus dem aktiven Berufsleben zurückgezogen, widmete sich jedoch immer noch der Archäologie und war zur Zeit Vizepräsident der Egyptian Exploration Society. Es stand außer Frage, daß Edwards von den meisten Wissenschaftlern seines Fachs als oberste Instanz auf dem Gebiet der ägyptischen Pyramiden angesehen wurde, und seine Meinung würde nicht nur wertvoller, sondern auch gewichtiger sein. Wir vereinbarten, daß ich die entsprechenden Unterlagen so bald wie möglich ans Britische Museum senden würde, von wo man sie an Dr. Edwards weiterleiten wollte. Eine Woche später schickte ich den Brief aus Frankreich ab, im Oktober erhielt ich in Riad die Antwort, und die von Dr. Edwards geäußerte Ansicht unterschied sich tatsächlich von der seines Amtsnachfolgers. Hier sein Brief – mit freundlicher Genehmigung von Dr. Edwards – in Auszügen:[1]

«16. Oktober 1984

Sehr geehrter Herr Bauval,

vielen Dank für Ihren Brief vom 8. September, der mich letzte Woche aus Frankreich erreicht hat.

Ich darf Ihnen sagen, daß ich Ihre astronomischen Beobachtungen sehr interessant fand, und wie Sie aus dem beiliegenden Artikel[2], den ich vor vier Jahren für die *Dows-Dunham-Festschrift* geschrieben habe, ersehen können, stimme ich weitgehend mit Ihrer Behauptung überein, daß die Sterne des Oriongürtels für die Ausrichtung der Großen Pyramide eine wesentliche Rolle gespielt haben. Ich glaube, Sie haben überzeugende Belege dafür beigebracht, daß hierdurch auch die beiden anderen Pyramiden von Gizeh beeinflußt wurden. Ich habe eine neue Fassung meines Buchs über die Pyramiden (*The Pyramids of Egypt)* an den Verlag (Viking Press und Penguin Books) geschickt, und es steht kurz vor der Drucklegung. Nach dem augenblicklichen Stand der Planung ist sein Erscheinen für den kommenden Sommer vorgesehen, und es wird die wesentlichen Aussagen des beiliegenden Artikels enthalten.»

Im Anschluß daran machte Dr. Edwards einige kurze Bemerkungen zu meinen Ideen über die Maße der Großen Pyramide und äußerte die Überzeugung, bei einem Bauwerk von dieser geometrischen Form sei jeder Mathematiker in der Lage, die verschiedensten Maße in einen Zusammenhang zu bringen. Schließlich teilte er mir seine eigenen Schlußfolgerungen über den Zusammenhang der Pyramiden mit den Sternen mit:

«Die Stellung des Osiris in der 4. Dynastie ist bis heute ungeklärt. Da die frühesten Pyramidentexte vom Ende der 5. Dynastie datieren, tragen sie als Beweismittel zu einer Klärung wenig bei.

Was Ihre Ansicht angeht, die Pyramiden seien als Darstellungen von Sternen angelegt worden, so frage ich mich, ob der Grund vielleicht darin liegt, daß sie den König in die Lage versetzen sollten, zu den Sternen aufzusteigen. Meiner Ansicht nach war das der Zweck der Stufenpyramiden, und die echten

Pyramiden, die im allgemeinen eine Stufenpyramide als Kern enthalten, sollten den König befähigen, sowohl den Sonnen- als auch den Sternenhimmel zu erreichen.

Mit freundlichen Grüßen
I. E. S. Edwards»

Obwohl wir in manchen Dingen unterschiedlicher Auffassung waren, faßte ich den Brief von Dr. Edwards als große Ermutigung auf. Ich hatte mich allmählich isoliert gefühlt, und es tat gut zu entdecken, daß ein so namhafter Gelehrter meinen Thesen zustimmte.

Einige Monate später, im Januar 1985, erhielt ich einen Brief von Dr. Jaromir Malék, dem Direktor des Griffith Institute am Ashmolean Museum der Universität Oxford. Er verfüge, schrieb er, zwar nicht über spezielle astronomische oder mathematische Kenntnisse, wolle jedoch einige Anmerkungen «rein ägyptologischer Natur» machen:

«... Ich stimme mit Ihnen völlig darin überein, daß astronomische Beobachtungen und mathematische Berechnungen beim Entwurf, dem Bau und vielleicht sogar bei der Planung der Anlage des ganzen Ensembles eine wesentliche Rolle gespielt haben... [und] ... in dem Aufsatz selbst wäre ich bereit, ernsthaft die These zu diskutieren, daß die Pyramiden von Gizeh so angeordnet oder angelegt wurden, daß sie die drei Sterne des Orion repräsentieren.»[3]

Daneben kam er auf den «bürgerlichen Kalender» Altägyptens zu sprechen und äußerte die Meinung, meine «hypothetische Datierung» seiner Einführung sei unzutreffend. Diese Punkte waren allerdings keine wesentlichen Elemente meiner Theorie und seit Jahrzehnten Gegenstand der wissenschaftlichen Debatte. Zu meiner Anregung, die Lage weiterer Pyramiden unter dem Aspekt einer möglichen Beziehung zu den Sternen zu überprüfen, meinte Dr. Malék: «Ich bin außerdem mit Ihnen der Auffassung, daß die übrigen Pyramidengruppen unter diesem Aspekt untersucht werden sollten, und das ist meines Erachtens der einzige Weg, wie man in dieser Angelegenheit zu weiteren Aufschlüssen gelangen kann.»

Schließlich macht Dr. Malék noch eine Anmerkung zur Theorie einer Pyramiden-Orion-Korrelation: «Die Behauptung, die alten Ägypter hätten in dem Land Ägypten ein ‹Abbild› des Himmels gesehen, geht etwas zu weit. Daraus weitere Theorien zu entwickeln wäre etwas gewagt, um es vorsichtig auszudrücken.»

Vorläufig mußte ich die Angelegenheit auf sich beruhen lassen. Während des folgenden Jahres war ich völlig in Anspruch genommen durch dringendere Aufgaben, die mit meiner beruflichen Tätigkeit und meinen persönlichen Lebensumständen zusammenhingen. Die Firma, für die ich arbeitete, nahm ein neues Projekt in Saudi-Arabien in Angriff, und ich hatte alle Hände voll zu tun. Außerdem planten meine Frau Michèle und ich, nach unserem langen Aufenthalt in Saudi-Arabien nach Australien zu ziehen. Im Dezember 1984 war unser Sohn Jonathan auf die Welt gekommen, und es war an der Zeit, sich nach einem geeigneteren Ort umzusehen, wo die Kinder aufwachsen konnten. Nach unserem «Auszug aus Ägypten» im Jahr 1967 hatten sich meine übrigen Verwandten in Sydney niedergelassen, und diese Stadt schien sich für uns am ehesten anzubieten.

Im November 1985 reiste ich wieder nach England und besuchte Dr. Edwards in seinem Haus in der Nähe von Oxford. Er erwies sich als äußerst charmanter und liebenswürdiger Herr in den späten Siebzigern, der gerade auf dem Weg nach London war, aber dennoch Zeit fand für ein kurzes Gespräch über die Neuinterpretation jener Stellen in den Pyramidentexten, die Hinweise auf die Sterne enthielten, und über die Beziehung der Pyramiden zu bestimmten Sternen. Dr. Edwards war der Ansicht, die Wissenschaftler hätten diese Texte bislang vernachlässigt, und er stimmte mir zu, daß die Hinweise auf einzelne Sterne in der Vergangenheit unbemerkt geblieben waren. Andererseits bekräftigte er noch einmal seine Auffassung, die echten Pyramiden seien Sonnensymbole, und auch wenn dieser oder jener Stern bei ihrem Bau und ihrer Ausrichtung eine gewisse Rolle gespielt habe, so sei doch der Einfluß der Sonne der beherrschende. Darauf erwiderte ich höflich, daß ich in diesen Fragen anderer Meinung sei. Er mußte lächeln und fragte mich, woher ich eigentlich stamme, und ich nannte ihm Alexandria. «Aha, irgendwie habe ich mir so etwas schon gedacht», sagte er. «Ein Ort, von dem immer wieder neue Ideen ihren Ausgang genommen haben...» Er bot mir an, falls ich eines Tages meine Entdeckungen veröffentlichen wolle, könne er mir vielleicht die eine oder andere Anregung geben, und ich versprach, auf das Angebot zurückzukommen, was ich zwei Jahre später auch tat. In der Folgezeit wurden wir gute Freunde, und obwohl wir uns in der symbolischen Deutung der Pyramiden nicht einig waren, pflegten wir einen regen Gedankenaustausch und verbrachten später auch manche glückliche Stunden gemeinsam mit Rudolf Gantenbrink, nachdem dieser 1993 seine historische Entdeckung gemacht hatte. Doch bis dahin sollte noch viel Zeit vergehen.

Michèle, die beiden Kinder und ich kamen 1986 in Australien an. Wir erwarben ein Haus in einem nördlichen Vorort von Sydney, nahe der Wohnung meiner Schwester, und lebten uns in den sanften Rhythmus des Vorstadtlebens ein. Ich beschloß, eine Teilzeitbeschäftigung anzunehmen und mich daneben wieder den Pyramiden zu widmen. Zu meiner Freude stellte ich fest, daß die Mitchell-Bibliothek der Universität Sydney in Ägyptologie gut sortiert war; sie hatte zahlreiche Fachzeitschriften abonniert, und auch Universitätsfremde wie ich durften sie benutzen. Ich durchforstete Hunderte von Büchern und Zeitschriftenaufsätzen und gab Unsummen für Fotokopien aus. Doch nachdem ich einmal in Fahrt geraten war, konnte mich nichts mehr aufhalten. Ich kaufte mir einen gebrauchten Computer und stürzte mich in das große Abenteuer, meine Ergebnisse und Theorien in Aufsätzen darzustellen. Noch hatte ich keine Vorstellung, ob und wo oder wann sie eines Tages veröffentlicht würden. Doch eines wußte ich genau: Es war mein Thema, und ich mußte es mir einfach von der Seele schreiben.

In Australien machte ich die Bekanntschaft von Dr. John O'Byrne, Professor für Astronomie an der Universität Sydney. Er bot mir an, für mich die erforderlichen astronomischen Berechnungen durchzuführen und meine astronomischen Annahmen zu überprüfen. Seine Ergebnisse bestätigten die

Genauigkeit der Entdeckung von Badawy und Trimble. Der südliche Schacht zur Königskammer, dessen Neigung 44,5 Grad beträgt, war um das Jahr 2600 v. Chr. auf den Gürtel des Orion ausgerichtet. Dennoch gab es eine merkwürdige Abweichung, die ich mir nicht erklären konnte. Die Berechnungen zeigten, daß der Schacht mehr auf den mittleren Stern Al Nilam (Epsilon Orionis) wies als auf Al Nitak (Zeta Orionis), jenen Stern, dem nach meiner Theorie die Große Pyramide eigentlich entsprechen mußte. Da die Präzession der Erdachse sich nunmehr in ihrem Aufwärtszyklus befand[4], bat ich Dr. O'Byrne außerdem, seine Berechnungen für das etwas spätere Datum 2500 v. Chr. durchzuführen. Bei diesem Datum ergab sich für den Schacht zwar eine stärkere Neigung hin zu Zeta Orionis, aber immer noch keine exakte Ausrichtung auf diesen. Entweder mußte das Datum der Errichtung der Pyramide oder die von Petrie angegebene Neigung des Schachts korrigiert werden. Jetzt erinnerte ich mich an den Schacht zur Königinkammer. Dr. O'Byrne hatte mir gezeigt, wie man im Standard Catalogue 2000.0 die «genaue Formel» zur Berechnung der Präzession findet, und auf seine Empfehlung kaufte ich mir einen Taschenrechner, der bis auf eine Bogenminute exakte Ergebnisse lieferte.

Ich gab den von Petrie für die Neigung des südlichen Schachts der Königinkammer angegebenen Wert von 38° 28' ein und erhielt als Ergebnis eine Himmelskarte, bei der Orion auf dem südlichen Meridian lag. Es mußte ein Stern unterhalb des Oriongürtels sein. Aber welcher? Wieder blickte ich auf die Karte: Sirius, der Stern der Göttin Isis! Warum hatte ich daran noch nicht gedacht? Dann fiel es mir wieder ein: Der Schacht war nach Meinung der Archäologen aufgegeben worden. Warum sollte man sich mit einem aufgegebenen Schacht beschäftigen? So oder so ähnlich hatten vermutlich Badawy und Trimble argumentiert. Nun, mit dem Rechner würde es nur wenige Minuten dauern, ein Versuch war sicherlich keine Zeitverschwendung. Ich wählte als Datum das Jahr 2650 v. Chr., also einen Zeitpunkt vor dem Jahr 2600 v. Chr., das zu dem anderen südlichen Schacht weiter oben in der Pyramide paßte. Dabei ließ ich mich von der Überlegung leiten, daß der Bau des unteren Schachts wahrscheinlich einige Jahrzehnte früher erfolgt war als der des oberen Schachts, so daß 2650 v. Chr. eine begründete Schätzung darstellte. Unter Berücksichtigung der Eigenbewegungen des Sirius, die ganz beträchtlich sind, ergab sich eine Deklination von –21° 20'. Nun mußte ich noch die geographische Höhe von Gizeh in meine Formel einsetzen und erhielt einen Wert von 38° 41', was fast exakt dem von Petrie angegebenen Wert von 38° 28' entsprach. Nunmehr stand fest, daß in der Zeit zwischen 2650 und 2600 v. Chr. die beiden südlichen Schächte auf die Sterne Osiris/Orion und Isis/Sirius ausgerichtet waren. Ein Zufall war absolut ausgeschlossen. Ich durfte gespannt sein, was die Ägyptologen dazu sagen würden.

Es gab da allerdings noch eine ärgerliche Diskrepanz, die mich beunruhigte: Der südliche Schacht der Königskammer hätte eigentlich exakt auf Al Nitak (Zeta Orionis) zeigen müssen, den tiefsten Stern des Oriongürtels, und nicht auf den mittleren. Die Korrelation war zu genau, und dasselbe galt für die astronomische Ausrichtung der Grundfläche und der Neigungsflächen der Pyramide; es schien unwahrscheinlich, daß in einer derart wichtigen astronomischen Angelegenheit die Erbauer den Stern, der dieser spezifischen Pyramide entsprach, «verfehlt» haben sollten.

Ich rechnete die Präzession für Al Nitak noch einmal durch, diesmal unter der Annahme einer Höhe von 44,5°, und erhielt als ungefähre Bauzeit für diesen Fall das Jahr 2590 v. Chr. Dann bestimmte ich die Zeit, zu der der andere Schacht errichtet worden war, indem ich für den Sirius eine Höhe von 38° 28' eingab, und erhielt eine Zeit um das Jahr 2730 v. Chr. Das hätte bedeutet, daß zwischen der Fertigstellung der Königinkammer und dem Bau der Königskammer 140 Jahre verstrichen wären, und das war mehr als unwahrscheinlich. Eine Zeitspanne von 20 Jahren war das Höchste, was ich (und zweifellos auch andere) für realistisch hielt. Entweder stimmten die von Petrie gemessenen Werte nicht, oder die Schächte hatten die falsche Steigung; angesichts der extrem präzisen Ausführung des übrigen Baus der Großen Pyramide konnte ich das letztere eher ausschließen. Unter der Annahme einer zeitlichen Differenz von rund 20 Jahren zwischen der Errichtung der beiden Kammern hätte die Neigung der beiden südlichen Schächte geringfügig größer sein müssen als von Petrie angegeben – im Fall der Königinkammer näher hin zu 39,5°, im Fall der Königskammer näher hin zu 45°. Auf diese Weise würde sich für die Große Pyramide als Zeit ihrer Errichtung etwa das Jahr 2450 v. Chr. ergeben, 100 Jahre später als bisher angenommen. War das möglich? Und konnten Petries Messungen einen Fehler in dieser Größenordnung aufweisen? Niemand wußte darauf eine Antwort, bis Rudolf Gantenbrink 1993 eine erneute Vermessung der Neigungswinkel der Schächte durchführte.

Während ich meine Aufsätze vorbereitete, beschloß ich, mich noch etwas mehr bei den Ägyptologen umzuhören, diesmal in den Vereinigten Staaten. Ich schickte eine kurze Abhandlung an die University of Berkeley in Kalifornien und erhielt im August 1985 eine Antwort von Dr. Frank A. Norick, dem Direktor des Lowie Museum. Dr. Norick teilte mir mit, er und sein Kollege James Deetz seien «fasziniert von einigen [meiner] Korrelationen und Schlußfolgerungen». Sie sahen sich nicht in der Lage, meine Hypothese zu beurteilen, und hatten sie an Professor Cathleen Keller von der Abteilung für nahöstliche Studien weitergeleitet. In ihrer Antwort schrieb Mrs. Keller, sie wolle lieber abwarten, bis die Arbeit von Mark Lehner, der eine topographische Untersuchung des Gizeh-Plateaus durchführte, beendet sei, doch so viel könne sie vorab zu meiner Theorie sagen: Zwar gebe es ihrer Meinung nach zahlreiche Belegstellen in den Pyramidentexten, aus denen sich eine Verbindung zwischen dem toten König und Orion ergab, doch sei sie nicht davon überzeugt, daß die Anlage der Pyramiden von Gizeh dem Muster des Sternbilds des Orion folge.

Auch warnte sie mich, daß ein Zusammenhang zwischen irgendwelchen Himmelskörpern und altägyptischen Bauwerken den Ägyptologen nicht recht geheuer sei und daß sie «… mehr Angst davor haben, *daß* ein Zusammenhang besteht zwischen der Ausrichtung… ägyptischer Tempel und dem Himmel, als daß keiner besteht». Wirklich aufschlußreich waren jedoch ihre Bemerkungen über die «Pyramidioten»; das war der Kern des Problems. Sobald von einer «Theorie» über die Pyramiden die Rede ist, vor allem, wenn darin Sterne vorkommen, schrecken die Ägyptologen zurück. Wenn ich meine Theorie in internationalen Ägyptologenkreisen herumreichte, würde mir das kaum weiterhelfen; die Pyramiden-Orion-Korrelation hatte kaum eine Chance, von dieser Gemeinde zur Kenntnis genommen zu werden. Ich konnte bestenfalls auf Ermutigung von anderen, etwa von Dr. Edwards, hoffen.

Es war höchste Zeit, meine Befunde und Schlußfolgerungen zu veröffentlichen. Aber wo und wie? Eine erneute Reise nach England erschien mir angebracht. Ich war entschlossen, Dr. Edwards' Angebot anzunehmen, mich der Redaktion einer ägyptologischen Zeitschrift zu empfehlen.

II. EINE ÄGYPTOLOGISCHE ZEITSCHRIFT ALS FORUM

In England mietete ich einen Wagen und fuhr in das kleine Dorf in der Nähe Oxfords, wo die Edwards ihr Haus hatten und wo Dr. Edwards und ich immer wieder über unser Lieblingsthema sprachen. In eine Diskussion über Pyramiden verwickelt, strahlt Dr. Edwards eine Begeisterung aus, die erfrischend wirkt, und seine Offenheit für alle Standpunkte und neue Ideen ist faszinierend.

Er erzählte mir von einer neuen ägyptologischen Zeitschrift unter der Leitung von Dr. Alessandra Nibbi, die auch den Beiträgen von Fachfremden offenstand: *Discussions in Egyptology (DE)*. Der Name gefiel mir; er hörte sich unvoreingenommen an. Offenbar war darin vor gar nicht langer Zeit ein Artikel des Ingenieurs John Legon erschienen, der gewichtige Gründe für die Annahme angeführt hatte, daß die Pyramidengruppe von Gizeh Bestandteil eines einheitlichen Plans war; dabei hatte Legon rein mathematisch argumentiert und weder die Pyramidentexte herangezogen noch astronomische Überlegungen angestellt.[5] Dr. Edwards versprach, der Herausgeberin einen Beitrag von mir zu empfehlen. Am nächsten Tag rief ich sie an, und sie erklärte sich bereit, zwei Artikel von mir zu veröffentlichen, natürlich unter der Voraussetzung, daß sie dem Stil und der Seriosität der Zeitschrift entsprachen. Im Juni 1988 befand ich mich wieder in Sydney und schickte ihr die Artikel samt den dazugehörigen Fotografien und Schaubildern zu, und im Juli 1988 teilte Dr. Nibbi mir mit, die Artikel würden in Nr. 13 und 14 von *Discussions in Egyptology* erscheinen.

Michèle und ich hatten mittlerweile beschlossen, wieder nach England zu ziehen. Wir verließen Australien im Mai 1989 und fanden ein Haus auf halber Strecke zwischen London und Oxford. Die Kinder gingen in die Schule am Ort, und ich drückte ebenfalls wieder die Schulbank. Ich hatte mir gesagt, ein Aufbaustudium in europäischer Betriebwirtschaft und Absatzplanung könnte in einem vereinten Europa ganz nützlich sein. Durch den Umzug und die Fortbildungskurse hatte ich meine Artikel beinahe vergessen, bis im Mai ein Paket mit der Post kam: drei Belegexemplare von *Discussions in Egyptology*, Nr. 13.

Endlich war die Theorie einer Pyramiden-Orion-Korrelation in einer Fachzeitschrift veröffentlicht worden, fast sechs Jahre nachdem ich in der saudi-arabischen Wüsten den folgenreichen Geistesblitz gehabt hatte. Der Aufsatz trug die Überschrift «Ein einheitlicher Plan für die drei Pyramiden von Gizeh, entsprechend der Stellung der drei Sterne im Gürtel des Orion» und enthielt sechs Seiten Text, vier Fotografien und zwei Schaubilder. Er war sehr sachlich geschrieben, ohne etwas von der Erregung zu vermitteln, die ich in Wirklichkeit empfunden hatte, hielt sich strikt an Tatsachen und handfeste Beweise und war gespickt mit Zitaten und Anmerkungen. Ich beschränkte mich allein auf die drei Pyramiden von Gizeh und verzichtete auf eine Erörterung der Schächte in der Königinkammer. Diesen Punkt wollte ich mir für später aufsparen.

Der zweite Artikel erschien unter der Überschrift «Untersuchung zum *benben*: War es ein Eisenmeteorit?» Darin diskutierte ich die heilige Reliquie von Heliopolis unter dem Aspekt ihrer Beziehungen zu den Gestirnen und zu Osiris. Schließlich, im Januar 1990, akzeptierte Dr. Nibbi einen dritten Aufsatz zur Vervollständigung meiner These mit dem Titel: «Der Samen der Sternengötter: Ein Fruchtbarkeitsritus im Innern der Cheops-Pyramide?» Dieser Aufsatz enthüllte die Ausrichtung des

Schachts der Königinkammer auf den Stern Isis/Sirius und stellte die überkommene Lehrmeinung in Frage, der Schacht sei aufgegeben worden. Außerdem enthielt er meine Ansichten über die Lage der Schachtöffnungen. Da ich wußte, daß ein wesentlicher Teil der Rituale in der Zurschaustellung ithyphallischer Statuen bestanden hatte, die die Potenz und Fruchtbarkeit des Königs symbolisierten, und daß ein Fruchtbarkeitsritus in den Pyramidentexten unter Bezugnahme auf Isis/Sirius und Osiris/Orion und einen Sternenphallus (die zum Oriongürtel weisenden Schächte?) erwähnt wird, war ich überzeugt, daß es erste Anhaltspunkte für ein außergewöhnliches Fruchtbarkeitsritual im Innern der Cheops-Pyramide gab, bei denen die Schächte eine wesentliche Rolle spielten. Sie hatten nicht nur die Funktion, der Seele des Pharaos den Weg zur phallischen Region von Osiris/Orion zu weisen, sondern dienten auch der symbolischen Aussaat eines Horus-Königs. Die entsprechende Passage in den Pyramidentexten wendet sich an Osiris/Orion:

«Zu dir kommt deine Schwester [Gattin] Isis, froh der Liebe zu dir. Du hast sie auf deinen Phallus [Schacht?] gesetzt, damit dein Same hervorgehe in sie, indem er scharf ist, als Sothis [Sirius]. Horus-Sopd [ein Stern] ist hervorgekommen aus dir als Horus, der in der Sothis war.» [PT 632 a–632 d]

In diesem Aufsatz legte ich dar, daß ein ähnlicher Fruchtbarkeitsritus unter der Beteiligung des Königs und einer Hohenpriesterin im alten Mesopotamien in einer Kammer im Innern der stufenförmigen Tempel (Zikkurat) abgehalten wurde.[6] In diesem Ritus spielte auch die große kosmische Göttin Ischtar eine Rolle, die offenbar mit dem Planeten Venus, dem «Morgenstern», gleichgesetzt wurde, und mit ihm wurden das Neue Jahr (Akitu) und die zu erwartende Fruchtbarkeit gefeiert, die der Euphrat mit seinen Überschwemmungen dem Land brachte. Entsprechend dazu begrüßten die Ägypter mit dem Neuen Jahr die jährliche Überschwemmung durch den Nil; Sirius war die große kosmische Göttin Isis (die übrigens später mit Ischtar gleichgesetzt wurde), und auch hier wurde der «Morgenstern» erwähnt. Meine vorsichtige Schlußfolgerung lautete: «Der Inhalt des vorliegenden Aufsatzes nötigt uns zu der Annahme, daß ein Fruchtbarkeitsritus ähnlich dem, wie er uns aus den Zikkuraten Mesopotamiens überliefert ist, auch im Innern der Cheops-Pyramide und möglicherweise auch in anderen Pyramiden abgehalten wurde.»[7]

Damals hätte ich mir nicht träumen lassen, daß ein Mann namens Rudolf Gantenbrink im März 1993 beweisen würde, daß die Königinkammer und ihre Schächte nicht aufgegeben worden waren, wie die Ägyptologen bisher angenommen hatten, sondern möglicherweise die wichtigsten rituellen Elemente des gesamten Pyramidenkults darstellten. Nicht in meinen kühnsten Phantasien hätte ich 1990 gedacht, daß der Isis/Sirius-Schacht in einem Dutzend internationaler Zeitungen für Schlagzeilen auf der Titelseite sorgen würde.[8]

In den milden Frühlingstagen 1990 redete ich mir ein, meine Mission sei beendet. Ich hatte meine Hypothese veröffentlicht, und Ägyptologen, Astronomen und andere Gelehrte sollten selbst zusehen, was sie mit diesen neuen Ergebnissen anfingen. Es war, als wäre mir die schwere Last einer originellen Idee von den Schultern genommen. Immer wieder war ich von einer merkwürdigen Angst überfallen worden, einem beunruhigenden Gefühl, daß ich mit meiner Entdeckung nicht durchdringen würde, und daß der Zusammenhang zwischen dem Oriongürtel und den Pyramiden von Gizeh wieder in Vergessenheit geraten könnte. Ich war glücklich und erleichtert, daß es vorbei war, doch zugleich empfand ich das eigenartige Gefühl eines Verlusts. Die Erregung der Forschung und selbst die langen, einsamen Stunden in Bibliotheken fehlten mir, doch ich redete mir standhaft ein, daß die persönliche Suche an ihrem Ende angelangt sei.

So beschloß ich schließlich im März 1990, dem Rat zu folgen, den mir ein wenig einfühlsamer Ägyptologe bereits am Anfang meiner Untersuchung gegeben hatte: «... diese Sache auf[zu]geben und [zu] versuchen, ein guter Ingenieur [zu] werden.» Ich machte mich als Firmenberater selbständig und redete mir immer wieder ein, die Pyramiden seien bei den Ägyptologen in besten Händen. Doch jedesmal, wenn ich hinauf zum Himmel blickte und die Sterne des Orion sah, mußte ich an diese schweigenden Monumente in Ägypten denken und glaubte ihre Enttäuschung darüber zu spüren, daß niemand ihr Geheimnis verstand. Trotz all meiner Bemühungen war es mir nicht möglich, das Thema ganz und gar fallenzulassen. Vor allem blieb noch die Frage offen, ob und auf welche Weise die Pyramiden von Dahschur in den Gesamtplan hineinpaßten. Es war nur eine Frage der Zeit, bis ich wieder ganz vom Rätsel des Orion gefangengenommen sein würde.

8
Der Bruder des Osiris

Seth wurde ... ursprünglich mit den Hyaden in Verbindung gebracht, dem V-förmigen Sternhaufen, der den Kopf unseres Sternbildes STIER bildet. Als Bruder des Osiris erhielt er eine dem ORION benachbarte Stellung am Himmel... Aufgrund einer Entscheidung des Göttergerichts wurde das Amt des Osiris dem Horus übertragen, und Seth wurde auf einen Platz verbannt, der im «südlichen» Sternbild des ORION lag...
– Jane B. Sellers: *The Death of Gods in Ancient Egypt*. London, 1992.

I. DIE SÜDLICHEN PYRAMIDENFELDER VON DAHSCHUR

Durch die Entdeckung, daß die Lage der Pyramiden von Gizeh mit der Anordnung der drei Sterne des Oriongürtels korrelierte, verfügte ich über eine Art Karte für die Duat von Memphis. Obgleich die bislang aufgefundenen Belege erdrückend wirkten, war die Theorie erst dann wirklich triftig, wenn sich auch für die vier anderen Pyramiden der 4. Dynastie ein Zusammenhang zu Sternen und Sternbildern herstellen ließ. Es handelte sich dabei um die beiden großen Pyramiden des Snofru in Dahschur im südlichen Teil der Totenstadt von Memphis und die beiden anderen Pyramiden in Zawyet el-Aryan und Abu Roasch, die dem Nebka und dem Dedefrê zugeordnet werden.

In meinem ersten Aufsatz hatte ich die auch für mich noch nicht beantwortete Frage gestellt: «Gehört zu diesem Gesamtplan auch eine umfassendere Korrelation zwischen der Beschaffenheit der Himmelslandschaft in der Nähe des Orion und der Landschaft um die Totenstadt von

Gizeh?»[1] Jetzt, im Jahr 1992, sollte diese Frage ihre Antwort finden.

Mir war schon vor längerer Zeit aufgefallen, daß die beiden anderen Pyramidenfelder der 4. Dynastie – Nebka und Dedefrê in Zawyet al-Aryan und Abu Roasch – die drei Pyramiden von Gizeh in ähnlicher Weise flankierten wie die Sterne Saiph und Bellatrix im Sternbild des Orion die drei Sterne des Oriongürtels. Auch diese Pyramiden hatten, wie wir gesehen haben, ihre Sternennamen: «Djedefrê ist ein *sehed*-Stern ...[auch] Nebka ist ein Stern.»[2] Die betreffenden Sterne mußten die des Osiris/Orion in der Duat sein, jene Position also, die diesen Königen vorbehalten blieb. Es paßte alles nahtlos zusammen – fünf der sieben Hauptsterne des Orion entsprachen Pyramiden der 4. Dynastie in der Memphis-Duat. Da Bellatrix südöstlich von Gizeh lag, war es nicht mehr schwer zu erkennen, wie die drei oder vier kleinen Sterne, die den «Kopf» des Orion bildeten, den drei oder vier[3] kleinen Pyramiden in Abusir entsprachen, rund einen Kilometer südöstlich von Zawyet el-Aryan gelegen. Im Papyrus Westcar, der von Khufu (Cheops) und seinem «Horizont» (seiner kosmischen Pyramide) spricht, werden sogar ausdrücklich die «drei Kinder» einer Priesterin von Heliopolis erwähnt, die angeblich die 5. Dynastie begründeten und ihre kleinen Pyramiden in Abusir errichteten.[4] Man nimmt an, daß außerdem eine inzwischen zerstörte fünfte Pyramide in Sakkara errichtet wurde.[5] Wer immer die Pyramidentexte in die Pyramide des Unas einmeißelte und wer immer sie in Auftrag gegeben hat – diese Menschen lebten gegen Ende der 5. Dynastie und hatten in der Totenstadt von Memphis schon alle Bauwerke als Abbildungen eines Teils der himmlischen Duat vollendet vor Augen: das «Bein» des Orion (Abu Roasch-Saiph), den «Phallus» (Gizeh-Oriongürtel) und die «Schulter» (Zawyet el-Aryan-Bellatrix). Doch eines der auffälligsten Merkmale war sein ausgestreckter «Arm», der auf vielen Darstellungen zu sehen ist, etwa auf dem Pyramidion (Pyramidenschlußstein) von Amenemhet III., auf dem die hohle Hand Orions einen hellen Stern hält. In der griechischen Mythologie heißt dieser Stern Aldebaran (in den Hyaden) und bezeichnet die «Keule» des Großen Jägers. Nach ihrer Winkelentfernung entsprachen die Hyaden in der Region der memphitischen Duat in etwa der Lage der Pyramiden von Dahschur im südlichen Teil der Region. Ich hatte jetzt eine wesentlich genauere Vorstellung davon, wo und wonach ich suchen mußte.

Die Umrißlinien der Sternen-Duat wurden durch die Sternhaufen festgelegt, die sich von den Hyaden bis zum Großen Hund erstrecken und den Orion einschließen – alles Sternbilder, die auf dem «Westufer» der Milchstraße liegen. Dies entsprach der irdischen Duat, markiert durch die Pyramidenfelder von Dahschur bis Abu Roasch, mit Gizeh irgendwo dazwischen. Wenn die drei Pyramiden von Gizeh den drei Sternen des Oriongürtels in der Mitte der himmlischen Duat entsprachen, dann folgte die Annahme, daß Dahschur den Hyaden entsprach, aus dem Anlageprinzip des Gesamtplans. Die drei Pyramiden von Gizeh hatten gezeigt, daß die Anlage auf den heliakischen Aufgängen der Sterne der Duat und deren Projektion auf die Erdoberfläche beruhte, wobei jeder Stern durch eine monumentale Pyramide dargestellt wurde, die in Nord-Süd-Richtung orientiert war. Wonach ich demnach suchen mußte, waren der heliakische Aufgang der Hyaden um das Jahr 2550 v. Chr., der geschätzten Zeit der Herrschaft des Snofru, und die Meridiane jeder seiner Pyramiden in Dahschur. Wenn meine Vermutung richtig war, mußte sich eine Beziehung zwischen dem Sternbild und den Pyramiden feststellen lassen.

Im Februar 1992, kurz vor Sonnenuntergang, befand ich mich in einem Flugzeug vor seiner Landung in Kairo. Der Landeanflug erfolgte von Westen her, die Maschine überflog in niedriger Höhe die Totenstadt von Memphis, und der Anblick, der sich mir bot, war atemberaubend. Ich konnte alle großen Pyramiden erkennen, von Gizeh bis Dahschur, und sie erstrahlten im orangefarbenen Licht der untergehenden Sonne. Als wir Gizeh überflogen, konnte man die Nord-Süd-Ausrichtung der beiden Pyramiden von Dahschur erkennen, wobei die nördliche gegenüber der südlichen leicht nach Westen verschoben war. Ebenso wie bei den Gizeh-Pyramiden war das auch hier eine «Anomalie», und ebenso wie im Fall Gizeh erklärte sie sich aus einer bestimmten Konstellation der Sterne.

Wiederum stellten uns die alten Baumeister vor das Rätsel einer merkwürdigen Diskrepanz. Nachdem sie die Achse der einen Pyramide in Nord-Süd-Richtung festgelegt hatten, wählten sie als Standort der zweiten Pyramide eine Stelle 500 Meter weiter westlich und etwa 1850 Meter weiter nördlich und orientierten das Bauwerk ebenfalls nach Norden.[6] Das war eine befremdliche Entscheidung. Sie hätten sich viel Arbeit ersparen können, wenn sie für die zweite Pyramide dieselbe Nord-Süd-Achse gewählt hätten wie für die erste und wenn sie sie näher an diese herangerückt hätten, so daß die gesamte Einrichtung der Baustelle – die Hütten für die Arbeiter, die Steinbrüche, die vom Nil heraufführenden Rampen und andere Hilfsmittel – der Errichtung beider Pyramiden hätte zugute kommen können und eine Staffelung der Bauarbeiten je nach dem unterschiedlichen Baufortschritt beider Pyramiden möglich gewesen wäre.[7] Zumindest widersprach der große Abstand zwischen beiden Bauwerken einer effizienten Logistik. Es war deshalb anzunehmen, daß sie ebenso wie in Gizeh religiöse, das heißt astronomische Gründe hatte. Wenn man bedenkt, daß die ungewöhnliche Versetzung der Mykerinos-Pyramide sich aus der Versetzung des dritten Sterns im Gürtel des Orion erklärt und ihre südwestliche Ausrichtung aus der schrägen Lage der drei Sterne gegenüber der Achse der Milchstraße, dann mußten ähnliche Beziehungen auch zwischen den Hyaden und den beiden Pyramiden von Dahschur bestehen.

Nach England zurückgekehrt, simulierte ich mit dem Computerprogramm Skyglobe 3.5 den Aufgang der Hyaden zu der Zeit, als die Regierungszeit Snofrus begann. Wenn Cheops seine Herrschaft um 2450 v.Chr. angetreten hatte[8], dann begann die seines Vaters um das Jahr 2475 v.Chr., da die Dauer der Regierung Snofrus auf 24 Jahre veranschlagt wird.[9] Nachdem ich das Jahr 2475 v.Chr. in das Programm eingegeben hatte, ergab sich, daß der heliakische Aufgang der Hyaden in jenem Jahr um den 18. April erfolgte. Wenn wir das auffällige Dreieck oder das liegende V dieses alten Sternbilds betrachten, dann sind die beiden Sterne an den Enden der kürzesten Kante des Dreiecks Aldebaran und Epsilon Taurus (Stern Nr. 311). Epsilon Taurus geht als erster auf, genau im Osten, und nachdem er eine Höhe

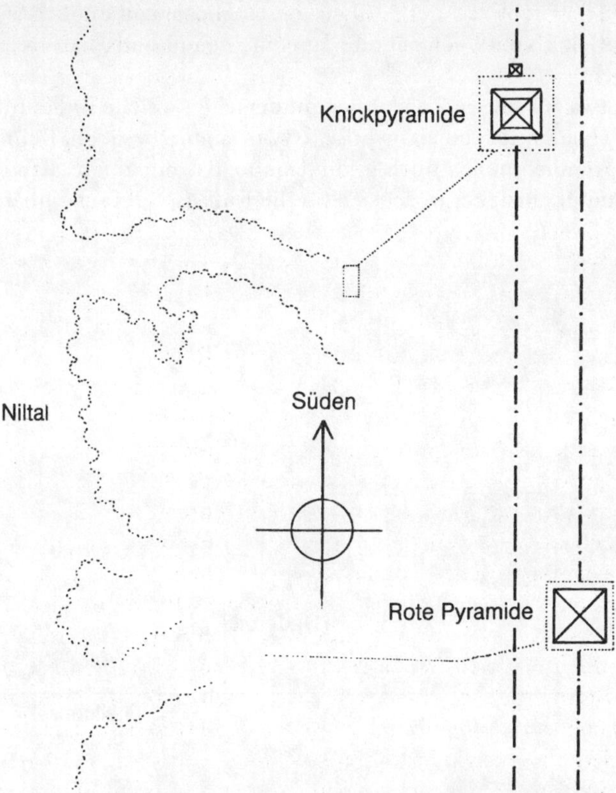

13. Die Pyramiden von Dahschur und die leichte Westverschiebung der nördlichen gegenüber der südlichen Pyramide

von drei Grad erreicht hat, folgt ihm Aldebaran. Diese beiden Sterne ordnen sich zur Achse der Milchstraße wie die beiden Pyramiden von Dahschur zur Achse des Nils. Wenn man die beiden Sterne im geeigneten Maßstab auf eine Karte der Memphis-Duat projiziert, fallen sie mit den beiden Pyramiden von Dahschur zusammen. Damit hatte ich das vollständige Sternenmuster der Himmels-Duat, von der ausgestreckten Hand des Osiris (den Hyaden) bis zu seinem Fuß (Saiph), während die irdische Duat alle Pyramiden der 4. Dynastie und das Feld kleiner Pyramiden der 5. Dynastie in Abusir umfaßte. Es war, als ob der Nebel sich lichtete, um eine neue Landschaft freizugeben.

Etwa zur selben Zeit, als ich untersuchte, welche Bedeutung die Hyaden für die altägyptische Astronomie besaßen, fiel mir ein ziemlich neues Buch in die Hände, das mir zeigte, daß ich nicht der einzige war, der sich für die Einflüsse der scheinbaren

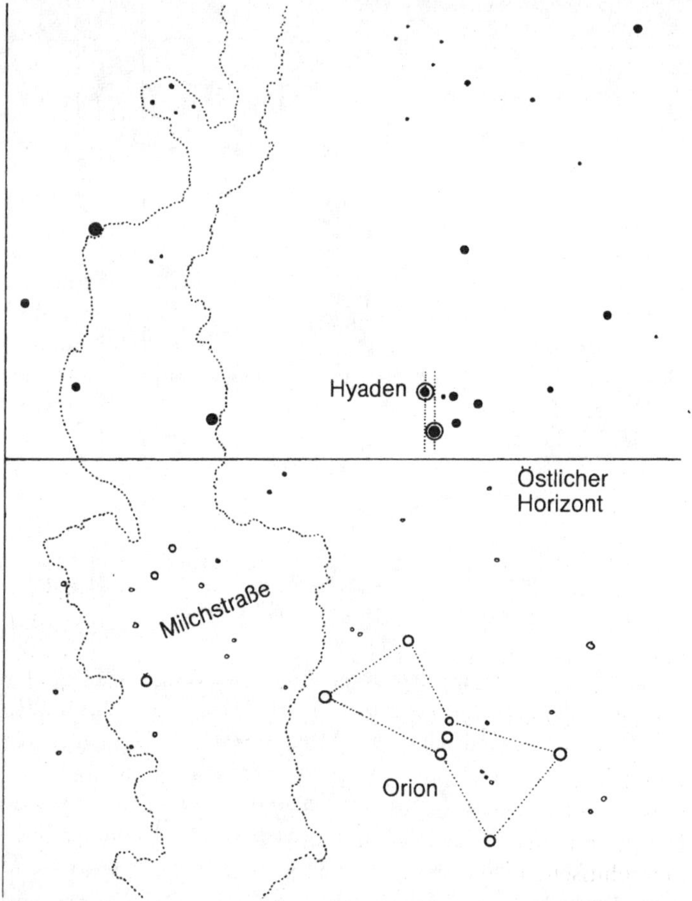

14. Der Aufgang der Hyaden

Bewegung der Sterne aufgrund der Präzession auf die alten Ägypter interessierte. Jane B. Sellers, eine Ägyptologin aus den Vereinigten Staaten, von der bereits die Rede war, hatte sich eingehend mit diesem Thema beschäftigt.[10] Was mich an ihrer Arbeit am meisten faszinierte, war der Umstand, daß die Hyaden und Orion auch in ihren Untersuchungen eine besondere Rolle spielten. Mit Hilfe des leistungsstarken astronomischen Computerprogramms Lodestar V.202 hatte sie einige verblüffende Entdeckungen gemacht. Diese Ergebnisse in Verbindung mit ihren Kenntnissen der altägyptischen Religion und der altägyptischen Texte machten ihr Buch zu einer Fundgrube für mich.

II. DIE MEISTERIN DER PRÄZESSION

Nach den Worten ihrer Verleger hat Jane B. Sellers «die meiste Zeit ihrer 60 Jahre damit zugebracht, kniffligen Fragen der Astronomie und [der Geschichte] alter Kulturen im Vorderen Orient nachzugehen». Sie ist eine der großen alten Damen der Archäologie, ähnlich wie Maria Reiche, die deutsche Mathematikerin, die ihr Leben dem Studium der «Scharrbilder» von Nazca in Südperu in der Nähe des Andenhochlands gewidmet hat.

Nach ihrer Graduierung am Goddard College in Vermont studierte Jane Sellers Ägyptologie am Oriental Institute in Chicago. Als glühende Anhängerin des verstorbenen Dr. Giorgio de Santillana, Historiker und Autor von *Hamlet's Mill*[11], hat sie der modernen Ägyptologie neue Wege gewiesen: Sie war es, die die Aufmerksamkeit ihrer Fachkollegen auf die Tatsache gelenkt hat, daß zu einem adäquaten Verständnis der alten Ägypter und ihrer Religion Kenntnisse in Astronomie, insbesondere im Hinblick auf die Präzession der Erdachse und die dadurch bedingten Scheinbewegungen der Sterne, unerläßlich sind. Ihr Hauptinteresse galt den Pyramidentexten und der sogenannten memphitischen Theologie. Mit Hilfe der wissenschaftlichen Astronomie hat sie versucht, die Entwicklung der religiösen Ideen des vor- und frühdynastischen Ägypten zu erklären:

«Die meisten Archäologen verstehen kaum etwas von Präzession, und diese Unkenntnis wirkt sich auf ihre Schlußfolgerungen im Hinblick auf alte Mythen, alte Götter und die Ausrichtung alter Tempelanlagen aus. Auch Philologen stellen sich taub gegen die Kritik, daß sie bestimmte Probleme nicht lösen können, solange sie auf ihrer Meinung beharren, eine Vertrautheit mit der Grammatik ersetze wissenschaftliche Kenntnisse der Astronomie. Für den Astronomen ist die Präzession ein Grundbestandteil seiner Disziplin; wer alte Kulturen wissenschaftlich erforschen möchte, kommt nicht darum herum, sich mit ihr zu beschäftigen.»[12]

Eine angemessene und ausführliche Darstellung des Buchs von Sellers kann hier nicht gegeben werden. In ihm stellt sie unter anderem die wichtige Behauptung auf, daß schon die alten Ägypter die präzessionsbedingten Scheinbewegungen der Sterne erkannt haben, auch wenn ihnen eine wissenschaftliche Erklärung dafür gefehlt haben dürfte.[13] Nach ihrer Ansicht hatten die Ägypter sogar die Geschwindigkeit dieser Bewegungen gemessen. In all diesen Aussagen stimme ich ihr vorbehaltlos zu. Die Präzession mußte mitberücksichtigt werden, wenn die Grundlage der religiösen Riten eines Volks aus der Antike in der Beobachtung der Sterne und ihrer Bahnen bestand. Im Anhang 2 haben wir dieses Phänomen ausführlicher dargestellt, doch scheint uns an dieser Stelle zumindest eine kurze Erläuterung zum besseren Verständnis angebracht.

Die Präzession wird durch ein Schwanken der Erdachse hervorgerufen, dessen Periode rund 26 000 Jahre dauert; dadurch vollführen die Sterne eine Scheinbewegung. Wir wollen das an einem Beispiel demonstrieren. Nehmen wir an, wir befinden uns in Gizeh und blicken auf den Orion. Heute steigt er bis auf eine Höhe von 59° über dem südlichen Horizont. Um das Jahr 2500 v. Chr. stand er wesentlich niedriger, bei etwa 45°, und um das Jahr 10400 v. Chr. waren es sogar nur 11°. Der Einfluß der Präzession ist auch beim Aufgang des Oriongürtels im Osten deutlich erkennbar. Heute geht er fast genau im Osten auf, mit einem Azimut von 91°. Um das Jahr 2500 v. Chr. erfolgte sein Aufgang weiter südöstlich, mit einem Azimut von 106°, und um 10400 v. Chr. mit einem Azimut von 169°. Der volle Präzessionszyklus setzt sich zusammen aus einem halben Zyklus von 13000 Jahren, in denen sich das Gestirn, wenn wir die Wirkung am Meridian messen, von seiner Maximal- zu seiner Minimalhöhe bewegt, und aus weiteren 13000 Jahren, in denen es sich wieder zum Maximum hin bewegt. Im Fall des Oriongürtels hat etwa um das Jahr 10400 v. Chr. ein halber Zyklus bei einer Minimalhöhe von 11° über dem Horizont (von Gizeh aus beobachtet) eingesetzt.

Auf diese Weise erhalten wir eine Art Sternenuhr für unseren Planeten. Wenn wir die genaue Geschwindigkeit der Präzessionsänderung und die Koordinaten eines Sterns kennen[14], können wir dessen Höhe auf dem Meridian oder auch seinen Aufgangspunkt am östlichen Horizont für jede beliebige Epoche bestimmen. Wenn wir beispielsweise wissen, daß der südliche Schacht der Königskammer ursprünglich auf den Stern Zeta im Gürtel des Orion ausgerichtet war, dann können wir mit einiger Genauigkeit das Jahr bestimmen, in dem der Schacht gebaut wurde: das Jahr 2450 v. Chr.

Nun zurück zu Jane Sellers und ihrem Buch. Eine ihrer Grundannahmen bei der zeitlichen Fixierung bestimmter vor- und frühgeschichtlicher Ereignisse bestand in der Überzeugung, daß die alten Bewohner des Nillandes nicht nur die Präzession beobachteten, sondern sich ganz besonders auf die Tagundnachtgleiche im Frühjahr konzentrierten. In diesem Punkt war ich nicht ihrer Meinung. Wir wissen nicht, welche Bedeutung dieses Ereignis für die alten Ägypter hatte außer der, daß die Sonne in ihrem jährlichen Wechsel hier ihren Mittelpunkt erreichte, was man bei ihrem Auf- oder Untergang oder beim Durchgang durch den Meridian feststellen konnte. Doch dasselbe galt auch für das Herbstäquinoktium. Wissenschaftler, die sich mit ägyptischer Religion und Astronomie beschäftigen, sind sich darin einig, daß das Ereignis, das das Denken der frühen Bewohner des Nillandes am meisten beherrschte, zweifellos das der Sommersonnenwende war. In der Epoche, die der Pyramidenzeit unmittelbar vorausging, fiel die Sommersonnenwende mit dem heliakischen Aufgang des Sirius und dem Einsetzen der Nilschwelle zusammen, und auf dieser faszinierenden Verbindung bauten zahlreiche kultische Vorstellungen auf. Der heliakische Aufgang des Sirius markierte außerdem das Neue Jahr und diente als Grundlage kalendarischer Berechnungen; Ägyptologen und Archäoastronomen stimmen in diesem Punkt überein. E. C. Krupp, ein bekannter Archäoastronom und Leiter des Griffith-Observatoriums in Los Angeles, hat dazu bemerkt:

«Durch seine jährliche Flut machte [der Nil] die Zivilisation in Ägypten möglich... der Nil war der eigentliche Herrscher Ägyptens... Das auffällige Zusammentreffen himmlischer und irdischer Ereignisse hatte auf das ägyptische Weltbild großen Einfluß. Die Ägypter hielten den heliakischen Siriusaufgang für so wichtig, daß sie damit ihr Neujahr markierten. Noch überzeugender wirkte der Umstand, daß der heliakische Siriusaufgang und die Nilschwelle ungefähr mit der Sommersonnenwende zusammenfielen.»[15]

Der Astronom James Cornell vertrat dieselbe Ansicht:

«Von der Zeit an, als die ersten Menschen sich im Niltal ansiedelten, war das wichtigste wiederkehrende Ereignis in ihrem Leben – ja für ihr Überleben – die jährliche Überschwemmung des Nils. Dieses zyklische Ereignis, entscheidend für die Errichtung der ägyptischen Zivilisation, führte natürlicherweise auch zum Begriff der Zeit [und zur] Entwicklung eines Kalenders... Durch einen glücklichen Zufall erschien zur Zeit des alten Ägypten Sirius am Morgenhimmel erstmals um die Zeit der Sommersonnenwende, ungefähr zu selben Zeit, wenn die Überschwemmung des Nils einsetzte.»[16]

Die Tatsache, daß die Wasser gerade zur Zeit der Sommersonnenwende und des heliakischen Aufgangs des Sirius zu steigen begannen, hatte einen großen Einfluß auf das Weltbild der alten Ägypter. Einige Wochen vor dieser bedeutsamen Konjunktion konnte man am Himmel eine Art Omen beobachten, und das war die Erscheinung des Orion in voller Größe am Morgenhimmel.

Jane Sellers' größter Beitrag besteht meiner Meinung nach darin, daß sie darauf aufmerksam gemacht hat, daß es ohne Grundkenntnisse der Astronomie unmöglich ist, die Bedeutung der Begräbnistexte und -riten und, so möchte man hinzufügen, der religiösen Monumente zu verstehen. In dieser Hinsicht hat sie der Ägyptologie einen unschätzbaren Dienst erwiesen. Ein weiterer wichtiger Punkt, der mir bei meinen Untersuchungen über den Zusammenhang zwischen den Hyaden und den Pyramiden von Dahschur wesentlich weitergeholfen hat, war ihre Schlußfolgerung, daß Seth, der Bruder des Osiris, seit frühester Zeit mit den Hyaden gleichgesetzt wurde.[17] Außerdem lenkte sie meine Aufmerksamkeit auf die astronomischen Aspekte in der memphitischen Theologie, festgehalten in einem theologischen Traktat über die legendäre Vereinigung Ägyptens[18], vielfach auch als Schabaka-Texte bezeichnet. 1987 hatte ich in diesen Texten einen starken astronomischen Gehalt vermutet, eine genauere Erkundung jedoch auf später verschoben.[19] Das Buch von Jane Sellers weckte nicht nur erneut mein Interesse, sondern gab mir auch entscheidende Hinweise für meine Suche nach dem Zusammenhang zwischen den Pyramiden in Dahschur und den Hyaden und beantwortete eine noch offene Frage im Hinblick auf das Verhältnis zwischen himmlischer und irdischer Duat.

III. EIN SCHWARZER STEIN

Im Britischen Museum gibt es eine Steinplatte, einen einfachen Block aus schwarzem Granit mit einer Fläche von 1,3 mal 1,5 Metern, der die Inventarnummer 498 trägt. Auf ihm sind Zeilen einer Hieroglyphenschrift eingemeißelt, die zum großen Teil leider beschädigt sind, da der Stein in neuerer Zeit zum Mahlen von Weizenmehl verwendet wurde.[20] Einige Forscher bezeichnen diese Zeilen als Schabaka-Texte; für andere gehören sie zur memphitischen Theologie. Zwar datiert der Stein aus der 25. Dynastie (um 710 v. Chr.), doch man nimmt an, daß die Zeilen eine Abschrift von Quellen darstellen, die bis auf die Pyramidenzeit zurückgehen. Die amerikanische Philologin Miriam Lichtheim gelangte zu dem Ergebnis, daß die für die Inschrift auf dem Schabaka-Stein verwendete Sprache «große Ähnlichkeit mit der der Pyramidentexte aufweist», und betrachtet das als einen Hinweis auf entsprechend ältere Quellen.[21] Diese Auffassung wird von vielen Wissenschaftlern geteilt, auch von Jane Sellers.[22]

Die Schabaka-Texte beginnen mit einer merkwürdigen Einleitung durch den Kopisten, der mit der Abschrift der Urtexte beauftragt wurde. Offenbar wollte Schabaka, ein Pharao, für die Nachwelt bestimmte alte Schriften erhalten, die wurmzerfressen waren (vermutlich waren sie auf Papyrus oder Holz niedergeschrieben), und erteilte die Anweisung, sie auf die große Granitplatte, den Schabaka-Stein, zu übertragen. So beginnt die Inschrift mit folgenden Worten: «Diese Inschrift wurde erneut von Seiner Majestät im Hause Seines Vaters abgeschrieben... Denn Seine Majestät stellte fest, daß es ein Werk der Ahnen war, das die Würmer zerfressen hatten...»[1–2]

Der erste Teil des Textes ist anscheinend eine Art salomonisches Urteil über die Aufteilung der «Zwei Länder» (Ägypten) zwischen Seth und Horus nach dem Tod des Osiris. Rekapitulieren wir noch einmal kurz die Geschichte: Seth war der Bruder und Horus war der Sohn des Osiris. Die Geschichte beginnt damit, daß Seth und Horus von Geb, dem Erdengott, gerufen werden. Geb war der rechtmäßige Gatte der Himmelsgöttin Nut, der Mutter von Osiris und Seth. Als solcher war er der rechtmäßige Vater des Osiris und kraft seiner irdischen Rolle die oberste Instanz in territorialen Angelegenheiten.[23] Nach einigem Nachdenken

«machte er Seth zum König von Oberägypten... [und] Horus zum König von Unterägypten bis zu dem Ort, wo sein Vater [Osiris] ertrunken war, der sich an der ‹Scheide zwischen den Zwei Ländern› befindet. So stand Horus über einem Gau, und Seth stand über einem Gau. Sie schlossen Frieden über die Zwei Länder in Ayan. Das war die Teilung der Zwei Länder.»[7–9]

Die Anspielung auf den «ertrunkenen» Osiris ist eine weitere Version von seinem Tod; danach starb er nicht durch die Hand Seths, sondern ertrank im Nil irgendwo in der Nähe von Memphis. Man nimmt an, daß Ayan vor der Nordmauer der Stadt Memphis lag und offenbar eine Grenzscheide markierte, die das Reich Seths (Oberägypten) vom Reich des Horus (Unterägypten) trennte. Zu der Zeit, als der Text niedergeschrieben wurde, hätte dies eine Demarkationslinie bedeutet, die die Totenstadt von Memphis genau südlich von Zawyet el-Aryan geteilt und zwangsläufig einen unteren oder nördlichen Teil der memphitischen Duat geschaffen hätte, der Abusir, Sakkara und vor allem Dahschur eingeschlossen hätte.

Bald nachdem er diese anscheinend gerechte Entscheidung getroffen hatte, überlegte Geb es sich anders und nahm sie wieder zurück. Seine neue Entscheidung bestand darin, beide Reiche dem Horus zu geben. Das löste natürlich einen heftigen Streit zwischen Horus und Seth aus, und es folgte ein furchtbarer Kampf, aus dem Horus als Sieger hervorging. Damit war dieser der «Einiger der Zwei Länder» und wurde als solcher in der Theologie von Memphis begrüßt: «Er ist Horus, der als König des Oberen und des Unteren Ägypten emporstieg, der die Zwei Länder einigte im Namen der Mauer [Memphis], dem Ort, in dem die Zwei Länder geeint wurden.»[13 c–14 c]

Sodann belehren uns die Texte über die wahre Bedeutung und die besondere Heiligkeit dieser an Memphis angrenzenden Stätte:

«Dies ist das Land … [der] Bestattung des Osiris im Hause Sokars (die Totenstadt von Memphis) … [Ruft] unverzüglich Isis und Nephthys herbei, denn Osiris ist in seinem Wasser ertrunken … Horus spricht zu Isis und Nephthys: ‹Schnell, holt ihn heraus …› Isis und Nephthys sprechen zu Osiris: ‹Wir kommen, wir holen Euch …› Sie brachten ihn [an Land]. Er trat in die verborgenen Tore im Ruhm der Herren der Ewigkeit ein … so kam Osiris in die Erde in der königlichen Burg, im Norden des [Landes], in das er gekommen war … Dort wurde die königliche Burg errichtet …» [17 c–22]

Isis drängt Horus und Seth, «einander Brüder zu sein und jeden Streit zu begraben, wo immer sie sich befinden mögen».[15 c]

Ebenso wie im Fall der Pyramidentexte wollte ich die Schabaka-Texte für sich selbst sprechen lassen. Sie riefen in mir die Vorstellung von einem toten Osiris wach, der auf dem Westufer des Nils liegt, quer über der Grenzlinie zwischen dem südlichen und dem nördlichen Teil des Hauses von Sokar (der Totenstadt von Memphis). Die Geschichte hat kosmische

Anklänge und suggeriert dasselbe Bild in der Himmels-Duat. An dieser «Stätte», die sich «im Norden der königlichen Burg» befindet (offenbar Memphis), «stand Horus über einem Gau und Seth stand über einem Gau... Das war die Teilung der Zwei Länder.»

Lange Zeit gab es nur Vermutungen darüber, warum die Scheidelinie oder Grenze zwischen Unter- und Oberägypten in Memphis gezogen wurde. Die übliche Erklärung, der Ort sei strategisch ideal gelegen, läßt sich nicht ernsthaft aufrechterhalten; in späterer Zeit war Memphis nicht mehr der Sitz der Pharaonen, und als Hauptstadt wurde Theben gewählt, das fast 1000 Kilometer stromaufwärts lag. Es darf nicht vergessen werden, daß Ägypten ein langgestrecktes Land ist, ein 1200 Kilometer langer Streifen, der durch das schmale Niltal geformt wird. Eine Demarkationslinie der «Zwei Länder» in Ayan in der Nähe von Memphis hätte Ägypten ziemlich ungleich geteilt, wobei Unterägypten lediglich 220 Kilometer weit bis zum Mittelmeer gereicht hätte, allerdings mit dem überaus fruchtbaren Mündungsgebiet, während sich Oberägypten von Memphis bis Assuan 1000 Kilometer weit erstreckt hätte.

Langsam gewann ich den Eindruck, daß mit dem Land, um das es in den Texten ging, nicht ganz Ägypten gemeint war, wie wir es heute kennen, sondern ein heiliger Bezirk mit einem kosmischen Pendant, das insbesondere das «Haus Sokars» (die Totenstadt von Memphis) einschloß. In den Texten haben wir es nicht mit einem Territorialkonflikt zu tun, sondern mit einem kosmischen Ereignis, dessen Protagonisten Horus und Seth als «Götter» angesehen werden. Nach dem mythischen Tod des Osiris bestand die reale irdische Beute, die es zu teilen galt, aus dem irdischen Reich des Gottes: der Erden-Duat von Memphis, die jetzt die «Pyramidenfelder» enthielt und damit die Symbole der pharaonischen Theokratie als Manifestation der Staatsreligion.

In kosmischen Begriffen war dieses «Land von Osiris/Sokar» die Sternen-Duat entlang des «Westufers» der Milchstraße als des himmlischen Nils. Auch dort lag Osiris ausgestreckt in einem Bezirk, begrenzt durch den Großen Hund im unteren und die Hyaden im oberen Himmel; dazwischen befand sich das

Sternbild des Großen Jägers Orion. Doch wo war die «Grenze», fragte ich mich, die angeblich den unteren vom oberen Himmel schied? Gab es ein besonderes Kennzeichen, das die Hyaden von der übrigen Sternen-Duat des Osiris trennte?

Ich versuchte es mit Ayan unmittelbar nördlich von Memphis als Ausgangspunkt und verfolgte die Demarkationslinie in ost-westlicher Richtung durch die Totenstadt von Memphis. Die Linie verlief direkt südlich des Pyramidenfelds von Abusir mit Sakkara und Dahschur im Süden (Oberägypten) und Abusir, Zawyet el-Aryan, Gizeh und Abu Roasch im Norden (Unterägypten). Nach der ursprünglichen Entscheidung von Geb hätte demnach Horus den unteren Teil der Memphis-Duat erhalten, in dem sich die Pyramiden von Abusir, Zawyet el-Aryan, Gizeh und Abu Roasch befanden, und Seth den oberen Teil mit den Pyramiden von Sakkara und Dahschur.

Der Körper des Osiris am Himmel war das uns inzwischen wohlbekannte Bild des Riesen Sahu (Orion), eines schreitenden Mannes mit ausgestrecktem Arm, der in der hohlen Hand einen Stern hält. Das Geschlechtsteil ist mit den Sternen des Oriongürtels besetzt, und sie haben anscheinend die Vorstellung von der sexuellen Potenz und dem Samen des Sternen-Osiris geweckt. Im Mythos von Isis und Osiris war das entscheidende Element die Verfertigung eines künstlichen Phallus durch Isis, so daß sie ihren Schoß mit dem Samen des Osiris befruchten und schwanger werden konnte. Nun gibt es seltsamerweise einen alten Text auf einer Stele im Ägyptischen Museum in Kairo.[24] Die Zeit seiner Entstehung ist ungewiß, wird jedoch von Ägyptologen auf die Zeit um etwa 1500 v. Chr. geschätzt. Gefunden wurde die Stele von Mariette im Jahr 1800 bei Grabungen in den Trümmern einer kleinen Kapelle, dem «Haus der Isis» in der Nähe der Cheops-Pyramide. Der Text erwähnt Cheops und die Große Pyramide und bezeichnet Isis als «Herrin der Pyramide».[25] Wenn das zutrifft, dann liegt es nahe, sich den künstlichen Phallus als den südlichen Schacht der Königskammer in der Cheops-Pyramide vorzustellen, der auf den Oriongürtel ausgerichtet war. Das erinnert an jene Stelle in den Pyramidentexten, in der es um die sexuelle Vereinigung von Isis und Osiris geht:

«Zu dir kommt seine Schwester [Gemahlin] Isis, froh der Liebe zu dir. Du hast sie auf deinen Phallus [Schacht?] gesetzt, damit dein Same hervorgehe (aufsteigt) in sie, indem er scharf ist …, als Sothis [Sirius]. Horus-Sopd ist hervorgekommen aus dir als Horus, der in der Sothis war.»[PT 632]

Was jetzt in den Schabaka-Texten entschlüsselt werden mußte, war die Frage, warum Geb ursprünglich den südlichen Teil der Memphis-Duat Seth übertragen, seine Entscheidung jedoch alsbald wieder zurückgenommen hatte. Gab es ein Ereignis in der Himmels-Duat, das Geb den Gedanken eingab, die entsprechende irdische Duat müsse in einen oberen und einen unteren Teil aufgeteilt werden? Gab es beispielsweise eine Veränderung in der Stellung der Hyaden, so daß diese um das Jahr 2500 v. Chr. aus dem unteren in den oberen Himmel wanderten? Und welches Merkmal teilte den Himmel in einen oberen und einen unteren Teil?

IV. DER HIMMELSÄQUATOR

Von der Erde aus erscheint der Himmel als ein riesiges Gewölbe in Gestalt einer Halbkugel über der flachen und scheinbar kreisförmigen Erdscheibe, dessen unterer Rand auf dem Horizont aufsitzt. In der wissenschaftlichen Astronomie trennen wir die östliche von der westlichen Hälfte dieser himmlischen Halbkugel durch den Meridian, eine gedachte Linie, die über unserem Kopf hinweg von Norden nach Süden verläuft. Außerdem teilen wir die Himmelshalbkugel in eine südliche und eine nördliche Hälfte durch eine gedachte Linie von Ost nach West, doch diese verläuft nur dann senkrecht über uns hinweg, wenn wir uns auf dem Äquator befinden; ansonsten ist sie stets nach Süden geneigt[26] und schneidet den Meridian in einer Höhe von 90° minus der Höhe, auf der wir uns befinden. So kreuzt beispielsweise der Himmelsäquator für einen Beobachter in London den Meridian bei 90° minus 51°, also bei 39° Höhe über dem südlichen Horizont. Für einen Bewohner Kairos liegt dieser Wert bei 90 minus 30°, also bei 60°. Der Himmelsäquator ist demnach die atronomische Breite, die den unteren vom oberen Himmel trennt.

Jane Sellers war zu folgendem Schluß gelangt:

«Seth wurde ... ursprünglich mit den Hyaden in Verbindung gebracht, dem V-förmigen Sternhaufen, der den Kopf unseres Sternbilds Stier bildet. Als Bruder des Osiris erhielt er eine dem Orion benachbarte Stellung am Himmel ... Aufgrund einer Entscheidung des Göttergerichts wurde das Amt des Osiris dem Horus übertragen, und Seth wurde auf eine Stellung verbannt, die im ‹südlichen› Sternbild des Orion lag ...»[27]

Die riesige Himmelsgestalt des Sahu erstreckte sich von den Hyaden (dem «südlichen» Sternbild des Sahu) über den eigentlichen Orion bis zum Großen Hund und zum Sirius. In welcher Weise teilte der Himmelsäquator dieses «Land»?

In mein Programm Skyglobe 3.5 gab ich das Jahr 3100 v. Chr. ein, da nach Meinung der Ägyptologen etwa um diese Zeit die Vereinigung der beiden Länder Ägyptens vollzogen wurde, und projizierte die sich daraus ergebende Sternenregion der Himmels-Duat (Hyaden, Orion und Großer Hund) auf den Meridian. Der Himmelsäquator verlief knapp oberhalb der Hyaden, was bedeutete, daß diese ihren Standort im unteren Teil des Himmels (in Entsprechung zu Unterägypten) hatten. Da ich wußte, daß die Sterne infolge der Präzession scheinbar nach oben versetzt wurden, wollte ich feststellen, wann die Hyaden und vor allem die beiden Sterne Aldebaran und Epsilon Taurus, die ich mit den beiden Pyramiden von Dahschur gleichsetzte, den Himmelsäquator passierten und in den oberen Teil des Himmels («Oberägypten») gelangten. Ich ging die einzelnen Jahrhunderte von 3100 bis 2000 v. Chr. durch. Unter Berücksichtigung der Tatsache, daß die Deklination des Himmelsäquators gleich null ist und negative Deklinationen in den unteren und positive Deklinationen in den oberen Himmel fallen, wählte ich für die eingegebenen zeitlichen Daten dekadische Intervalle und erhielt schließlich folgende Werte:

Zeit	Deklination Aldebaran	Epsilon Tauri
3100 v. Chr.	–5° 35'	–3° 29'
2450 v. Chr.	–1° 56'	0° 00'
2080 v. Chr.	0° 00'	+2° 13'

Diese auf die Präzession der Erdachse zurückgehenden Ereignisse waren höchst aufschlußreich; sie zeigten, daß genau zu der Zeit, als König Cheops die Regierung antrat, der Stern Epsilon Tauri im Begriff stand, den Himmelsäquator zu passieren und aus dem unteren in den oberen Himmel überzugehen. Und um das Jahr 2080 v. Chr., als die Pyramidentexte in den Pyramiden der 5. und 6. Dynastie eingemeißelt wurden, geschah dasselbe mit Aldebaran. Nach unserer Korrelationstheorie besagt dies, daß die Pyramiden von Dahschur (die Hyaden) nunmehr Oberägypten «zugehörten» – ein Streit um Gebiete, der nicht durch Besitzurkunden geschlichtet wurde, sondern durch das Geheimnis der präzessionsbedingten Sternenbewegungen. Kein Priester konnte sich der Entscheidung des Gremiums der Himmelsgötter, der Großen Götterneunheit von Heliopolis, widersetzen.

Die archäologischen und chronologischen Anhaltspunkte, auf deren Grundlage die Ägyptologen die Vereinigung der Zwei Länder auf das Jahr 3100 v. Chr. datieren, führen demnach zu einem anderen Ergebnis, als es aufgrund unserer Theorie zu erwarten gewesen wäre. Nach ihr erfolgte die Einigung viel später, möglicherweise nach 2400 v. Chr. und somit erst nach der 4. Dynastie.

Die Präzession unterliegt keiner archäologischen oder chronologischen Interpretation; sie läßt sich zuverlässig messen und stellt somit eine große Sternenuhr dar, die allein den Gesetzen der Physik gehorcht. Ich begann zu ahnen, daß die Einigung Ägyptens durch die nördliche Verschiebung einer heiligen, von Osten nach Westen verlaufenden Demarkations- oder Scheidelinie ausgelöst worden war, ein Ereignis, das nicht so sehr als Beginn des dynastischen Ägyptens, sondern als religiöse Auseinandersetzung, die nach der 4. Dynastie ausbrach, verstanden werden sollte. Obwohl es für die Vermutung einer solchen Auseinandersetzung nur wenige Anhaltspunkte gibt, wurde sie von vielen Ägyptologen ausgesprochen, darunter auch von Edwards, der von einem politischen Umsturz am Ende der 4. Dynastie ausgeht und bei dem es heißt: «Trotz des Fehlens dokumentarischer Überlieferung können wir die politischen Umstände, die das Ende der 4. Dynastie begleiteten, aus einer Anzahl indirekter Beweise erschließen.»[28]

Diese indirekten Beweise bestehen nach Edwards in der Übernahme des Suffixes Rê (für den Sonnengott) in den königlichen Namen: Djedefrê, Chefren (Chaef-Rê) und Mykerinos (Men-Kau-Rê). Für ihn hieß dies, daß der Sonnenkult an Einfluß gewann und zum Staatskult wurde. Einige Pharaonen nahmen auch den Titel «Sohn der Sonne» an, «der als Königstitel von der 5. Dynastie an allgemein üblich wird»[29], auch wenn der Horus-Name, mit dem der König als Sohn des Osiris bezeichnet wird, der vorherrschende Königstitel blieb. Daneben gibt es natürlich den materiellen Beleg, daß die Bautätigkeit drastisch zurückging: Die Pyramiden der 5. und 6. Dynastie wurden kleiner, und ihre Steine waren nicht mehr so sorgfältig behauen und aufeinandergeschichtet – auch das ein Hinweis auf einen politischen Umsturz oder eine Änderung des Kults.

Demnach hat es den Anschein, als erzählte die memphitische Theologie in mythischen und kosmischen Begriffen von einer realen Auseinandersetzung um den Thron von Ägypten, die sich am Ende der 4. Dynastie ereignete. Wenn das zutrifft, dann kam das Goldene Zeitalter der Herrschaft des Osiris mit der Vollendung der Totenstadt von Gizeh zu seinem Ende, und es folgte ein Streit darüber, wer sein Erbe als Pharao antreten sollte. Der Titel «Sohn des Rê» mag von einem Thronbewerber benutzt worden sein, der für sich eine direkte Abstammung vom Oberhaupt oder «Vater» des heliopolitanischen Pantheons, der Großen Götterneunheit, in Anspruch nahm, um jeden Mitbewerber zu übertrumpfen, der von sich behauptete, der Sohn des Osiris zu sein.

Wie es der Zufall will, wird das durch den Papyrus Westcar offensichtlich bestätigt.[30] Im Jahr 1947 lenkte Edwards die Aufmerksamkeit der Fachwelt auf dieses mysteriöse Dokument, das die Geschichte der Machtübernahme der ersten drei Könige der 5. Dynastie enthüllt, wie die alten Ägypter sie selbst gesehen haben.[31] Zwei von ihnen, Sahurê und Neferirkarê, ließen die Pyramiden von Abusir errichten.

V. DIE «DRILLINGE» EINER PRIESTERIN

Der Papyrus Westcar enthält eine alte Legende über den Ursprung der 5. Dynastie, die demnach dadurch entstand, daß die Frau eines Hohenpriesters von Heliopolis von Rê, dem Sonnengott, schwanger wurde.[32] Das war ein typischer Trick, dessen man sich bediente, wenn eine dynastische Änderung oder ein Staatsstreich legitimiert werden mußte. Olympia, die Mutter von Alexander dem Großen, behauptete, Zeus-Ammon habe sich ihr genähert und ihren Sohn Alexander gezeugt, der somit der höchste Bewerber um den Thron von Makedonien und Griechenland sei[33]; Caesar behauptete, Venus Genetrix sei die Stammutter des julischen Hauses[34], und Maria von Bethlehem behauptete, sie habe den Messias von einem Erzengel empfangen, aus dem das Konzil von Nikäa dann Gottvater persönlich machte.[35] Die Intervention einer Gottheit bei dynastischen Zwistigkeiten stellte eine einfache Möglichkeit dar, eine leichtgläubige Bevölkerung dazu zu bringen, einem fragwürdigen oder gar unrechtmäßigen Anspruch auf den Thron Glauben zu schenken. Eine «wunderbare» Geburt konnte dem stets nachhelfen, und noch im 17. Jahrhundert taten solche Mittel in Europa ihre Wirkung. So hieß es beispielsweise von Ludwig XIV., er sei durch ein Wunder empfangen worden, als nach einer 23 Jahre währenden kinderlosen Ehe zwischen Ludwig XIII. und Anna von Österreich dem Paar ein «Sonnenerbe» geboren wurde, der den Beinamen *Dieudonné* (der von Gott Gegebene) erhielt.[36]

Die Behauptung der Frau eines Hohenpriesters, sie sei durch den Sonnengott schwanger geworden, gehörte vermutlich zu einem sorgfältig inszenierten Komplott und hatte offenbar Erfolg. Nach dem Wortlaut des Papyrus Westcar kam Rê auf die Erde herab und beglückte die hocherfreute Frau eines Rê-Priesters in Heliopolis mit seinem Samen. Als Folge dieser Begegnung schenkte die Frau Drillingen das Leben, die allesamt Könige von Ägypten werden sollten: Userkaf, Sahurê und Neferirkarê. Im Papyrus Westcar und in der memphitischen Theologie wird uns offenbar ein historisches Ereignis, das zur Gründung der 5. Dynastie führte, in kosmischen Begriffen erklärt. Der von dieser neuen Dynastie für ihre Pyramiden gewählte Ort, mit dem sie ihre Verbindung zur 4. Dynastie und ihren dominanten Sternenkult des Osiris bekräftigen wollte, war die Ebene um Abusir. Hier wurden drei kleine Pyramiden errichtet, die nach unserer Korrelationstheorie den «Kopf» des Bildes von Osiris-Sahu am Himmel darstellten. Meiner Meinung nach gab es ein astronomisches Ereignis, das die im Papyrus Westcar erzählte Legende mit jener der Schabaka-Texte verknüpft und die merkwürdige Abwandlung im Mythos von Osiris erklären kann, wonach dieser genau an der Stelle, an der die Grenzlinie durch Ayan und Abusir verläuft, im Nil ertrank.

Computerberechnungen mit Skyglobe 3.5 zeigen, daß um das Jahr 2300 v. Chr. – nach der jüngsten Chronologie zur Zeit der 5. Dynastie – die Sonne sich der Milchstraße von Westen her näherte und deren «Westufer» nach dem julianischen Kalender Anfang Mai erreichte. Die Sonne «ertrank» etwa 24 Tage lang darin und erreichte das «Ostufer» am Ende desselben Monats. Zu diesem Datum erfolgte ihr Aufgang zur selben Zeit wie die berechnete Aufgangszeit des «Kopfs» von Osiris, jenen drei kleinen Sternen, die ich mit den drei kleinen Pyramiden in Abusir auf der Karte der Memphis-Duat in Verbindung bringe. Am Horizont verbanden sich damals tatsächlich der Kopf des Osiris/Sahu und die Stelle, an der die Sonne den Wassern des Nils «entstieg». Dieser astronomische Befund deutet darauf hin, daß es tatsächlich einen Versuch gegeben haben könnte, den Kult des Osiris zu einem Sonnenkult und Osiris selbst zu einem Sonnengott zu machen.[37] Das von den heliopolitanischen Priestern angeführte Ereignis war offenbar das gleichzeitige Auftreten des «Ertrinkens» der Sonne im himmlischen Nil und das Erscheinen des «Kopfs» von Osiris/Sahu. Der Name eines der drei Könige der 5. Dynastie, die ihre Pyramide in Abusir errichten ließen, Sahurê, läßt auf einen Versuch der heliopolitanischen Sonnenfraktion schließen, den osirischen Sternenkult den eigenen Zwecken dienstbar zu machen oder ihn völlig zu kontrollieren. Anscheinend war der Versuch bis zum Ende der 6. oder gar 7. Dynastie erfolgreich, doch der Osiriskult erlebte seine Wiedergeburt als eine noch überzeugendere Religion während des sogenannten Mittleren Reiches, das auf die Pyramidenzeit folgte.[38]

Die andere Version vom Tod des Osiris lautete, er sei von Seth getötet und sein Körper sei in Stücke geschnitten und über ganz Ägypten verstreut worden. Die sieben Pyramiden der 5. Dynastie[39] ergeben, zusammen mit den sieben der großen 4. Dynastie 14 Pyramiden auf dem Gelände der Totenstadt von Memphis zu der Zeit, als die Pyramidentexte geschrieben wurden. Interessanterweise stimmt diese Zahl überein mit einem weiteren besonderen Aspekt des Todes von Osiris unter dem Messer von Seth; Seth zerschnitt den Leichnam in 14 Stücke.[40] Wallis-Budge hat dazu bemerkt:

«Die spätere Überlieferung weiß zu berichten, daß der Leichnam des Osiris in 14 Teile zerstückelt wurde und daß Isis über der Stelle, an der er bestattet wurde, ein Heiligtum errichten ließ ... Diese Grabkapellen oder Begräbnistempel von Osiris stellen möglicherweise die Aats (die Elysischen Gefilde) des Osiris dar, die in den Pyramidentexten erwähnt werden ... Die Gräber von Osiris auf Erden hatten ihre Gegenstücke im Himmel ...»[41]

Doch zurück zum legendären Kampf zwischen Horus und Seth nach dem Tod des Osiris. In den Pyramidentexten lesen wir, daß in diesem Kampf Horus «sein linkes Auge verlor».[42] Diese merkwürdige Verstümmelung läßt sich ebenfalls im Zusammenhang mit den scheinbaren Sternbewegungen deuten. In allen Himmelsmythen und besonders in der ägyptischen Himmelsmythologie gibt es den Großen Stier, der durch ein riesiges Sternbild dargestellt wird.[43] Dieser Himmelsstier stand in enger Verbindung mit Orion, dem Großen Jäger, so daß klassische bildliche Darstellungen im allgemeinen den linken

Arm Orions zeigen, mit dem er die Keule gegen den «Kopf» des Stiers schwingt. Erst vor kurzem hat man erkannt, daß der Stier, der von dem persisch-römischen Gott Mithra erschlagen wurde, einer astronomischen Szene folgt, in der Mithra Orion ist und der «Kopf» des himmlischen Stiers die Hyaden.[44] Dieses Bild stimmt mit der klassischen griechischen und römischen Darstellung von Orion und dem Stier überein.[45] Danach aber waren die «Augen» des Stiers die Sterne Aldebaran und Epsilon Tauri , wobei der letztere das «linke Auge» darstellte.[46] Wir haben gezeigt, wie Epsilon Tauri den Himmelsäquator passierte und um das Jahr 2450 v. Chr. vom unteren zum oberen Himmel überging. War es bei dieser Gelegenheit, daß Horus, dem Unterägypten zugesprochen wurde, «sein linkes Auge» verlor?

Die Pyramidentexte machen deutlich, daß der heldenhafte Zweikampf als Ereignis im unteren östlichen Himmel aufgefaßt wird, an den Ufern des gewundenen Wasserlaufs:

«Geächzt hat Horus wegen seines Auges, geächzt hat Seth wegen seiner Hoden. Das Auge des Horus sprang auf, als er gefallen war, auf jener Seite des gewundenen Wasserlaufs ... Gesehen hat es Thot [der Planet Merkur] auf jener Seite des gewundenen Wasserlaufs ... Das Auge des Horus ... fiel auf den Flügel des Thot auf jener Seite des gewundenen Wasserlaufs, ... zur östlichen Seite des Himmels ...» [PT 594a–595b]

Die entsprechende Stelle am Himmel befindet sich wiederum irgendwo in der Nähe des Orion. Wie wir weiter aus den Pyramidentexten erfahren, beschuldigt Seth, nachdem Osiris in der Nähe des Nilufers zu Boden gestreckt wurde, vor den Göttern seinen Gegner, dieser habe den Kampf begonnen: «Er [Osiris] ist es, der mich herausgefordert hat ... – und so entstand sein Name (Orion), der mit ausgestrecktem Bein, mit gespanntem Schritt ...» [PT 959a–959e]

Jetzt kommen Thot und Horus, um Osiris auf dem Weg in den Himmel zu geleiten:

«Horus kommt, Thot erscheint, und sie erheben den Osiris von seiner Seite, sie lassen ihn ... dastehen ... Erhebe dich Osiris ... Deinen (einen) Arm hat Isis, deine (andere) Hand hat

Nephthys, und du gehst zwischen ihnen. Gegeben ist dir der [Duat-Bezirk am] Himmel, gegeben ist dir die Erde [die Memphis-Duat], das Gefilde der Binsen, die Stätten des Horus und die Stätten des Seth ...»[PT 956b–961b]

Sind mit den «Stätten» des Horus und des Seth die Pyramiden gemeint?

Im Britischen Museum befindet sich ein großartiges Dokument, das aus dem Neuen Reich datiert und die Bezeichnung Papyrus Chester Beatty Nr. 1 trägt, aus dem wir Näheres darüber erfahren, was sich im kosmischen Gerichtssaal der Götter ereignet hat.[47] Anscheinend zog sich der Fall über mehrere Jahre hin, bevor der «heliopolitanische Rat» und die Götter, erzürnt über den langen Streit, ihr endgültiges Urteil sprechen wollten.[48] Es muß sehr schwierig gewesen sein, denn im Papyrus Chester Beatty Nr. 1 ist viel von den Bemühungen die Rede, die Sache zu regeln, und vom schließlichen «Triumph der Gerechtigkeit über die rohe Gewalt».[49] Alles deutet auf die Schwierigkeit der Entscheidung hin, wie die «Zwei Länder», die bislang als ein einziges von Osiris regiert worden waren, zwischen den beiden Königen aufgeteilt werden sollten, nachdem die Schlacht offenbar zu keinem endgültigen Ergebnis geführt hatte. Seth wird dazu bewogen, sich dem Spruch des heliopolitanischen Rates zu unterwerfen. Nach Jane Sellers wurde Seth in eine Region verbannt, die im südlichen Sternbild des Orion lag, das heißt dorthin, wo sich die Hyaden befanden.[50]

Ich hatte den Eindruck, daß meine stellaren Erkundungen an ihr Ende gelangt waren. Trotz der zahlreichen Textbelege und archäologischen Hinweise gab es zwar nach wie vor offene Fragen, doch der dichteste Schleier – über den Pyramiden in der Totenstadt von Memphis – war gelüftet worden, und ich konnte jetzt den vollständigen Sternenplan erkennen, der anmutig und monumental zugleich in die Tat umgesetzt worden war. Ich begann allmählich selbst in jenem zweifachen Modus zu denken, den die alten Ägypter der Pyramidenzeit so sehr kultiviert hatten: die Fähigkeit, in den irdischen Erscheinungen gleichzeitig die des Himmels zu sehen und umgekehrt und diese Visionen in Allegorien und Symbolen auszudrücken.

Wenn von der Duat die Rede war, erschien sie stets in zwei übereinandergeblendeten Bildern, einem himmlischen und einem irdischen. Der Nil verschmolz mit der Milchstraße, und die Positionen und Konstellationen der Sterne projizierten sich auf die Totenstadt von Memphis, über deren Gelände entlang der Grundkanten der Pyramiden ein Gitter aus Nord-Süd- und Ost-West-Linien gespannt war.

In den Aufsätzen, die ich 1989 und 1990 veröffentlicht hatte, stand allerdings nichts von dem umfassenderen Bild jenes einheitlichen Plans, der sich mir nun enthüllt hatte. Ich wollte andere an meinen Entdeckungen teilhaben lassen, doch Aufsätze in Fachzeitschriften erreichen kein breites Publikum. Die meisten Ägyptologen haben hinsichtlich der neuesten Fachliteratur einen Rückstand von mindestens zehn Jahren. Und selbst wenn sie diesen aufholen sollten – die Fülle der Artikel, Aufsätze, Dissertationen und Monografien ist überwältigend. Deshalb traf ich Mitte 1992 die wichtige Entscheidung: ein Buch zu schreiben, das die neuen Hypothesen und aufregenden Entdeckungen einem breiten Publikum nahebringen würde.

Als ich Michèle in mein Vorhaben einweihte, tat sie einen tiefen Seufzer. Jahrelang hatte die Familie meine Privatforschungen mitverfolgt; die Kinder waren im Schatten des «alten Ägypten» aufgewachsen und hatten ihren Klassenkameraden erzählt, ich sei mit König Tut beschäftigt, wenn sie nach dem Beruf ihres Vaters gefragt wurden. Zum Glück hatte ich in diesen Jahren über Aufträge nicht zu klagen, und der gute Verkauf unseres Hauses in Sydney machte uns für mindestens acht Monate finanziell unabhängig, vielleicht sogar für ein ganzes Jahr, wenn wir uns ein wenig einschränkten. Jetzt oder nie. Michèle seufzte noch einmal und gab dann lächelnd ihr Einverständnis.

Ein 386er Computer mit einer 40-MB-Festplatte, ein neues Textverarbeitungsprogramm und ein zu einem Arbeitszimmer umfunktioniertes Gästezimmer genügten, um das Buch auf den Weg zu bringen. Ich fühlte mich glücklich und war mir sicher, daß ich das Richtige tat. Ich schob alle Bedenken und Besorgnisse beiseite, von denen angehende Schriftsteller gequält werden, und kämpfte mich durch. Im November stand mein erster Entwurf kurz vor dem Abschluß. Doch dann benötigte ich ein ganz spezielles Buch, das ich in Oxford zu finden hoffte, und machte mich in meinem Mini Rover auf den Weg in diese Stadt, der ich so manche Anregung zu verdanken hatte.

9
Intermezzo bei den Pyramiden

[Die Leistungen des] Imhotep …, Baumeister des Königs Djoser, den Manetho als Erfinder der Haustein-Baukunst preist …, wurden für die späteren Ägypter legendär. Sie betrachteten ihn nicht nur als Architekten, sondern auch als Magier, Astronomen und Vater der Medizin …, während ihn die Griechen ihrem göttlichen Arzt Asklepios gleichsetzten.
– I. E. S. Edwards: *Die ägyptischen Pyramiden.* Wiesbaden, 1967.

Von diesen (Königen der 4. Dynastie) war der dritte Suphis, der Erbauer der Großen Pyramide, die nach Herodot von Cheops errichtet wurde. Suphis empfand den Göttern gegenüber Verachtung, bereute jedoch und verfaßte das Heilige Buch, das von den Ägyptern in hohem Ansehen gehalten wurde.
– Manetho: *Aegyptiaca* (Auszug), nach Eusebius

I. EINE BEGEGNUNG

Auf der Fahrt nach Oxford an jenem kalten Morgen hatte ich die Heizung in meinem kleinen Wagen voll aufgedreht. Endlich war ich von einer hartnäckigen Lungenentzündung kuriert, die ich mir anscheinend bei meiner Tätigkeit im indischen Kaschmir zugezogen hatte. Es war mein letzter Auftrag gewesen, bevor ich mich an mein Buch gesetzt hatte. Monatelang mußte ich Antibiotika einnehmen, um die Infektion wirksam zu bekämpfen, doch jetzt fühlte ich mich wieder prächtig.

Ich wollte ein Exemplar der *Hermetica* erstehen, einer alten Sammlung von Texten, die irgendwann im 2. Jahrhundert in Alexandria von Graeco-Ägyptern verfaßt worden waren, die ihre Werke dem Hermes Trismegistos zugeschrieben hatten – angeblich der altägyptische Gott Thot, der die Hieroglyphen und die Wissenschaft erfunden hatte.[1] Die letzte englische Übersetzung dieser Sammlung stammte von dem Althistoriker Walter Scott aus den Jahren 1924 bis 1936, und ich hoffte, in einem Antiquariat ein Exemplar davon aufzutreiben. Leider hatte ich damit kein Glück; doch kurz bevor ich den Laden verlassen wollte, rief mich der junge Verkäufer wieder zurück. Er hatte seinen Computer befragt und festgestellt, daß ein kleiner Verlag in Dorset, Solos Press, erst vor wenigen Tagen eine neue, kartonierte Ausgabe herausgebracht hatte. Ich ließ mir die Adresse des Verlags geben, weil ich das Buch direkt dort bestellen wollte.

Der Eigentümer von Solos Press war Adrian Gilbert. Er hatte den Verlag vor zwei Jahren gegründet und vier Bücher herausgebracht, von denen er eines selbst verfaßt hatte.[2] Er hatte sich darauf spezialisiert, ungewöhnliche Bücher nachzudrucken, die nicht mehr im Handel waren, und sein jüngstes Projekt war eine Neuausgabe der *Hermetica*. Ich rief seinen Vertreter an und fragte nach Gilberts Privatnummer, doch wie es der Zufall wollte, war er gerade anwesend. Während unseres Telefongesprächs stellte sich heraus, daß wir gemeinsame Interessen hatten. Auch er interessierte sich für altägyptische Religion und vor allem für die Pyramiden. Seiner Neuausgabe der *Hermetica* hatte Gilbert ein langes Vorwort über das alte Ägypten vorangestellt, und ich war fasziniert von einigen seiner Ausführungen und der Verbindung, die er zwischen den *Hermetica* und bestimmten altägyptischen Texten sah. Angeregt tauschten wir unsere Meinungen über dieses Thema aus, bis mir bewußt wurde, daß das Gespräch eine ganze Stunde gedauert hatte. Ich erzählte Gilbert von meinem geplanten Buch und fragte ihn, ob er es vielleicht verlegen würde. Er wollte sich gern das Manuskript ansehen, und wir verabredeten, uns möglichst bald persönlich zu treffen.

Diese Absicht verwirklichten wir Anfang Dezember, und nach nur einer Stunde hatten wir beschlossen, eine Reihe von Büchern gemeinsam herauszubringen, von denen das erste *Das Geheimnis des Orion* sein sollte. Gilberts Erfahrung war von unschätzbarem Wert; innerhalb kurzer Zeit erstellte er ein

Konzept, und schon nach einer Woche saß ich über meinem Manuskript. Ich hatte viel zu lange für mich allein gearbeitet, und das Gespräch mit Gilbert verlieh mir neue Energie und frischen Schwung. Da wir nunmehr ein Gespann bildeten, besprachen wir, welche weiteren Untersuchungen nötig waren, die wir unter uns aufteilen konnten, um bislang vernachlässigten Aspekten der altägyptischen Sternenreligion nachzugehen. Es gab zwei wichtige Themenbereiche, die eingehender erkundet und mit dem Kern meiner Theorie verknüpft werden mußten: den geheimnisvollen heiligen Benben im Tempel des Phönix und die Beantwortung der Frage, auf welche Sterne die Schächte in der Cheops-Pyramide ursprünglich ausgerichtet waren.[3]

Bald darauf erhielt ich einen Anruf von Dr. Edwards, der wissen wollte, ob ich bereits nähere Erkundungen über die Schächte in der Königinkammer der Cheops-Pyramide angestellt hätte. Ich erzählte ihm von meinem Aufsatz, den ich vor zwei Jahren in *Discussions in Egyptology* veröffentlicht hatte. Er wollte unbedingt meine Meinung zu diesen Schächten hören, und so erzählte ich ihm, meine Berechnungen hätten ergeben, daß der südliche Schacht zur Zeit der Errichtung der Pyramide auf den Sirius gezeigt habe und ich deshalb zu dem Ergebnis gekommen sei, daß weder die Schächte noch die Königinkammer aufgegeben worden waren. Er äußerte seine Zweifel an dieser Schlußfolgerung und versprach, mir einen Artikel zu diesem Thema zu schicken, den er im kommenden Jahr veröffentlichen wollte.[4] Dann teilte er mir unvermittelt mit, ein deutsches Wissenschaftlerteam unter der Leitung von Dr. Rainer Stadelmann vom Deutschen Archäologischen Institut in Kairo stelle gegenwärtig Forschungen an diesen Schächten an. Das war eine wichtige Nachricht, und ich beschloß, so bald wie möglich nach Ägypten zu fliegen. Adrian Gilbert und seine Frau Dee, eine Amateurfotografin, die bereits an den Bildern für unser Buch arbeitete, wollten mitkommen. Wir planten die Reise für Ende Februar 1993, weil ich noch etwas Zeit benötigte, um einige Interviews vorzubereiten, die ich in Ägypten führen wollte. Ich war vor allem daran interessiert, Dr. Stadelmann zu sprechen und von ihm noch mehr über die Schächte zu erfahren; ich hoffte natürlich, neue Daten über deren Neigung zu erhalten und die Probleme zu lösen, die sich aus den Messungen von Petrie ergeben hatten.

Bis Ende Februar hatten Gilbert und ich den Rohentwurf unseres geplanten Buchs niedergeschrieben. Wir ahnten noch nicht, daß uns Ereignisse bevorstanden, die uns zwingen würden, das Manuskript umzuschreiben. Wir brauchten eine Pause, und es schien gerade die richtige Zeit zu sein, nach Ägypten zu reisen, uns an Ort und Stelle umzusehen und Aufnahmen für das Buch zu machen. Für die erste Märzwoche hatten meine Verwandten in Kairo einen Termin mit Dr. Stadelmann verabredet. Die internationale Presse hatte vor Anschlägen fundamentalistischer Terroristen in Ägypten gewarnt, doch das Problem schien hauptsächlich Oberägypten zu betreffen. In Kairo war alles ruhig. Wie mir meine Kusine Josette Orphanidis aus Ägypten am Telefon versicherte, gab es für Touristen keine Beschränkungen der Bewegungsfreiheit, da die Behörden das Problem bagatellisierten und alles taten, um den Touristen den Aufenthalt so angenehm wie möglich zu machen. Und da die Zahl der Besucher aus dem Ausland drastisch zurückgegangen war, konnte man die archäologischen Stätten wesentlich ungestörter als unter normalen Umständen besichtigen. Es war die ideale Zeit, um in die Umgebung von Kairo zu reisen, und besonders günstig für das Vorhaben, das wir geplant hatten. Und so startete unser Flugzeug in London am 26. Februar.

II. EIN HÄNDEPAAR AUF DEM ISIS-SIRIUS-SCHACHT

Adrian Gilbert und seine Frau Dee waren im alten Hotel Victoria untergebracht, ein Hotel aus der Jahrhundertwende in dem belebten Viertel um den Ramsesplatz; ich selbst war bei Josette und ihrem Mann John zu Gast, die in dem ruhigeren Wohnviertel Maadi wohnten. Das Wetter war großartig und nicht zu warm. Wir waren guter Dinge, und Dee brannte darauf, die ersten Aufnahmen der Pyramiden von Gizeh zu machen.

1a Die Autoren vor den Pyramiden von Gizeh

1b Gesamtansicht der Pyramidengruppe

2a Die Stufenpyramide Zosers in Sakkara

2b Die Pyramiden der 5. Dynastie in Abusir

3a Die Knickpyramide in Dahschur

3b Die Rote Pyramide in Dahschur

4a Standbild Mariettes vor dem Museum in Kairo

4b Maspero, der Entdecker der Pyramidentexte

5a Grabkammer in der Pyramide des Unas mit den Pyramidentexten

5b Pyramidentexte mit einer Gruppe von drei Sternen aus der Unas-Pyramide

5c Pyramidentexte mit der Bedeutung Unas-Osiris

6 Die Pyramidenanlage von Gizeh von oben

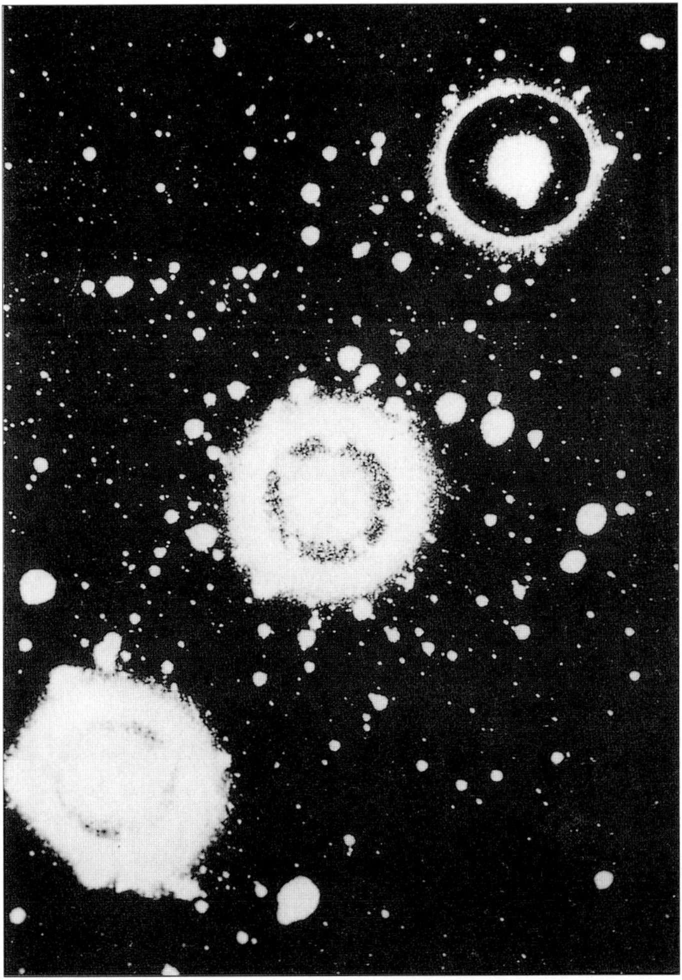

7 Die Sterne des Oriongürtels

8 Das Sternbild des Orion

9a Die Nische in der Ostwand der Königinkammer

9b Der leere Sarkophag in der Königskammer

10a Die Autoren vor dem südlichen Schacht der Königinkammer wenige Tage vor der Entdeckung der »Tür« durch UPUAUT 2

10b UPUAUT 2

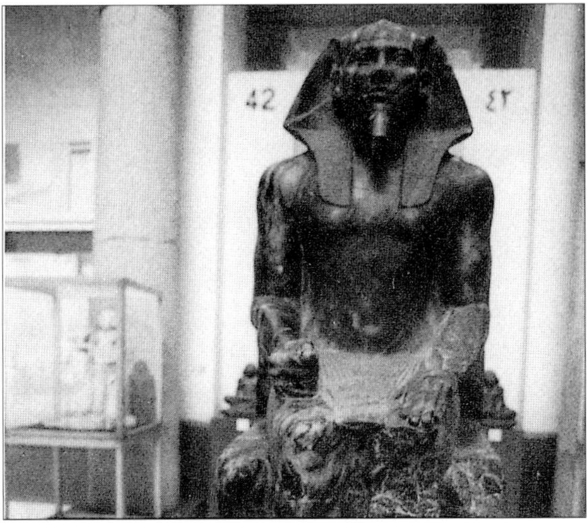

11a Das Antlitz eines Sternenkönigs. Dioritstatue des Pharaos Chephren (Khafra) im Museum von Kairo, Raum 42

11b Ein Stück Eisenplatte, das 1837 von R.J. Hill im südlichen Schacht der Königskammer gefunden wurde

12a Robert Bauval und Rudolf Gantenbrink in München

12b Dr. I.E.S. Edwards und Robert Bauval am
6. April 1993 nach Vorführung des UPUAUT-Videos

13a Der *benben* der Pyramide Amenemhets III.
im Museum von Kairo

13b Abbildung von Sahu-Orion auf dem *benben* Amenemhets III.

14a Orientierter Eisenmeteorit »Willmette« im Smithsonian Institute, New York

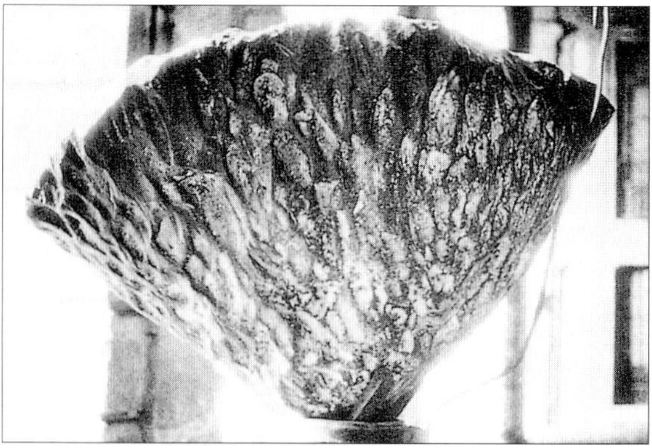

14b Orientierter Eisenmeteorit »Morito« im Institut für Metallurgie in Kopenhagen

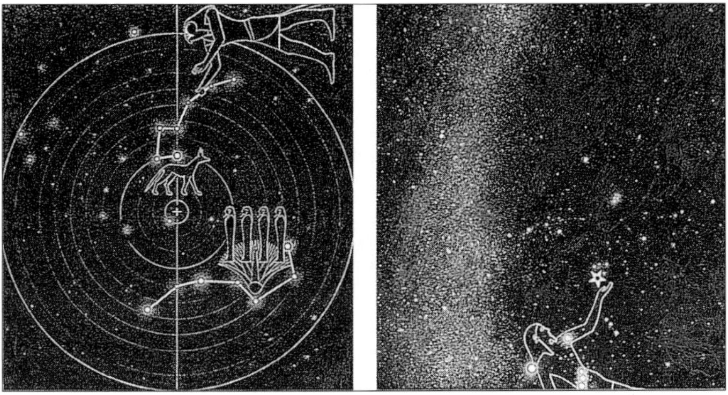

15a (links): Der nördliche Schacht der Königinkammer ist auf Horus gerichtet, der die »Deichsel des Upuaut« (Sternbild des Kleinen Bären) hält, während gleichzeitig Orion-Osiris (rechts) im Osten aufgeht

15b Die Mundöffnungszeremonie, abgebildet im Papyrus Ani im Britischen Museum, London

16 Künstlerische Darstellung der Sternenlandschaft mit Osiris (Orion) und dem Schacht der Großen Pyramide, der auf den Oriongürtel ausgerichtet ist.

Doch dann gab es mitten in Kairo eine heftige Explosion am Tahrirplatz unweit des Ägyptischen Museums. Terroristen hatten eine starke Sprengladung in einem kleinen und gut besuchten Schnellimbiß, in dem Touristen und insbesondere Studenten der Universität Kairo verkehrten, hochgehen lassen. Zwei Touristen wurden getötet, 14 weitere Personen, zumeist Anwohner der Umgebung, erlitten schwere Verletzungen. Wir wurden gewarnt, uns im Zentrum Kairos nicht auf der Straße aufzuhalten und nur die bedeutendsten archäologischen Stätten aufzusuchen, die jetzt so gut bewacht wurden, wie es dem ägyptischen Staat nur möglich war. Noch besser wäre es allerdings, wenn wir uns abseits der Touristenströme hielten und unseren persönlichen Interessen folgten, was wir ja ohnedies vorgehabt hatten.

Als allererstes besuchten wir natürlich Gizeh. Es war einer dieser prächtigen Tage in Kairo, an denen das Wetter mild ist, mit einer freundlichen, warmen Sonne, klarem Himmel und einer sanften Brise. Zunächst spazierten wir stundenlang auf dem Pyramidenplateau herum und atmeten die sauerstoffreiche, einschläfernde Wüstenluft. Wir begannen unsere Tour im Südwesten, wo ein hochgelegener Hügel dem Besucher einen wunderbaren Ausblick auf die gesamte Totenstadt ermöglicht. Südöstlich lagen die drei Riesenpyramiden, uns am nächsten die des Mykerinos, während die Große Pyramide am weitesten entfernt lag. Selbst aus dieser Entfernung von etwa einem Kilometer war es ein ehrfurchtgebietender Anblick. Wir sprachen kaum und versuchten statt dessen, den Monumenten zu «lauschen».

Die Kuppe hinunter gingen wir zur dritten und kleinsten Pyramide. Wir näherten uns ihr von ihrer Südseite und standen schließlich vor einer Wand aus Steinblöcken, so daß wir den Kopf in den Nacken legen mußten, um den Himmel über uns zu sehen. Die zwei größeren Pyramiden verschwanden aus unserem Blickfeld, und ohne sie als Vergleichsobjekte nahm auch die dritte Pyramide gigantische Ausmaße an. Wir erkletterten eine der kleinen Nebenpyramiden hinter uns und setzten uns, um uns ganz dem Eindruck dieses Monuments hinzugeben. Danach begaben wir uns auf die Ostseite, und die dritte Pyramide schrumpfte zusammen, als die beiden anderen nach und nach vor uns aufragten. Wir passierten die östlichen Tempel mit ihren riesigen Steinblöcken, von denen einige gut und gern 200 Tonnen wogen, nach einem Fußweg von zehn Minuten standen wir zu Füßen der zweiten, der Chefren-Pyramide. Es ist unmöglich, die Wirkung dieses Bauwerks auf das menschliche Gemüt zu schildern; so oft war ich dort schon gestanden, und jedesmal fühlte ich mich eingeschüchtert, gedemütigt und dann in eine heitere Stimmung versetzt durch den Anblick dieses Bauwerks, das sich zum Himmel türmte. Wir beschlossen, nicht das Innere aufzusuchen, sondern zu unserem eigentlichen Ziel weiterzugehen: zur Großen Pyramide und ihren geheimnisvollen Schächten.

Wir erkletterten einen der wenigen Aufgänge an der Nordseite der Cheops-Pyramide zum Maamun-Eingang. Vor uns erstreckte sich ein langer und schwach beleuchteter rechteckiger Korridor, der schräg nach oben in das Innere der Pyramide führte. Wir duckten uns in ehrfürchtigem Schweigen und machten uns auf den Weg in das Zentrum. Nach einem scheinbar endlosen Aufstieg erreichten wir die Stelle, an der die Große Halle und der horizontal verlaufende Gang beginnen, der zur Königinkammer führt. Es war der 27. Februar 1993; acht Tage später würde Rudolf Gantenbrink denselben Weg gehen und dabei einen Kasten mit einem kleinen Roboter bei sich tragen, mit dem er diesen Schacht erkunden würde.

In der Kammer befanden sich keine Touristen – ein seltenes Ereignis, doch nach der Bombenexplosion am Tahrirplatz hatten sie es wohl vorgezogen, in ihren Hotels zu bleiben. Da standen wir und blickten auf die Wände, auf das Kraggewölbe mit den Steinplatten an der Decke und auf die große «Nische» an der Ostseite; dann zeigte ich auf die Öffnung des südlichen Schachts. Drei Wochen später sollte Gantenbrink hier seine historische Entdeckung machen.

III. EIN ROBOTER UND EINE TÜR

In den folgenden Tagen besuchten wir die verschiedensten antiken Stätten – Sakkara, Dahschur, Abusir und die wimmelnden

Basare von Alt-Kairo. In Sakkara beklagte sich ein alter Fremdenführer, den ich von früher her kannte, über das Ausbleiben der Touristen, an deren Besucherzahl sich sein wöchentliches Einkommen bemaß. «*Maalesch*», tröstete ich ihn mit jener beschwörenden, alles besänftigenden Formel, die in freier Übersetzung etwa bedeutet: «Es wird auch wieder anders kommen.» Wir retteten ihm den Tag, indem wir unter seiner Führung eine eigene Tour zu den wenigen geschlossenen Mastabas der 5. und 6. Dynastie an der Südostseite der Chefren-Pyramide machten. Die Wände dieser Mastabas waren mit herrlichen Flachreliefdarstellungen alltäglicher Szenen geschmückt, und da nur wenige Touristen sich für sie interessieren, waren diese antiken Kunstwerke fast unbeschädigt geblieben und ließen noch ihre ursprüngliche Farbe und alle Details erkennen. Hier brachte eine Kuh ein Kalb zur Welt, unterstützt von zwei Ägyptern im Lendenschurz, dort kleidete eine Mutter ihr Kind an, umgeben von Körben, gefüllt mit Datteln, Orangen, Melonen und Feigen; junge Männer fischten mit Speeren in Schilfbooten, ihre Binsenkörbe quollen über von den gefangenen Flußbarschen. Es war bewegend, solche lebendigen Szenen von Menschen zu sehen, die hier vor über 4000 Jahren gelebt hatten, doch die Atmosphäre war dahin, als eine Gruppe von Touristen, die alle Bombenwarnungen in den Wind geschlagen hatten, mit ihren Führern ankam, die lautstark ihre Erläuterungen und Instruktionen von sich gaben, während ringsum die Fotoapparate klickten. Es war Zeit, aufzubrechen.

Am 2. März kam ich mit Dr. Stadelmann zusammen, einem charmanten und freundlichen Herrn Ende Vierzig, der sich unbefangen über seine Arbeit im Innern der Großen Pyramide äußerte. Er erklärte, sie hätten damit im Frühjahr 1991 unter der Projektteamleitung von Rolf Gantenbrink begonnen, einem auf Robotertechnik spezialisierten Ingenieur, und ihr Zweck bestehe hauptsächlich darin, die Belüftung der Großen Pyramide zu verbessern.

Wie bereits erwähnt, ist die Cheops-Pyramide ein einzigartiges Bauwerk; sie ist nicht nur die größte und geometrisch vollkommenste aller altägyptischen Pyramiden, sondern sie enthält auch im Unterschied zu den anderen ein kompliziertes System von Kammern oberhalb des Felsbodens. Sie ist außerdem diejenige, die am stärksten von Touristen besucht wird, und dieser Umstand hatte Folgen, die man bei ihrem Bau unmöglich vorhersehen konnte. Jeder Besucher hinterläßt in der Pyramide etwa 20 Milliliter Wasserdampf, so daß die Luft in ihrem Innern ungesund ist und zuviel Feuchtigkeit enthält. Das war nicht nur nachteilig für die Touristen selbst, die immerhin für den Eintritt bezahlten, sondern auch für das Bauwerk; der poröse Kalkstein sog die Feuchtigkeit auf wie ein Schwamm. An manchen Stellen tropfte das Wasser von der Decke. Salze und Mineralien wurden gelöst und traten an der Gesteinsoberfläche aus, wo sie unansehnliche Wucherungen bildeten, die immer wieder abplatzten. Es mußte etwas geschehen, um diesem Prozeß Einhalt zu gebieten, bevor die Kalksteinblöcke zu reißen begannen und das ganze Bauwerk unsicher wurde. Die Suche nach einer Lösung des Problems wurde dem Deutschen Archäologischen Institut in Kairo übertragen, und dieses hatte wiederum Gantenbrink damit beauftragt.

Die naheliegendste Lösung bestand in einer Verringerung der Luftfeuchtigkeit durch eine verbesserte Belüftung der Pyramide. Das war nicht so schwierig, weil es bereits jene zwei kleinen Schächte gab, die von der Königskammer (der höchsten der drei Kammern) durch das Zentrum der Pyramide ins Freie verliefen. Wenn man sie vom Schutt befreite und an manchen Stellen ihren Querschnitt erweiterte, dann bestanden gute Aussichten auf einen Erfolg. Gantenbrink und seine Mitarbeiter entwarfen und bauten einen Roboter mit der Bezeichnung UPUAUT (im Altägyptischen «Öffner der Wege», ursprünglich der Name eines Schakalgotts, der mit den Toten in Verbindung stand). An diesem Gerät war eine Filmkamera befestigt, und es ließ sich in den Schächten mit Hilfe von Flaschenzügen und Kabeln, die zur Königskammer führten, auf und ab bewegen und ermöglichte so eine Inspektion der Schächte. Nachdem man den Schutt von Jahrhunderten aus den Schächten geräumt hatte, installierte man in ihnen mehrere Hochleistungsgebläse, so daß das Innere der Pyramide mit Frischluft versorgt werden konnte. Mit diesen einfachen Mitteln sorgte man dafür, daß in den Gängen und Kammern der

Pyramide dieselben Luftverhältnisse herrschten wie draußen in der Wüste, was sowohl den Touristen als auch dem Bauwerk selbst sehr zugute kam.

Die erste Phase dieser Arbeit war gerade beendet, und Gantenbrink war in seine Heimatstadt München zurückgeflogen, um von dort einen neuen Roboter mitzubringen, UPUAUT 2, um die Schächte, die zur Königinkammer führten, zu erkunden. Im Unterschied zu seinem Vorgänger verfügte dieser Roboter über ein eigenes Fortbewegungssystem und konnte selbständig die Schachtwände auf- und abwärts klettern. Außerdem war er mit Scheinwerfern ausgerüstet, einem Laser-Leitsystem und einer kleinen Videokamera, deren Bilder man auf einem Monitor verfolgen konnte. UPUAUT 2 war ein hochmodernes Gerät und sah aus wie ein ferngesteuerter Mond-Buggy. Gantenbrink wurde erst für den 6. März zurückerwartet, und Stadelmann versprach, ein Treffen für den 7. März zu arrangieren. Ich erwiderte, das würde etwas knapp werden, denn wir wollten an diesem Tag wieder zurückfliegen. Stadelmann hoffte, daß es vielleicht noch am 6. März klappte, doch versprechen konnte er es nicht.

IV. EINE BEGEGNUNG MIT GANTENBRINK

Am 5. März, nach einem langen abendlichen Spaziergang auf dem Plateau von Gizeh, bei dem wir den Orion direkt über uns bewundern konnten, hinterließ ich für Gantenbrink eine Notiz in seinem Hotel. Ich äußerte meine Hoffnung, daß wir uns am folgenden Abend sehen könnten und er Zeit für ein kurzes Gespräch haben würde.

Am Abend des nächsten Tages kehrte mein Vetter John von der Arbeit zurück – in seinem schimmernden weißen Mercedes, mit dem er unglücklicherweise eine Schar von Straßenbettlern anlockte. Sie waren ein recht ungewöhnlicher Anblick in diesem Wohnviertel, wie wir beide wußten, und ein Zeichen dafür, daß die Dinge wesentlich schlechter standen, als es die ägyptischen Behörden wahrhaben wollten. Anschließend fuhr John mich zu Gantenbrinks Hotel, wo ich an der Rezeption erfuhr, er sei soeben mit zwei Kollegen eingetroffen und habe hinterlassen, ich könne ihn in seinem Zimmer anrufen.

Rudolf Gantenbrink war ein gutaussehender Mann Ende Dreißig, der mich freundlich begrüßte und dann einlud, mich ihm und seinem Team zum Abendessen anzuschließen. In seiner Gesellschaft befand sich ein Filmproduzent aus Los Angeles, Jochen Breitenstein.[5] Gantenbrink erzählte, daß sie vorhätten, am nächsten Tag die Erkundung des südlichen Schachts der Königinkammer fortzusetzen; heute abend wollten sie erst einmal essen gehen und ihren Durst mit kühlem Bier löschen. Wir fanden einander schnell sympathisch, und das Gespräch drehte sich natürlich um Ägypten und die Pyramiden. Wir sprachen über die beunruhigende politische Lage und den erbärmlichen Zustand der archäologischen Stätten. Jochen Breitenstein zeigte sich besonders aufgebracht und bekümmert darüber, daß die Bauwerke zu wenig instand gehalten und die Touristen zuwenig beaufsichtigt würden. Gantenbrink berichtete vom Totentempel Sethos' I. in Abydos und dem Grab in Luxor. Die dortigen wundervollen Fresken und Flachreliefs hätten durch Vandalismus und möglicherweise noch mehr durch Feuchtigkeit entsetzlich gelitten. Das Grab Seths I. war ebenso wie das des Tut-ench-Amun und viele andere inzwischen geschlossen worden, doch bislang hatte man kaum etwas zu ihrer Restaurierung unternommen. Offenbar stand das Dach des Grabtempels kurz vor dem Einsturz.

Gantenbrinks Interesse an Ägyptologie war geweckt worden, als er von den Schächten erfuhr und die Möglichkeit sah, seine Roboter zu deren Erkundung einzusetzen. Er hatte seinen Roboter UPUAUT 2 im südlichen Schacht der Königinkammer bereits 20 Meter weit nach oben geschickt und damit bewiesen, daß der Schacht von seinen ursprünglichen Erbauern nicht aufgegeben worden war. Sein Team hatte die Erkundung abgebrochen, um an dem Gerät einige Veränderungen vorzunehmen, so daß es noch weiter nach oben klettern konnte. Gantenbrink hatte keine Vorstellung, in welche Höhe der

Schacht führen würde, sagte jedoch, möglicherweise würden wir überrascht sein, auf was der Roboter am Ende stoßen werde. Nachdem er von meinen astronomischen Berechnungen und Resultaten gehört hatte, wollte er wissen, wie meine Prognose lautete, und ich erwiderte, sein Fund werde auf jeden Fall in einem Zusammenhang zu Isis und Osiris, genauer gesagt: zu ihren stellaren Abbildern, stehen. Er lächelte und versicherte mir, ich würde als einer der ersten davon erfahren. Außerdem versprach er, mir seine neuen Meßergebnisse über die Neigung der Schächte zu übermitteln, und gab zu verstehen, daß die Messungen Petries wahrscheinlich nicht ganz korrekt waren. Das waren aufregende Neuigkeiten. Die Messungen würden etwa innerhalb einer Woche abgeschlossen sein, und sobald man ihm grünes Licht gegeben hatte, würde ich die Resultate erfahren. Wir trennten uns, nachdem wir unsere Adressen ausgetauscht hatten, und hofften auf ein Wiedersehen.

Es war ziemlich spät, als wir an diesem Abend nach Kairo zurückfuhren, doch die Straßen waren noch immer sehr belebt. Es war der Fastenmonat Ramadan, und die Einwohner Kairos liebten es, spätabends noch vor die Tür zu gehen und einen Plausch zu halten. Ich holte Adrian und Dee ab und fuhr durch Heliopolis zum Flughafen. Beide waren am Abend zuvor von Luxor zurückgekommen und wollten mir unbedingt berichten, was sie Schönes gesehen hatten. Ich erzählte ihnen von der Unterredung mit Gantenbrink, und wir waren uns einig, daß er mehr erreicht hatte, als wir zu hoffen gewagt hatten.

V. UPUAUT 2 AM ENDE DES SCHACHTS

Nun wartete ich ungeduldig auf die neuen Meßergebnisse Gantenbrinks. Ende März hatte ich ihn per Fax an die benötigten Daten erinnert, ohne eine Antwort zu erhalten. Ich nahm an, er sei zu beschäftigt und werde sich melden, sobald seine Arbeit es erlaubte. Mitten in unseren eigenen Erkundungen hätten wir fast seine Arbeit vergessen, als wir in den Nachrichten vom 30. März hörten, in der Chefren-Pyramide sei eine

Bombe explodiert. Die Geschichte klang verworren, und es war nicht klar, was wirklich vorgefallen war. In einem Fax an Dr. Stadelmann erkundigte ich mich, ob Gantenbrink etwas passiert sei, erhielt jedoch keine Antwort. Am 1. April beschloß ich zu telefonieren: Stadelmann war nicht in Kairo, und Gantenbrink befand sich in München. Stadelmanns Sekretärin beruhigte mich, es sei keine Bombe explodiert, sondern es habe in der zweiten Pyramide einen elektrischen Kurzschluß mit anschließender Explosion gegeben. Danach erhielt ich ein Fax von Gantenbrink, in dem er sich für die Verzögerung entschuldigte und mir die Meßergebnisse für die Neigungen der Schächte zur Königskammer mitteilte. Wie ich schon vermutet hatte, wiesen sie eine geringfügige Abweichung von den Zahlen Petries auf, die Badawy und Trimble später ihren Berechnungen zugrunde gelegt hatten.[6] Die Meßdaten sind in der folgenden Tabelle aufgeführt:

Schacht	Gantenbrink	Petrie
(1) Königskammer, südl. Schacht:	45°00'00"	44°30'00"
(2) Königskammer, nördl. Schacht:	32°38'00"	31°00'00"
(3) Königinkammer, südl. Schacht:	39°30'00"	38°28'00"

Ich konnte sofort erkennen, daß alle drei Schächte damit etwas steiler als gedacht verliefen, und aus meinen astronomischen Entdeckungen folgte daher, daß die Große Pyramide höchstwahrscheinlich etwas später als bislang angenommen errichtet worden war. Die von mir gewählte zulässige Abweichung betrug ± 15 Bogenminuten, ein bei diesen Steinblöcken realistischer Fehlerspielraum. Ich begann sogleich, meinen Computer mit den neuen Daten zu füttern und errechnete, daß die beiden Schächte der Königskammer ursprünglich auf Al Nitak (Zeta Orionis) und Alpha Draconis ausgerichtet waren; der südliche Schacht der Königinkammer wies auf den Sirius. Insgesamt ergaben sich folgende Werte:

Schacht	Gantenbrink	Epoche (v. Chr.)	Petrie	Epoche (v. Chr.)
(1)	45°15'00"	um 2450	44°30'00"	um 2600
(2)	32°15'00"	um 2445	31°00'00"	um 2600
(3)	39°15'00"	um 2450	38°20'00"	um 2750

Diese Zahlen ließen nur eine Schlußfolgerung zu: Die Große Pyramide wurde irgendwann um das Jahr 2450 v.Chr. erbaut. Das war etwas Neues. Ich rief sogleich Frau Dr. Nibbi an, und sie erklärte sich bereit, zwei Aufsätze zu diesem Thema in die Nummern 26 und 27 ihrer Zeitschrift aufzunehmen.7

Das wirklich Aufregende war der Umstand, daß Gantenbrinks jüngste Messungen bestätigten, daß die beiden südlichen Schächte etwa gleichzeitig gebaut worden waren und daß der oberste Schacht auf Al Nitak zeigte, den untersten Stern im Oriongürtel (und nicht auf Al Nilam, den mittleren Stern), der nach meiner Korrelationstheorie der Großen Pyramide zugeordnet war. Jetzt paßten die drei Schächte perfekt mit den Sternen und der Bauzeit (um 2450 v. Chr.) zusammen. Gantenbrink hatte noch keine genauen Messungen am nördlichen Schacht zur Königinkammer durchgeführt, schätzte jedoch, daß der Winkel näher bei 39° liegen würde. Eine kurze Überprüfung ergab dieselbe Zeit von 2450 v.Chr. und eine Ausrichtung des Schachts auf das Zentrum der vier Sterne, die den «Kopf» des Kleinen Bären bilden.[8]

Am 4. April erhielt ich mit der Post ein Videoband von Gantenbrink. Ich legte es in mein Gerät ein und beobachtete auf dem Bildschirm, wie der Roboter außerhalb der Großen Pyramide auf der Bildfläche erschien. Gantenbrink setzte das Gerät in die Öffnung des südlichen Schachts in der Königinkammer und steuerte ihn von dort aus. Im Innern des Schachts begann der Roboter, Videoaufnahmen zu machen. Langsam und mühselig arbeitete er sich voran, bewegte sich etwa 65 Meter weit nach oben und kam dann zum Stehen. Vor ihm befand sich deutlich erkennbar etwas, das wie ein kleiner Fallstein von der Art aussah, wie die Ägypter sie zum Verschließen von Grabkammern benutzten. An dieser Steinplatte waren zwei Kupferbeschläge angebracht, einer davon zerbrochen, und das abgebrochene Stück lag auf dem Boden des Schachts. Dieser letzte Teil des Schachts war mit Steinen aus poliertem Turakalk verkleidet, der, soweit wir wissen, nur zur Verkleidung von Kammern benutzt wurde und bei den Pyramidenbauern als heilig galt. An der Bewegung des Laserstrahls des Roboters ließ sich außerdem erkennen, daß die Steinplatte nicht voll auf dem Boden aufsaß, sondern daß dazwischen ein Spalt von einem halben Zentimeter klaffte; an einer Ecke war ein dreieckiges Stück Stein weggebrochen, und das dadurch entstandene Loch gab den Blick auf einen Gang mit geriffelter Wand und einer im Dunkeln liegenden Wandvertiefung frei. Der Aufnahme konnte man entnehmen, daß der Gang hinter dem Stein möglicherweise zu einer verborgenen Kammer führte.

Ich hatte das Band kaum zu Ende gesehen, da rief ich auch schon Gantenbrink an. Ich gratulierte ihm zu der verblüffenden Entdeckung, und wir sprachen über die Details, die mir auf dem Videoband aufgefallen waren. Er wollte natürlich noch keine Spekulationen darüber anstellen, was sich möglicherweise hinter der «Tür» befand, doch er konnte seine Erregung kaum verbergen. Ich ermutigte ihn, sich angesichts dieses Funds an die Presse zu wenden; eigentlich war es mehr als erstaunlich, daß nicht einmal die ägyptischen Zeitungen einen Bericht gebracht hatten. Er hatte gehört, daß sie eine Erklärung vorbereiteten, wußte jedoch nichts Näheres. Ich bot ihm an, mich für ihn an die britischen Medien zu wenden und zumindest sicherzustellen, daß in der Berichterstattung sein Name als Entdecker genannt würde. Wir verabredeten, daß ich einen Versuch bei der *Times* oder beim *Daily Telegraph* machen sollte. Beim *Telegraph* rief ich als erstes an und wurde mit einer der Redakteurinnen, Christine McGourty, verbunden; ein Interview wurde vereinbart, und die Story sollte am 7. April erscheinen.

Inzwischen fragte ich bei Gantenbrink an, ob ich das Band Dr. Edwards vorspielen dürfe, und er war einverstanden. Er sagte, ich könne es jedem vorführen, der ein Interesse daran habe, sofern es nicht im Fernsehen gezeigt und keine Kopien davon gezogen würden. Ich rief Gilbert an; er sollte sofort herkommen und sich den Film ansehen.

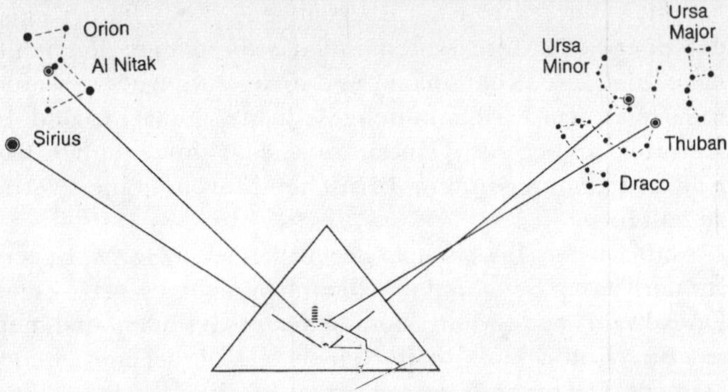

15. Ausrichtung der vier Schächte in der Großen Pyramide

Am 6. April, einen Tag, bevor der Artikel im *Telegraph* erschien, führten Gilbert und ich das Videoband Dr. Malék und seinen Kollegen am Griffith Institute im Ashmolean Museum vor. Sie waren beeindruckt, und es folgte eine erregte Debatte darüber, was genau wir da eigentlich gesehen hatten. Eines stand jedenfalls außer Zweifel: Gantenbrink hatte eine bedeutende Entdeckung gemacht. Selbst wenn sich hinter der Steinplatte keine Kammer befinden sollte, so war es doch das erstemal, daß im Innern der Pyramide Metall aus altägyptischer Zeit gefunden wurde, und falls sich herausstellen sollte, daß die Kupferbeschläge an der Platte mehr als zwei Prozent Zinn enthielten, dann mußte die Bronzezeit völlig neu datiert werden. Selbst die Skeptiker in unserer Runde konnten ihre Erregung bei der Vorstellung, möglicherweise stehe ein ähnliches Ereignis bevor wie der Fund des Grabs des Tut-ench-Amun, nicht unterdrücken.

Anschließend fuhren wir zu Dr. Edwards und zeigten ihm den Film. Natürlich war er ebenfalls verblüfft über die Entdeckung und fragte, ob inzwischen noch mehr bekannt geworden sei. Wir riefen in München an, und Dr. Edwards hatte ein längeres Gespräch mit Gantenbrink. Er ließ sich das Band mehrmals vorspielen und entdeckte immer wieder neue Details, zu denen er Fragen stellte. Natürlich wollte er wissen, wie weit sich der Schacht oberhalb des Bodens der Königinkammer erstreckte. Eine überschlägige Berechnung ergab, daß es etwa 20 Meter waren, und das allein legte den Schluß nahe, daß die Königinkammer nicht aufgegeben worden war. Hier wurde Pyramidengeschichte gemacht, und Dr. Edwards schlug vor, Gantenbrink solle unverzüglich nach England kommen, um im Britischen Museum einen Vortrag zu halten.

Am nächsten Tag erschien der Artikel im *Telegraph*. Er stand auf der vierten Seite und umfaßte nicht mehr als zwölf Zeilen. Dr. Edwards hatte Mühe, ihn überhaupt zu finden, und meinte, die Entdeckung hätte einen ausführlicheren Bericht verdient. Gantenbrink war mit dem Inhalt zufrieden, äußerte sich allerdings ebenfalls erstaunt über die Kürze der Meldung. Ich erkundigte mich bei Christine McGourty und erhielt zur Antwort, es sei kurz vor Ostern, die meisten Redakteure wollten ihre Berichte noch rechtzeitig unter Dach und Fach bringen, und ohne Fotos lasse sich leider nicht viel machen. Gantenbrink und ich vereinbarten, daß ich zu ihm nach München kommen sollte, um die Möglichkeit von Fotografien und ausführlicheren Presseberichten zu besprechen.

Rudolf zeigte mir mehrere Videobänder, die in den Schächten aufgenommen worden waren, insbesondere Aufnahmen im «Orion-Schacht», dem südlichen Schacht der Königskammer. Er war noch von UPUAUT 1 aufgenommen worden, und die Bilder waren atemberaubend. Man sah ein kleines Lichtpünktchen, das vom Ausgang an der Südseite der Pyramide stammte, immer größer werden, bis eine ansehnliche rechteckige Öffnung sichtbar wurde. Gantenbrinks Assistent, der außerhalb der Öffnung auf den Steinen balancierte, zog den Roboter heraus, wobei er die Kamera weiterlaufen ließ, so daß man den wunderbaren Anblick der zweiten und dritten Pyramide im Süden und das Niltal im Osten genießen konnte. Diese Aufnahmen waren für mich in vieler Hinsicht weit erregender als das Band, auf dem die «Tür» zu sehen war. UPUAUT 1 hatte auf eine Art und Weise, wie die altägyptischen Baumeister sie sich nicht hätten träumen lassen, die Seelenreise des Cheops durch den engen Schacht, der den Weg zu den Sternen wies, nachvollzogen.

Am 10. April kehrte ich nach England zurück, im Gepäck ein Dutzend Fotos für die Presse. Beim *Telegraph* hieß es, sie wollten nach Ostern vielleicht einen größeren Bericht bringen, hätten jedoch keine Einwände, wenn wir bei anderen Zeitungen anfragten. Schließlich erschien die Geschichte am 16. April im *Independent*. Am selben Tag erhielt ich einen Anruf der Nachrichtenredaktion von Channel 4, und wir verabredeten, daß in den Abendnachrichten um sieben Uhr einige Fotos gezeigt würden. Gantenbrink wurde telefonisch interviewt, und Dr. Edwards erschien persönlich im Studio. Zu unserer freudigen Überraschung antwortete Dr. Edwards auf die Frage, was sich hinter der «Tür» verbergen könnte, seiner Meinung nach könnte es eine Statue des Königs sein, der zum Sternbild des Orion blicke.[9] Das Geheimnis des Orion hatte seinen Weg in die landesweit ausgestrahlten Nachrichten gefunden.

In den folgenden Tagen waren wir mit der Vorbereitung des Vortrags im Britischen Museum beschäftigt, der am 22. April stattfinden sollte, einen Monat nach der historischen Entdeckung.[10] Adrian Gilbert und ich organisierten Gantenbrinks Ankunft mit UPUAUT 2 und kümmerten uns um die technischen Vorbereitungen für die Vorführung des Videobands und einiger Dias. Viele der namhaftesten Ägyptologen Englands waren anwesend und warteten gespannt: George Hart, Experte für altägyptische Religion, Richard Parkinson, der sich auf altägyptische Texte spezialisiert hatte, Carol Andrews, eine anerkannte Ägyptologin und seit langem mit Dr. Edwards befreundet, T. G. H. James, der frühere Kustos der Äyptischen Abteilung, Dr. Vivian Davies, der gegenwärtige Kustos, und Dr. Robert Anderson, der Leiter des Britischen Museums. Eine solch illustre Versammlung war eine große Ehre für Gantenbrink, der die Geste mit einem Überraschungsgeschenk erwiderte: Er übergab dem Britischen Museum den Roboter UPUAUT 2 unter der Bedingung, «daß ich ihn ausleihen kann, wenn die Erkundungen wiederaufgenommen werden». Unter der Versicherung, der Roboter befinde sich in guten Händen, wünschten Dr. Davies und seine Kollegen ihm eine erfolgreiche Fortsetzung seiner Arbeit. Es wurden zwar keine Spekulationen darüber geäußert, was sich hinter der «Tür» befinden könnte, doch man kann sich leicht ausmalen, daß alle Anwesenden sich hierüber ihre eigenen Gedanken machten.

Inzwischen hatte Gantenbrink neue Pläne: Er wollte eine Stiftung zur Erhaltung und Restaurierung ägyptischer Baudenkmäler ins Leben rufen und hoffte, daß seine Idee, diesen Stiftungszweck mit den Mitteln der modernsten Technik zu verwirklichen, bei finanzstarken Geldgebern auf Interesse stoßen würde. Seine unmittelbare Sorge galt dem alarmierenden Zustand des Grabtempels und des Kenotaphs von Sothis I., die als erstes wiederhergestellt werden sollten. Er kümmerte sich um die juristischen und bürokratischen Formalitäten zur Gründung der Upuaut-Stiftung und nannte als deren Zweck, «für die Archäologie das zu leisten, was Jacques Cousteau für die Ozeanographie getan hatte»: die Popularisierung einer faszinierenden Welt, die in Vergessenheit geraten war.

Gilbert und ich bereiteten eine große Konferenz vor, die für den 21. Juni in der Fédération Nationale des Travaux Publics in Paris geplant war. Bei dieser Gelegenheit lernte ich Professor Jean Kerisel kennen, der bei der Konferenz den Vorsitz führte. Kerisel, ein energischer alter Herr von über 80 Jahren, gilt als der große Techniker der ägyptischen Archäologie. Er ist Mitglied der Ehrenlegion, Inhaber des Croix de Guerre und fungiert zur Zeit als Generalsekretär der Société Franco-Égyptienne in Paris.[11]

Die Pariser Konferenz war für Gantenbrink ein Erfolg, der in der Öffentlichkeit ein starkes Echo fand, da zahlreiche französische Ägyptologen an ihr teilnahmen: Jean-Philippe Lauer, Autor und Experte für die Stufenpyramiden von Sakkara, Jean Vercoutter, Autor und Präsident der Société Franco-Égyptienne, Jean Leclant, der Entdecker von Pyramidentexten in Sakkara und ständiger Sekretär der Académie des Inscriptions et Belles-Lettres, an der vor 150 Jahren Champollion seine berühmte Erklärung abgegeben hatte, er habe die Hieroglyphen entziffert, sowie zahlreiche weitere prominente Mitglieder und Gelehrte anderer wissenschaftlicher Disziplinen. Kerisel interessierte sich für meine Korrelationstheorie und die jüngsten Präzessionsberechnungen über die Ausrichtung der Schächte und hatte mich gebeten, für Jean Leclant und einige andere, die ein Interesse bekundet hatten, einige Dias vorzuführen. Leclant schien meine Auffassung zu teilen, daß die Pyramidentexte in Schriftzeichen dasselbe ausdrücken sollten, was die 4. Dynastie durch die astronomische Ausrichtung der Baudenkmäler sagen wollte. Viele der anwesenden Gelehrten waren der Meinung, die Sternenreligion der Pyramidentexte müsse unter einem anderen Blickwinkel erneut untersucht werden. Endlich schien meine Mission ihr Ziel erreicht zu haben.

Die jüngsten Messungen der Pyramidenschächte bestätigten die unglaubliche Exaktheit der Erbauer der Großen Pyramide, die diese Schächte auf den Sirius und den Gürtel des Orion ausgerichtet hatten. Da manches dafür sprach, daß die alten Ägypter das Phänomen der Erdpräzession erkannt hatten, wußten sie wahrscheinlich auch, daß die Schächte eine Epoche markierten, die Zeit um 2450 v. Chr. In den religiösen Texten der alten Ägypter lesen wir immer wieder von einer Ersten Zeit, als Ägypten in seinem ersten Goldenen Zeitalter von Osiris regiert wurde.[12] Wann war diese Erste Zeit? Ließ sich diese Frage auf der Grundlage der Ausrichtung der Schächte und mit Hilfe von Präzessionsberechnungen beantworten? Und hing sie mit dem Präzessionszyklus des Oriongürtels zusammen?

Trotz unserer Erregung über Gantenbrinks Entdeckung mußten wir uns wieder unserem eigenen Projekt zuwenden. Wir beschlossen, uns eingehender mit der Frage der Präzessionszyklen zu beschäftigen, und wollten mit Skyglobe 3.5 berechnen, wann der letzte Zyklus des Oriongürtels begonnen hatte.

10
Die große Sternenuhr der Epochen

Die Welt wurde am 22. Oktober 4004 um sechs Uhr abends erschaffen.
– James Ussher: *Annals of the World* (1650).

Der Mensch wurde am 23. Oktober 4004 um neun Uhr morgens erschaffen.
– Dr. John Lightfoot (1859)

I. DIE «ERSTE ZEIT» IM ALTEN ÄGYPTEN

Wenn wir die Wahrheit über die Vergangenheit Ägyptens erfahren wollen, sollten wir vielleicht die Worte des weisen Wesirs Ptahhotep beherzigen, der während der 5. Dynastie in der Pyramidenzeit gelebt hatte:

«Groß ist die Wahrheit, lange währt ihre Wirksamkeit, denn seit der Zeit des Osiris ist sie nicht beeinträchtigt worden ...»[1]

Jede Kultur hat sich tief in ihre mythische Vergangenheit versenkt und sich einen göttlichen Stammbaum zugelegt. Bei den Griechen war dies das olympische Zeitalter, als die Götter mit den Sterblichen Umgang pflogen, wie Homer es in der *Ilias* und der *Odyssee* geschildert hat. Für die Hebräer war es die Zeit der Genesis und der Patriarchen, wie sie im *Alten Testament* dargelegt ist. Bei den Ägyptern, deren Kultur der der Hebräer und der Griechen vorausging, hieß das Goldene Zeitalter, als die Götter mit den Menschen verkehrten, *Tep Zepi*, was frei übersetzt die «Erste Zeit» bedeutet.[2]

Die alten Ägypter glaubten, die kosmische Ordnung sei von den Göttern schon vor langer Zeit errichtet worden. Danach war Ägypten schon seit Jahrtausenden von einem Göttergeschlecht regiert worden, bevor die Herrschaft der sterblichen, aber dennoch göttlichen Linie der Pharaonen übertragen wurde. Die

Pharaonen stellten die Verbindung zu den Göttern und somit auch zur Ersten Zeit dar; sie waren die Hüter der damals erlassenen Gesetze und der Weisheit jener Tage. Alles, was sie taten, jede Handlung, jede Maßnahme, jedes Dekret, mußte sich auf die Erste Zeit berufen, die als eine Art Statut des Königtums diente, an das sie sich in ihren Maßnahmen und Taten halten mußten. Das galt nicht nur für den König und seinen Hof, sondern auch für alle Naturereignisse: die Bewegung der Himmelskörper, die unerklärlichen Naturerscheinungen oder die steigenden und fallenden Wasser des Nils. Es wäre keine Übertreibung zu sagen, daß alles, was ein Pharao tat, mit dieser Ersten Zeit verknüpft war; von daher erklärt sich die sorgfältige Reinszenierung mythischer Ereignisse, ob sie nun kosmischer oder irdischer Art waren oder durch die Macht von Symbolen und Riten zu einer kosmisch-irdischen Dualität verbunden wurden. Es ist nicht überraschend, daß diese glückselige Erste Zeit durchweg als die Zeit des Osiris bezeichnet wurde.[3]

Als die Ägypter die Pyramiden errichteten, dachten sie an ein bedeutendes Ereignis, das sich auf die Erste Zeit bezog; worin immer diese bestanden haben mag, wir wissen heute, daß es etwas mit den Sternen – und zwar mit dem Sternbild des Orion und dem Sirius – zu tun hatte – den kosmischen Regionen der Seelen.

Was die Erste Zeit so interessant macht, ist nicht nur die Tatsache, daß die Ägypter fest an ihre reale Existenz geglaubt haben, sondern daß sie sich etwas darauf zugute hielten, ihre Epoche wie überhaupt jede Epoche der Vergangenheit berechnen zu können. Wenn sie dazu imstande waren, mußten sie das Phänomen der Präzession der Erde gekannt haben.

II. DIE PRIESTER-ASTRONOMEN VON HELIOPOLIS

Bislang bestand allgemein die Tendenz, sich die Pyramidenzeit und damit die großen Pyramiden als Bestandteile einer einzigen Epoche, einer einzigen Dynastie mit einer ganz bestimmten Reihe von Königen vorzustellen. Doch dieses Unternehmen gibt Zeugnis von etwas weit Großartigerem und

Kultivierterem als einem vorübergehenden Auftreten schöpferischer Kraft während der 4. Dynastie. Alle Anzeichen sprechen für einen großen Plan, die Zeit im Stein festzuhalten oder, noch besser, die Steine selbst «die Erste Zeit angeben zu lassen».

Eine Analogie soll diesen Gedanken verdeutlichen. Ein religiöses Denkmal ist häufig nicht allein der Ausdruck seiner Epoche; diese ist vielmehr technisch und künstlerisch in der Lage, die Ideale eines vergangenen Goldenen Zeitalters zum Ausdruck zu bringen. Als Sir Christopher Wren im späten 17. Jahrhundert die St. Paul's Cathedral in London erbaute, bediente er sich der Technik seiner Zeit, um eine Symbolik auszudrücken, die auf das Christentum zurückging. Es wäre absurd zu behaupten, das Christentum sei durch die Epoche ins Leben gerufen worden, in der die Kathedrale erbaut wurde. Dasselbe gilt für den Petersdom in Rom und für andere Baudenkmäler. Das Christentum hatte sein Goldenes Zeitalter, als Jesus auf Erden wandelte, und die Kathedrale ist eine der Formen, in der eine spätere Epoche den Ideen dieser Zeit Ausdruck verliehen hat. Wie alt waren demnach die religiösen Ideen, die in der Architektur der Großen Pyramide sich manifestieren? Jahrhunderte alt, Jahrtausende alt? Wann war die sagenhafte Erste Zeit Ägpytens?

Wie wir gesehen haben, war Gaston Maspero, der Entdecker der Pyramidentexte, davon überzeugt, daß die in ihnen ausgedrückten religiösen Vorstellungen Tausende von Jahren älter waren als die Version, die er in der Unas-Pyramide gefunden hatte.[4] Wie wir ferner gesehen haben, stimmen viele Philologen darin überein, daß ein Großteil des Inhalts dieser Texte aus Quellen abgeleitet ist, die in vordynastische Zeiten zurückreichen. Maspero schlug ein Alter von mindestens 7000 Jahren vor[5], doch die meisten Ägyptologen von heute können sich dem nur schwer anschließen und berufen sich darauf, daß diese Annahme durch die archäologischen Befunde nicht gestützt werde. Bei der Deutung der archäologischen Befunde sind den Ägyptologen allerdings immer wieder Fehler unterlaufen, so zum Beispiel bei der Annahme, die Königinkammer der Cheops-Pyramide sei aufgegeben worden.[6]

Welche Meinung hatten die Ägypter selbst vom Alter ihrer Religion? Und welche Vorstellungen hegten etwa die Griechen von den frühen Anfängen der Ägypter?

In der Vergangenheit hat man sich daran gewöhnt, den alten Ägyptern das philosophische «Genie» der alten Griechen gegenüberzustellen. Den ägyptischen Weisen sagte man nach, sie seien nur arme Verwandte von Solon, Pythagoras, Sokrates, Platon und Aristoteles gewesen. Nach Meinung von Experten wie R. Parker und O. Neugebauer brachten sie in der Mathematik nur rudimentäre Leistungen zustande, die bestenfalls das Niveau von heutigen Zehnjährigen erreichten, und die Astronomie habe lediglich aus schrulligen Beobachtungen der Sterne bestanden, mit denen abergläubische Vorstellungen bekräftigt und die Taten der Götter gedeutet werden sollten. Worin immer die Fähigkeiten der alten Ägypter bestanden haben mögen, so das Urteil dieser Fachleute, ihre Astronomie war weniger weit entwickelt als die der Babylonier oder der Griechen.[7] Doch dieser Ansicht stehen die Zeugnisse der antiken Griechen entgegen, die mit ägyptischen Gelehrten in den letzten vorchristlichen Jahrhunderten zusammentrafen.

Die meisten griechischen und römischen Autoren der Antike waren fest davon überzeugt, daß Pythagoras, Platon und selbst Homer ihre Philosophie den alten Ägyptern verdankten.[8] Bei Diodor von Sizilien (1. Jh. v. Chr.) lesen wir: «Daher haben die berühmtesten Gelehrten [Griechenlands] eine Ehre darin gesucht, nach Ägypten zu reisen, und mit den dortigen Gesetzen und Einrichtungen wegen ihrer Merkwürdigkeit sich bekannt zu machen. Denn, so schwer auch ehemals das Land ... für Fremde zugänglich war, so haben sie doch gewetteifert, es zu besuchen; im höchsten Alterthum Orpheus und der Dichter Homer; in den spätern Zeiten sehr Viele, namentlich Pythagoras von Samos und der Gesetzgeber Solon ...»[9]

Und der große Geograph Strabo (64 v. Chr.–25 n. Chr.) schrieb über die ägyptischen Priester:

«[Plato und Eudoxus] konnten diese in der Kenntnis der himmlischen Dinge wohlerfahrenen, aber geheimnisvollen und nicht sehr mitteilsamen Männer [nur] durch Zeit und Aufmerksamkeiten gewinnen, ihnen einige ihrer Lehren mitzuteilen; die meisten aber hielten diese Barbaren geheim. Sie lehrten aber... die über unsere 365 hinauslaufenden Teile von Tag und Nacht zur Ausfüllung der Zeit des Jahres (zu verwenden), und dennoch blieb das Jahr, wie so manches andere, den Hellenen [lange Zeit] unbekannt...»[10]

In seinen *Historien* berichtet Herodot (um 485–425 v. Chr.) von den Ägyptern:

«In Heliopolis nämlich soll man mehr von diesen Dingen wissen als im ganzen übrigen Ägypten... Die Ägypter waren die ersten, die die Länge des Jahres feststellten und es in seine zwölf Zeiten einteilten. Die Sterne, sagten sie, hätten sie darauf gebracht. Ihre Berechnungweise ist klüger als die der Hellenen, scheint mir... Auch daß ein Kreis von zwölf Göttern besonders benannt wird, geht, wie sie behaupten, auf die Ägypter zurück, von denen es die Hellenen übernommen hätten...»[11]

Und bei Dion Chrysostomos (30 n. Chr.) findet sich die folgende Stelle: «[Ein alter Ägypter] machte sich unter anderem darüber lustig, daß die Griechen in den meisten Dingen nicht Bescheid wüßten...»[12]

Aus allen diesen Äußerungen spricht, daß die ägyptischen Priester von den Griechen als Hüter einer tiefen astronomischen Weisheit betrachtet wurden, die sie Fremden gegenüber, die in ihren Augen einer weit niedrigeren Kulturstufe angehörten und einer Mitteilung dieses Wissens nicht würdig waren, meist für sich behielten. Fremde hatten in der Antike und vermutlich besonders während der Pyramidenzeit überhaupt Schwierigkeiten, nach Ägypten hineingelassen zu werden. In den Tagen der 4. Dynastie wären die primitiven Griechen den kultivierten und technisch weit überlegenen Ägyptern als Barbaren erschienen und sonstige Europäer bestenfalls als Höhlenmenschen. Erst in der sogenannten Saitenzeit (ab 663 v. Chr.) durften Ausländer ungehindert nach Ägypten einreisen.

Schwaller de Lubicz, einer der wenigen modernen Philosophen, die den größten Teil ihres Lebens dem Nachweis gewidmet haben, daß das alte Ägypten die wahre Quelle der Philosophie und Astronomie (bei ihm die «heilige Wissenschaft») gewesen sei, hegt keinen Zweifel, daß die heutigen Gelehrten die alten Texte einfach nicht richtig lesen und «unsere

Urteile über alte Völker, von denen nur noch Spuren erhalten geblieben sind, in mancher Hinsicht revidiert werden müssen.»[13]

Als wollte er diese Ansicht bestätigen, schrieb mir ein namhafter Ägyptologe, der in Kairo tätig ist, in einem Brief: «Wir haben nicht den geringsten Beweis dafür, daß sie [die Erbauer der Pyramiden] über irgendwelche theoretischen oder systematischen Kenntnisse der Mathematik verfügten. Sie [hatten eine] wirklich rührende Methode, Rechenoperationen durchzuführen ... Ich könnte mir vorstellen, daß sie die jährliche Überschwemmung [der Nilufer] für etwas Selbstverständliches gehalten haben ... Meiner Meinung nach ist es müßig, nach irgendwelchen Geheimnissen in den Pyramiden oder nach geheimen Botschaften in ihren Texten zu suchen ...»[14]

Für uns ist es offensichtlich, daß wir es hier sehr wohl mit einem großen Geheimnis zu tun haben und daß es an der Zeit ist, der Phalanx der Experten zu trotzen und die Botschaft der Texte und ihre Bedeutung zu entschlüsseln.

III. WER SPRICHT FÜR DAS ALTE ÄGYPTEN?

Schwaller de Lubicz hat an einer Stelle geschrieben: »... noch nie hat es zwischen dem westlichen Denken und dem Denken der altägyptischen Weisen eine tiefere Kluft gegeben als heute.»[15] Und der namhafte Ägyptologe Kurt Mendelssohn drückte es mit den Worten aus:

«Die Hauptschwierigkeit, vor die Ägyptologen sich gestellt sehen, ist die Nachschaffung einer Denkweise der menschlichen Gesellschaft vor 5000 Jahren. Obwohl ... das geistige Weltbild des Menschen ... sich bis zur Unkenntlichkeit verändert [hat], blieben die Gesetze der Physik unverändert. Das Wissen, daß ebendiese Gesetze vor 5000 Jahren galten und beobachtet werden mußten wie heute, stellt ein zuverlässiges Bindeglied zwischen den Pyramidenbauern und uns dar.»[16]

Ein physikalisches Gesetz, das für das Verständnis der ägyptischen Vergangenheit besonders nützlich sein könnte, ist natürlich die Präzession unseres Planeten und ihre Auswirkung auf die scheinbare Bewegung und Position der Sterne.

Unter den Ägyptologen – und bei Historikern allgemein – nimmt man an, daß die Anfänge des dynastischen Ägyptens um das Jahr 3200 v. Chr. liegen. Alles, was vor dieser Zeit liegt, wird als prädynastisch bezeichnet, und den Lehrbüchern nach zu urteilen, hat es ein Ägypten vor 3200 v. Chr. nicht gegeben. Danach war der erste ägyptische König Menes gewesen, der Ägypten um das Jahr 3100 v. Chr. einigte und als seine Hauptstadt Memphis errichtete. Doch der Begriff der Dynastien war den alten Ägyptern unbekannt; in ihren Augen gab es seit Urzeiten eine Reihe göttlicher Könige, die Horus-Könige, rechtmäßige Erben des von Osiris begründeten Königreichs. Die Epoche dieser Ersten Zeit lag für die Ägypter lange vor der Herrschaft des Menes.

Seit den Anfängen der Ägyptologie als Wissenschaft, als Champollion im Jahr 1822 die Entzifferung der Hieroglyphen gelang, bestand Unklarheit darüber, wann die Herrschaft des Menes begann oder wie alt die religiösen Vorstellungen der Ägypter waren. Champollion legte den Beginn der 1. Dynastie auf das Jahr 5876 v. Chr. fest; dieses Datum mußte später jedoch auf das Jahr 4400 v. Chr. korrigiert werden. Das chronologische System von Brugsch, das von einer Folge von drei Generationen pro Jahrhundert ausging, wurde ebenfalls tiefgreifend modifiziert, so daß sich die Zahl 3400 v. Chr. ergab; die meisten modernen Lehrbüchern gehen heute von einem Zeitraum um 3100 v. Chr. aus. Die vielfältigen Gründe für das ganze Hin und Her seit Champollions erster Schätzung wollen wir hier nicht ausbreiten. Die Korrekturen stützten sich auf Textanalysen, astronomische Berechnungen, die Radiokarbonmethode und zu einem gut Teil auf Intuition. Die modernen Experten weigerten sich, die alten Ägypter beim Wort zu nehmen.

Die ägyptische Quelle, die am häufigsten herangezogen wird, war ein ägyptischer Priester namens Manetho, vermutlich hochgebildet und vielleicht sogar ein Hoherpriester, der Griechisch sprach und unter Ptolemäus II. Philadelphus (285–246 v. Chr.) in Unterägypten lebte. Sein Werk blieb nicht erhalten; überliefert wurden lediglich die Kommentare des Sextus Africanus (um 221 n. Chr.) und des Eusebius von Caesarea (um 264–340 n. Chr.) dazu. Wir müssen deshalb annehmen, daß

Manethos Zeittafel der Könige sich auf zuverlässige einheimische Quellen gestützt hat. Manetho teilte die Pharaonen in 30 Häuser oder Dynastien ein; ihm verdanken wir außerdem die griechischen Versionen der Namen der Pharaonen: Chufu wurde zu Cheops, Chafra zu Chefren, Menkaurê zu Mykerinos. Bis ins späte 19. Jahrhundert waren die sogenannten Königslisten[17] Manethos die einzige Quelle zur Überprüfung der altägyptischen Chronologie. Weitere Quellen, die später benutzt wurden, waren die Abydos- und die Sakkara-Liste aus der 19. Dynastie, der Turiner Papyrus aus der 17. Dynastie und der geheimnisvolle Palermostein, der die Annalen der Könige der ersten fünf Dynastien enthält.[18] Es war jedoch Manetho, der die modernen Chronologen am stärksten beeinflußt hat.

Manetho schreibt dem Ägypten unter den Pharaonen ein hohes Alter zu und spricht von einer Ära lange vor Menes, die in geheimnisvollem Dunkel liegt. Sextus Africanus war der erste christliche Historiker, der sich die Mühe einer «universellen Chronologie» gemacht hat, die zum größten Teil in seinen *Chronographiai* enthalten ist und die Zeit von der «Schöpfung» bis zum Jahr 221 n. Chr. umfaßt. Er stützte sich bei seinen Datierungen natürlich auf die Bibel und versuchte, die Zeitrechnungen des alten Ägyptens und Babylons, der griechischen Mythologien und der judäischen Geschichte in Einklang mit den Vorstellungen des Christentums zu bringen. Das Durcheinander, das er dabei produzierte, spottet jeder Beschreibung. Eusebius von Caesarea war der Chronist von Konstantin dem Großen, der das Christentum im Römischen Reich zur Staatsreligion erhob, so daß auch bei ihm gewisse Verzerrungen zu finden sein dürften. Eusebius ging es ohnehin mehr um den Beweis, daß Konstantin als erster Kaiser der Christenheit als Heiliger verehrt werden müsse. Kurzum, sowohl Sextus Africanus als auch Eusebius waren stark von der biblischen und vor allem der römisch-christlichen Geschichtsauffassung geprägt.

Nach Eusebius enthielt die Zeittafel des Manetho drei verschiedene Epochen vor der Regentschaft des Menes: die Herrschaft von Halbgöttern, gefolgt von den Horus-Königen, die insgesamt 15 150 Jahre währte, und schließlich eine vordynastische Reihe von Königen, die weitere 13 777 Jahre regierten.

Das ergab zusammen 28927 Jahre vor Menes. Ein so hohes Alter und so viel Weisheit gaben Eusebius zu denken, und er folgerte: «Mit einem ‹Jahr› meine ich allerdings ein lunares, das aus 30 Tagen besteht: Was wir heute einen Monat nennen, hieß bei den Ägyptern ein Jahr.»[19] Auf diese Weise komprimierte Eusebius 24927 Jahre zu «Mondjahren» und kam auf einen Zeitpunkt von 2206 Jahren vor dem Regierungsantritt des Menes. Diodor von Sizilien wiederum ging von 33000 Jahren vor Menes aus.[20] Bedeutsamer sind jedoch möglicherweise die Kommentare im Turiner Papyrus, einem ursprünglich ägyptischen Dokument aus der 17. Dynastie (um 1400 v. Chr.). Sie wurden zu Beginn des 19. Jahrhunderts in Ägypten aufgefunden und an das Turiner Museum verkauft. Die dritte Epoche vor Menes läßt sich nicht mehr entziffern, weil der Papyrus an dieser Stelle beschädigt ist; die Dauer der beiden anderen Epochen wird dort mit 13420 und 23200 Jahren angegeben, was insgesamt 36620 Jahre ergibt.[21] Die Ägyptologen sind der Meinung, daß solche Zahlen sich überwiegend auf mythische und nicht auf historische Zeiten beziehen. Hatten demnach die alten Ägypter und nach ihnen die Griechen unrecht mit ihren Angaben über das hohe Alter der ägyptischen Kultur?

Wir wissen, daß der Cro-Magnon-Mensch, das früheste Beispiel des Homo sapiens oder des modernen Menschen, die Bühne der Weltgeschichte vor 50000 bis 100000 Jahren betrat. Wissenschaftliche Belege deuten darauf hin, daß das Gehirn des Cro-Magnon-Menschen nach Größe und Form Ähnlichkeit mit dem des neuzeitlichen Menschen aufwies. Es sind gerade erst 134 Jahre vergangen, seit Charles Darwin wegen seiner «ketzerischen» Theorie der Evolution heftig verspottet wurde und bei Fachleuten und Geistlichen, denen zufolge die Welt im Jahr 4004 v. Chr. von Gott erschaffen wurde, gleichermaßen Ärgernis erregte.

«Ich habe gelacht ... bis ich mir die Seiten halten mußte», schrieb der britische Geologe Adam Sedgwick in einem Brief an Darwin, in dem er sich über dessen Theorien lustig machte. Samuel Wilberforce, Bischof von Oxford, erklärte vor der British Association of Science, Darwins Theorie sei ein «morsches Gewebe aus Vermutungen und Spekulationen», und Louis

Agassiz, ein namhafter Professor der Geologie und Zoologie an der Harvard University, rief aus: «Ich hoffe, ich werde diesen Unfug überleben.»[22] Wie alt war demnach die Schöpfung in den Augen einiger Zeitgenossen Darwins?

Dr. John Lightfoot, Vizekanzler der Universität Cambridge, schrieb 1859, «der Mensch wurde am 23. Oktober 4004 v. Chr. um neun Uhr morgens erschaffen».[23] Ein Jahrhundert später waren die Wissenschaftler sich einig, daß unser Planet mindestens 4,5 Milliarden Jahre alt sei und daß bereits vor über einer Million Jahren Hominiden, die Vorfahren des Homo sapiens, die Erde bevölkert hätten. Dann fand im Jahr 1979 die Paläoanthropologin Mary Leakey einen Fußabdruck, der in Vulkanasche erhalten geblieben war und von dem man annimmt, daß er von einem frühen Hominiden stammt und etwa 3,6 Millionen Jahre alt ist. Doch nach den gegenwärtig verfügbaren archäologischen Belegen haben wir für die Entwicklung vom Höhlenmenschen zum Raumfahrer kaum mehr als 5000 Jahre benötigt. Konnte es sein, daß auch diesmal die archäologischen Quellen trogen und daß die ägyptische Kultur wesentlich älter war, als die modernen Gelehrten zugeben wollten?

Wir haben bereits den Vogel Phönix erwähnt und davon gesprochen, wie er bei den alten Ägyptern mit dem Gedanken der Erschaffung der Welt und den kosmischen Zyklen zusammenhing.[24]

Anscheinend war es der Phönix, der nach einer langen Periode der Abwesenheit wiederkehrte und ein neues Goldenes Zeitalter eröffnete. R. T. Rundle Clark gibt eine Periode von 1460 Jahren an[25], und in seiner eingehenden Untersuchung über den ägyptischen Phönix nennt er neben dieser Zahl noch eine weitere Periode von 12954 Jahren.[26] 1460 Jahre dauert der Zyklus des Sirius, der auf der Beobachtung des heliakischen Siriusaufgangs und dessen Verschiebung um einen Tag nach jeweils vier Jahren beruht; der Zyklus selbst ist nach 4 mal 365 Jahren, also nach 1460 Jahren beendet.[27] Doch wie sollen wir die ausgedehnte Periode von 12954 Jahren verstehen? Was für ein Zyklus war das? Galt er ebenfalls für den Sirius? Jeder, der sich mit der Präzession der Erdachse und ihren Auswirkungen beschäftigt hat, sieht sofort, was es mit der Zahl 12954 auf sich hat. Es ist die Hälfte der Zeitdauer eines vollständigen Präzessionszyklus von rund 26000 Jahren und bezeichnet die Zeit, die ein Stern benötigt, um bei seiner scheinbaren Bewegung (unabhängig von der Erddrehung) seinen maximalen und minimalen Bereich der Änderung seiner Höhe bzw. Deklination zu erreichen.

Betrachten wir einen hypothetischen Stern und nehmen wir an, er beginne die erste Hälfte seines Präzessionszyklus von 13000 Jahren und passierte den südlichen Meridian bei 12 Grad über dem Horizont. Jahr für Jahr bewegt er sich scheinbar ein kleines Stück höher, etwa zwölf Bogensekunden jährlich. Nach rund 120 Jahren passiert er den Meridian in einer Höhe von 13 Grad, und nach rund 13000 Jahren hat er seine maximale Höhe bei angenommenen 60 Grad über dem Horizont erreicht. Jetzt wandert er mit derselben Geschwindigkeit wieder abwärts, um nach abermals 13000 Jahren seine minimale Höhe zu erreichen, jene Stelle, an der er vor 26000 Jahren seinen Aufstieg begonnen hat, und von wo er auch jetzt wieder aufsteigt.

Sellers hat überzeugend nachgewiesen, daß die alten Ägypter nicht nur den Zodiakus in zwölf gleiche Teile geteilt haben, sondern daß sie auch erkannten, daß die Sonne 2160 Jahre benötigte, um jedes Zwölftel des Zyklus oder jedes Zeitalter zu durchlaufen.[28] Das Ergebnis von 2160 mal 12 sind 25920 Jahre, die Dauer eines Präzessionszyklus. Diese enorme Zeitspanne, eingeteilt in Epochen oder Zeitalter von 2160 Jahren und diese wiederum in 360 Grad oder Anteile von 72 Jahren (72 x 360 = 25920 Jahre), war die fundamentale Basis des Glaubens an eine Ewige Wiederkehr des ersten Goldenen Zeitalters. Nach eingehenden Untersuchungen gelangte Sellers zu diesem Schluß: «Ich bin überzeugt, daß für die Menschen des Altertums die Zahlen 72, 2160 und 25920 allesamt die Vorstellung von einer Ewigen Wiederkehr bedeutet haben.»[29]

Das Symbol für diese Ewige Wiederkehr war natürlich der Phönix, das Fabelwesen *bennu*, und wir haben gesehen, wie in der Pyramidenzeit seine Reliquie oder sein «Samen», der geheimnisvolle Benben, im Tempel des Phönix in Heliopolis gehütet wurde. Noch wichtiger war der Umstand, daß die stilisierten Nachbildungen des Benben auf der Spitze der großen

Pyramiden angebracht wurden. Konnten diese Pyramiden – genauer gesagt: die großen Pyramiden von Gizeh – ein überwältigender Ausdruck für die Ewige Wiederkehr sein, die Wiederkehr der Erdpräzession? Die Schächte in der Großen Pyramide sind ein wichtiger Hinweis darauf, daß wir mit unserer Vermutung auf der richtigen Spur sind.

IV. DIE EWIGE WIEDERKEHR DER «ERSTEN ZEIT»

Wir haben uns daran gewöhnt, die Zeit als etwas anzusehen, das man an der Armbanduhr ablesen, sich telefonisch durchsagen lassen oder im Kalender nachsehen kann. Wenn uns alle diese Hilfsmittel genommen werden, woher wissen wir dann, welche Zeit herrscht? Woher wissen wir, in welchem Jahr oder in welcher Epoche wir uns befinden? Wenn wir nicht gerade Astronomen oder begeisterte Nautiker sind, können wir auf diese Fragen meist nur die Achseln zucken.

Die alten Astronomen-Priester von Heliopolis kannten die Geheimnisse der Zeit, da sie die scheinbare Bewegung der Sterne, des Mondes und der Sonne beobachteten und systematisch verfolgten. Wenn wir dies ebenfalls lange genug täten, würden wir wahrscheinlich wie die alten Ägypter zu einer Reihe von kalendarischen Schlüssen gelangen: die Aufteilung eines Tages in seine Stunden, die Zahl der Tage in einem Jahr, die Zahl der lunaren Monate in einem Jahr. Nur wenige wüßten allerdings, wie man ein Jahr so mit einer Markierung versehen könnte, daß beispielsweise jemand nach 500 Jahren mit deren Hilfe angeben könnte, in welcher Epoche wir gelebt haben. Die Astronomen-Priester von Heliopolis dagegen wußten, wie man das macht, und das war vermutlich eines der großen Geheimnisse, die sie eifersüchtig für sich behielten und später vor den Griechen hüteten. Das Geheimnis bestand in dem Wissen um die scheinbaren Bewegungen der Sterne infolge der Erdpräzession und in der Fähigkeit, für den Sirius, die Sterne des Orion und der Hyaden die Geschwindigkeit dieser Bewegungen zu berechnen.[30]

Die Entdeckung der Präzession wird dem Hipparchus von Alexandria (um 180–125 v. Chr.) zugeschrieben, doch viele Wissenschaftler wie Zába, Sellers[31] und Schwaller de Lubicz[32] vertreten die Meinung, die alten Ägypter hätten dieses Phänomen in seinen wesentlichen Aspekten schon lange vor den Griechen und möglicherweise sogar schon vor der Pyramidenzeit erkannt. Wir haben gesehen, daß die Griechen ihre astronomischen Kenntnisse den ägyptischen Priestern in Heliopolis und Memphis zuschrieben und überzeugt waren, daß den Weisen von Heliopolis viele Geheimnisse der Sterne bekannt waren. Wie wir außerdem gesehen haben, stimmen Kenner der Pyramidentexte überein, daß der Sternenkult ein Element in der Liturgie darstellte, das der Pyramidenzeit möglicherweise um Jahrhunderte, wenn nicht Jahrtausende vorausging. Das besondere Interesse der ägyptischen Priester richtete sich auf den Aufgang der Sterne und ihren Durchgang durch den Meridian, wobei dem Sirius und den Sternen des Orion eine besondere Bedeutung zukam, so daß sie die Auswirkungen der Präzession auf die Bewegung dieser Sterne praktisch zwangsläufig beobachten mußten. Als einfache Faustregel kann man sich merken, daß die Präzession bei diesen Sternen eine Veränderung der Deklination um knapp einen halben Grad in hundert Jahren bewirkt. Somit hätten die alten Ägypter hundert oder höchstens zweihundert Jahre benötigt, um diese Wirkungen zu beobachten. Am Beispiel des Sterns Al Nitak (Zeta Orionis) läßt sich berechnen, daß die Änderung des Aufgangspunktes etwa zwischen 3000 und 2800 v. Chr. von Heliopolis aus gesehen 1,3 Bogengrade betrug:

3000 v. Chr.:	Azimut	110,4 Grad
2800 v. Chr.:	Azimut	109,1 Grad
Abweichung:		1,3 Grad

Das entsprach fast dem dreifachen scheinbaren Durchmesser des Vollmonds und war von Sternenbeobachtern, die fortwährend den Aufgang der Sterne verzeichnet haben, unmöglich zu übersehen. Wären die Beobachtungen beim Durchgang durch den Meridian angestellt worden, so hätte sich also folgende scheinbare Veränderung in der Höhe über dem Horizont ergeben:

3000 v. Chr.:	Höhe	42,5 Grad
2800 v. Chr.:	Höhe	43,5 Grad
Abweichung		1,0 Grad

Auch diese Abweichung von einem Grad ist mit dem bloßen Auge zu bemerken. Wenn also die alten Ägypter erkannten, daß die Sterne scheinbar ihre Position veränderten und sich diese Bewegung beim Durchgang durch den Meridian leicht feststellen ließ, dann kann man sich der folgenden Schlußfolgerung nicht entziehen: Der Baumeister, der den südlichen Schacht zur Königskammer in der Großen Pyramide anlegte und bewußt auf den Stern Zeta Orionis ausrichtete, wußte, daß dieser Stern langfristig seine Höhe verändern würde, und er wußte außerdem, daß der Stern im großen Zyklus der Zeit einen Punkt (um 2450 v. Chr.) «fixierte».

Wir dürfen ferner annehmen, daß dem Baumeister auch die Geschwindigkeit dieser Sternenbewegungen bekannt war. In der folgenden Tabelle sind die Veränderungen der Deklination und der Höhe für Al Nitak beim Durchgang durch den Meridian im Verlauf von 13000 Jahren festgehalten.

Jahr	Deklination	Höhe am Meridian
10450 v. Chr.	–48° 53'	11° 08'
10400 v. Chr.	–48° 53'	11° 08'
10000 v. Chr.	–48° 39'	11° 22'
2450 v. Chr.	–15° 01'	45° 00'
2000 v. Chr.	–12° 38'	47° 23'
1000 v. Chr.	–8° 28'	51° 33'
1 v. Chr.	–5° 13'	54° 48'
1000 n. Chr.	–2° 59'	57° 02'
2000 n. Chr.	–1° 54'	58° 07'
2500 n. Chr.	–1° 50'	58° 11'
2550 n. Chr.	–1° 50'	58°11'

[Quelle: Skyglobe 3.5]

Von Heliopolis aus betrachtet, fiel der niedrigste Punkt, von dem aus der Zyklus beginnt, in die Zeit von 10450 bis 10400 v. Chr.; in diesem Zeitraum betrug die Deklination –48° 53', und der Stern befand sich in einer Höhe von 11° 8' über dem südlichen Horizont beim Durchgang durch seinen Meridian.[33] Wenn wir uns nun den südlichen Himmel während der Zeit von 10450 bis 10400 v. Chr. vor Augen halten, dann ergibt sich folgendes verblüffendes Bild:

Das Muster des Oriongürtels, das «westlich» der Milchstraße zu sehen war, entsprach mit kaum glaublicher Präzision der Anordnung der drei Pyramiden von Gizeh!

Um das Jahr 2450 v. Chr., als die Große Pyramide erbaut wurde, konnte man diese Korrelation erkennen, wenn man auf den Oriongürtel im Osten zum Zeitpunkt des heliakischen Siriusaufgangs blickte. Der Zeitpunkt, zu dem sich das Muster des Sternbildes und die Anlage der Pyramiden vollkommen überlagerten und deckten, die Erste Zeit des Oriongürtels, fällt dagegen in die ersten Jahrzehnte nach 10450 v. Chr.

Es kann kein Zufall sein, daß eine derart perfekte Kongruenz der irdischen und himmlischen Zentralregion der osirischen Duat, Ro-Setau, zeitlich mit dem Beginn des großen Präzessionszyklus um 10450 v. Chr. zusammenfällt. Warum ein so weit zurückliegendes Datum? Was bedeutet diese Markierung der Epoche durch die Ausrichtung des südlichen Schachts der Königskammer auf den Oriongürtel? Warum wollte der Baumeister, der den Schacht und wahrscheinlich die gesamte Pyramidenanlage entwarf, unsere Aufmerksamkeit auf dieses weit in der Vergangenheit der Ersten Zeit liegende Datum des Osiris im Jahr 10450 v. Chr. lenken?

V. DER *TIMAIOS*: 10450 V. CHR.

Wenn ein Beobachter um das Jahr 10450 v. Chr. den Gürtel des Orion von Heliopolis aus betrachtet und sich die Mühe gemacht hätte, die Höhe auf dem Meridian oder den Aufgangspunkt am Horizont zu registrieren, hätte er damit unwissentlich

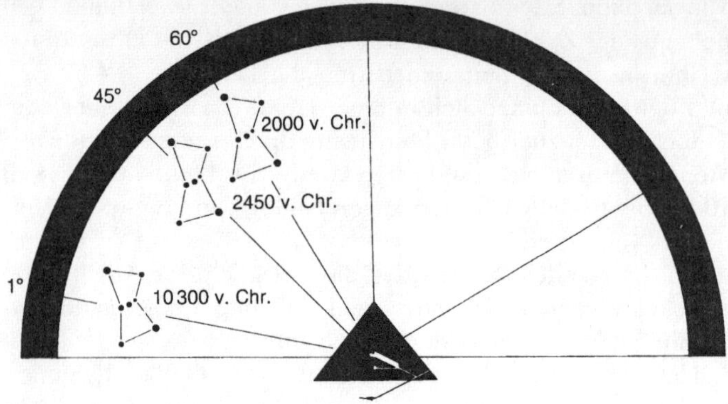

16: Die Stellung des Orion am Himmel im Lauf der Jahrtausende

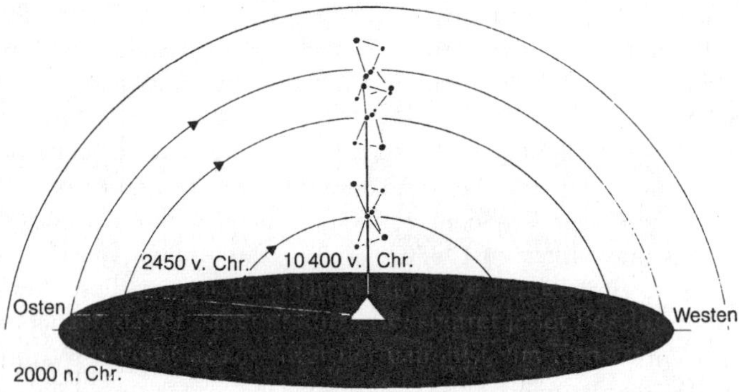

17. Aufgangs- und Kulminationsposition des Orion zu verschiedenen historischen Zeiten

die Erste Zeit des Osiris festgehalten. Gibt es irgendwelche Hinweise darauf, daß diese Beobachtung sich hätte ereignen können?

Für uns stellt sich die Frage so: War die Totenstadt von Gizeh und insbesondere die Große Pyramide mit ihren Schächten möglicherweise ein großartiger Markierungspunkt der Zeit, eine Art Sternenuhr zur Kennzeichnung der Epochen des Osiris und vor allem seiner Ersten Zeit?

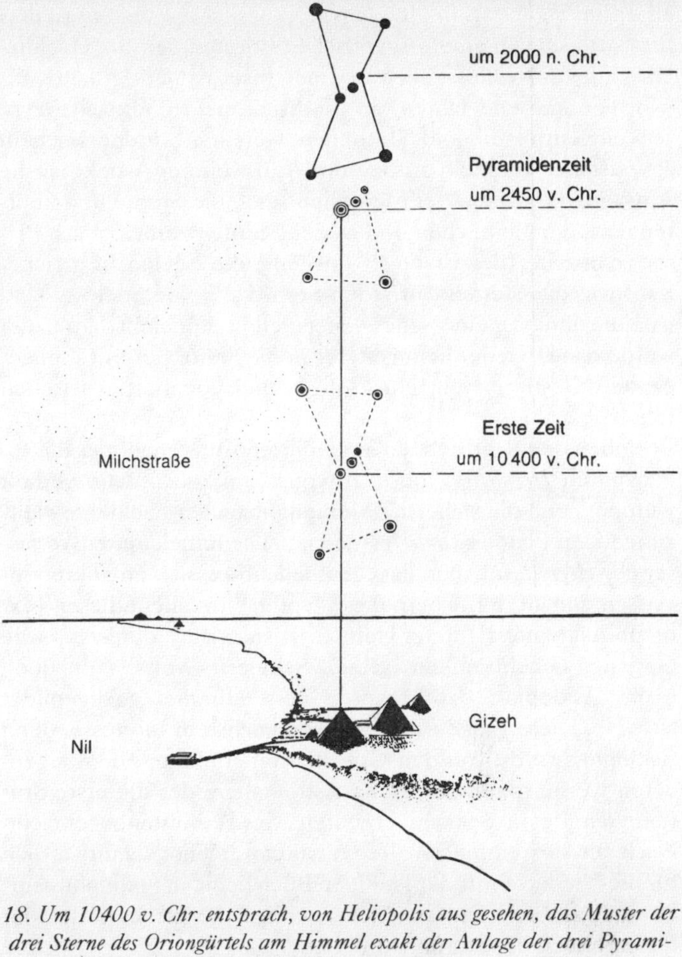

18. Um 10400 v. Chr. entsprach, von Heliopolis aus gesehen, das Muster der drei Sterne des Oriongürtels am Himmel exakt der Anlage der drei Pyramiden von Gizeh auf Erden.

Kenner der klassischen griechischen Philosophie werden sich zweifellos an den *Timaios* aus Platons Dialogen erinnern, in denen dieser die tragischen Ereignisse des untergegangenen Atlantisreichs enthüllte. Die Geschichte wird dem Platon von Kritias berichtet, der sie nach seinen Worten von Solon hörte, als er die Stadt Saïs in Unterägypten besuchte.[34] Solon wiederum hatte sie von einem ägyptischen Priester, der ihm erzählte, ein geheimnisvolles Volk von einer Insel namens Atlantis sei «vor neuntausend Jahren» in das Mittelmeer und nach Ägypten eingedrungen und Urkunden von ihm würden noch in ägyptischen Tempeln aufbewahrt. Ein weiterer Aspekt ist die Aussage, die Seelen der Menschen seien die Sterne und kehrten nach dem leiblichen Tod zu den Sternen zurück. Nach Platon «verteilte [der Erzeuger des Alls] die Seelen in gleicher Zahl wie die Sterne: Auf jeden Stern kam eine Seele... Und wer die ihm zugemessene Zeit tadellos durchlebt hätte, der würde dann, wieder heimgekehrt in die Stätte des mit ihm gepaarten Gestirnes, ein glückseliges und ebenbürtiges Leben führen».[35]

Neben den Schriften der angeführten Autoren gibt es die sogenannten *Hermetica*, die in Ägypten um 200 n. Chr. verfaßt wurden[36] und die sich nach Meinung mancher Fachleute weitgehend auf Platons *Timaios* stützen.[37] Die unbekannten Verfasser der *Hermetica* haben dagegen behauptet, sie verdankten ihr Wissen den alten Büchern der Ägypter.[38] In einem dieser Texte, im Asklepios III, fragt Hermes Trismegistos, der ägyptische Gott der Gelehrsamkeit, seinen Schüler: «Wußtest du denn nicht, Asklepios, daß Ägypten dem Himmel nachgebildet ist...?»[39] Diese Frage ist für uns von höchstem Interesse, denn Asklepios wurde von den Griechen mit Imhotep, dem legendären weisen Baumeister und Astronomen, der die erste Stufenpyramide in Sakkara errichtete, in Verbindung gebracht. Nach der Vorstellung der alten Ägypter war Thot verantwortlich für die Niederschrift der Heiligen Bücher, die in Heliopolis aufbewahrt wurden und von denen einige die Geheimnisse der Bewegungen der Sterne enthielten.[40]

Zwei Pyramidenforscher, W. R. Fix und Mark Lehner, haben die kühne Behauptung aufgestellt, die Ereignisse um den Untergang von Atlantis hätten sich wahrscheinlich in Ägypten um das Jahr 10400 v. Chr. abgespielt.[41] Diese Schlußfolgerung ist vor allem deshalb faszinierend, weil keiner der beiden Autoren zu ihr auf dem Umweg über astronomische Berechnungen gelangt ist; beide bezogen sich auf die sogenannten *Vorlesungen* von Edgar Cayce, eines amerikanischen Hellsehers, der 1945 starb.[42] Cayce behauptete steif und fest, die Große Pyramide sei zumindest als Entwurf um das Jahr 10400 v. Chr. in Angriff genommen worden, und die verlorengegangenen Berichte über Atlantis würden in den beiden letzten Jahrzehnten unseres Jahrhunderts in einer «verborgenen Kammer» wiederentdeckt werden.[43] Offenbar war Rudolf Gantenbrink gerade rechtzeitig gekommen!

Bislang haben wir uns in diesem Buch bewußt ausschließlich an Tatsachen gehalten. Doch so sehr wir uns auch bemühen, solche unwissenschaftlichen Behauptungen zu ignorieren, die Äußerungen von Edgar Cayce muten in der Rückschau unheimlich an, wenn man bedenkt, daß er seit langem tot ist und unseres Wissens nie in seinem Leben in Ägypten war.

Im folgenden Kapitel wollen wir uns dem Mythos vom Phönix und seinem Ei, dem heiligen Benben von Heliopolis zuwenden.

11
Der Samen des Phönix

Die Legende des Phönix, von Jahrhundert zu Jahrhundert und von Generation zu Generation weitergegeben, verliert sich im Nebel ihrer Anfänge …
– Abate-Pascha: «*Le Phénix Égyptien*» (1920).

… *Seine Verwandten gaben Anweisung, seinen Körper in der bestmöglichen Art und Weise zu mumifizieren, so daß seine Seele und sein Geist, wenn sie einige Tausend Jahre später hierher zurückkehrten, um seinen Körper im Grab aufzusuchen, seinen ‹Genius› dort wartend vorfänden, und daß alle drei in den Körper eintreten und ihn wiederbeleben und mit ihm auf ewig im Königreich des Osiris leben könnten …*
Wallis-Budge: *The Mummy.* New York, 1972.

I. DER FLUG DES FEUERVOGELS

Einer der merkwürdigsten und am wenigsten verstandenen Mythen der alten Ägypter hat den Phönix zum Thema. Rundle Clark beschreibt die Symbolik, die sich mit ihm verband:

«Man muß sich eine Stange vorstellen, die aus den Wassern der Tiefe ragt. Auf ihr sitzt ein Graureiher, der Herold aller zukünftigen Geschehnisse. Er sperrt seinen Schnabel auf und bricht das Schweigen der Urnacht mit dem Ruf des Lebens und des Geschicks, das ‹darüber bestimmt, was sein wird und was nicht sein wird›. Deshalb verkörpert der Phönix den ursprünglichen Logos, das Wort oder die Verkündigung des Schicksals, der zwischen dem göttlichen Geist und den geschaffenen Dingen vermittelt … Als der Phönix seinen Urschrei ausstieß, setzte er in gewissem Sinne alle diese [kalendarischen] Zyklen in Gang. Er ist deshalb der Schutzgeist aller Einteilung der Zeit, und sein Tempel in Heliopolis wurde zum Mittelpunkt der kalendarischen Regelung.»[1]

Das bestätigt unsere Vermutung, daß nämlich die Idee eines Phönix eng verknüpft ist mit der Großen Pyramide als Epochen- und Zeitmesser des – mythischen und historischen – pharaonischen Königtums. Die von der Königin- und der Königskammer abgehenden Schächte dienen insofern als Kalender, als sie auf bestimmte Sterne ausgerichtet sind und ausgezeichnete Punkte von deren Präzessions- und anderen Zyklen festhalten; der Phönix dagegen war der Verkünder oder Überbringer dieser Zyklen. Demnach bestand eine Verbindung zwischen dem Phönix und der Pyramide als Zeitmesser der Sterne und im weiteren Sinne der «Seele» der Osiris-Könige. Im *Totenbuch* (Spruch 17, 44 ff.) heißt es: «Ich bin jener große Phönix ..., der in Heliopolis ist ... Was bedeutet das? OSIRIS ist es ...» Es dürfte kaum ein Zweifel bestehen, wer der ägyptische Phönix war.

Der Phönix hatte noch eine weitere wichtige Funktion: Er war der Überbringer der lebenspendenden Essenz, der *hikê*, einer Zauberkraft, die der große kosmische Vogel aus einem entfernten und magischen Land jenseits der irdischen Welt nach Ägypten brachte. Nach Rundle Clark war das «die ‹Feuerinsel› ... die Stätte ewigen Lichts jenseits der Grenzen der Welt, wo die Götter geboren oder wiederbelebt und von wo aus sie in die Welt gesandt wurden». Wenn wir daran denken, daß der Phönix eng mit der Seele des Osiris verbunden wurde und aus einem Land kam, «wo die Götter geboren oder wiederbelebt wurden», dann mußte er offenbar aus der Duat gekommen sein.

Die Geschichte des Phönix wird etwas prosaischer auch von Herodot erzählt:

«Noch einen heiligen Vogel gibt es, der heißt Phoinix. Ich habe ihn nur abgebildet gesehen, denn er kommt selten nach Ägypten. In Heliopolis, sagt man, nur alle fünfhundert Jahre. Er soll nur dann kommen, wenn sein Vater gestorben ist. Wenn das Bild richtig ist, sieht er folgendermaßen aus. Sein Gefieder ist teils golden, teils ganz rot. In Bau und Größe gleicht er am meisten dem Adler. Von seinem Tun erzählt man folgendes, was mir aber nicht glaubhaft scheint. Er komme aus Arabien hergeflogen und bringe die Leiche seines Vaters, in Myrrhen gehüllt, in den Tempel des [Sonnengottes] Helios, wo er sie begrabe. Er trage den Leichnam folgendermaßen. Zunächst forme er ein Ei aus Myrrhen, so groß er es tragen könne, und versuche es aufzuheben. Wenn er es erprobt [habe], höhle er das Ei aus und lege die Leiche des Vaters hinein. Die Stelle, wo er das Ei ausgehöhlt und den Vater hineingelegt, klebe er dann wieder mit Myrrhen zu, und das Ei sei nun ebenso schwer wie vorher. Und nun trage er es nach Ägypten in den Tempel des Helios. So erzählt man von diesem Vogel.«[2]

Obgleich diese Geschichte im üblichen Erzählton der griechischen Chronisten wiedergegeben ist, hat Herodot das Thema direkt mit den Priestern in Heliopolis erörtert, und wir dürfen annehmen, daß er keinen Grund sah, etwas an den Einzelheiten zu verändern. Wahrscheinlicher ist allerdings, daß er unabsichtlich die Symbolik so veränderte, wie die ägyptischen Priester selbst diese Einzelheiten verstanden haben. So stand beispielsweise «Arabien» für den «Osten», das Land hinter dem Horizont, wo die Sonne und die Sterne aufgehen, das heißt «das Land, wo die Götter geboren wurden». Der Phönix kam nach Ägypten, um sein Ei zu legen, das der Erzählung nach von beträchtlicher Größe gewesen ist. Herodot sagt außerdem, es habe aus «Myrrhe» bestanden, ein Harz, das damals gewöhnlich zum Einbalsamieren der toten Pharaonen benutzt wurde.[3]

Was war das für ein Gegenstand, in dem die Ägypter das Ei oder den Samen des Phönix sahen, der mit der Seele des Osiris und folglich mit den Sternenritualen der Wiedergeburt verknüpft wurde?

Wir hatten bereits erwähnt, daß der Phönix bei den Ägyptern *bennu* genannt wurde. John Baines, Professor für Ägyptologie an der Universität Oxford, hat darauf hingewiesen, daß das Stammwort *ben* von den alten Ägyptern im allgemeinen benutzt wurde, um Vorgänge in Verbindung mit Sexualität und Fortpflanzung zu bezeichnen, wie in den Wörtern «Samen», «sich paaren» oder «befruchten».[4] Interessanterweise bedeutet *ben* in den semitischen Sprachen auch Samen im Sinn von Sohn.[5] Auf die unmittelbare Verbindung zwischen dem *bennu*/ Phönixvogel und dem Benben, der im Tempel des *bennu*/Phönix aufbewahrt wird, haben wir im Kapitel 1 hingewiesen. Die Tatsache, daß der Benben konisch geformt war, wurde auch von zahlreichen Ägyptologen bestätigt.[6] Auf einer sehr alten Stele aus der 1. Dynastie sieht man den Phönix auf einem Gegenstand kauern, der von Rundle Clark als «Steinsockel» gedeutet wurde.[7] Später wurde er zumeist auf einem Pyramidion oder auf einer auf dem Pyramidion befestigten Stange kauernd dargestellt. Die Ägyptologen haben unterschiedliche Ansichten darüber geäußert, was oder wer der ägyptische Phönix war, doch sie sind sich darin einig, daß er gelegentlich die Seele des Rê, dann wieder die Seele des Osiris oder den «Morgenstern» verkörperte.[8] Rundle Clark bemerkte außerdem zutreffend: «Der Vogel und der Stein – wenn es ein Stein ist – sind miteinander verknüpft.»[9] Kurt Sethe, der erste vielgerühmte Übersetzer der Pyramidentexte, identifizierte den Benben mit den heiligen kegelförmigen Steinen der Griechen und Syrer. Sie werden als «Omphalos oder Baetyl» bezeichnet, ein Begriff, den Historiker für heilige Steine mit kosmischen Eigenschaften verwenden.[10] Auf der frühesten bekannten Darstellung des Benben, auf dem der Phönix hockt, ist der Stein nicht pyramidenförmig, wie man früher glaubte, sondern konisch.[11] Außerdem steht fest, daß der Benben von den Pyramidenbauern als besonders kostbare Reliquie angesehen wurde, so kostbar, daß er im Allerheiligsten von Heliopolis aufgestellt wurde, im Mittelpunkt des «Hauses des Phönix», und Nachbildungen von ihm wurden auf der Spitze großer Pyramiden angebracht.[12]

Daraus können wir nur den Schluß ziehen, daß der Phönix ein Symbol der göttlichen Zeugung und Wiedergeburt war, wobei seine magische Eigenschaft durch das Ei symbolisiert wurde, das er in Heliopolis niederlegte. Worin bestand demnach das Ei des Phönix?

II. DAS EI, DAS VOM HIMMEL FIEL

Wenn wir von Meteoriten hören, stellen wir uns Steine vor, die vom Himmel zur Erde stürzen. Der Fall eines Meteoriten ist ein spektakuläres Ereignis. In historischen Schilderungen liest man stets dasselbe: Am Himmel erscheint eine feurige Masse, die im Sturz manchmal einen helleuchtenden Schweif hinter sich herzieht und deren Fall von einem Geräusch begleitet wird, das häufig als «Donner» beschrieben wird.[13] Meteoriten treten mit großer Geschwindigkeit in die Erdatmosphäre ein, werden dann jedoch durch die Reibung der Luft abgebremst. An der Oberfläche entsteht eine extreme Hitze, die den Meteoriten zum Glühen bringt, und die dabei entstehenden weißglühenden Gase in seiner Umgebung lassen ihn wesentlich größer erscheinen, als er tatsächlich ist. Während seines Falls erzeugt der Meteorit Schockwellen, die sich wie Gewitter- oder Kanonendonner anhören, weshalb man in alter Zeit Meteoriten mit Sturmgöttern wie Haddad in Phönizien und Zeus in Griechenland in Verbindung brachte.[14]

Es gibt zwei Arten von Meteoriten: solche aus Stein und solche aus Eisen. Die eisernen sind aus naheliegenden Gründen meistens schwarz und häufig größer als die steinernen, da sie seltener zersplittern, wenn sie auf die Erde aufprallen. Außerdem behalten Eisenmeteorite mitunter beim Eintritt in die Erdatmosphäre ihre Flugrichtung bei, statt ins Trudeln zu geraten; man bezeichnet sie daher als orientierte Meteorite. Durch die Reibungshitze schmilzt ihr Vorderteil nach und nach weg, so daß sie beim Aufprall auf die Erdoberfläche eine charakteristische Kegelform aufweisen. Zwei gute Beispiele sind die großen Meteorite, die unter den Bezeichnungen «Morito» und «Willmette» bekannt sind.[15]

Es gibt Hinweise auf religiöse Kulte in der Antike, die auf der Verehrung heiliger Meteorite beruhten. Es ist bekannt, daß die Griechen Delphi als «Nabel» der Welt betrachteten. Doch der Omphalos-Stein, der die entsprechende Stelle bezeichnete, war nicht der ursprüngliche Fetisch von Delphi. Anfänglich befand sich dort ein unbearbeiteter Stein, von dem man annahm, der Titan Kronos habe ihn auf die Erde geworfen.[16] Die Delphier nannten ihren Stein Zeus *baetylos*, ein Begriff, mit dem nach Meinung von Historikern Meteorite bezeichnet wurden.[17] Erhalten gebliebene Darstellungen zeigen den Zeus-Baetylos in ovaler Form und von der Größe etwa einer Kanonenkugel. Angesichts seiner charakteristischen Form war er höchstwahrscheinlich ein Meteorit.[18] Ein ähnlicher Stein wurde dem Historiker Pausanias (2. Jh. n. Chr.) in der Stadt Gythion gezeigt, der von den Einheimischen Zeus-Kappotas genannt wurde. [Zeus-Kappotas heißt: Zeus, der den Wahnsinn lindert – angeblich setzte sich Orest auf den Stein und wurde auf diese Weise vom Wahnsinn geheilt. Daneben gibt es die Vermutung, der Stein habe eigentlich Leus-Kappotas geheißen, wobei «Leus» die dorische Bezeichnung für Stein war; A. d. Ü.] Auch dieser Stein war vermutlich ein Meteorit.[19] Plinius Secundus d. Ä. (23–79 n. Chr.) berichtet ebenfalls von einem Stein, der von der Sonne herabgefallen sei und in Potideae verehrt wurde, sowie von weiteren Meteoriten bei Aigospotamoi und in Abydos in der Nähe des Hellespont.[20]

Der Meteoritenkult war besonders in Syrien und Phönizien verbreitet. So befand sich zum Beispiel in Emessa (Homs) das Heiligtum des Gottes Ela-Gabal oder Elagabalus, in dem ein schwarzer, kegelförmiger Stein aufbewahrt wurde. Der Chronist Herodianus berichtet, die Emesser «versichern feierlich, daß er vom Himmel gefallen sei». Unweit von Emessa, im Tempel des Zeus-Hadad in Heliopolis-Baalbek, befanden sich «schwarze, kegelförmige Steine».[21] Zeus-Kasios, ein Pendant zu Zeus-Hadad, hatte seinen Sitz auf dem Berg Kasios, auf dem ebenfalls ein ihm zugeordneter *baetylos* verehrt wurde. Im antiken Phrygien, in der Zentraltürkei, wurde die große Göttermutter Kybele im Tempel von Pessinos durch einen schwarzen Stein verehrt, der der Überlieferung nach ebenfalls vom Himmel gefallen war.[22] Der Kybelekult war besonders verbreitet und wurde von den Römern übernommen, die ihn bis nach Frankreich und England brachten.[23]

Es gibt zahlreiche weitere Beispiele für die Verehrung von Meteoriten.[24] Das ist nicht weiter verwunderlich, da die Menschen der Antike einen Meteoriten als eine stoffliche Verkörperung der Himmelsgötter und vielleicht noch genauer der Sternengötter aufgefaßt haben. Die angeführten Beispiele genügen sicherlich, um die Vermutung zu untermauern, daß der Benben im Innern des Phönixtempels ein konisch geformter Meteorit war.

Daß Meteoriten für die Entwicklung religiöser Ideen und im Kult der Wiedergeburt eine wichtige Rolle gespielt haben, war unter Ägyptologen seit 1933 bekannt. Eingehende Untersuchungen zu diesem Thema wurden von G. A. Wainwright, einem britischen Ägyptologen und ehemaligen Assistenten von Flinders Petrie, vorgenommen. Er veröffentlichte seine Ergebnisse von 1933 bis 1950 im *Journal of Egyptian Antiquities*. Wainwright verfolgte die Entwicklung des ägyptischen «Meteoritenkults» und dessen Verbindung mit mehreren wichtigen Göttern; insbesondere wies er nach, daß die «anikonische», also weder menschliche noch tierhafte Züge tragende Verkörperung des thebanischen Gotts Amun ein Meteorit war, der den Namen *Ka·mut·f* trug und die für Eisenmeteoriten typische Birnenform aufwies.[26]

III. DIE EISERNEN KNOCHEN DER STERNENGÖTTER

Obwohl die Pyramiden vor der Bronze- und der Eisenzeit gebaut wurden, war den Ägyptern der Pyramidenzeit Meteoriteisen bekannt.[27] Das altägyptische Wort für Eisen lautet *bja*, und nach Wainwright «bestehen Meteorite aus *bja*».[28] Das Wort *bja* wird in den Pyramidentexten mehrfach in Verbindung mit den «Knochen» der Sternenkönige erwähnt: «N. N. ist rein und er nimmt sich seine ehernen [*bja*] Knochen, es strecken sich ihm hin/gereicht werden ihm seine unvergleichlichen Glieder, die im Leibe seiner Mutter Nut waren [sind?] ...?» [PT 530a–530b]

«... ihr ehernen [*bja*] Knochen des [Königs], ihr seine unvergänglichen Glieder. [Der König] ist der Stern, der den Himmel bestrahlt.» [PT 1454b–1455a]

«Die Knochen des Königs sind ehern [*bja*], und seine Glieder sind die unvergänglichen Sterne.» [PT 2051]

Wie diese Stellen zeigen, herrschte damals die Vorstellung, daß die verstorbenen Könige zu Sternen und ihre Knochen zu Eisen würden, jenem himmlischen Stoff (Meteorite), aus dem die Sternengötter bestanden. Solche eisernen Gegenstände aus dem Weltall waren der einzige handgreifliche Beweis für die

Existenz eines stofflichen Landes im Himmel, das von den Sternenseelen bewohnt wurde, und es war leicht zu sehen, warum man annahm, daß die Sterne aus Eisen bestanden. Da die Sterne die Seelen verstorbener Könige waren, mußten auch die Knochen der letzteren aus Eisen sein.[29]

Das führt uns zurück zum Benben von Heliopolis, den wir[30] und viele Ägyptologen mit einem Meteoriten in Verbindung gebracht haben. Wallis-Budge hat als erster vermutet, daß der Benben eine Reliquie ähnlich dem Schwarzen Stein der Kaaba war. Derselbe Gedanke kam dem Ägyptologen J. P. Lauer, nach dessen Meinung der Benben vermutlich ein *baetylos* oder Meteorit war.[31] Es ist demnach sehr wahrscheinlich, daß irgendwann im 3. Jahrtausend v. Chr., möglicherweise während der 2. oder 3. Dynastie, ein großer Eisenmeteorit in der Nähe von Memphis niederging. Aus Beschreibungen des Benben läßt sich schließen, daß dieser Meteorit eine Masse von 6 bis 15 Tonnen hatte und bei seinem Fall wahrscheinlich ein beeindruckendes Schauspiel abgegeben hat.[32] Der Meteorit wurde zweifellos von lauten Detonationen angekündigt, und selbst bei Tageslicht wäre seine Feuerkugel mit ihrem langen Schweif noch aus großer Entfernung zu sehen gewesen. Dieser Feuervogel hätte die Vorstellung eines von Osten heranbrausenden wiederkehrenden Phönix beschworen (alle zur Erde stürzenden Meteorite folgen dem Weg der Sonne). Die Menschen, die damals zu der Stelle eilten, wo der Meteorit auf dem Erdboden aufgeschlagen war, hätten keinen Feuerball mehr gesehen[33], sondern nur einen schwarzen, kegelförmigen Gegenstand aus *bja*, den sie als kosmisches Ei gedeutet hätten. Möglicherweise haben sie ihn in den alten Tempel von Atum gebracht, um ihn auf die heilige Säule, die dort verehrt wurde, zu setzen.[34]

IV. DER SAMEN, DER OSIRIS IST

In den Pyramidentexten finden sich zahlreiche Hinweise auf den Samen des Rê-Atum. Dabei ist der Samen gemeint, aus dem Osiris im Schoß der Himmelsgöttin Nut, der Sternenmutter, geschaffen wurde: «Rê [-Atum], schwängere den Leib der Nut mit dem Samen des Geistes [Sahu], der in ihr sein soll ...» [PT 990a]

«... Drückend war es für deinen Leib, o Nut unter dem Gottessamen/Samen des Gottes, der in dir sein sollte ...» [PT 1416c], worauf der Osiris-König antwortet: «Ich bin es, der der Gottessamen ist, der in dir sein sollte.» [PT 1417a, hier nach der englischen Übersetzung] «Ein Unvergänglicher Stern ist N., der Sohn der großen Himmelsgöttin ...» [PT 1469a] «Rê-Atum, W. [dieser Osiris-König] kommt zu dir, ein unvergänglicher Geist ... Dein Sohn kommt zu dir ...» [PT 152a–152b].

Wir haben bereits den in zwei Schritten ablaufenden Prozeß der Verwandlung des Osiris in einen Stern erwähnt und haben gesehen, daß der Leichnam zunächst zu einer Osiris-Mumie gemacht und anschließend in die Wiedergeburtskammer der Grabstätte gelegt wurde, wo er sich zu einer Astralseele entmaterialisieren sollte.[35] Wir haben gehört, daß das altägyptische Wort für die Mumifizierung eines Leichnams «Sahu» war, und so hieß ursprünglich auch Osiris, als er zum Herrn über die Duat wurde.[36] Den dramatischen Akt, durch den die Mumie in ein neues Leben gerufen wurde, konnte sie nicht von sich aus leisten; er hing von der Hingabe und dem Tun des ältesten Sohns des verstorbenen Königs ab, dem neuen Horus-König, der vor seiner Krönung vermutlich Horus-Ältester genannt wurde.[37] Die dafür maßgebliche Zeremonie, die von diesem Horus ausgeführt werden mußte, wurde als «Mundöffnung» bezeichnet, wozu der einbalsamierte Leichnam seines Vaters, nunmehr ganz im Ornat des Osiris, aufrecht gegenüber einem kleinen Podest aufgestellt wurde, auf dem sich eine voll erblühte Lotusblume befand. Der Lotus symbolisierte die «vier Söhne des Horus» (die Enkel des Königs[38], die ihrerseits die vier Himmelsrichtungen symbolisierten[39]). Der Horus, auf dem Kopf die Maske eines Falken, näherte sich langsamen Schrittes der Mumie, nahm mit Unterstützung seiner «vier Söhne» ein kleines Schneidwerkzeug aus Metall, ähnlich einem kleinen Dachsbeil («Dechsel»), und drückte damit der Mumie die Zähne auseinander, um so ihren Mund zu öffnen. Die vier Söhne wiederholten dieses Ritual und benutzten dazu ihre «Finger» (die den

Texten nach aus *bja* bestanden). Diese Zeremonie war sehr alt und wird in den Pyramidentexten mit folgenden Worten beschrieben:

«O König, ich habe dich gesucht, denn ich bin Horus; ich habe deinen Mund für dich aufgedrückt, denn ich bin dein geliebter Sohn; ich habe deinen Mund für dich aufgesperrt. Ich kündige ihn seiner Mutter an, wenn sie ihn beweint, ich kündige ihn ihr an, die mit ihm verbunden war.» [PT 11–12]

«... Deine Kindeskinder haben dich gemeinsam aufgehoben, Hapy, Imsety, Duamutef und Kebhsenuf, [deren] Namen du [ganz] gemacht hast. [Dein Gesicht ist gewaschen], deine Tränen sind abgewischt, dein Mund ist geöffnet mit ihren ehernen Fingern ... [PT 1983–1984]

Es gibt drei Aspekte dieser ziemlich bizarren Zeremonie, die unsere Aufmerksamkeit verdienen. Zunächst einmal heißt es in den Texten, die kleine Dechsel und auch die Finger der vier Söhne des Horus seien aus *bja* (Meteoriteisen).[40] Das wurde von G. A. Wainwright 1931 aufgegriffen und in einem epochemachenden Aufsatz mit der Überschrift «Eisen in Ägypten» eingehend erörtert.[41]

Wainwright behauptete zutreffend, es sei auf die «himmlischen» Eigenschaften des *bja* zurückzuführen, daß man der Zeremonie die magische Kraft zuschrieb, der Seele den Weg zu den Sternen zu bahnen.[42] Das ist inzwischen in der Ägyptologie Allgemeingut geworden und wurde unlängst von Bernd Scheel in einem Buch über Metallarbeiten und Werkzeuge der alten Ägypter noch einmal hervorgehoben:

«Eisen war [ein] Metall von mythischem Charakter. Nach der Legende bestand das Skelett des Seth ... aus Eisen. Eisen wurde als ‹Himmelsmetall› bezeichnet, da die Ägypter lange Zeit hindurch nur Meteoriteisen kannten, das einen hohen Nickelgehalt hat. Aufgrund seines angeblich göttlichen Ursprungs wurde Meteoriteisen insbesondere für die Herstellung schützender Amulette und magischer Werkzeugmodelle benutzt, die man für ein als ‹Mundöffnung› bezeichnetes Ritual benötigte, eine Zeremonie, die erforderlich war, um die Mumie des Verstorbenen für ein Weiterleben nach dem Tod vorzubereiten.»[43]

19. Der Tierkreis von Dendera (Ptolemäisches System). Man beachte das Sternbild Sahu-Orion (Bild des Osiris) vor dem Stier; der Stern Sirius (Isis) über der wiederkäuenden Kuh folgt dem Orion.

Wainwright und auch der kanadische Ägyptologe Mercer, der 1952 die Pyramidentexte ins Englische übersetzte, hatten angemerkt, daß die kleine Dechsel, die zum Öffnen des Mundes des toten Königs benutzt wurde, die Form des Sternbilds des Großen Bären besaß, den die Ägypter *meschtw* – Stierschenkel – nannten[44]; für den deutschen Ägyptologen Ludwig Borchardt ähnelte sie dagegen eher dem Bild des Kleinen Bären.[45] Wie auch immer, diese Sternbilder bilden ein Paar in der Zirkumpolarregion des Himmels und befinden sich in der Region, auf welche die beiden nördlichen Schächte der Großen Pyramide ausgerichtet sind. Die wichtige Himmelsrichtung für diese merkwürdige Meteoriten- und Sternenzeremonie mit der königlichen Mumie war demnach der zirkumpolare Norden, dessen Mittelpunkt der Himmelspol ist. Während der Pyramidenzeit wurde dieser durch den Stern Alpha Draconis markiert, das exakte Ziel des nördlichen Schachts der Königskammer.

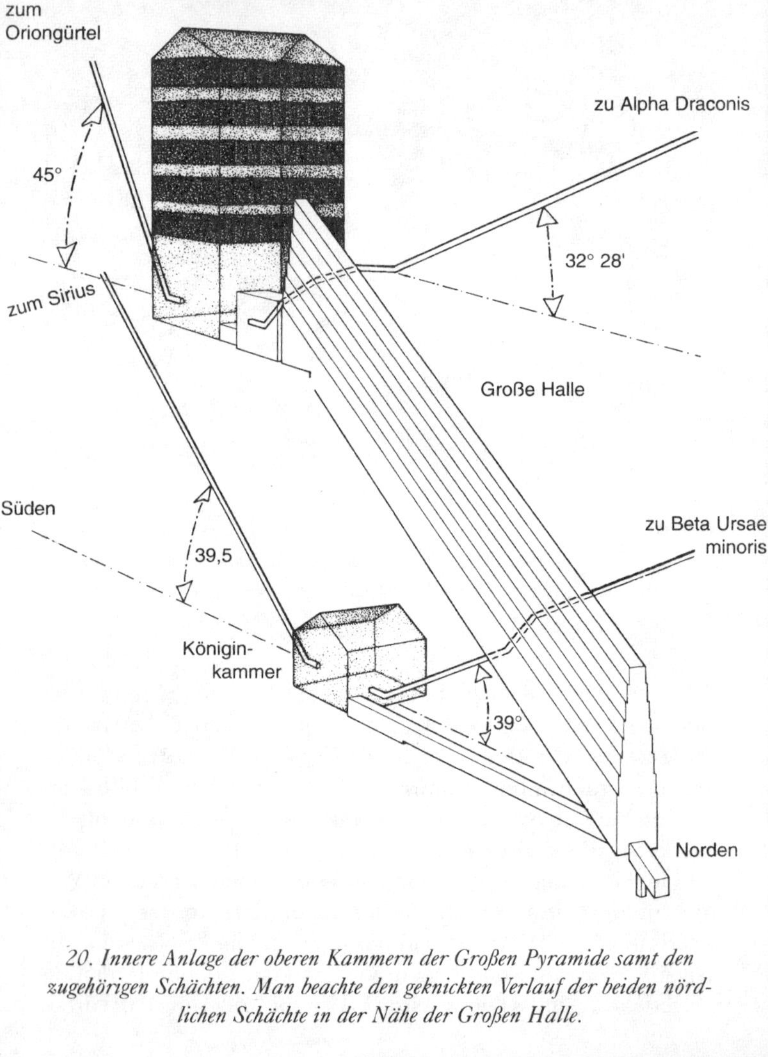

20. Innere Anlage der oberen Kammern der Großen Pyramide samt den zugehörigen Schächten. Man beachte den geknickten Verlauf der beiden nördlichen Schächte in der Nähe der Großen Halle.

Der nördliche Schacht der Königinkammer zeigte auf den «Kopf» des Kleinen Bären, der aus vier Sternen besteht, die höchstwahrscheinlich die Dechsel repräsentierten, mit deren Hilfe der Horus die Zeremonie der «Mundöffnung» durchführte.

In den Pyramidentexten wird dieses Werkzeug als «die Dechsel des Upuaut» bezeichnet [PT 13]. Wie wir gesehen haben, war Upuaut der Schakalgott, der «die Wege öffnete», und er ist deutlich in dem berühmten Tierkreis von Dendera, der sich heute im Louvre befindet, als der zirkumpolare Schakal dargestellt, der auf dem Schneidwerkzeug steht. Die nördlichen Schächte sind nicht nur meridional ausgerichtet, sondern weisen auch im Gegensatz zu ihren südlichen Gegenstücken, die auf Osiris/Orion und Isis/Sirius ausgerichtet sind, eine auffällige architektonische Anomalie auf, die die Ägyptologen in Verwirrung gestürzt hat und unlängst von Rudolf Gantenbrink untersucht worden ist.

Auf der bereits erwähnten Konferenz vom 21. Juni 1993 am FNTP in Paris brachte Gantenbrink diese Anomalie zur Sprache.[47] Als sein Roboter die beiden nördlichen Schächte der Königs- und der Königinkammer erkletterte, gelangte er beide Male an eine Stelle, an der jeder der Schächte auf die Große Halle stößt (vgl. Abb. 20). Da die Große Halle den Schächten im Weg lag, mußten sie einen deutlichen, nach Westen gerichteten Knick erhalten, um die Große Halle zu umgehen. Wie Gantenbrink ausführte, sei es zwar vorstellbar, daß der Baumeister und die Erbauer der Pyramide einen Fehler begangen hätten, als sie den nördlichen Schacht der Königinkammer direkt zur Großen Halle verlaufen ließen und dann dieses riesige Hindernis umgehen mußten. Es sei jedoch nicht mehr nachvollziehbar, warum derselbe «Fehler» auch beim nördlichen Schacht der Königskammer begangen worden sein sollte. Er fragte die anwesenden Fachleute, wie sie sich diesen Umstand erklärten, doch auch sie hatten keine Antwort darauf. Nun lieferte Gantenbrink selbst den logischen Schluß: Die Umgehung oder der Knick in den Schächten war nicht die Korrektur eines Fehlers, sondern von Anfang an geplant. Außerdem wiesen die

Schächte noch weitere leichte Knicke auf, während sie die Große Halle passierten und anschließend wieder ihren ursprünglichen Verlauf nahmen.

Was zum Zeitpunkt der Konferenz noch nicht erkannt wurde, war der Umstand, daß die Schächte mit ihren Knicken die Form der heiligen Dechsel annahmen. Da sie gleichzeitig auf die Zirkumpolarsternbilder ausgerichtet waren, von denen eines die heilige Dechsel symbolisierte und ein anderes die Finger der vier Söhne des Horus, ist eine rein zufällige Ähnlichkeit so gut wie ausgeschlossen. Es scheint mittlerweile festzustehen, daß die Zeremonie der Mundöffnung, möglicherweise zu wiederholten Malen, in der Königinkammer vollzogen wurde.[48] Wir können uns den Horus-Sohn anschaulich vorstellen, wie er in die Königinkammer der Großen Pyramide vor die Mumie seines toten Vaters geführt wird: «O Horus, dieser König ist Osiris, diese Pyramide dieses Königs ist Osiris, dieses sein Bauwerk ist Osiris. Begebe dich dorthin ...» [PT 1657]

Horus stellt seine vier Söhne vor, die Enkel des toten Königs: «Ich habe deinen Mund für dich geöffnet ... Ich öffne deinen Mund für dich mit der Dechsel des Upuaut, ich öffne deinen Mund für dich mit der ehernen Dechsel, welche die Münder der Götter öffnet ...» [PT 13] «... Deine Kindeskinder haben dich gemeinsam aufgehoben, Hapi, Amset, Duamutef und Kebehsenuf, [deren] Namen du [ganz] gemacht hast. [Dein Gesicht ist gewaschen], deine Tränen sind abgewischt, dein Mund ist geöffnet mit ihren ehernen Fingern ...» [PT 1983–1984]

Ein Priester handelt sodann für den toten König, erfüllt von der astralen Macht des *bja*, und spricht: «[Ich bin] rein und [nehme mir meine] ehernen [*bja*] Knochen, es strecken sich [mir] hin/gereicht werden [mir] [m]eine unvergleichlichen Glieder, die im Leibe [m]einer Mutter Nut waren (sind?) ...» [PT 530a–530b] «Die Knochen des Königs sind ehern [*bja*], und seine Glieder sind die unvergänglichen Sterne ...» [PT 2051]

Doch nun sollten wir zu unserer Verblüffung entdecken, an welcher Stelle der Horus sich befand, als er aufgefordert wurde, sich zu der «Pyramide, die Osiris ist», zu begeben. Er begann seinen Weg von einer unmittelbar nördlich gelegenen Stelle aus, nach dem französischen Ägyptologen Goyon[49] exakt auf der Nord-Süd-Linie der Großen Pyramide, 15,75 Kilometer entfernt, wo die alte Stadt Chem lag, die später von den Griechen Letopolis genannt wurde. Der Sonnenpriester, dem die Zeremonie der Mundöffnung oblag, wurde deshalb der «Herr von Chem (Letopolis)» genannt.[50]

Letopolis existierte eigentlich schon vor der Pyramidenzeit[51], und viele Ägyptologen nahmen an, es habe als zentraler geodätischer Markierungspunkt für alle übrigen Bauwerke in der Umgebung gedient.[52] Das galt nach Goyon ganz besonders für die Nord-Süd-Ausrichtung der Großen Pyramide und folglich für die gesamte Totenstadt von Gizeh.[53] Eine noch aufschlußreichere Enthüllung fand sich bei Wainwright, der darauf hingewiesen hatte, daß Letopolis die «Stadt des Donnerkeils» war, benannt nach dem dort gepflegten Meteoritenkult: «... da zur altägyptischen Religion die wichtige Zeremonie der ‹Mundöffnung› eines Toten gehörte, ist es kein Zufall, daß der oberste ‹Mundöffner› seinen Wohnsitz in der Donnerkeilstadt Letopolis hatte ...»[54]

In einem Atlas Altägyptens konnten wir uns davon überzeugen, daß Letopolis genau im Norden der Großen Pyramide lag, wie Goyon geschrieben hatte. Was Goyon dagegen *nicht* erwähnt hatte, war die Tatsache, daß Letopolis darüber hinaus genau im Westen des Phönix-Tempels von Heliopolis lag. Es war demnach der geodätische Punkt, in dem sich der Meridian der Großen Pyramide und die Ost-West-Achse des Tempels von Heliopolis, wo der Benben aufbewahrt wurde, kreuzten. Heliopolis war ein Wegzeichen nach Ro-Setau, zu den «Wegen des Osiris am Himmel».[56] Außerdem stellte es eine Verbindung dar zwischen dem Benben und dessen stilisiertem Abbild auf der Spitze der Großen Pyramide. Und schließlich führte es – im Innern der Großen Pyramide – die Sternendechsel der Zirkumpolarsterne mit den Wegen des Osiris am Himmel zusammen, und diese konnten nur die südlichen Schächte sein, die in das Land des Osiris am Himmel und natürlich zur Duat führten.

Doch damit noch nicht genug: Am Ende des einen südlichen Schachtes befand sich eine Tür, die Gantenbrink entdeckt hatte. Angenommen, hinter der Tür verbarg sich eine Kammer, war diese das mögliche Abbild der geheimen Kammer Thots, von der im Papyrus Westcar die Rede ist? Noch genauer, enthielt sie vielleicht etwas noch Bedeutsameres als eine Mumie, eine Statue oder sonstige Bestattungsgerätschaften?

Jetzt richtete sich unsere Aufmerksamkeit auf Heliopolis, einst die heilige Stadt des Atum-Rê.

12
Die Wege des Osiris

Ich bin die Wege von Ro-Setau zu Wasser und zu Land gewandelt... Es sind die Wege des Osiris; sie sind am Himmel
– Aus dem Buch der Beiden Wege, auf die Innenseite von Särgen geschrieben; Mittleres Reich, El-Bersche

I. WO BEFINDET SICH DER BENBEN?

Wenn wir auf eine Karte von Memphis und Heliopolis aus der Zeit blicken, als die großen Pyramiden erbaut wurden, dann sehen wir, daß Heliopolis und der heutige Standort des großen Obelisken von Sesostris I. (um 1970 v. Chr.)[1] auf einer Linie liegen, die durch die südöstlichen Ecken der drei Pyramiden von Gizeh verläuft. Diesen Sachverhalt hat mir Dr. Gerhard Haeny vom Schweizer Archäologischen Institut in Kairo mitgeteilt, nachdem er selbst von anderer Seite darauf aufmerksam gemacht worden war.[2] Nach seiner Vermutung hatte sich am Standort des Obelisken zuvor ein älteres Gebäude befunden.

Diese Vermutung erwies sich als richtig. An der Stelle des Obelisken befand sich früher ein wichtiges und obendrein mysteriöses Orientierungszeichen: das Haus oder der Tempel des Phönix. Und in diesem Tempel wurde der heilige Benben aufbewahrt. Sesostris I., der die heilige Stadt Heliopolis wiederaufbaute, bestätigt selbst, daß der Obelisk an der Stelle des – mittlerweile verschollenen – Benben aufgestellt wurde, denn er ließ auf eine Stele in Heliopolis folgende Inschrift einmeißeln:

«Meiner Schönheit wird man in diesem Hause gedenken,

Mein Name ist das Pyramidion [*benben*], und mein Denkmal ist der See.»[3]

Was Sesostris damit anscheinend sagen will ist, daß das Pyramidion oder der Benben, der die Spitze seines großen Obelisken bildete, jetzt in einem Haus oder Tempel aufbewahrt wurde. Nach James Breasted wurde «dieser Gegenstand ... bereits um die Mitte des 3. Jahrtausends v. Chr. als heilig verehrt und wird sehr wahrscheinlich wesentlich älter gewesen sein».[4] Er fügt hinzu: «Ein Obelisk ist einfach eine Pyramide auf einem hohen Sockel, der mit der Zeit zum Schaft [des Obelisken] wurde.»[5] Es bleiben jedoch noch viele Fragen. Wer war Sesostris I.? Warum war es erforderlich, den Standort des Benben durch einen Obelisken zu markieren? Und wohin hatte man den Benben verbracht? Um diese Fragen zu beantworten, müssen wir uns der Geschichte des alten Ägypten nach dem Alten Reich zuwenden.

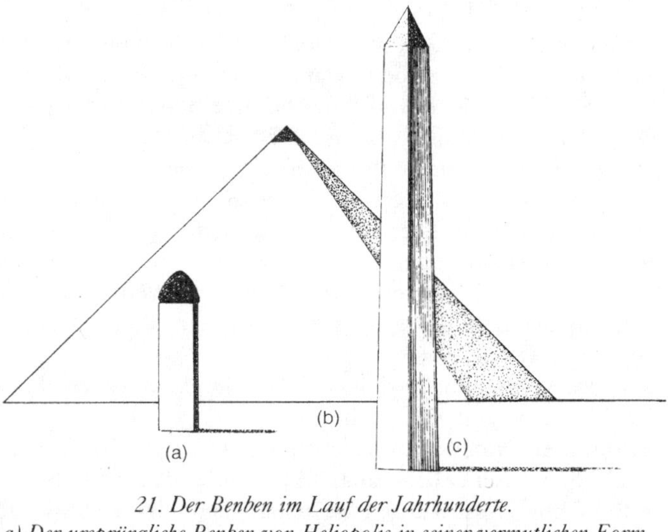

21. Der Benben im Lauf der Jahrhunderte.
a) Der ursprüngliche Benben von Heliopolis in seiner vermutlichen Form
b) Pyramide mit einem Pyramidion oder Benben als Spitze
c) Obelisk mit einem Benben als Spitze

Anscheinend herrschten zur Regierungszeit des Amenemhet I. (um 1990 v. Chr.), des Vaters von Sesostris I., starke politische und soziale Unruhen. Das wird von mehreren guterhaltenen Papyrustexten bezeugt; in einem von ihnen erteilt Amenemhet I. seinem Sohn einen durchaus machiavellistischen Ratschlag:

«Höre auf das, was ich dir sage,
Damit du König seiest auf Erden,
... Verhärte dein Herz gegen alle Untergebenen!
Das Volk gibt acht auf den, der es in Schrecken hält.
Nahe dich ihnen nicht allein.
Laß deinem Herzen keinen Bruder lieb werden,
Kenne keinen Freund
Und mach' dir keinen Vertrauten ...
denn ein Mensch hat niemanden
am Tage des Unglücks.
Ich gab dem Bettler
und ernährte die Waise ...
Aber die mein Brot aßen, empörten sich;
Dem ich die Hand reichte, der erregte Schrecken ...»[6]

Dieser bedrückende Pessimismus schien durch eine messianische Hoffnung auf die Wiederkehr einer «Großen Einheit» gemildert zu werden, die ein einzelner Schreiber namens Ipuwer unter Amenemhet I. zum Ausdruck brachte.[7] Der Text ist Ägyptologen als «die Ermahnung eines ägyptischen Weisen, Ipuwer» bekannt, der zweifellos in Heliopolis ein Priesteramt bekleidete. Es ist die Klage eines Weisen und Priesters über das Chaos am Hof und im ganzen Land: Das niedere Volk betritt und beschmutzt die Tempel, die einst sorgsam von den Priestern gehütet wurden, heilige Inschriften werden mit Kot besudelt, Ämter in der Provinz werden überfallen.[8] Der Text bezieht sich anscheinend auf den Zerfall der Ordnung im Gefolge einer Revolution: «Siehe, die Bezirksräte des Landes sind vertrieben... ein Mann erschlägt seinen Bruder und die gemeinsame Mutter. Was ist zu tun?»[9]

Der Weise und Priester wendet sich offensichtlich an den Hof, der eine Dringlichkeitssitzung abhält und völlig ratlos ist, welche Maßnahmen er als nächstes ergreifen soll.[10] Ipuwer, anscheinend der einzige, der genügend Mut und Verstand besitzt, um das Wort zu ergreifen, sagt: «Die Gaue Ägyptens sind verwüstet... jedermann sagt: ‹wir wissen nicht, was dem Land widerfahren ist› ... wegen des Bürgerkriegs gehen keine Steuern ein... Was ist Reichtum ohne Einkünfte?... Weh über mich ob dem Elend dieser Zeit.»[11]

Dann spricht er von einer großen messianischen Hoffnung und richtet sich dabei offenbar an den Sohn des alten und in Mißkredit geratenen Amenemhet I., dem anscheinend die Zügel über das Land und die Bevölkerung entglitten sind. Ipuwer fordert die volle Wiederaufnahme der heiligen Riten und Tempelvorschriften und erinnert die Zuhörer an die Zeit, als ein «guter und gerechter König» Ägypten in Gerechtigkeit und Frieden regiert hatte: «Gedenket... es heißt, er ist der Hirte aller Menschen. In seinem Herzen ist kein Arg... Wo ist er heute? Liegt er vielleicht im Schlaf? Siehe, seine Macht ist nicht zu erkennen ...»

Ipuwer macht eine merkwürdige Anspielung auf etwas «Verborgenes» in der Pyramide, etwas, von dem er fürchtet, es könnte sich nicht mehr dort befinden: «Das, was die Pyramide in sich barg, ist leer geworden ...» Was immer es war, es muß von großem Wert gewesen sein, tatsächlich etwas so Bedeutendes, daß Ipuwer es für nötig hielt, den Hof vernehmlich zu warnen. Sesostris I., der die messianischen Hoffnungen Ipuwers zu erfüllen schien, errichtete jedenfalls einen großen Obelisken an der Stelle, wo früher einmal die heiligste aller «Pyramiden», der Benben, gestanden hatte. Vielleicht war das Wissen darum, was einstmals im Innern der Großen Pyramide verborgen war, endgültig verlorengegangen. Jedenfalls wurde viele Jahrhunderte später, als Kalif Al Maamun die Pyramide öffnen ließ, nichts mehr gefunden.

Aber vielleicht war das gerade die Absicht des Erbauers. Hatte der geniale Baumeister, der die Große Pyramide entwarf, möglicherweise dafür gesorgt, daß das verborgene Etwas unmöglich zu finden war? Jedenfalls unmöglich, solange man nicht über einen kleinen mechanischen Roboter verfügte, den man elektronisch fernsteuern konnte?

Betrachten wir einmal die geographischen Verhältnisse in der Region, in der sich die hier beschriebenen Ereignisse abgespielt haben. Die Strecke von Gizeh bis zur vermuteten Lage des Phönix-Tempels im Nordosten beträgt rund 24 Kilometer. Die Entfernung von Gizeh nach Letopolis genau im Norden beträgt knapp 16 und die von Letopolis zum Phönix-Tempel genau im Osten rund 18 Kilometer.

Sowohl Letopolis als auch Heliopolis werden in den Pyramidentexten immer wieder genannt und waren während der Pyramidenzeit wichtige religiöse Zentren. Die beiden Tempel hatten eine gemeinsame Ost-West-Achse; zwischen ihnen lag der Nil.[12] In dem bereits mehrfach erwähnten Buch der Beiden Wege lesen wir: «Ich bin die Wege von Ro-Setau zu Wasser und zu Land gewandelt... Es sind die Wege des Osiris; sie sind [auch] am Himmel.»[13]

Es ist klar, daß die Wege von Ro-Setau (Gizeh) über das Wasser und dann auf dem Land verliefen. Damit scheint der Weg einer religiösen Prozession vorgegeben, die in Heliopolis ihren Ausgang nahm und sich genau nach Westen wandte, über den Nil hinweg auf Letopolis zu und von dort aus in südlicher Richtung auf dem Landweg Gizeh, das alte Ro-Setau, erreichte. Wir können demnach annehmen, daß es vor Gizeh ein Eingangstor in die eigentliche Totenstadt gegeben hat, das das Tor zur Duat symbolisierte. Wir können ferner davon ausgehen, daß die Region, die die Städte Heliopolis, Letopolis, Memphis und die Pyramidenanlage umfaßte, eine ausgedehnte, heilige Stätte war, eine symbolische Landschaft, deren Gegenbild am Himmel lag, in den Sternbildern Großer Hund, Orion und den Hyaden entlang den «Ufern» der Milchstraße. In dieser Hinsicht sprechen die bislang vorliegenden Belege erfreulicherweise für unsere Hypothese, aber noch müssen wir für die beiden Tempelanlagen von Letopolis und Heliopolis eine Erklärung finden. Diese Städte haben auch eine wichtige Rolle in den Ritualen zur königlichen Wiedergeburt gespielt, denn in Heliopolis befand sich der Benben, das Symbol der Wiedergeburt des Osiris, und in Letopolis war der oberste Hohepriester verantwortlich für das Öffnen des Mundes des Osiris-Königs. Und es war der Ort, an dem die heiligen Dechseln aus *bja* aufbewahrt wurden.[14] In welcher Weise finden diese Orte ihre Entsprechung am Himmel?

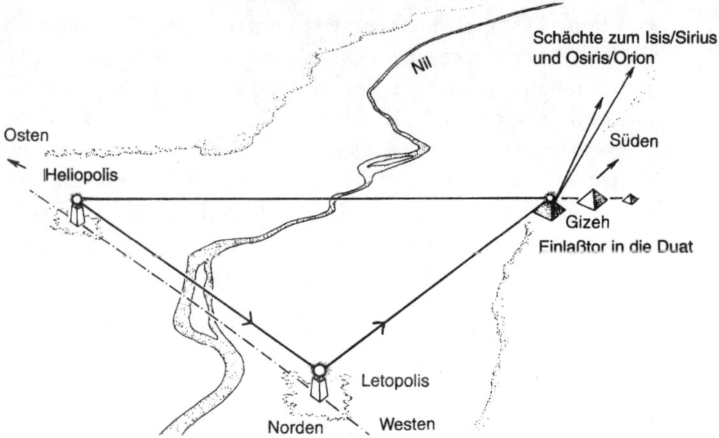

22. Geodätisches System, das die «Leuchtfeuer» in Heliopolis, Letopolis und Gizeh sowie die Strecke der Bestattungsprozession miteinander verbindet.

Der Ägyptologe Georges Goyon meinte zur Lage und Ausrichtung der Großen Pyramide:

«Das Denkmal [stand] unter dem Sternenschutz des Gottes Horus, des Herrn von Chem (Letopis)... Um das Denkmal nach der heiligen Stadt Chem zu orientieren, bestimmen die Astronomen den wahren Norden, indem sie einen Fixstern, den Polarstern [Alpha Draconis], anvisieren... Die unlängst erfolgte Entdeckung des Orientierungsprinzips fußt auf der Tatsache, daß alle ägyptischen Pyramiden des Alten Reiches so ausgerichtet sind, daß ihre nördliche Achse mit einem heiligen (geweihten) Ort oder mit einer anderen Pyramide zusammenfiel, die einem besonders verehrten Vorfahren gehörte. So bezieht sich die Ausrichtung [der Cheops-Pyramide] auf die Stätte von Chem (Letopolis-Aussim)...»[15]

Goyon war überzeugt, daß alle ägyptischen Pyramiden des Alten Reiches durch ein geodätisches System verbunden waren, das aus einem eingenordeten Raster bestand und für die Region um Memphis galt. Zwar betonte er die Orientierung nach Norden, doch kann man diesen Raster ebensogut als nach Süden orientiert auffassen, und höchstwahrscheinlich wurden von den altägyptischen Baumeistern zur Orientierung ihrer Bauwerke neben den Sternen des nördlichen auch die des südlichen Himmels benutzt.[16] Die Schächte der Cheops-Pyramide lassen diesen Schluß zu: Die beiden südlichen Schächte waren auf Zeta Orionis und den Sirius, die beiden nördlichen auf Alpha Draconis und auf Beta Ursae minoris (Kochab) im Kleinen Bären ausgerichtet.

Goyon verfügte über das seherische Auge, die meridionale Verbindung zwischen der Großen Pyramide und der Stadt Letopolis zu erkennen. Er lebte jahrelang in Ägypten und stand als Ägyptologe im Dienst König Faruks I.[17]; sein ganz besonderes Interesse an dem Dreieck Memphis–Heliopolis–Letopolis bewog ihn zu folgenden Fragen:

«Besaßen die Ägypter der Pyramidenzeit bereits sehr viel fortgeschrittenere astronomische und geodätische Kenntnisse, als wir ihnen zuschreiben? Kannten sie die Geographie ihres Landes besser, als wir glauben? Hatten sie schon im dritten Jahrtausend ihre Landschaft vermessen und abgesteckt, wie es übrigens später die griechischen Philosophen und Mathematiker feststellten, etwa Thales, Pythagoras, Eudoxus, Platon, Demokrit usw. ...?»[18]

Der griechische Geograph Strabo hat über die berühmte Sternwarte in Kerkasore (Cercesure) in der Nähe von Letopolis berichtet[19], wo nach einer Mitteilung Herodots[20] auch Eudoxus und Plato Beobachtungen angestellt haben. Und Goyon stellt sich die Frage, »ob nicht außer dem astronomischen und mystischen Faktum ein zusätzlicher Grund [geodätischer und mathematischer Natur] die Wahl des Standorts der Cheops-Pyramide bestimmte».[22] Es spricht vieles dafür, daß es diesen Grund gab und daß die ursprünglichen geodätischen Zentren Heliopolis und Letopolis waren, deren Verbindungslinie eine Ost-West-Achse festlegte.Ein unbekannter Astronom und Priester, wahrscheinlich Imhotep als «Erster der Schauenden», zog nun durch Letopolis senkrecht zu dieser Achse eine Nord-Süd-Linie, auf der die zukünftige Große Pyramide liegen sollte, deren Bauarbeiten unter Cheops aufgenommen wurden.

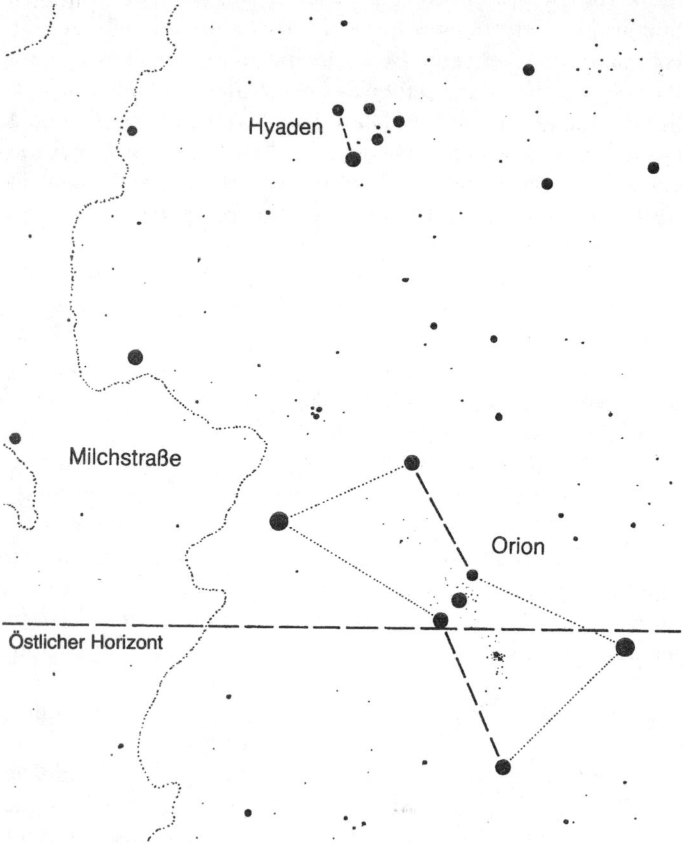

23. Der Aufgang von Al Nitak um 2450 v. Chr.

Die Entsprechung zwischen der himmlischen und der irdischen Duat wurde sichtbar, sobald am östlichen Horizont Isis/Sirius und das Sternbild des Osiris/Orion in voller Größe aufgegangen waren, und zwar zu dem Zeitpunkt, zu dem die

Sonne, etwa zur Zeit der Sonnenwende, am Tag des heliakischen Siriusaufgangs am Horizont erschien. Wenn wir mit dem Skyglobe-Programm den Sternenhimmel jener Tage rekonstruieren, dann sehen wir, daß der Aufgangspunkt der Sonne 26,5° nordöstlich liegt. Der Sirius steht fast unmittelbar unter dem Gürtel des Orion, genauer gesagt unter Zeta Orionis, der auf der Erde durch die Große Pyramide abgebildet wird. Der Horizont verbindet auf diese Weise den Sonnenaufgangspunkt mit dem Sirius und bildet eine lange Linie, welche die sichtbare von der unsichtbaren Welt unterhalb des Horizonts trennt. An diesem Punkt befindet sich die Sonne links und der direkt gegenüberliegende Sirius rechts von der Milchstraße, so daß die Verbindungslinie zwischen ihnen quer zu dieser verläuft.

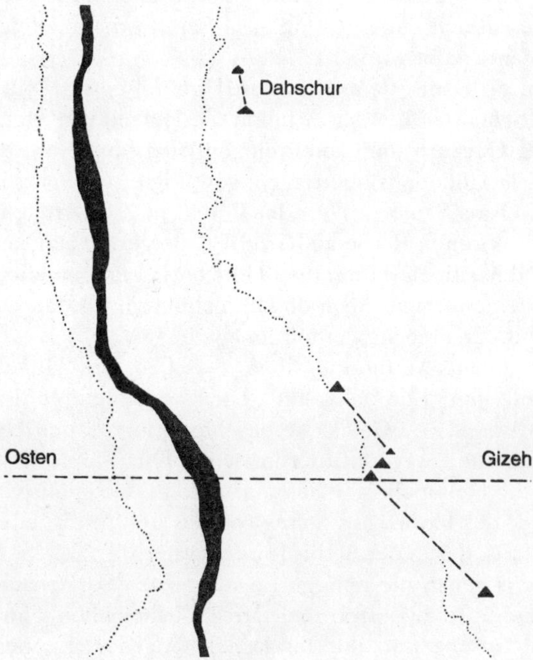

24. Der «Horizont des Chufu» war der altägyptische Name der Großen Pyramide.

Wie wir im 1. Kapitel erörtert haben, war Heliopolis die Sonnenstadt schlechthin und befand sich auf dem Ostufer des Nils, während Letopolis ihr gegenüber am Westufer lag.[23] Nach Goyon muß es in Heliopolis ebenso wie in Letopolis je einen erhöhten Punkt oder Hügel gegeben haben, von dem aus die Geodäten ihre Messungen vornahmen, indem sie vergoldete Scheiben anvisierten, die auf Pfeilern oder obeliskenartigen Monumenten befestigt waren.[24] Es spricht jedoch einiges dafür, daß der vergoldete Gegenstand in Heliopolis keine Scheibe war, sondern ein Pyramidion, wahrscheinlich der Benben selbst, das mit Goldstaub vergoldet und – wie Frankfort und Mercer annahmen[25] – auf der Säule von Heliopolis angebracht war, die ursprünglich dem Atum gehörte.[26]

Im Louvre gibt es einen ziemlich kryptischen Text[27] aus dem Mittleren Reich auf einer Stele, in dem Osiris mit folgenden Worten angeredet wird:

«Heil dir Osiris, dem Sohn der [Himmelsgöttin] Nut... die heilige Scheu vor ihm hat Atum in die Herzen von Menschen, Göttern, Geistern und Toten eingepflanzt; ihm ward die Regierung in Heliopolis übertragen; gewaltig erscheint er in Djedu [die Osiris-Säule[28]]; Herr der Furcht in Zwei-Hügeln; groß sein Schrecken in Ro-Setau [Gizeh]... dergestalt ist Osiris, König der Jenseitigen [hinter dem Horizont]... er, dem die schönsten Stücke im Haus hoch droben gebühren, für den Opfer in Memphis dargebracht werden...»[29]

Eine gerade Verbindungslinie zwischen den Hügeln von Heliopolis und Letopolis, auf denen vergoldete Reflektoren postiert waren, wie Goyon sie beschreibt, bildet den Horizont eines irdischen Ägypten (der irdischen Duat), eine Ost-West-Achse, die Heliopolis, die Sonnenstadt, mit Letopolis verband, der Stadt des Horus, des Sohns von Isis und Osiris, oder auch des «Horus, der in der Sothis [Sirius] war» [PT 632]. Somit hat Heliopolis genau die richtige Lage, um den Sonnenaufgangspunkt auf unserer Korrelationskarte zu bezeichnen – im Osten der Milchstraße und ihres irdischen Gegenstücks, des Nils. Außerdem ist zu erkennen, daß «Horus, der in der Sothis war», das heißt der Sternengott von Letopolis, die Position des heliakischen Siriusaufgangs bezeichnet. In dieser nunmehr vollständigen Korrelationskarte haben wir den vollen Ausdruck der Osiris-Duat, nicht nur in ihrer sichtbaren Form am Himmel, sondern auch in ihrer «Zeit», festgelegt durch den heliakischen Aufgangspunkt des Sirius und den Sonnenaufgang um die Zeit der Sommersonnenwende, deren Verbindungslinie den östlichen Horizont darstellt.

Nachdem zwischen Heliopolis und Letopolis diese geodätische Verbindung oder dieser «Weg» festgelegt war, konnte sich der große Begräbniszug von der «Sonnenstadt» nach Letopolis begeben und den «Horus» und seine «vier Söhne» in Empfang nehmen. «Horus» führte seine magische Dechsel mit sich, während seine «vier Söhne» vermutlich das Tuch über dem Sarg des toten Osiris-König trugen. Unter großem Pomp und Wehklagen wandte sich die Prozession nach Ro-Setau (Gizeh), dem Tor zur Duat, dem osirischen Königreich auf Erden und im Himmel. Jetzt können wir besser verstehen, was die Worte des Horus bedeuten: «Ich bin die Wege von Ro-Setau zu Wasser und zu Land gewandelt ... Es sind die Wege des Osiris; sie sind am Himmel ...» In Ro-Setau wurde der Sarg in einem Tempel aufgestellt, vermutlich am nördlichen Eingang zur Pyramide. Schließlich wurde der Sarg, der vermutlich dem Körper des Osiris nachgebildet und vergoldet war[30], in die Pyramide getragen und wahrscheinlich in der Wiedergeburts- oder Königinkammer aufgestellt.

Nach den späteren Abbildungen im *Totenbuch* zu urteilen, wurde die Mumie aufrecht gestellt, das Gesicht zum nördlichen Schacht der Kammer gerichtet, der in seinem Verlauf möglicherweise die Dechsel des Kleinen Bären symbolisierte (er war natürlich verschlossen). Es ist aber auch möglich, daß die Mumie nur vorübergehend in die mysteriöse Nische an der Ostwand der Kammer gestellt wurde. Gegenüber der Mumie stand der Horus, der die Dechsel mit ihrer starken Sternensymbolik trug und seine vier Söhne und weitere Teilnehmer an der Zeremonie anführte. Jetzt fand die Zeremonie der Mundöffnung statt, durch die dem mumifizierten König ein neues, astrales Leben eingehaucht wurde. Wenn dieses Ritual in der Königinkammer abgehalten wurde, legte man es wahrscheinlich auf einen Zeitpunkt, an dem der Stern Kochab sich genau auf der verlängerten Linie des nördlichen Schachts der Kammer befand.

Sobald die Osiris/Orion-Mumie von der magischen Kraft erfüllt war, deren sie zu ihrer astralen Wiedergeburt bedurfte, war der Stern des Pharao geboren. Da der altägyptische Name der Großen Pyramide «der Horizont des Chufu [Cheops]» lautete, bedeutete dies in stellaren Begriffen, daß der «Stern des Chufu» wiedergeboren sein, das heißt über dem östlichen Horizont aufgehen mußte, und das war um das Jahr 2450 v. Chr. tatsächlich der Fall. Im selben Augenblick, in dem das Ende der Himmelsdechsel den Meridian berührte und auf einer Linie mit dem nördlichen Schacht der Königinkammer lag, ging der Stern des Chufu, Al Nitak (Zeta Orionis), am Horizont auf, und Osiris/Orion-Chufu wurde als Stern wiedergeboren.[31]

Wie im Fall des ursprünglichen Osiris bestand die letzte irdische Pflicht des wiedergeborenen Königs darin, den Schoß von Isis/Sothis mit seinem Samen fruchtbar zu machen und für einen Thronfolger zu sorgen.

Möglicherweise kam es zu einer Art ritueller Inszenierung der stellaren Paarung zwischen Osiris/Orion und Isis/Sirius, wie sie in den Pyramidentexten [PT 632] geschildert wird, entweder unmittelbar, unter der Beteiligung einer Priesterin (Isis), oder symbolisch, unter Einbeziehung des südlichen (auf den Sirius ausgerichteten) Schachts der Königinkammer.

Nachdem er seine letzten irdischen Pflichten erfüllt hatte, wurde der Osiris-König (die Mumie) aus der Königinkammer durch die Große Halle in die Königskammer getragen. Hier fand möglicherweise eine weitere Zeremonie statt: das «Wiegen des Herzens», bevor die Mumie gegenüber dem südlichen Schacht der Kammer aufgestellt wurde. Jetzt war der große dramatische Augenblick gekommen, in dem die Seele des Sternenkönigs sich aus der materiellen Mumienhülle befreite und durch den südlichen Schacht zu den Sternen im Oriongürtel aufstieg, dem phallischen Bezirk des Osiris/Orion am Himmel. Dort traf der Sternenkönig die Astralform seiner Gemahlin Isis/Sirius, um den neuen Horus-König zu zeugen und ihm Kraft zu verleihen: «Zu dir kommt deine Schwester [Gemahlin] Isis, froh der Liebe zu dir. Du hast sie auf deinen Phallus gesetzt, damit dein Same hervorgehe in sie, in dem er scharf ist, als Sothis [Sirius]. Horus… ist hervorgekommen aus dir als Horus, der in der Sothis war.» [PT 632a–632d]

Angesichts dieser Passage drängt sich der Schluß auf, daß der südliche Schacht der Königinkammer, der auf den Sirius ausgerichtet war, als kosmische Verbindung zwischen dem Phallus des Osiris-Königs und dem Schoß der Isis (symbolisiert durch die Königinkammer) gedient hat. Deshalb gab es neun Monate später möglicherweise ein weiteres Ritual zur Feier der Geburt des neuen Horus, eine Art Krönungszeremonie, durch die der neue König als Pharao der Länder bestätigt wurde.

Unter diesem Blickwinkel betrachtet wird die Große Pyramide zum Mittelpunkt der wichtigsten Staatszeremonie, und es ist schwer vorstellbar, daß sie nur ein einziges Mal für die Bestattung Chufus benutzt und dann auf ewig verschlossen worden sein soll. Zwar läßt sich die Tatsache nicht bestreiten, daß die große Halle mit Fallgattern aus Granit verschlossen war, doch wissen wir nichts darüber, in welcher Zeit diese Gatter endgültig herabgelassen wurden.[32]

Der von Gantenbrink neu vermessene Steigungswinkel des südlichen, auf den Sirius ausgerichteten Schachts der Königinkammer gibt uns die Möglichkeit, die symbolische archäoastronomische Verbindung zwischen diesem und dem südlichen, auf den Oriongürtel ausgerichteten Schacht der Königskammer zu bestätigen.[33] Daneben existieren aber auch noch architektonische Verbindungen zwischen den beiden südlichen Schächten, denn Gantenbrink entdeckte mit seinem Roboter, daß unmittelbar hinter der Stelle, an der sich die Tür befindet (am Ende des südlichen Schachts der Königinkammer), eine kleine Nische aus dem südlichen Schacht der Königskammer, der direkt über diesem verläuft, ausgehauen wurde.[34] Das ergibt ein geometrisches und vermutlich auch strukturelles Bindeglied zwischen den beiden Schächten von der Art, wie wir sie aufgrund der in den Pyramidentexten beschriebenen Rituale erwarten durften.

Auffällig ist auch, daß die Königinkammer unmittelbar auf der Ost-West-Achse der Pyramide liegt, auf einer Linie mit dem Schlußstein der Pyramide, auf der sich früher einmal ein Benben oder Pyramidion befand.[35] Die Größe dieses Benben ist uns nicht mehr bekannt, da er seit langem verschollen ist.[36] Einige Forscher haben sogar vermutet, daß er gar nicht als Schlußstein der Pyramide gedient hat.[37]

Fest steht, daß die Große Pyramide mit Heliopolis durch ein geodätisches System verbunden ist, das die beiden südlichen Schächte der Pyramide einschloß. Ist das ein Hinweis darauf, daß das Ende des südlichen Schachts der Königinkammer in irgendeiner Weise mit dem Benben in Verbindung steht?

Seit dem 22. März 1993 wissen wir, daß sich am Ende dieses Schachts eine Tür befindet. Die Frage bleibt: Liegt hinter dieser Tür möglicherweise der ursprüngliche Benben verborgen?

Eine weitere Beschäftigung mit dem Papyrus Westcar und den Abbildungen aus dem *Totenbuch* eröffnet uns aufregende Möglichkeiten. Der Papyrus Westcar informiert uns darüber, daß Cheops ganz besonders daran interessiert war, die geheime Zahl der Kammern von Thot herauszufinden (die angeblich in einem Schrein in Heliopolis aufbewahrt wurde), um in seiner Pyramide dieselbe Anzahl von Kammern einbauen zu lassen.[38] Die zahlreichen Abbildungen der Mundöffnungszeremonie zeigen, daß die Mumie mit dem Rücken vor einem schmalen Schrein stand, auf dem sich ein Benben befand. Wenn wir annehmen, daß die Augen der Mumie nach Norden gerichtet sind (in die Richtung der Zirkumpolarsternbilder), der in diesen Abbildungen durch die Dechseln des Horus und seiner vier Söhne repräsentiert wird, die der Mumie gegenüberstehen, dann muß der Schrein an der Südseite der Königinkammer gestanden haben. In vielen dieser Abbildungen zeigt der Schrein eine kleine Tür mit zwei Kupferangeln. Wir vermuten, daß der südliche Schacht der Königinkammer zu einem solchen Schrein führt. Wenn wir außerdem annehmen, daß der auf dem Schrein liegende Benben tatsächlich der ursprüngliche Benben von Heliopolis ist, eröffnet sich eine weitere faszinierende Möglichkeit. Für einige Autoren, wie William Lethaby, war der Benben von Heliopolis selbst ein Schrein[39] und enthielt angeblich die Bücher von Thot, die, falls sie existiert haben, während der Ersten Zeit geschrieben wurden, als Osiris noch Herrscher über

Ägypten war. Das wiederum steht in Einklang mit einer Prophezeiung des Wahrsagers Edgar Cayce[40], daß in den letzten Jahren unseres Jahrhunderts in der Großen Pyramide eine geheime Kammer entdeckt werden würde, in der sich Schriften befinden.[41] Wenn sich diese Prophezeiung bewahrheiten sollte, stehen wir möglicherweise kurz vor dem Fund der ursprünglichen Quellen der Pyramidentexte. Am Ende wäre die Große Pyramide dann doch nicht so stumm, wie Mariette geglaubt hat.

Wir müssen aber auch die andere Möglichkeit berücksichtigen: Was ist, wenn hinter der Tür überhaupt nichts verborgen ist und das Rätselraten weitergeht? In diesem Fall müssen wir uns damit zufriedengeben, daß wir zum erstenmal das eigentliche Geheimnis der Pyramiden enthüllt haben – daß sie die irdischen Abbilder der Himmelslandschaft um den Orion waren.

NACHWORT

In den Schächten [der Königinkammer] wurde jedoch etwas anderes entdeckt, nämlich ein Doppelhaken aus Bronze, ein Stück zedernartiges Holz, das ursprünglich vielleicht seinen Handgriff gebildet hatte, und eine Kugel aus Aplitgranit oder Grünstein ...
– Ch. Piazzi Smyth: *The Great Pyramid.*
New York, 1990 [1878].

I. DIE ZUKUNFT DES UPUAUT-PROJEKTS

Langfristig gesehen hegt Rudolf Gantenbrink die Hoffnung, die Archäologie einem breiten Publikum auf interessante Weise nahezubringen und ein weltweites Interesse an der Erhaltung antiker Fundstätten rund um den Globus zu wecken. Für diesen Zweck hat er in München die Upuaut-Stiftung ins Leben gerufen, und er ist zur Zeit damit beschäftigt, ein Team aus Wissenschaftlern und Forschern zusammenzustellen. Freundlicherweise hat er mich gebeten, daran teilzunehmen. In nächster Zeit steht noch die Erkundung des nördlichen Schachts bevor, möglicherweise noch vor Weihnachten 1993, und, als Höhepunkt seiner Pyramidenforschung, im Frühjahr 1994 die Öffnung der kleinen Tür.

II. GEHEIMNISVOLLE FUNDSTÜCKE IN DER CHEOPS-PYRAMIDE

Anfang September 1993, fast sechs Monate nach Gantenbrinks Entdeckung in der Großen Pyramide (22. März 1993), fiel mein Blick auf eine ziemlich aufregende Stelle in Charles Piazzi Smyth' Buch über die Große Pyramide, das 1878 erschienen war und in dem er unter anderem über die «neu entdeckten

Luftschächte in der Königinkammer» berichtete. Smyth schilderte, wie Wayman Dixon und Dr. Grant als erste die Schächte in dieser Kammer entdeckten:

«Nachdem sie einen Spalt... in der südlichen Wand der Königskammer entdeckt hatten, der es ihnen ermöglichte, an einer Stelle einen Draht von kaum glaublicher Länge hindurchzuschieben, ließ Mr. W. Dixon sein Faktotum namens Billy Grant mit Hammer und Stahlmeißel an dieser Stelle ein Loch schlagen...»

Im Anschluß daran erzählte Smyth, wie die Öffnung des nördlichen Schachts aufgefunden wurde und Dixon und Grant ein Feuer entzündeten, um zu beobachten, an welcher Stelle der Rauch aus der Pyramide austrat:

«... doch obwohl der Rauch am südlichen Schacht abzog, ließ sich außerhalb der Pyramide nichts feststellen...»

Doch dann folgte ein mysteriöser Kommentar, der mich förmlich elektrisierte, obwohl das Buch schon vor über 100 Jahren geschrieben worden war:

«Es wurde jedoch etwas anderes in den Schächten [der Königinkammer] entdeckt, nämlich ein Doppelhaken aus Bronze, ein Stück zedernartiges Holz, das ursprünglich vielleicht seinen Handgriff gebildet hatte, und eine Kugel aus Aplitgranit oder Grünstein... von 8325 Gran [rund 850 Gramm].»

Das war das allererste Mal, daß ich von solchen Funden erfuhr. Smyth erläuterte im folgenden, wie diese Fundstücke oder «Kuriositäten» eine Zeitlang «großes Aufsehen unter Fachleuchten und Freizeitarchäologen in London erregten; doch im übrigen hat sich aus ihnen weiter nichts ergeben».

Ich fand es merkwürdig, daß ich von dieser Entdeckung bisher noch nichts gehört hatte. Zunächst tröstete ich mich mit dem Gedanken, daß die Ägyptologen von der Existenz dieser Stücke sehr wohl wußten. Ich erinnerte mich an die kupfernen «Beschläge», die Gantenbrink im südlichen Schacht entdeckt hatte. Offenbar war er doch nicht der erste gewesen, der Metall im Innern der Großen Pyramide gefunden hatte. Das würde ihn bestimmt interessieren, und als ich ihm telefonisch davon berichtete, war auch er höchst überrascht. Wir fragten uns, warum kein Ägyptologe es für wichtig genug gehalten hatte, uns von diesem erstaunlichen Fund in der Königinkammer zu erzählen. Vielleicht hatten sie angenommen, wir wüßten bereits davon. Schließlich rief ich Dr. Edwards an, und zu meiner noch größeren Überraschung hatte auch er noch nie von diesen Funden durch Dixon gehört, und auch das Buch von Piazzi Smyth war ihm unbekannt. Er bot an, die Angelegenheit im Britischen Museum überprüfen zu lassen. Es stellte sich heraus, daß es dort niemanden gab, der sich an die Sache erinnern konnte. Später bestätigte Dr. Spencer, der für die Archive verantwortlich ist, daß in den Annalen des Museums keine derartigen Stücke verzeichnet seien – von ihrer Existenz im Museum ganz zu schweigen. Das war höchst merkwürdig. Was konnte mit diesen alten Gerätschaften aus der Cheops-Pyramide geschehen sein? Hatte man sie nach London gebracht, nachdem Piazzi Smyth sie untersucht hatte? So schien es sich jedenfalls nach seinem Bericht zu verhalten.

Zu dieser Zeit kam mir die Idee, einen mir bekannten Amateurastronomen in Schottland anzurufen. Er brachte mich in Kontakt mit Professor Hermann Brück und Mary Brück. Professor Brück war von 1957 bis 1975 Königlicher Astronom für Schottland gewesen, und seine Frau bekleidete einen Lehrstuhl für Astronomie an der Universität Edinburgh. Sie hatten mehrere Bücher geschrieben, zuletzt eine umfassende Biographie Piazzi Smyth'. Ich rief Mrs. Brück an, die sich an einige Skizzen in Piazzi Smyth' persönlichen Aufzeichnungen über diese Geräte erinnern konnte und mir freundlicherweise anbot, der Sache nachzugehen. Einige Tage später teilte sie mir mit, daß sie zahlreiche interessante Briefe und Notizen gefunden habe, und schlug mir vor, ich solle nach Edinburgh kommen. Zwei Wochen später machte ich dann die persönliche Bekanntschaft der beiden Brücks in ihrem gemütlichen Haus in Penicuik in der Nähe Edinburghs. Zu meiner großen Freude zeigte mir Mary Brück eine von Piazzi Smyth' Skizzen, auf der die Funde dargestellt waren, und die noch interessanteren verschiedenen schriftlichen Berichte darüber durch die Brüder Dixon.[1] Nach der Lektüre dieser Dokumente sah ich eine gute Chance, diese Gegenstände irgendwo in London aufzuspüren.

Die Brüder Dixon hatten anscheinend spätestens seit 1871 mit Piazzi Smyth eng zu tun gehabt. Auch sie glaubten an die Möglichkeit einer «Geheimkammer» in der Cheops-Pyramide. So berichtete John Dixon zum Beispiel am 25. November 1871 an Piazzi Smyth, sein jüngerer Bruder Waynman sei stark durch ein Brückenbauprojekt in Ägypten in Beschlag genommen, und setzte folgende geheimnisvolle Bemerkung hinzu:

«Ich bin mehr denn je von der Möglichkeit überzeugt, daß es einen Gang und vermutlich auch eine Kammer gibt, in der sich möglicherweise Aufzeichnungen der ursprünglichen Gründer finden – sobald ich einen brauchbaren Plan gezeichnet habe, lasse ich Ihnen ein Exemplar zukommen ...»

John Dixon reiste nach Ägypten, und als er am 8. April 1872 zurückkehrte, schrieb er einen weiteren Brief an Smyth, in dem er ihm mitteilte, Waynman sei nach wie vor stark beschäftigt, und fügte hinzu: «Ich bin davon überzeugt, einem weiteren Gang auf der Spur zu sein!»

Am 2. September 1872 schrieb John Dixon von London aus an Piazzi Smyth:

«Ich darf Ihnen die erfreuliche Mitteilung machen, daß unser Bohren und Kratzen an der Pyramide zu einer interessanten Entdeckung von Gängen geführt hat, die nahe bis zur Königinkammer verlaufen. Wie ich höre, hat er [Waynman] Ihnen eine Abschrift seines Berichts geschickt. Ich werde zusehen, daß ich Ihnen mit der Montagspost noch mehr mitteilen kann, und schicke Ihnen eine Abschrift seines Briefs, falls er Ihnen nicht direkt geschrieben hat. Ich denke, der blockierte Eingang zu ihnen [den Schächten] wirft die Theorie ziemlich über den Haufen (?). Ich habe außerdem angeregt, die westlichen Wände beider Kammern, d.h. des Königs und der Königin, anzubohren, ebenfalls um festzustellen, ob sich durch Rauch und das Abfeuern einer Pistole in den Gängen mittels direkter Beobachtung oder aufgrund des Geräuschs oder Geruchs eine Verbindung zu den Gängen der Königskammer feststellen läßt. Möglicherweise sorgt die Erschütterung auch dafür, daß irgendwelche Gegenstände durch den Schutt in den Gängen an die Oberfläche gerüttelt werden ...»

In einem Brief vom 15. November 1872 lesen wir:

«Komme gerade von einem eiligen Besuch in Ägypten zurück – sah die neuen Gänge oder Schächte in der Königinkammer ... – nahm die Werkzeuge mit, die wir in einem von ihnen gefunden haben – ein bronzener Doppelhaken, eine Granitkugel, zweifellos ein Gewichtsstein, 538 Gramm schwer – und das Stück von einer alten Elle, gut zwölf Zentimeter lang ...»

IV. EINE UNAUFFINDBARE ZIGARRENKISTE

Einige Tage später, am 23. November 1872, folgten zwei weitere Briefe. Im ersten informierte Dixon Smyth darüber, daß er die Fundstücke an ihn abgeschickt hatte:

«Diese Stücke sind in einer Zigarrenkiste eingepackt und werden mit dem Personenzug befördert. Sie bestehen aus Steinkugel, Bronzehaken und Holzstück, in einem Glasrohr verschlossen ... machen Sie Skizzen davon, fotografieren Sie sie oder was Sie wollen ... aber schicken Sie es unverzüglich zurück, da viele darum bitten, sie sehen zu dürfen, und wenn in der kommenden Woche *The Graphic* eine Zeichnung von ihnen bringt,... wird es einen Ansturm geben ... Besteht vielleicht die Möglichkeit, daß das Britische Museum für diese Stücke ein paar Hundert Pfund bezahlt? Falls ja, würde ich von dem Geld [das Fundament der Pyramide] völlig freilegen und untersuchen lassen ... Ich werde sie darum bitten, nachdem die Existenz [der Fundstücke] bekannt geworden ist ...»

Im zweiten Brief ging Dixon auf die Theorie von Smyth ein, daß es sich bei den aufgefundenen Gängen hinter der Königinkammer um «Luftschächte» handeln könnte:

«Ihre Bemerkung über [den Zweck und] die Bezeichnung der neuen Gänge hat manches für sich, doch ich bin nicht geneigt, aufgrund einer voreiligen Annahme die Theorie zu akzeptieren, daß es sich um Belüftungsschächte handelt, einfach aus dem Grund, weil sie so sorgfältig bis kurz vor der Kammer ausgeführt wurden, ohne jedoch in die Kammer selbst zu münden. Jene sorgfältig bearbeitete zwölf bis dreizehn Zentimeter starke Steinmauer [zwischen Kammer und Gang] ist das Hindernis vor einer solchen Annahme. Und außerdem gibt es mindestens einen von ihnen, der nach meiner Überzeugung aufgrund seines Aussehens – so sauber und hell wie an dem Tag, als er angelegt wurde – unmöglich mit der Außenatmosphäre in Verbindung gestanden haben kann. Es war hier (im nördlichen Gang), wo wir die Gerätschaften fanden ...»

Die mittlerweile berühmte Zigarrenkiste, welche die Fundstücke enthielt, gelangte am 26. November wohlbehalten in die Hände Piazzi Smyth' in Edinburgh. Bezeugt wird dies durch einen Tagebucheintrag von Piazzi Smyth samt einer Skizze des metallenen «Werkzeugs» in voller Größe. Der Autor bemerkte außerdem zutreffend, das «Werkzeug» sei «... merkwürdig klein und fein gearbeitet für ein Arbeitsgerät [beim Bau] der Großen Pyramide ...».

Am 4. Oktober 1993 ließ ich mir in der Britischen Bibliothek in Colingdale sämtliche Dezembernummern von *The Graphic* aus dem Jahr 1872 geben, und in der Ausgabe vom 7. Dezember entdeckte ich John Dixons Artikel auf den Seiten 530 (Text) und 545 (Abbildungen).

Aus diesen und Piazzi Smyth' eigenen Zeichnungen und Kommentaren zu den Fundstücken zog ich den Schluß, daß das «Bronzewerkzeug» oder der «Doppelhaken» wahrscheinlich ein rituelles Werkzeug war, das möglicherweise etwas mit der Zeremonie der Mundöffnung zu tun gehabt hatte. Es erinnerte mich an die gespaltene Zunge einer Schlange. Ein derartiges Werkzeug wurde tatsächlich bei dieser Zeremonie benutzt, und einige gute Darstellungen davon finden sich auf dem berühmten Papyrus Hunifer im Britischen Museum. Die Entdeckung dieses Geräts im Innern des nördlichen Schachts, der nach unserem heutigen Wissen auf die zirkumpolaren Sternbilder zeigte (eine Himmelsregion, die mit dieser Zeremonie identifiziert wird), trägt zur weiteren Untermauerung dieser Hypothese bei. Wir haben außerdem erwähnt, daß nach Ansicht des tschechischen Astronomen und Ägyptologen Z. Zába ein Instrument mit der Bezeichnung «Pesch·en·kef», das ähnlich geformt war wie das von Dixon aufgefundene Gerät, tatsächlich in uralten Zeiten für die Zeremonie der Mundöffnung benutzt wurde. Außerdem bewies Zába, daß das «Pesch·en·kef», an einem

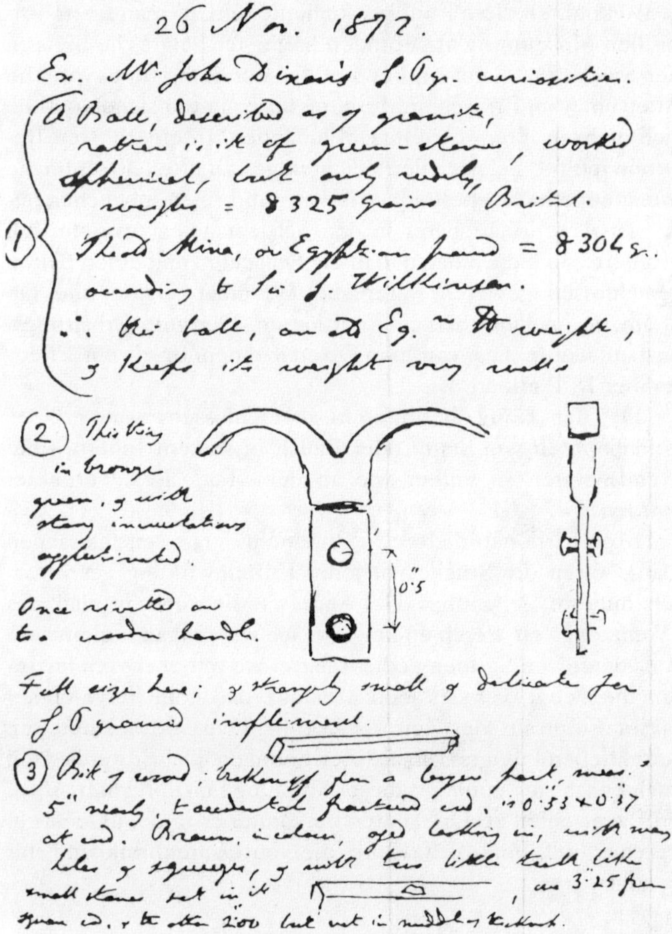
26 Nov. 1872.

Ex. Mr. John Dixon's S. Pyr. curiosities.

(1) A Ball, described as of granite, rather is it of green-stone, worked spherical, but only rudely, weight = 8325 grains Brit.
Theoretic Mina, or Egyptian pound = 8304 gr. according to Sir J. Wilkinson.
∴ this ball, an old Eg. [illegible] weight, & keeps its weight very well.

(2) This thing in bronze green, & with stony incrustations agglutinated.
Once rivetted on to a wooden handle.

0.5"

Full size here; & strangely small & delicate for S. P. ground implement.

(3) Bit of wood; broken off from a bigger part, meas. 5" nearly, to accidental fractured end, is 0.53 × 0.37 at end. Brown in colour, aged looking in, with many holes & squeezes, & with two little teeth like small stones set in it [illegible], at 3.25 from [illegible] end, & the other 2.00 but not in middle of [illegible].

25. *Eintragung vom 26. November 1872 im Tagebuch von Piazzi Smyth (mit freundl. Genehmigung von Dr. W. Duncan, Secretary to the Royal Society of Edinburgh).*

Stück Holz befestigt und in Verbindung mit einem Senkblei dazu benutzt wurde, die Pyramide auf die Polarsterne auszurichten. Es spricht vieles dafür, daß ein Priester die rituellen Werkzeuge von der anderen Seite der Mauer der Königinkammer in den Schacht gelegt hat.

Wo konnten diese Fundstücke heute sein, da man sie im Britischen Museum nicht gefunden hatte? Ich zeigte die Skizzen der Stücke Dr. Carol Andrews in der Abteilung für ägyptische Altertümer im Britischen Museum, doch sie war sicher, daß sie sich nicht in ihrem Gewahrsam befanden. In einer ersten Reaktion meinte sie, nach den Zeichnungen zu urteilen, sähen die Werkzeuge nicht «besonders alt» aus und seien möglicherweise erst wesentlich später in den Schacht gelegt worden. Ich erinnerte sie jedoch daran, daß die Schächte von beiden Seiten verschlossen gewesen waren, bis Waynman Dixon und Dr. Grant sie im Jahr 1872 geöffnet hatten. Der gute Erhaltungszustand wurde sogar von John Dixon in einem Brief vom 2. September 1872 erklärt:

«Da der Gang hermetisch abgeschlossen war, gab es keine Spuren von Staub oder Rauch in seinem Innern – die Wände waren so sauber wie an dem Tag, als sie errichtet wurden ...»

Dixon hatte natürlich recht. In einem derart verschlossenen Gang waren die Stücke vor jeder Lufteinwirkung geschützt. Ich äußerte gegenüber Dr. Andrews die Ansicht, daß das «Werkzeug» ein Pesch·en·kef gewesen war und außerdem zum Anvisieren von Sternen gedient hatte. Sie war eher vom letzteren überzeugt, verwies jedoch darauf, daß kein Pesch·en·kef dieser Form aus der Zeit vor der 18. Dynastie bekannt sei. Anschließend zeigte ich die Zeichnungen Dr. Edwards, und auch er sah sich genötigt, dieser Meinung beizupflichten, doch im Unterschied zu Dr. Andrews erkannte er in dem Gerät ein Pesch·en·kef, eine Auffassung, die von Gantenbrink und mir geteilt wurde.

V. DER KLEOPATRA-OBELISK UND VIKTORIANISCHE DENKWÜRDIGKEITEN

Der nächste Ort, an dem ich mein Glück versuchte, war das Sir John Soane Museum in Lincoln's Inn. John und Waynman Dixon hatten anscheinend ebenso wie Piazzi Smyth den damaligen Direktor des Museums, Dr. Bunomi, gekannt. Doch die dortige Archivarin Mrs. Parmer war sich ziemlich sicher, daß die genannten Stücke dem Museum zu keiner Zeit übergeben worden waren. Ich erzählte ihr von Bunomis Interesse an Piazzi Smyth' Theorien und daß er die Ankunft des Kleopatra-Obelisken in London aufgeregt erwartet hatte. Dr. Bunomi war 1876 gestorben, als das Unternehmen, den Obelisken von Alexandria nach London zu transportieren, gerade erst angelaufen war. Im Lauf unserer Unterhaltung erinnerte sich Mrs. Parmer an ein merkwürdiges Ereignis im Zusammenhang mit Dr. Bunomi: Er hatte zu seinen Lebzeiten veranlaßt, nach seinem Tod auf dem Dach des Museums einen Krug aus Steingut zu befestigen, der die verschiedensten denkwürdigen Gegenstände enthielt.

Bei dieser Gelegenheit fiel mir plötzlich ein, daß John Dixon mit dem Transport des Kleopatra-Obelisken zu tun gehabt hatte. Er und sein Bruder hatten von Sir Erasmus Wilson und Sir James Alexander den Auftrag erhalten, diesen Transport zu beaufsichtigen. Doch die Hauptverantwortung für die letzten Phasen der Operation und die Aufstellung des Monuments am Victoria Embankment lag bei John Dixon. Die Geschichte erschien am 21. September 1878 in der *London Illustrated News*. An dem Obelisken sind verschiedene Gedenkinschriften angebracht. Auf der Inschrift an der Nordseite stehen die Worte:

«Durch den patriotischen Eifer von Erasmus Wilson, F. R. S., wurde dieser Obelisk von Alexandria in einer eisernen Röhre hierhergebracht. Während eines Sturms im Golf von Biskaya ging er über Bord, wurde jedoch wieder geborgen und an dieser Stelle von John Dixon, C. E., im 42. Jahr Königin Victorias (1878) aufgestellt.»

Nach dem Bericht in der *London Illustrated News* wurden in den vorderen Teil des Sockels während dessen Errichtung von

John Dixon die verschiedensten denkwürdigen Gegenstände, die man zuvor in zwei Steingutgefäße gelegt hatte, eingemauert. Darunter befanden sich «Fotografien von zwölf schönen Engländerinnen, eine Schachtel mit Haarnadeln und andere weibliche Schmuckgegenstände ... [und] eine Zigarrenkiste ...»

War es möglich, daß John Dixon die antiken Fundstücke in den Sockel des Obelisken mit eingemauert hatte? Ich fragte einen Historiker des England National Heritage, Mr. Roger Bowdler, doch seiner Meinung nach hatte seine Institution keine genauen Kenntnisse von den Gegenständen, die sich unter dem Obelisken befanden. Er verwies mich an das Archiv des Londoner Amts für öffentliche Bauten, doch auch hier verlief meine Suche ergebnislos. Eine weitere Suche im National Register of Archives blieb ebenfalls ohne Erfolg.

Am Ende einer enttäuschenden Recherche steht also die Frage, ob sich diese altägyptischen Gegenstände – möglicherweise sogar genau die Visierinstrumente, mit deren Hilfe die Pyramide nach den Sternen ausgerichtet wurde – in einer Zigarrenkiste unter dem Kleopatra-Obelisken in London befinden. Vielleicht fristen sie auch in einem der unzähligen Antiquitätenläden Londons ein vergessenes Dasein, doch das werden wir wohl nie erfahren. Dieses Rätsel wenigstens bleibt ungelöst.

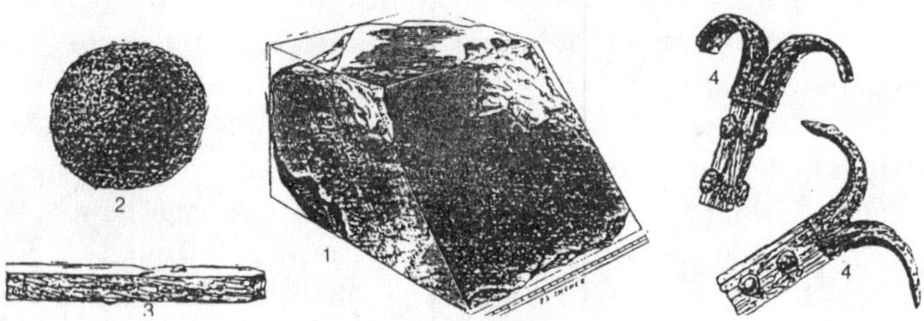

26. Entdeckungen in der Großen Pyramide:
1. Original eines Steins aus der Verkleidung der Nordseite;
2. Granitkugel von 530 Gramm Gewicht!
3. Teil einer Elle aus Zedernholz;
4. Doppelhaken aus Bronze mit dem Bruchstück eines daran befestigten hölzernen Handgriffs.

ANHANG 1

Astronomische Untersuchung an den sogenannten Belüftungsschächten der Cheops-Pyramide

Von Virginia Trimble

Die Cheops-Pyramide in Gizeh nimmt unter den Baudenkmälern Ägyptens in vieler Hinsicht einen einzigartigen Rang ein. Sie ist nicht nur die größte, am besten gebaute und am genauesten vermessene ägyptische Pyramide, sie weist auch bestimmte architektonische Merkmale auf, die anderen Monu-

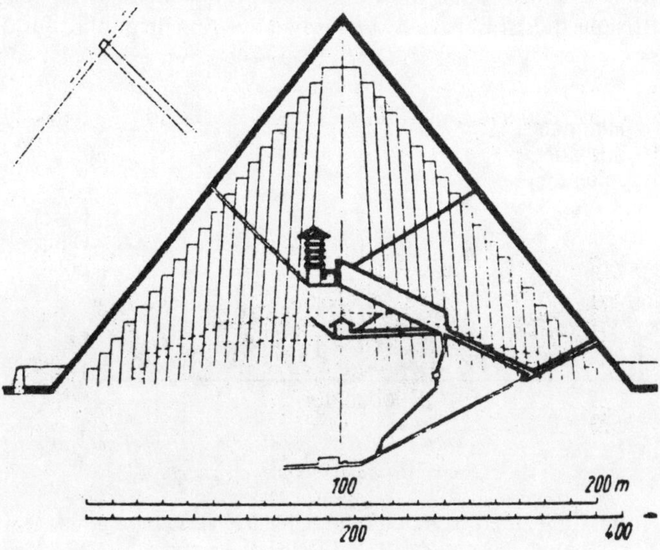

Längsschnitt durch die Cheops-Pyramide in Nord-Süd-Richtung

mentalbauten fehlen. Zu den auffälligsten davon gehören zwei Schächte, die nördlich und südlich aus der Königskammer führen und schräg nach oben verlaufend an entgegengesetzten Seiten der Pyramide austreten. Obwohl die Winkel, die von den beiden Schächten mit der Horizontalen gebildet werden, unterschiedlich groß sind – sie betragen rund 31° beim nördlichen und 44,5° beim südlichen Schacht, da die Königskammer nicht genau im Zentrum der Pyramide, sondern südlich der Zentralachse liegt –, befinden sich die Ausgänge der beiden Schächte an der nördlichen und der südlichen Außenseite der Pyramide fast genau auf derselben Höhe.[1]

Welchem Zweck die Schächte ursprünglich gedient haben, konnte bislang noch nicht geklärt werden, doch man hat immer wieder die Meinung vertreten, daß sie einfach der Belüftung gedient hätten, woher sich ihre Bezeichnung «Belüftungsschächte» erklärt. Angesichts der starken religiösen Bedeutung dieser Monumente für die alten Ägypter liegt es jedoch nahe, nach einem tieferen Sinn der Schächte zu suchen. Es ist die Absicht dieses Beitrags, kurz einige der Anhaltspunkte für die

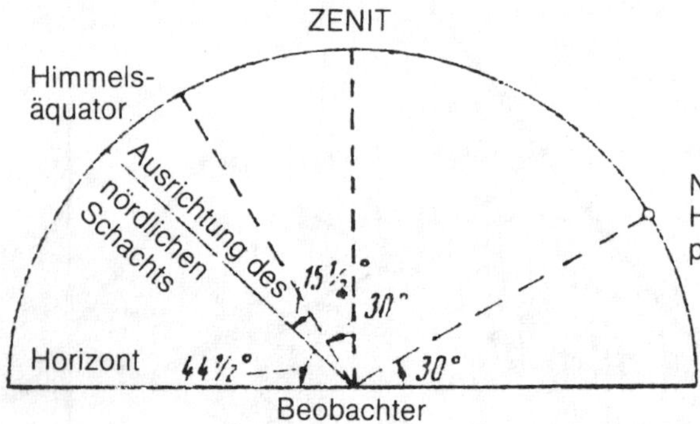

Ausrichtung des nördlichen Schachts und Lage des Himmelspols für einen Beobachter auf 30° nördlicher Breite

Auffassung zu erörtern, daß die Schächte als Gänge gedacht waren, durch die die Seele des verstorbenen Königs zu den nördlichen Zirkumpolarsternen und zu dem Sternbild, das heute als Orion bekannt ist, aufsteigen konnte. Auch wenn bislang nichts dafür spricht, daß es solche Schächte auch in anderen Pyramiden gibt, so finden sich doch zahlreiche Hinweise in Form von Schlitzen und Öffnungen, die offenbar der Seele des Toten ermöglichen sollten, durch verschiedene Mauern zu gelangen. Solche Öffnungen erscheinen erstmals im Grab des Zoser[2] in der 3. Dynastie und werden zu einem festen Merkmal in den Statuenkammern («Serdabs») der Mastabas der 5. Dynastie.[3]

Ein auffälliges Kennzeichen der Religion des frühen Ägypten war das «Sternenschicksal» der Seele, wobei man annahm, daß die Seele des toten Königs zu den Zirkumpolarsternen – den für die Ägypter «unwandelbaren» oder «unvergänglichen» Sternen – in ihrem ewigen Kreislauf am Himmel aufstieg. Man nimmt an, daß die Treppen oder Rampen, die von der Nordseite der alten Mastabas hinabführten, der Seele den Aufstieg zu den Sternen erleichtern sollten. Daß der nördliche Schacht der Pyramide möglicherweise einem ähnlichen Zweck dienen sollte, wird durch die Wahl seiner Neigung wahrscheinlicher gemacht. Gizeh liegt fast genau auf 30° nördlicher Breite (29° 58' 51"), und wir erinnern uns, daß der nördliche Schacht mit der Horizontalen einen Winkel von 31° bildet.

Das bedeutet, daß der Schacht ziemlich genau zum nördlichen Himmelspol weist, um den die Zirkumpolarsterne scheinbar kreisen. Ferner ist die Tatsache bemerkenswert, daß zur Zeit der Errichtung der Pyramide der Pol durch einen hellen Stern fast ebenso genau markiert wurde wie heute durch den Polarstern (Alpha Ursae Minoris).

Bekanntlich rufen die Inklination der Rotationsachse der Erde gegenüber der Ebene ihrer Ekliptik mit einem Winkel von 23,5° sowie die abgeplattete Kugelgestalt der Erde («Äquatorwulst») und die Anziehungskräfte von Sonne, Mond und Planeten ein Phänomen hervor, das als Präzession der Tagundnachtgleichen bezeichnet wird. Die Wirkung von Sonne und Mond besteht darin, die Richtung zu ändern, in die die Rotationsachse der Erde relativ zu den Fixsternen zeigt, während die Wirkung der Planeten darin besteht, die Ebene der Umlaufbahn der Erde um die Sonne relativ zu diesen Sternen zu ändern. Man bezeichnet diese Effekte als lunisolare bzw. planetarische Präzession. Es liegt auf der Hand, daß beide Faktoren die Identität und die Positionen von Sternen ändern, die von einem bestimmten Punkt der Erde aus sichtbar sind, und daß wir beide Effekte berücksichtigen müssen, wenn wir rekonstruieren wollen, wie der Sternenhimmel für die alten Ägypter ausgesehen hat.

In diesem System von Sternen, die Scheinbewegungen ausführen, sind bewegungslose Polarsterne eine seltene Erscheinung. Tatsächlich wird es nach ein paar Jahrhunderten, wenn unser heutiger Polarstern nicht mehr den nördlichen Himmelspol markiert, keinen brauchbaren Nordstern mehr geben, bis Alpha Draconis im Jahr 23 000 n. Chr. seinen früheren Platz wieder einnimmt.[4] Damit ist ein Ort in der Nähe des nördlichen Himmelspols gemeint, an dem dieser Stern zuletzt in der Zeit etwa zwischen 3000 und 2500 v. Chr. zu sehen war.[5] Das bedeutet, daß die Ägypter der Pyramidenzeit deutlicher als andere Menschen zu anderen Epochen die scheinbare nächtliche Bahn der Sterne um einen festen Punkt am Himmel verfolgen konnten. Deshalb ist es durchaus wahrscheinlich, daß sie in der Großen Pyramide einen Gang vorsehen wollten, der es aufgrund seiner Neigung der Seele des toten Königs ermöglichte, direkt zu diesem Mittelpunkt des Himmels aufzusteigen.

Auch Sterne, die nicht zu den Zirkumpolarsternen in der Nähe des Himmelspols zählten, waren für die alten Ägypter von großer Bedeutung. Sie maßen die Zeit während der Nacht mit Hilfe von «Dekanen», Sternen oder Sterngruppen, die im Abstand von einer Stunde am Horizont aufgingen oder ihren Kulminationspunkt über dem südlichen Horizont erreichten. Viele dieser Dekane waren Teile von Sternbildern (allerdings anderen als den unsrigen, die auf die Babylonier zurückgehen) und wurden mit verschiedenen Göttern identifiziert. Die wenigstens davon lassen sich bis heute mit einiger Zuverlässigkeit einem bestimmten Stern zuordnen. Es gibt jedoch vier Standarddekane und fünf Varianten von ihnen, die zum Sternbild *Sah* gehören – «Der Gott, der den Himmel durchquert» –, dessen Gleichsetzung mit Orion «als höchst wahrscheinlich angesehen werden muß».[6] Er wird als aufrecht stehender Mann dargestellt, der über seine Schulter zurückblickt und ein Zepter in der einen Hand hält und ein *'nh(ench)*-Zeichen in der anderen.

Eine der fünf Varianten ist wahrscheinlich der Gürtel des *Sah*. Drei von den Dekanen, die während der fünf angehängten Tage des Jahres zur Zeitmessung gebraucht wurden, gehörten möglicherweise ebenfalls zu diesem Sternbild.[7] Ein Hinweis hierauf ist die Decke des Grabs von Senmut, auf der die dem *Sah* geweihte Hieroglyphenreihe drei große, senkrecht angeordnete Sterne enthält, die höchstwahrscheinlich für die drei Sterne im Oriongürtel (Alpha, Epsilon und Zeta Orionis) standen.

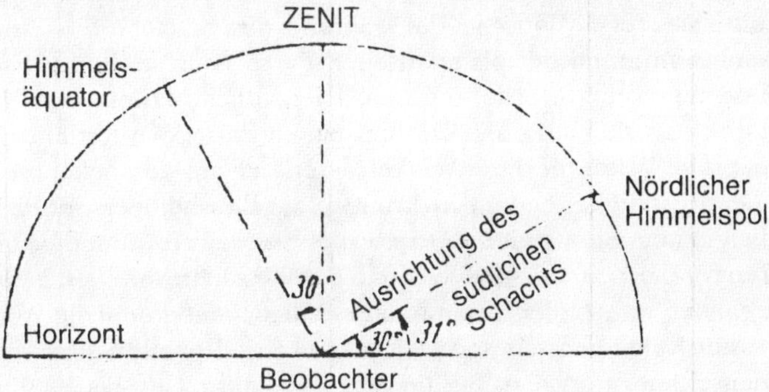

Ausrichtung des südlichen Schachts und Lage des Himmelspols für einen Beobachter auf 30° nördlicher Breite

Die nächste interessante Frage betrifft natürlich die Position dieser Sterne in bezug auf den südlichen Schacht zu der Zeit, als die Pyramide erbaut wurde. Das erfordert Berechnungen unter Berücksichtigung der bereits genannten Präzessionseffekte. Als erstes können wir feststellen, daß der nach Süden ausgerichtete Schacht nur auf einen Stern weisen konnte, der seinen Kulminationspunkt erreicht hatte, und bei einer nördlichen geographischen Breite von 30° und einer Neigung des Schachts von 44,5° mußte ein geeigneter Stern eine Deklination (Winkelabstand vom Himmelsäquator) von –15,5° gehabt haben. Damit reduziert sich das Problem auf die Frage, ob die Sterne des Orion jemals eine solche Deklination aufgewiesen haben und wenn ja, zu welcher Epoche.

Mit den Mitteln der sphärischen Trigonometrie läßt sich zeigen, daß für einen gegebenen Stern mit der Deklination δ und der Rektaszension Θ (Winkelabstand vom Frühlingsäquinoktium, gemessen nach Osten entlang dem Himmelsäquator) die Präzession eine Positionsänderung bewirkt, so daß die Deklination zu einem anderen Zeitpunkt durch folgende Formel angegeben wird:

$$\sin \delta' = \cos \delta \cos a \sin \Theta + \text{sind } \delta \cos \Theta,$$

worin $a = \alpha + \gamma$ und Θ g bestimmt sind durch die Strecke, um die sich der ekliptische Pol während des betrachteten Zeitraums aufgrund der planetarischen Präzession fortbewegt hat, und durch die Strecke, die sich der nördliche Himmelspol in derselben Zeit aufgrund der lunisolaren Präzession fortbewegt hat. Die Werte für diese Winkel lassen sich aus den bekannten Geschwindigkeiten und Richtungen der Bewegungen der Pole berechnen. Sie wurden in Intervallen von jeweils hundert Jahren für die Zeit von 4000 v. Chr. bis 3000 n. Chr. von Paul Neugebauer[9] in Tabellen zusammengestellt, der außerdem die Werte der Rektaszension und Deklination für 310 helle Sterne mit denselben Intervallen für die Zeit von 4000 v. Chr. bis 1900 n. Chr. berechnet hat.[10] Seine Tabellen und neuere Berechnungen nach denselben Methoden haben ergeben, daß jeder der drei Sterne des Oriongürtels, beobachtet auf einer nördlichen Breite von 30°, während der untersuchten Epoche (2840 bis 2480 v. Chr.) eine Deklination von –15,5° aufgewiesen hat. Für die Deklination der drei Sterne während der Zeit von 3000 bis 2300 v. Chr. ergaben sich folgende Werte:

Jahr	Alpha Orionis	Beta Orionis	Zeta Orionis
3000 v. Chr.	–16°51'	–	–
2900	–16°20'	–16°47'	–
2800	–15°49'	–16°17'	–16°33'
2700	–15°17'	–15°56'	–16°05'
2600	–14°45'	–15°16'	–15°33'
2500	–14°17'	–14°46'	–15°04'
2400	–	–14°16'	–14°34'
2300	–	–	–14°06'

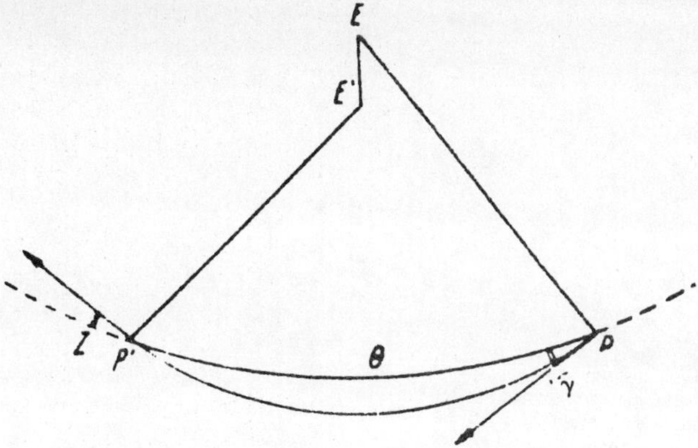

Bewegungen des ekliptischen Pols von E nach E' und des Himmelspols von P nach P', aus denen sich die Größe von Q (Bogenwinkel des Großkreises, der durch P und P' verläuft) und ζ (Winkel zwischen arc Θ und der jeweiligen Richtung der Polbewegung in P) ergibt.

Das bedeutet, daß jeder dieser drei Sterne, deren große Bedeutung für die alten Ägypter außer Zweifel steht, zur Zeit der Errichtung der Großen Pyramide einmal täglich direkt über dem südlichen Schacht seinen Kulminationspunkt erreichte.[11]

Unsere Kenntnisse der altägyptischen Religion in Verbindung mit den Methoden der modernen Astronomie führen uns zu dem Schluß, daß die «Belüftungsschächte» der Cheops-Pyramide tatsächlich als Wege gedacht waren, auf denen die Seele des verstorbenen Königs zum Himmel gelangen konnte, wo sie von den Zirkumpolarsternen und dem göttlichen Sternbild des *Sah* empfangen wurde.

Man könnte auf den Gedanken kommen, daß im Lauf eines Tages vielleicht noch andere Sterne durch den südlichen Schacht zu sehen waren, doch tatsächlich gab es während des betrachteten Zeitraums keinen einzigen weiteren Stern von vergleichbarer Größe mit derselben Deklination.

(Ursprünglicher Abdruck in: *Mitteilungen des Instituts für Orientforschung an der Akademie der Wissenschaften zu Berlin*, Bd. X, Heft 2/3, 1964.)

ANHANG 2

Präzession

Von Robert G. Bauval

Die Präzessionsrechnung ist ein unentbehrliches Hilfsmittel für den Wissenschaftler, der sich mit alten Kulturen beschäftigt. Deren Religion richtete sich häufig an die «Himmelsgötter» und stützte sich demnach auf Beobachtungen des Himmels – was wir heute als beobachtende Astronomie mit dem bloßen Auge bezeichnen würden. Wir können demnach davon ausgehen, daß die Menschen des Altertums religiöse Denkmäler, Tempel und in weit größerer Zahl Grabstätten errichteten, bei deren Bau sie sich der geometrischen Astronomie bedienten, um durch symbolische Bauwerke astronomische Orientierungen und andere Himmelserscheinungen zum Ausdruck zu bringen. Wenn diese Vermutung zutrifft und wenn insbesondere zu vermuten ist, daß ein bestimmtes Bauwerk zur Zeit seiner Errichtung auf einen bestimmten Stern ausgerichtet wurde, dann folgt daraus weiter, daß wir durch eine Präzessionsrechnung den Zeitpunkt, zu dem das betreffende Bauwerk gebaut wurde, ziemlich genau feststellen können. Wenn wir den Sternenhimmel für eine bestimmte Epoche «rekonstruieren», können wir zudem auf dem Bildschirm des Computers dasselbe nächtliche Bild sehen, das sich den Menschen jener Epoche darbot, und können noch besser die religiöse Bedeutung ihrer Beobachtungen verstehen, die in der Anlage und dem symbolischen Ausdruck des Bauwerks sichtbar wird.

Bevor Taschenrechner und Computer Eingang in die Wissenschaft gefunden haben, mußten Berechnungen der scheinbaren Bewegungen von Sternen aufgrund der Präzession der Erdachse von Hand durchgeführt werden. Sie waren nicht nur kompliziert, sondern auch umständlich, vor allem, weil dabei in mehreren Schritten Formeln der sphärischen Geometrie mit solchen der Trigonometrie verbunden wurden. Bei ein oder zwei Berechnungen war das noch nicht tragisch, doch wenn man die Bewegungen mehrerer Sterne und verschiedene Daten überprüfen mußte, konnte das bereits einen ganzen Tag in Anspruch nehmen. Zum Glück kann diese Arbeit heute von einem PC für uns erledigt werden, und außerdem ist es möglich, durch geeignete Programme den Sternenhimmel der verschiedenen Epochen auf den Bildschirm zu projizieren.[1] Aber was ist Präzession eigentlich?

Sonne und Mond üben auf den Äquatorwulst der Erde eine Anziehungskraft aus, was zur Folge hat, daß unser Planet in einem extrem langsamen Zyklus eine «Taumelbewegung» ausführt, die man als Präzession bezeichnet. Die einfachste Form, diese Bewegung anschaulich zu machen, besteht darin, sich die Erdkugel als einen Kreisel in Drehbewegung vorzustellen, dessen Drehachse leicht schräg geneigt ist und der mit seinem oberen Teil außer der Drehbewegung um die eigene Achse noch eine zusätzliche, extrem langsame Kreisbewegung vollführt (vgl. Abb. 24). Die durch die beiden Pole verlängerte geneigte Erdachse vollführt vor dem Hintergrund des Sternenhimmels eine fast gleichförmige Kreisbewegung um den Erdmittelpunkt und kehrt nach knapp 26000 Jahren in ihre ursprüngliche Lage zurück; während dieser Zeit beschreibt sie einen Kegelmantel.

Nach jeweils einem halben Präzessionszyklus von knapp 13000 Jahren befindet sich ein Stern genau in der entgegengesetzten Richtung des Zyklus. Wenn er demnach zu einem bestimmten Zeitpunkt seinen Hochpunkt (höchste Deklination) erreicht hatte, dann befand er sich knapp 13000 Jahre davor oder danach auf seinem Tiefpunkt (niedrigste Deklination).

Der Effekt der Präzession macht sich am deutlichsten am Meridian bemerkbar. Wenn wir den Oriongürtel als Beispiel nehmen, so wird dieser um das Jahr 2550 n. Chr. seine höchste Deklination (ca. –0,8°) in unmittelbarer Nähe des Himmelsäquators erreicht haben. Demnach hatte er seine niedrigste Deklination (ca. –48°) um das Jahr 10450 v. Chr. erreicht. Während der Pyramidenzeit, um das Jahr 2500 v. Chr., betrug seine Deklination –15°.

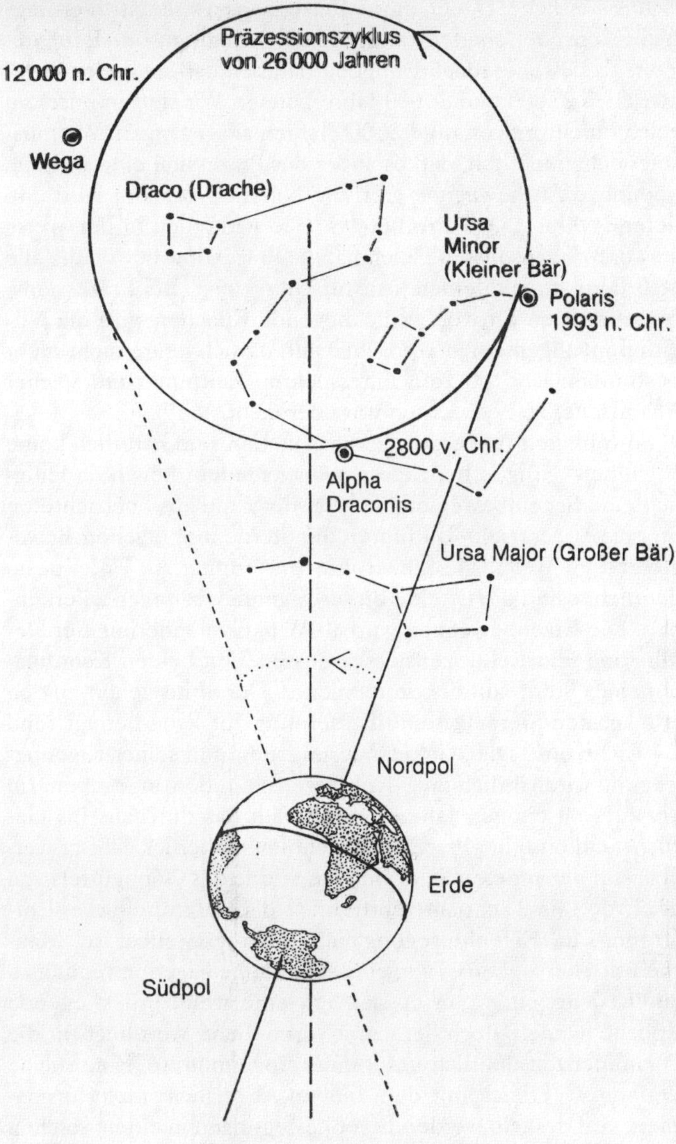

Die Präzession der Erdachse

Die zeitliche Dauer eines Präzessionszyklus ist allerdings nicht konstant, sondern ändert sich geringfügig im Lauf der Zeit. Es besteht jedoch Einigkeit darüber, daß sie in der Regel zwischen 25000 und 26000 Jahre beträgt. Wir sind in unserem Buch durchweg von rund 26000 Jahren ausgegangen. Wir müssen noch anmerken, daß es außer der Präzession eine weitere, komplexe Erdbewegung gibt, die Nutation genannt wird und deren Zyklus 18,6 Jahre beträgt.[2] Sie wirkt sich in der Weise aus, daß die ansonsten gleichmäßige Präzessionsbewegung alle 18,6 Jahre einen kleinen «Ausrutscher» zeigt. Bei Präzessionsberechnungen für weit zurückliegende Epochen wird die Nutation im allgemeinen vernachlässigt, da sich heute nicht mehr bestimmen läßt, ob zum untersuchten Zeitpunkt ein solcher Ausrutscher zu beobachten war oder nicht.

Sowohl die Präzession wie die Nutation sind natürlich keine Eigenbewegungen der Sterne selbst, sondern bewirken lediglich eine Scheinbewegung der von der Erde aus beobachteten Sterne. Andererseits vollführen die Sterne ihre eigenen Bewegungen im Weltall. Je kürzer ihre Entfernung zur Erde, desto deutlicher sind die Effekte dieser Eigenbewegungen zu erkennen. Die Eigenbewegung wird als Winkelveränderung der Deklination und Rektaszension gemessen, den beiden Koordinaten eines Sterns auf der Sternenkarte. Der Sirius gehört zu den erdnächsten Sternen; seine Entfernung zur Erde beträgt rund 8,4 Lichtjahre. Die Winkeländerung aufgrund seiner Eigenbewegung wird jährlich mit –1,21 Bogensekunden angegeben. Im Verlauf von einigen Jahrtausenden fällt das durchaus ins Gewicht und muß bei Präzessionsrechnungen berücksichtigt werden. Auf der anderen Seite sind die Sterne des Oriongürtels von der Erde 1400 Lichtjahre entfernt, so daß aufgrund dieser Entfernung eine Eigenbewegung nicht mehr feststellbar ist.[3] Manche Forscher ziehen es vor, eine sehr kleine Eigenbewegung zu berücksichtigen, wenn es sich um eine weit zurückliegende Epoche handelt, doch der damit verbundene Wert liegt für die Pyramidenzeit deutlich unter einer Bogenminute. Eine solche Differenz läßt sich mit dem bloßen Auge nicht mehr ausmachen, und deshalb werden Eigenbewegungen in einem solchen Fall außer acht gelassen.[4]

Wenn wir die Auswirkungen der Erdpräzession für eine kurze Zeitspanne von beispielsweise 50 oder 100 Jahren berechnen wollen, dann ist die erste Annäherung eine einfache Faustregel, derzufolge die Sonne sich scheinbar vor dem Hintergrund der Sterne in der Nähe der Ekliptik (des von der Sonne zurückgelegten Weges) in einem Jahr um rund 50,3 Bogensekunden bewegt. In 100 Jahren beträgt dieser Wert etwa 1° 23', eine Abweichung, die von einem Beobachter mit guten Augen bereits feststellbar ist. Nun liegen jedoch nicht alle Sterne in der Nähe der Ekliptik, so daß diese Faustregel sich nicht immer anwenden läßt. Außerdem läßt sie die Wirkung der Präzession auf die Deklination nicht erkennen. Dieser Effekt berechnet sich mathematisch nach folgender Formel:
Änderung der Rektaszension (RA) = 3,07" + 1,34" sin RA
Änderung der Deklination (d) = 20,0" cos RA

Wenn jedoch der Untersuchungszeitraum weiter zurückliegt, beispielsweise mehrere Jahrtausende, dann muß eine wesentlich genauere Rechnung angestellt werden. Im Sky Catalogue 2000.0, Bd. 1, wird die exakte Formel für die Präzession angegeben.

Hier müssen zunächst drei Hilfskonstanten A, B und C durch die Wahl der Daten der Ausgangsepoche (in unserem Fall 2000 n. Chr.) und des untersuchten Zeitraums bestimmt werden. Sie berechnen sich nach folgenden Formeln:

$$A = 2305{,}647''T + 0{,}302\ T_2 + 0{,}018''T_3$$
$$B = A + 0{,}791\ T_2$$
$$C = 2003{,}829''T - 0{,}426''T_2 - 0{,}042''T_3$$

Zunächst ist die Position des Sterns zum betrachteten Zeitpunkt unter Berücksichtigung seiner Eigenbewegung zu korrigieren, die als (*u*)*RA* und (*u*)*d* für die Rektaszension und die Deklination für ein Jahr angegeben wird, wobei die Werte von *u* in Bogensekunden angegeben sind. Zu diesem Zweck multipliziert man die Werte von (*u*)*RA* und (*u*)*d* mit der Differenz zwischen dem gegenwärtigen und dem betrachteten Jahr. Der Wert für (*u*) wird Tabellen entnommen. Das Ergebnis wird zu den Koordinaten des Sterns im Ausgangsjahr (2000 n. Chr.) addiert, wenn das betrachtete Jahr in der Zukunft liegt, und von ihnen abgezogen, wenn es in der Vergangenheit liegt. Die neue Deklination wird ausgedrückt als *d*(*o*), die neue Rektaszension als *RA*(*o*). Damit ist die Eigenbewegung des Sterns berücksichtigt. Die Präzession wird nun wie folgt berechnet:

$$\cos d(RA-B) = \cos d(o) \sin [RA(o) + A]$$

$$\cos d \cos (RA-B) = \cos C \cos d(o) \cos [RA(o)+A] - \sin C \sin d(o)$$

$$\sin d = \cos C \sin d(o) + \sin C \cos d(o) \cos [RA(o) + A]$$

Diese Operationen lassen sich mit einem guten wissenschaftlichen Taschenrechner schnell und einfach ausführen. Außer der Eigenbewegung und der Präzession gibt es noch weitere Effekte wie Nutation, Sternenparallaxe und Lichtbrechung; da deren Effekte für das betrachtete Jahr sich jedoch nicht feststellen lassen, wird angenommen, daß sie sich gegenseitig aufheben.

Berechnungen, die 1987 von dem Astronomen Dr. John O'Byrne an der Universität Sydney für mich angestellt wurden, haben ergeben, daß bei den drei Sternen des Oriongürtels – Zeta (Al Nitak), Epsilon (Al Nilam) und Delta (Al Mintaka) – für die Zeit um 2500 v. Chr. keine Berücksichtigung der Eigenbewegung erforderlich war. Die Korrektur hätte etwa 65 Bogensekunden ausgemacht, ein Wert, den Dr. O'Byrne für «unrealistisch hoch» hielt.

Beim Sirius war im Hinblick auf die Deklination eine Korrektur aufgrund seiner Eigenbewegung erforderlich; dieser Wert betrug –1,21 Bogensekunden jährlich. Für die Pyramidenzeit bedeutete das eine Korrektur von etwa +1° 33' zusätzlich zu dem für die Präzession errechneten Wert.

Für die vorliegenden Zwecke haben wir das Computerprogramm Skyglobe 3.5 benutzt. Es hat den Vorteil, daß die Effekte der Präzession innerhalb kurzer Zeit als Graphik und als Zahlenwerte auf dem Bildschirm erscheinen; mit diesem Programm ist es möglich, für alle Epochen, die bis zu 13 000 Jahre in der Vergangenheit oder Zukunft liegen, Deklination, Rektaszension, Azimut, Höhe und Größe eines gegebenen Sterns zu bestimmen. Die Genauigkeit der mit diesem Programm berechneten Werte war für unsere Zwecke völlig ausreichend. Mit diesem Programm ist es allerdings nicht möglich, auch die Eigenbewegung der Sterne zu berücksichtigen. Diese Korrektur mußte vor allem beim Sirius, dessen Eigenbewegung beträchtlich ist, auf dem Papier errechnet werden. Andererseits sind die von uns angegebenen Jahreszahlen (z.B. «um 2450 v. Chr.») in keinem Fall als präzise Zeitangaben zu verstehen. Prinzipiell erfordern Präzessionsrechnungen, daß der Fehlerspielraum im Hinblick auf die Berücksichtigung der Eigenbewegung von Sternen mit zunehmender zeitlicher Entfernung des betrachteten Jahres ebenfalls zunimmt. Ausgebildete Astronomen, denen leistungsfähigere Arbeitsmittel zur Verfügung stehen, werden zweifellos die eine oder andere Ungenauigkeit in unseren Daten entdecken. Natürlich sind wir für jeden Verbesserungsvorschlag dankbar. Wir dürfen nicht vergessen, daß die alten Ägypter ihre astronomischen Beobachtungen mit dem bloßen Auge und mit Hilfe einfachster Visierinstrumente angestellt haben. Werte, die kleiner sind als zehn Bogenminuten, lassen sich auf diese Weise nicht mehr zuverlässig beobachten. Es herrscht allgemein Übereinstimmung, daß die alten Ägypter ein Visierinstrument benutzten, das sie «Bay» nannten; es war ein hölzerner Gabelstock mit einem Schlitz am einen Ende, durch den die Sterne anvisiert werden konnten. Außerdem benutzten sie eine einfache Lotschnur [das «Merchet»; d. Ü.] zur Messung der Senkrechten.[5] Mit diesen Hilfsmitteln ist es möglich, die Höhe eines Sterns in seinem Meridian oder sein Azimut beim Aufgang mit einer Genauigkeit von unter zehn Bogenminuten zu messen. Waren die alten Ägypter prinzipiell in der Lage, auch die Präzession zu messen?

Wir haben gesehen, daß die scheinbare Versetzung von beispielsweise Zeta Orionis, der sich zur Pyramidenzeit etwa 15° südlich des Himmelsäquators befand, innerhalb eines Jahrhunderts 28 Bogenminuten betrug – soviel wie der scheinbare Durchmesser des Mondes. Es wird von Ägyptologen allgemein angenommen, daß die während der Pyramidenzeit herrschenden religiösen Vorstellungen der Ägypter zu ihrer Reifung mindestens 500 Jahre und wahrscheinlich noch länger benötigt haben. Während eines Beobachtungszeitraums von 500 Jahren (etwa zwischen 2950 und 2450 v. Chr.) hätte sich die Deklination von Zeta Orionis um etwa 2° 16' verändert, was einer Änderung von rund 27 Bogenminuten in 100 Jahren entspricht. Wenn die alten Ägypter bemerkt hatten, daß die Präzession eine gleichförmige Bewegung «östlich» der Sonne entlang der Ekliptik von 1° 23" in einem Jahrhundert relativ zu einem bestimmten Sternbild oder Stern bewirkte[6], dann war es nicht schwierig, daraus abzuleiten, daß ein voller Zyklus rund 26000 Jahre benötigen würde, bis sich ein Himmelskörper wieder an seinem ursprünglich beobachteten Standort befand. Ob die alten Ägypter auf diese Zahl gekommen sind, ist umstritten; wahrscheinlicher ist, daß sie erkannten, daß es sich bei dem Phänomen um einen *Zyklus* (mit einem Anfang und einem Ende) handelte, der sich unendlich oft wiederholte.

Wir wissen nicht, in welchem Jahrhundert genau die alten Ägypter einen Kalender entwickelt haben, doch man nimmt allgemein an, daß es lange vor der Pyramidenzeit war.[7] In dem von den Ägyptern benutzten Kalendersystem wurde das Jahr in zwölf Monate mit jeweils drei «*Dekanen*» zu je zehn Tagen eingeteilt, also in 360 Tage, denen fünf «Epagomenen» oder Ergänzungstage angehängt wurden. Während dieser Epagomenen wurden die «Messenden» oder Götter geboren, zu denen Isis und Osiris gehörten. Wir haben es demnach mit einem Jahr von 360 Tagen zu tun, das durch die Götter mit einem Jahr von 365 Tagen verbunden wird. Die Verlängerung des Jahres wurde für die alten Ägypter bewirkt durch die Geburt der vier Kinder der Himmelsgöttin Nut: Osiris, Isis, Seth und Nephthys, während der fünfte Gott Horus war, der Sohn von Osiris und Isis.[8]

Religiös ausgedrückt, waren es demnach die Götter, die aus einem Jahr von 360 Tagen eines von 365 Tagen gemacht hatten. Diese Götter waren natürlich die Sterne. In diesem Zusammenhang stellt sich die Frage, ob die alten Ägypter die scheinbare Kreisbewegung der Sonne um die Erde in «Grade» eingeteilt haben und ob die Einteilung genau 360 Grad betrug. Wir wissen, daß sie nicht nur das Jahr, sondern auch den Himmel in

36 Dekane zu je zehn Tagen eingeteilt haben, was ebenfalls 360 Tage im Jahr ergab. Das läßt darauf schließen, daß sie die Umlaufbahn der Sonne in 360 Einheiten oder Grade einteilten, um einen Tag festzulegen. Doch die korrekte numerische Einteilung wären 365 Einheiten gewesen, eine Zahl, zu der sie gelangt waren, indem sie dem Jahr fünf Zusatztage hinzufügten. Damit hätte sich für einen Sonnentag ein etwas größerer «Grad» ergeben, nämlich 365/360 Grad, was einen Wert von 1° 00’ 50” ergibt. Der Unterschied zwischen den beiden Einheiten beträgt also 50 Bogensekunden, und das ist genau der Betrag, um den die Sonne sich infolge der Präzession während eines vollen Jahres auf der Ekliptik in Relation zu den Sternen bewegt.

ANHANG 3

Die Geheimkammern im Thot-Heiligtum

Von Alan H. Gardiner

Am 31. Oktober 1925 ist Professor Adolf Erman, der Pionier der modernen ägyptischen Philologie, 70 Jahre alt geworden. Seine Schüler aus den verschiedensten Ländern haben ihm zu diesem festlichen Anlaß ein Sonderheft der *Zeitschrift für ägyptische Sprache und Altertumskunde* gewidmet. Als jemand, der diesem deutschen Gelehrten besonders viel zu verdanken hat, verspüre ich den Wunsch, ihm darüber hinaus in meinem Land einen Teil meiner Dankesschuld abzutragen. Nun war es die eingehende Erforschung eines ganz bestimmten Papyrus mit einer Reihe von Geschichten, von denen man annahm, daß sie an Cheops gerichtet waren, den Bauherrn der Großen Pyramide, die mehr als alles andere dazu beigetragen hat, unsere gegenwärtige Kenntnis der ägyptischen Sprache auf ein solides Fundament zu stellen. Professor Erman berichtet, daß er für seine Fassung des Papyrus Westcar fünf Jahre benötigt hat; seiner Grammatik hat er sogar ein eigenes Buch gewidmet. Es ist erstaunlich, wie unangefochten die Übersetzung, die im Jahr 1890 erschien, bis heute geblieben ist; nur an wenigen, geringfügigen Stellen wurden seine Übertragungen oder Interpretationen in Zweifel gezogen, obwohl wir auf dem Gebiet der Lexikographie und Grammatik seitdem gewaltige Fortschritte gemacht haben. Aus diesem Grund muß jeder Fortschritt in der Interpretation des Papyrus Westcar als ein Ereignis erscheinen, als ein Schritt nach vorn, der bedeutsamer ist als jede neue Übersetzung einer Passage aus einem anderen Papyrus. Ich glaube nun, die Lösung einer alten *crux interpretum* im Papyrus Westcar gefunden zu haben; diese Lösung möchte ich Professor Erman zum Zeichen meiner großen Dankbarkeit zur prüfenden Kenntnisnahme vorlegen.

Die Geschichten, die Cheops von den drei Prinzen, seinen Söhnen, erzählt werden, bezogen sich auf vergangene Zeiten; sein vierter Sohn Hardedef verspricht daraufhin, seinem Vater einen Mann vorzustellen, der vor seinen Augen die größten Wundertaten vollbringen könne. Dieser war ein gewisser Dedi, der trotz seiner 110 Jahre einen ungeheuren Appetit hatte und in der Lage war, einen abgeschlagenen Kopf wieder an seinen früheren Platz zu setzen, oder einen Löwen dazu bringen konnte, zahm hinter ihm her zu laufen. Vor allem aber wußte er die Zahl der *ỉpwt* und der *wnt* von Thot, die Cheops seit langem in Erfahrung zu bringen gesucht hatte, um dasselbe für seinen eigenen «Horizont», mit anderen Worten für sein eigenes Grab zu machen (7, 5–8). Die Bedeutung der *ỉpwt* und des *wnt*, die in dieser Passage erwähnt werden, stellt uns vor ein Problem. Das  *wnt* ist ein Gebäude oder Bauwerk und ähnelt dem Namen der Stadt, in der Thot ganz besonders verehrt wurde, nämlich  *wnw*. Hermopolis Magna, das heutige Ashumên, könnte das ursprüngliche Heiligtum Thots oder sein Grab gewesen sein. Professor Erman glaubte, die Ähnlichkeit zwischen *wnt* und *wnw* sei zufällig; das ist eine Möglichkeit, doch in jedem Fall hat es sich bei *wnt* dem Anschein nach um ein besonderes, dem Thot gewidmetes Bauwerk gehandelt. Vom Pharao heißt es, er forsche (*ḥḥy*) nicht nach dem *wnt* des Thot, sondern nach den *ỉpwt* des *wnt* des Thot, woraus man geschlossen hat, zum Teil aus anderen Gründen, auf die noch eingegangen wird, daß sich die *ỉpwt* nicht mehr in ihrem ursprünglichen *wnt* befunden hätten. Auch das ist eine mögliche, aber keine zwingende Deutung; da Cheops bestrebt war, für sein Grab etwas zu machen wie die *ỉptw* des *wnt* des Thot, ist es nicht befremdlich, wenn der Schreiber mitteilt, der König habe nach diesen und nicht nach dem *wnt* selbst forschen lassen. Es gibt keinen bestimmten Grund, aus der vorliegenden Passage den Schluß zu ziehen, die *ỉpwt* seien aus ihrem ursprünglichen *wnt* entfernt worden. Ich habe nichts Erhellendes zu den näheren Umständen des *wnt* beizutragen; vielleicht ist es der Name des Heiligtums von Hermopolis Magna oder der Name eines früheren Thot-Heiligtums im Delta. Es kann aber ebensogut ein rein mythisches Bauwerk gemeint sein. Ich hoffe allerdings zeigen oder zumindest sehr wahrscheinlich machen zu können, daß es ein dem Thot geweihtes Gebäude war und die *iptw* dessen Geheimkammern waren, weshalb sie als unveräußerliche Bestandteile zu ihm gehörten.

In 7,5–7 ist das Wort *ipwt* anscheinend durch das Zeichen des Bogens  determiniert, doch in 9,2 finden wir weder 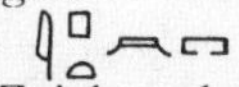 (7,7) noch  (7,5), sondern  mit dem Zeichen des Rollsiegels, das (unter anderem) dazu dient, das Wort  *htm* «versiegeln» oder «schließen» zu bestimmen. Aus der Stärke dieses Determinativs zog Professor Erman den Schluß, *ipwt* bezeichne ein verschlossenes Gebäude oder den «Verschluß eines Gebäudes». Nun lautet der spätere Absatz, in dem die *ipwt* erwähnt werden (9, 1–5), wie folgt: «Darauf sagte König Cheops [zu Dedi]: Ich habe sagen hören, du wüßtest die Zahl der *ipwt* des *wnt* des Thot? Und Dedi erwiderte: Vergebung, ich kenne deren Zahl nicht, mein Herr und Gebieter, doch ich kenne den Ort, an dem … 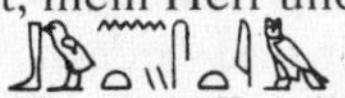 Und Seine Majestät sagte: Wo ist das? Und Dedi sagte: Es gibt ein Kästchen aus Feuerstein in einem Raum in Heliopolis (…); 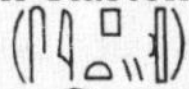 [nun], in diesem Kästchen!» Im weiteren Verlauf des Gesprächs erklärt Dedi, nicht er selbst werde dem Pharao das Kästchen (*fdt*) bringen, sondern das älteste der Kinder, die Rêdjedet in ihrem Schoß trägt. Das führt uns zu der bekannten Episode von der Geburt der Drillinge, die bestimmt sind, die 5. Dynastie zu begründen.

Professor Erman hat die in dem Zitat ausgesparten Worte mit «der Ort, an dem sie sich befinden» übersetzt, und wir müssen zugeben, daß ohne nähere Hinweise darauf, was denn nun mit den *ipwt* gemeint sein könnte, dies zwangsläufig als die korrekte Übersetzung erscheint. Daraus wurde geschlossen, die *ipwt* seien klein genug, um in einem Kästchen Platz zu finden, und niemand zeigte sich überrascht, als wenig später W. E. Crum von einem neu aufgefundenen koptischen Wort єπω in enger Verbindung mit anderen Wörtern für «Türen», «Bolzen», «Schlüssel« berichtete (*Zeitschrift für ägyptische Sprache und Al-*

tertumskunde, 26, S. 147). Seitdem hat man *ỉpwt* mit «Schlösser» übersetzt und angenommen, Cheops habe nach den Schlössern des *wnt*-Heiligtums des Thot geforscht, und Dedi habe erklärt, diese befänden sich in einem Kästchen aus Feuerstein im Tempel von Heliopolis.[1]

Dieser Theorie ist zunächst einmal entgegenzuhalten, daß die Übersetzung «Schlösser» sich ausschließlich auf das Determinativ  stützt, das *ỉpwt* in 9,2 hat, aber nirgendwo sonst, weder im Papyrus Westcar noch an anderer Stelle; zum zweiten verträgt sich das Determinativ  schlecht mit der Bedeutung «Schlösser»[2], und drittens bleibt das Determinativ , das in den Absätzen 7,5–7 zu finden ist, ohne Erklärung. Für mich liegt es auf der Hand, daß das hieratische Zeichen, das als  transkibiert wird, in Wirklichkeit das Äquivalent von  darstellt, wenngleich, der Beweis dafür etwas umständlich ausfällt. Möller nennt kein frühes Äquivalent von , doch ich vermute, daß das obskure Zeichen in *Sinuhe* R_7[3] und eine weitere ziemlich unähnliche Form in *Sinuhe* B205 allesamt Beispiele aus der 12. Dynastie darstellen und zeitlich wesentlich später liegen. Aus der Hyksos-Zeit sind jedoch keine anderen Beispiele bekannt außer den beiden hier zitierten Stellen aus dem Papyrus Westcar. Nun habe ich gezeigt, daß in den Hieroglyphen des Neuen Reiches und  ständig miteinander verwechselt werden (*Zeitschrift für ägyptische Sprache und Altertumskunde*, 45, S. 127) und in meinen *Notes on the Story of Sinuhe*, S. 152, habe ich eine autobiographische Stele über die Regierung von Thutmosis III. angeführt, wo  ein ziemlich offensichtliches Zitat aus *Sinuhe* R2–3 darstellt:

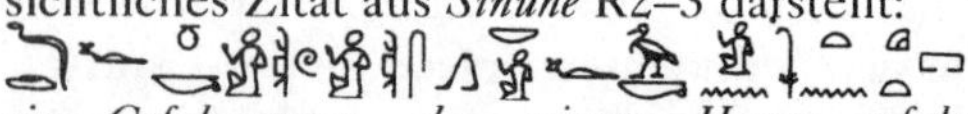 *«Er sagte: Ich war ein Gefolgsmann, der seinem Herrn gefolgt ist, ein Diener des königlichen harîm.»* Die Verwechslung von  und  geht offenbar zurück auf die Ähnlichkeit der beiden Zeichen in hieratischer Schrift, so daß wir es als eine verbürgte Tatsache betrachten können, daß bis zur Herrschaft Thutmosis' III. die hieratischen Formen von  und  sehr ähnlich ausgesehen haben. Wenn man nun einen Blick in die *Carnarvon Tablet* 1.I wirft, die spätestens auf den Beginn der 18. Dynastie

datiert[4], so wird man finden, daß *nst* «Thron» mit einem Zeichen geschrieben ist, das mit fast identisch ist; *nst* besitzt eine ähnliche Form in *Sinuhe* B207. Angesichts dieses Zusammentreffens läßt sich nicht mehr bezweifeln, daß in *Westcar* 7,5–7 und gelesen werden müssen; in *Westcar* 9,2 ist nichts als eine irrtümliche Substitution für das seltenere Zeichen. Unsere Übersetzungen der betreffenden Passagen müssen dementsprechend neugefaßt werden.

Abgesehen von den Passagen im Papyrus *Westcar* und der Bezeichnung «Südliches Opet» für Luxor wird das Wort **ỉpꜣt** *ipt* fast immer in bezug auf den königlichen *harîm* als Lokalität gebraucht (vgl. *Zeitschrift für ägyptische Sprache*, 45, S. 127). Es ist wahrscheinlich, daß dieses Wort eigentlich ein geheimes oder privates Gemach bezeichnet hat. Wenn wir diese Bedeutung in 7,5–8 einsetzen, dann stellen wir fest, daß die Freude des Cheops über die Aussicht, Dedi zu befragen, sich daraus erklärte, daß dieser «die Anzahl der Geheimkammern des Thot-Heiligtums kannte», denn Cheops selbst hatte «seit langem die Anzahl der Geheimkammern des Thot-Heiligtums in Erfahrung zu bringen gesucht, um dasselbe für seinen eigenen Horizont [Pyramide] zu machen». Und welcher Ehrgeiz hätte Cheops mehr plagen sollen, als in seiner eigenen Pyramide eine Nachbildung der geheimnisvollen Kammern im altehrwürdigen Heiligtum des Gottes der Gelehrsamkeit zu besitzen? Der Tempel der Großen Pyramide ist völlig zerstört, doch die inneren Kammern der Pyramide selbst sind bis auf den heutigen Tag ein Juwel geblieben.

Soviel zum ersten Abschnitt; die Übersetzung des zweiten stellt uns vor etwas größere Schwierigkeiten. Wir haben gesehen, daß die Worte sich mühelos wiedergeben lassen als «(ich kenne) de(n) Ort, an dem sie sich befinden», und wie die nachfolgende Frage und Antwort enthüllt, befanden sich die *ỉpwt* des Thot-Heiligtums angeblich in einem Feuersteinkästchen in einem Raum des Tempels in Heliopolis. Diese Interpretation ist natürlich unvereinbar mit der Bedeutung «Geheimkammern», die wir hier mit *ỉpwt* verbinden. Wir wollen uns deshalb die Passage erneut vornehmen und eine andere Übersetzung versuchen. Cheops fragt Dedi, ob er die Anzahl der Geheimkammern im Heiligtum Thots kenne. Dedi erwidert: «Vergebung, ich kenne deren Zahl nicht, mein Herr und Gebieter, doch ich kenne den Ort, an dem sie (d.h. die Anzahl oder die Kenntnis dieser Zahl) sich befindet.» Und anschließend sagt er, «es gibt ein Kästchen aus Feuerstein in einem Raum in Heliopolis, der ‹Revision› heißt; in diesem Kästchen (befindet sich die Information)». Nach dieser Lesart des Dialogs befanden sich in dem Feuersteinkästchen nicht die *ỉpwt*, die Geheimkammern selbst, sondern ein Stück Papyrus, auf dem ihre Zahl vermerkt war. Nun können diejenigen, die von dieser Interpretation der Stelle nicht überzeugt sind, als Argument anführen, daß im Text *bw nty st im* steht und nicht *bw nty sw im* mit dem männlichen Fürwort *sw*, das dort stehen müßte, wenn es sich auf *tnw*, «die Anzahl», beziehen würde. Es ist jedoch möglich, daß sich das unbestimmte Fürwort *st*, «es», nicht unmittelbar auf das Wort *tnw*, «Anzahl», bezieht, sondern auf die gewünschte Information allgemein. Ich gebe zu, daß es gewisse Schwierigkeiten bereitet, sich dieser Deutung anzuschließen, doch nunmehr kann ich ein Argument beibringen, aus dem wir schließen können, daß unsere Interpretation fast sicher zutreffend ist. Man hat bislang zuwenig auf die Bezeichnung «Revision» 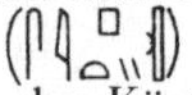 geachtet, die dem Raum gegeben wird, in dem sich das Kästchen aus Feuerstein befinden soll. Nun ist *sipty* das Wort, das regelmäßig gebraucht wird für die «Bestandsaufnahme» der Besitztümer eines Tempels, wie Professor Erman selbst gezeigt hat.[5] Aus diesem Grund kann der betreffende Raum nur ein Archiv und unmöglich ein Lagerraum irgendwelcher Art gewesen sein. Deshalb komme ich zu dem Schluß, daß das Wort *ỉpwt* «Geheimkammern» bedeutet und Cheops nähere Einzelheiten über die Geheimkammern des uralten Thot-Heiligtums in Erfahrung bringen wollte, um sie zum Vorbild beim Bau seiner eigenen Pyramide zu nehmen.

(Zuerst veröffentlicht in *Journal of Egyptian Archaeology*, 11 [1925].)

ANHANG 4
Das Überleben der Sternenreligion

Von Robert Bauval und Adrian Gilbert

Die Hauptthese dieses Buches umfaßt nicht nur die Theorie einer Korrelation der Sternen-Duat mit den Pyramidenfeldern der 4. Dynastie, sondern auch die Tatsache, daß die herrschende Religion der Pyramidenbauer eine Sternenreligion war und man annahm, daß die toten Könige zu Sternenseelen im Sternbild des Orion würden. Die Frage ist, ob die Sternenreligion der Pyramidenzeit, die in den Pyramidentexten der 5. und 6. Dynastie und in der astroarchäologischen Sprache der großen 4. Dynastie so deutlich zum Ausdruck kommt, sich fast drei Jahrtausende lang, von der ersten einheimischen Dynastie um 3100 v. Chr. bis zum Ende der letzten Dynastie um 525 v. Chr. oder sogar noch darüber hinaus, erhalten hat.

Die Crux an der altägyptischen Chronologie besteht darin, daß es keine zwei Gelehrten gibt, die sich auf präzise Daten einigen können. Das gilt ganz besonders für die früheren Dynastien, für die nach Meinung von Fachleuten ein Fehlerspielraum von mindestens ±150 Jahren angenommen werden muß. Es gibt jedoch eine Übereinkunft, der wir uns hier anschließen. Die altägyptischen Herrscher verstanden sich natürlich nicht als Dynastien, sondern als eine fortwährende Reihe von Königen, die in der Ersten Zeit ihren Anfang genommen hatte, als Ägypten noch von Göttern regiert wurde. Sie betrachteten Horus, den Sohn von Isis und Osiris, als eine historische Person, die zum ersten Gottmensch wurde, der Ägypten als «Pharao» regierte. Das Wort leitet sich von *Pero-o* ab und bedeutet «Großes Haus», den Pantheon, dem die ägyptischen Könige entstammten. Alle Pharaonen sahen sich als Wiedergeburt des Horus.

Einer modernen ägyptologischen Praxis entsprechend werden wir die sogenannten dynastischen Einteilungen übernehmen. Das Ägypten der Pharaonen, das etwa von 3100 bis 332 v. Chr. währte (und damit weit länger als die griechisch-römische oder überhaupt die abendländische Zivilisation), umfaßte 31 verschiedene Dynastien mit rund 390 Monarchen.[1] Zwar gab es noch «Pharaonen» nach 332 v. Chr. (bis 251 n. Chr.), doch diese waren keine Ägypter, sondern Griechen («Ptolemäer») aus Mazedonien (Griechische Zeit 332–30 v. Chr.) und später römische Kaiser (Römische Zeit, 30 v. Chr. bis 251 n. Chr.). Wenn man sie mit einbezieht, gab es insgesamt 439 Monarchen, die Ägypten als Pharaonen regierten.[2] Die Ägyptologen haben es für zweckmäßig gehalten, einen so ausgedehnten Zeitraum in Perioden einzuteilen und sie sind in der folgenden Tabelle wiedergegeben.[3]

Dynastie	Periode	Zeit von bis
1.–2.	Frühe Dynastie	3100–2686 v. Chr.
3.–6.	Altes Reich	2686–2181 v. Chr.
7.–10.	I. Zwischenzeit	2181–2133 v. Chr.
11.–12.	Mittleres Reich	2133–1786 v. Chr.
13.–17.	II. Zwischenzeit	1786–1567 v. Chr.
18.–20.	Neues Reich	1567–1080 v. Chr.
21.–25.	III. Zwischenzeit	1080–664 v. Chr.
26.	Saïtenzeit	664–525 v. Chr.
27.–31.	Spätzeit	525–332 v. Chr.
	Griechische Zeit	332–30 v. Chr.
	Römische Zeit	30 v. Chr. – 642 n. Chr.
	Arabische Zeit	624 n. Chr. – heute

Aus den Pyramidentexten und aus den Baudenkmälern selbst geht hervor, daß der Wiedergeburtskult sich auf den König beschränkte und sich bestenfalls noch auf nahe Angehörige der königlichen Familie erstreckte. Nur sie hatten ein Recht auf eine Wiedergeburt als Stern, wozu eine Mumifizierung und die komplizierten Rituale gehörten, die zweifellos auf dem Pyramidenfeld von Memphis und, wie wir vermuten dürfen, auch im Innern der Pyramiden selbst vollzogen wurden.

Es kann kaum einem Zweifel unterliegen, daß in der großen Epoche der 4. Dynastie der zentrale Ort der Wiedergeburtsriten Gizeh war und daß die Große Pyramide der Apotheose eines alten Passionsspiels diente, in dem der Leichnam des verstorbenen Königs und die Versammlung von Priestern und Mitgliedern der Königsfamilie die wichtigste Rolle spielten. Der auffällige Niedergang am Ende dieser Dynastie läßt sich an den kleineren und kunstloser errichteten Pyramiden der Könige der 5. Dynastie in Abusir und Sakkara ablesen. Von dieser Zeit an oder zumindest seit dem Ende des Alten Reiches wurde der Kult der königlichen Wiedergeburt zunehmend demokratisiert; er erstreckte sich auch auf die Vornehmen am Hof und umfaßte möglicherweise noch reiche Kaufleute und hohe Militärführer. Im Verlauf dieser Ausweitung des Prozesses erhielt vermutlich eine wachsende Zahl von Personen außerhalb der Familie des Pharao das Recht auf eine astrale Wiedergeburt, so daß zum Ende des Neuen Reiches jeder in Ägypten, der sich die teure Prozedur der Mumifizierung und der anschließenden Zeremonien leisten konnte, nach seinem Tod ein Leben mit Osiris führen durfte. Mit der Demokratisierung ging jedoch eine Korrumpierung des Kults einher, und die Riten wurden je nach den Bedürfnissen der Verstorbenen und ihren lokalen Lieblingsgöttern abgewandelt. Kurzum, der Kult der Wiedergeburt verlor seine Unverfälschtheit und Einfachheit.

Die Texte, aus denen das Weiterleben dieses Kults hervorgeht, sind die verschiedenen Fassungen des ägyptischen *Totenbuchs*, dessen älteste Version die Pyramidentexte darstellen. Daneben gibt es die zahlreichen Inschriften, die in Gräbern und Tempeln gefunden wurden, sowie natürlich die großen Sammlungen von Papyri in Museen auf der ganzen Welt. Eine eingehende Erörterung all dieser Quellen würde den Rahmen dieses Buchs sprengen. Deshalb haben wir uns darauf beschränkt, ausgewählte Texte heranzuziehen, aus denen unmißverständlich hervorgeht, daß der Osiriskult um die toten Könige sich während der gesamten Pharaonenzeit erhalten hat und daß es ein Sternenkult war: Der tote Pharao lebte als Stern in der himmlischen Duat oder im jenseitigen Reich des Osiris weiter.

Neben den Pyramidentexten und ihnen zeitlich nachfolgend gibt es die sogenannten Sargtexte des Mittleren Reiches, der Epoche, die auf die Pyramidenzeit folgte. Carol Andrews, seit langen Jahren Ägyptologin am Britischen Museum, schrieb darüber:

«Das Mittlere Reich (um 2040–1786 v. Chr.) war eine Zeit, in deren Verlauf religiöse Vorstellungen und Riten in Verbindung mit der Totenbestattung demokratisiert wurden, als ein gesichertes Leben nach dem Tod, das zuvor allein der königlichen Familie und hohen Beamten vorbehalten war, all denen offenstand, die für die hierfür notwendige Ausrüstung aufkommen konnten. Jetzt wurden die Sprüche der Pyramidentexte um zahlreiche neue Sprüche erweitert, und diese neuen Texte wurden nicht mehr in Hieroglyphen, sondern in hieratischer Schrift niedergeschrieben, in dichten senkrechten Reihen in hölzernen Särgen von nichtadligen Verstorbenen. Aufgrund ihrer Fundorte hat man sie als Sargtexte bezeichnet, und sie sind die unmittelbaren Vorläufer von Texten auf Totenbuchpapyri des Neuen Reiches und der Zeit danach.»[4]

Es steht außer Zweifel, daß die Pyramidentexte die Vorläufer der Sargtexte wie der *Totenbücher* waren. Letztere führen uns in die griechische Zeit, die Jahrhunderte vor dem Christentum und der Gnosis: «Eine neue Entwicklung bei den Sargtexten läßt sich daran erkennen, daß der Sonnengott nicht mehr das höchste Wesen ist: Osiris ist der König, unter dem die glückseligen Toten ihre Ewigkeit zu verbringen hoffen, der Gott, dem die Toten gleichgesetzt wurden ...»[5]

Von Andrews erfahren wir außerdem, daß uns in den Sargtexten eine neue Vorstellung entgegentritt: Das Nachleben wird in den «Binsengefilden» verbracht, wo die von den Toten verrichteten landwirtschaftlichen Arbeiten ein Spiegelbild des Lebens im damaligen Ägypten bieten, so daß das «Jenseits als eine identische Welt [des Diesseits] aufgefaßt wurde».[6] Die Binsengefilde sind allerdings keine neue Vorstellung, sondern werden bereits in den Pyramidentexten erwähnt und gehen somit auf die Pyramidenzeit zurück. In Faulkners Ausgabe dieser Texte werden die Binsengefilde mehrfach in unmittelbarem Zusammenhang mit dem Schicksal nach dem Tod genannt; sie stellen offensichtlich eine himmlische, das heißt eine Sternenlandschaft dar, die der Nilregion Unterägyptens entspricht, und sind ein fester Bestandteil der Duat. I. E. S. Edwards schreibt über das Binsengefilde: «Das osirianische Jenseits wurde jedoch offenbar schon in frühen Zeiten als eine Art idealistischer Form des Diesseits angesehen; es lag unter dem westlichen Horizont und wurde von Osiris regiert. Dieses Gebiet wurde von den Ägyptern als ‹Binsengefilde› bezeichnet und war den Griechen dann als elysisches Gefilde bekannt; ...»[7]

Edwards betont, daß die alten Ägypter «im irdischen Leben einen Spiegel des jenseitigen» sahen und daß dort der Platz war, wo «ihr Geist nach Wunsch bei Osiris wohnen (konnte)».[8]

In den Sargtexten spricht der Nilgott: «Ich bin es, der den Opferdienst der Gaben [der Ernte] für Osiris bei der großen Überschwemmung vollzieht, ich richte meine göttliche Herrschaft beim Aufgang des Großen Gottes [Osiris] auf.»[9]

Ferner lesen wir in den Sargtexten: «Osiris erscheint, sobald es einen Strom [von Wasser] gibt», wenn also die jährliche Nilschwelle einsetzt.[10] Der «Aufgang des Großen Gottes» zu Beginn der Überschwemmung der Nilufer ist nichts anderes als der Aufgang des Sternen-Osiris, des Orion. Wie Rundle Clark schreibt, gilt Osiris in dieser spirituellen Form «vor allem als der göttliche Geist in der Nilschwelle ... Der Aufgang des Orion am südlichen Himmel nach einer Periode der Unsichtbarkeit ist das Zeichen für den Beginn einer neuen Wachstumsperiode, der Wiederbelebung der Natur. Osiris wurde in eine ‹lebende Seele› verwandelt ...», in einen Ba oder eine Sternenseele, in diesem Fall in Orion. Die Idee, daß der Ba tatsächlich eine Sternenseele war, findet sich während der gesamten Pharaonenzeit, zum Beispiel im Papyrus Carlsberg I, der aus dem 2. Jahrhundert v. Chr. datiert, bis in die christliche Zeit hinein. Der Papyrus Carlsberg I, der sich heute in der Universität Kopenhagen befindet, stammte ursprünglich aus El-Fayum, einer fruchtbaren Oase südlich von Kairo, die im 2. Jahrhundert n. Chr. häufig von christlichen Gnostikern besucht wurde.

Ähnliche Texte sind als Dramatische Texte bekannt und stammen aus dem Grab oder Kenotaph Setis' I. in Abydos (um 1350 v. Chr.), wo sie sich auch heute noch befinden. Otto Neugebauer und Richard Parker, zwei Experten auf dem Gebiet der ägyptischen Astronomie; schreiben über diese Texte: «In Kapitel VI, 43, werden die Seelen als ‹Sterne› bezeichnet...»[11] Die Stelle heißt im Original: «Die Seelen kommen hervor und wandern des Nachts am Himmel. Der Aufgang der Sterne. Sie wandern des Nachts...» Und weiter: «Wenn sie [die Seele] von den Lebenden gesehen wird, ist sie ja ein Stern, der am Tag nicht gesehen werden kann... Man sieht, wie sie [die Seele] dort lebt. Man sieht, wie sie vom Himmel herab scheint...»

Der Papyrus Carlsberg I, dessen Inhalt sich in vieler Hinsicht auf die Kosmologie an Decken und Wänden der Gräber Setis' I. und der Ramessiden stützt (um 1300–1150 v.Chr.), ist eine ausführliche Darlegung der Wiedergeburt der Menschen als Sterne in der Duat. Einige Zitate aus dem Text sowie Kommentare von Neugebauer und Parker, die sich lange mit ihm beschäftigt haben, fassen die wesentlichen Punkte zusammen:

«Die wichtigste Information, die dieses Kapitel [Carlsberg I, Kap. E] enthält, besteht darin, daß die Dekane die Stunden nicht mehr durch ihre aufeinanderfolgenden Aufgänge anzeigen, sondern durch ihre Kulmination [Durchgang durch den Meridian]. Der Stern der ‹ersten› Stunde ist der Dekan, der seine zehn Tage als Stern der ersten Stunde vollendet hat und bei Einbruch der Nacht, manchmal gleich nach Sonnenuntergang, auf dem Meridian zu sehen ist.»[12]

Die Autoren führen im folgenden aus, daß ein Stern nach seinem Meridiandurchgang neunzig Tage (drei Monate) benötigt, bis er zur selben Tageszeit (in der Abenddämmerung nach Sonnenuntergang) den Horizont erreicht hat. Danach «tritt» er in die Duat «ein», das heißt, er wird für eine Dauer von 70 Tagen unsichtbar. Die Zahl von 70 Tagen beruht auf der Periode, in der der Sirius unsichtbar bleibt. Danach wird der Stern im Osten neu geboren; er «kommt aus der Duat hervor» und durchwandert den Himmel von Osten nach Westen. Er benötigt 80 Tage, um den Meridian zu erreichen, diesmal in der Morgendämmerung vor Sonnenaufgang: die zwölf Stunden dieses Sterns. Nach weiteren 120 Tagen (zwölf Dekanstunden) befindet sich der Stern wieder zur Stunde der Abenddämmerung, nach Sonnenuntergang, auf seinem Meridian. Das ist seine «erste» Stunde, und der Zyklus beginnt wieder von vorn. Anscheinend ist der Stern (die Seele) nur dann in Bewegung, wenn man beobachten kann, wie er durch seinen Meridian geht, 80 Tage nach seiner Wiedergeburt, seinem heliakischen Aufgang, wenn er sich in der Morgendämmerung auf seinem Meridian befindet. Eine einfache Rechnung ergibt somit, daß der Dekan 120 Tage lang in Bewegung ist, das heißt zwölf Dekanstunden zu jeweils zehn Tagen.[13]

In diesen Texten findet sich außerdem der Gedanke, daß die Wiedergeburt eines Seelensterns zum Zeitpunkt seines heliakischen Aufgangs erfolgt, das heißt, wenn er nach 70 Tagen der Unsichtbarkeit im Osten in der Morgendämmerung aufgeht. Demnach herrschte damals die Vorstellung, daß der Stern aus der weiblichen Gestalt der Himmelsgöttin hervorging, deren Schenkel sich im Osten befanden, während sich ihr übriger Körper über dem Himmel wölbte. Die folgenden Passagen sind einer Inschrift entnommen, die neben einem Bild der Himmelsgöttin in dieser gekrümmten Körperhaltung eingegraben ist. «Die weibliche Gestalt dieses (Abbilds) ... will besagen, ihr Haupt ist im Westen und ihr Hinterteil im Osten ... Er bewirkt, daß das Hinterteil der Anfang ist, das heißt der Ort der Geburt ...»[14]

«Das Sumpfland des Himmels der Götter (Sterne) ist der Ort, woher die Vögel (Ba-Seelen) kommen ... sie sind von der Nordwestregion ... so weit wie die Südwestregion ... des [Himmels] ... der sich zur Duat öffnet, die sich in der nördlichen Region [des Himmels] befindet ...»[15]

Offenbar betritt die Seele der verstorbenen Person, die erst noch wiedergeboren werden muß, die Duat im Norden oder in der Zirkumpolarregion, beginnt dann jedoch ihre Tätigkeit, die vermutlich darin besteht, daß sie im Schoß der Himmelsgöttin ausgetragen wird, wenn sich der Stern in der Morgendämmerung auf seinem Meridian befindet. Sie benötigt 90 + 120 + 70 = 280 Tage, bis ihre astrale Austragung beendet ist und sie als Stern zum Zeitpunkt seines heliakischen Aufgangs im Osten wiedergeboren wird. Die 280 Tage entsprechen natürlich der durchschnittlichen Zeit einer Schwangerschaft beim Menschen.

Aus den Texten erfahren wir ferner, daß die besonderen Sterne, von denen die Rede ist, am südöstlichsten Horizont aufgehen, wo auch die Sterne des Orion und der Sirius ihren Aufgang haben:

«... Dies sind die Aufgänge der Götter. Diese ... Orion und Sothis (Sirius), welche die ersten der Götter sind – das will besagen, sie verbringen herkömmlicherweise siebzig Tage in der Duat [und sie steigen auf] wieder ·t·. Es ist im [Süd]osten, wo sie ihr erstes Fest feiern ...»[16]

Schließlich teilen uns die Texte mit, daß der Zyklus Leben–Tod—Wiedergeburt eines Sterns derselbe ist wie beim Menschen:

«... Ihre [der Sterne] Bestattung geht vor sich wie die der Menschen ... das soll bedeuten, sie sind das Abbild der Bestattungstage, die für Menschen heute ... siebzig Tage sind, die sie im Einbalsamierungshaus verbringen ... Seine Zeit in der Duat wird ja verbracht. Es ist das Verbringen seiner Zeit in der Duat ... jeder der Sterne – das bedeutet siebzig Tage... das ist es, was beim Sterben geschieht [mit dem Sterben gemeint ist]. Dieser, der untergeht, [verbringt diese Zeit] ... [es ist] der Stern, der in die Duat eingeht ...»[17]

Neugebauer und Parker vermerken in ihrem Kommentar zu den Texten, daß hier die Analogie zwischen dem 70 Tage dauernden Prozeß der Einbalsamierung und dem Aufenthalt eines Sterns in der Duat offen zutage tritt. Nach ihren Worten hatte bislang noch niemand eine Erklärung dafür angeboten, warum die Zeremonie genau 70 Tage dauerte; sie selbst nennen jedoch den zutreffenden Grund: «Es sind die Bewegungen des Sirius – des Urbilds aller Dekane –, die die Erklärung liefern.»[18]

Aus alledem wird deutlich, daß das Ereignis des Todes und der Wiedergeburt eines Menschen in einer jenseitigen Welt, einem «kosmischen Ägypten», auf dem jährlichen Zyklus der Sterne, genauer auf den Zyklen des Sirius/Isis und des Orion/Osiris beruhte, jenem göttlichen Paar und den Hauptpersonen im Drama der astralen Wiedergeburt. Diese Idee ging auf die religiösen Vorstellungen der frühen Pyramidenzeit zurück und fand ihren ersten Ausdruck in der heiligen astroarchitektonischen Sprache der 4. Dynastie, die die großen Pyramiden von

Gizeh und Dahschur errichten ließ. Die Monumente sind ebenso erhalten geblieben wie die Pyramidentexte der 5. und 6. Dynastie, und sie stellen die Quellen unserer Kenntnisse von einer tiefreichenden Sternenreligion der Wiedergeburt dar.

Diese Religion ist die reinste Manifestierung der menschlichen Hoffnung, daß religiöse Rituale und Liturgien dem Eingeweihten oder dem Gläubigen behilflich sind, seine Wiedergeburt als Sternenseele im Jenseits des Osiris zu erlangen. Aus der Analyse der Texte insgesamt läßt sich der Schluß ziehen, daß ein «Schwangerschaftszyklus» von 273 bis 280 Tagen (etwa neun Monate) einsetzte, sobald ein Stern seinen Meridian in der Morgendämmerung erreicht hatte, bis er im Osten bei der ersten Morgendämmerung die Verklärung der Wiedergeburt erlangte.

Die vier Himmelsrichtungen waren von äußerster Wichtigkeit für die Wiedergeburtszeremonien: Der Süden (Meridian) markierte den Beginn des Zyklus, der Westen den Beginn des symbolischen Todes, wenn der Stern unsichtbar wurde, und der Osten bezeichnete die Wiedergeburt beim heliakischen Aufgang des Sterns. Der Norden wurde offenbar als der Punkt angesehen, an dem die Energie für den gesamten Prozeß erzeugt wurde. Dort befand sich der geheimnisvolle Aufenthalt von Tuart – jener Fruchtbarkeitsgöttin in Gestalt eines Nilpferds, die durch das heutige Sternbild des Drachen (Draco) dargestellt wurde. Interessanterweise gab es dort auch einen «Poller», an dem ein Tau befestigt war. Dieser Pfosten wird in den Pyramidentexten mehrfach in Verbindung mit den Sternenritualen erwähnt und ist auf zahlreichen astronomischen Darstellungen einer späteren Periode abgebildet.

Erzählen demnach die Pyramidentexte und ihre späteren Versionen, die Sargtexte und das ägyptische Totenbuch, nichts anderes als die auf die Sterne bezogene Architektur der Pyramiden der 4. Dynastie, insbesondere der Cheops-Pyramide? Nach unserer Meinung muß diese Frage mit Ja beantwortet werden.

Gehen wir noch einmal zurück zum Mythos von Isis und Osiris und betrachten ihn unter einem astronomischen Blickwinkel. Osiris wurde von seinem Bruder Seth getötet; Isis sammelte seine verstreuten Gliedmaßen auf, und es gelang ihr, den Bruder und Gatten wiederauferstehen zu lassen, doch es fehlte ein wesentlicher Körperteil: das männliche Glied. Isis mußte sich eines künstlichen Phallus bedienen, um schwanger zu werden und das Horuskind zu gebären. Wenn wir das Sternbild des Orion betrachten, das die menschliche Gestalt des Großen Jägers darstellt, läßt sich erkennen, daß der sogenannte Oriongürtel seinen phallischen Bezirk darstellt. Im Anschluß an andere Autoren habe ich selbst die Meinung vertreten, daß die Schächte der Cheops-Pyramide innerhalb der Wiedergeburtsriten eine phallische oder Fruchtbarkeitsfunktion hatten.[19] Deshalb ist die Annahme gerechtfertigt, daß die drei Sterne, die den Gürtel des Orion bilden, den Phallus von Sahu/Orion (Osiris/Orion) darstellen. Der südliche Schacht der Königinkammer war auf den Isis/Sirius ausgerichtet, und dem entspricht eine Stelle in den Pyramidentexten, wo es heißt: «Zu dir kommt deine Schwester Isis, froh der Liebe zu dir. Du hast sie auf deinen Phallus gesetzt, damit dein Same hervorgehe (aufsteige) in sie, indem er scharf ist (der scharfe), als Sothis [Sirius]. Horus-Sopd ist hervorgekommen aus dir als Horus, der in der Sothis war.» [PT 632a–632d]

Wir haben Grund zu der Annahme, daß hier von den Schächten der Cheops-Pyramide die Rede ist: daß der Phallus von Osiris/Orion der südliche Schacht der Königskammer ist, der auf den Oriongürtel ausgerichtet und durch den südlichen Schacht der Königinkammer mit Isis/Sothis (Sirius) verbunden war. Die Worte «Zu dir kommt deine Schwester Isis» lassen vermuten, daß es eine reale Verbindung zwischen beiden Schächten gibt, und möglicherweise ist Gantenbrink auf diese Verbindung gestoßen, als er die Schächte mit seinem Roboter erkundete. Am vorläufigen Ende des südlichen Schachts der Königinkammer (von dort bis zu seinem Austritt aus der Oberfläche der Pyramide waren es immer noch 90 Meter) fand er das kleine Fallgatter. Direkt über dieser Stelle verläuft der südliche Schacht der Königskammer, der Orionschacht, und hier befindet sich eine Markierung oder eine Nische, aus der hervorgeht, daß die alten Baumeister zwischen den beiden Schächten eine Verbindung gesehen haben.

Wenn diese Vermutung richtig ist, dann folgt daraus, daß der ausgedehnte Bereich zwischen den beiden südlichen Schächten etwas enthält, das mit dem Sternenritual zusammenhängt, bei dem Isis geschwängert wird und ein Horuskind zur Welt bringt, das den Platz des verstorbenen Königs einnimmt. Das befände sich in Einklang mit den religiösen Vorstellungen jener Zeit, wie sich aus den Pyramidentexten ergibt. Der britische Ägyptologe Henry Frankfort, der ehemalige Leiter des Warburg Institute in London, förderte etwas zutage, worin er einen zweifachen Prozeß sah, der nach dem Tod eines Königs in Gang gesetzt wurde: zum einen die Bestattungsriten, zu denen die kunstvolle Präparierung des königlichen Leichnams als Sahu (Mumie oder spiritueller Leib) gehörte[20], an deren Ende der Leichnam kurz vor seiner astralen Wiedergeburt stand, und zum anderen, parallel dazu, die Übertragung der Königswürde an den neuen lebenden Horus-König.[21] Im Mai 1993 wurde der Autor von Dr. Nicolas Mann, dem Leiter des Warburg Institute, eingeladen, einen Vortrag über die jüngsten Funde in der Cheops-Pyramide und die neue, astronomische Deutung der Pyramidentexte zu halten. Es ist zu hoffen, daß dieses interdisziplinäre Forschungsinstitut seinerseits neue Erkenntnisse über die enge Verflechtung von altägyptischer Religion und Astrologie liefern kann.

ANHANG 5

Die Anlage der Schächte in der Cheops-Pyramide

Von Robert Bauval

Es ist eine unter Fachleuten anerkannte Tatsache, daß in den Entwurf der Cheops-Pyramide – ebenso wie in den anderer Pyramiden, wenngleich in geringerem Maße – grundlegende Kenntnisse der Geometrie und der beobachtenden Astronomie eingegangen sind.[1] Die rein geometrische Form des Bauwerks, seine Proportionen und seine exakte Orientierung an den Himmelsrichtungen schließen jeden Zweifel aus. Viele Kenner, die sich mit dieser Pyramide beschäftigt haben, stimmen darin überein, daß die Wahl der Proportionen und der Winkel sehr harmonisch ist.[2] Und was die Orientierung des Bauwerks angeht, so ist man sich darüber allgemein einig, daß bestimmte Sterne anvisiert wurden, eine Methode, die man auch bei der Ausrichtung bestimmter Bauteile im Innern angewandt hat.[3]

Vor allem jedoch kam diesem monumentalen Bauwerk eine zutiefst religiöse Bedeutung zu, da sein kultischer Hauptzweck darin bestand, die Auffahrt des toten Königs in den Himmel zu erleichtern.[4] Mit anderen Worten, die Pyramide war ein Grab, dessen Funktion wir in Ermangelung einer geeigneten Terminologie als «astrologisch» bezeichnen wollen.[5] Diese weithin geteilte Ansicht findet ihre Bestätigung unter anderem in den Pyramidentexten.[6] Den religiösen Vorstellungen und Riten der Pyramidenzeit zufolge wurde der König nach seinem Tod ein Stern, und seine Astralseele wanderte zu den südlichen Sternen im Sternbild des Orion und zum Sirius sowie zu den nördlichen Sternen der drei zirkumpolaren Sternbilder Ursa Major (Großer Bär), Ursa Minor (Kleiner Bär) und Draco (Drachen).[7] Die oberste Aufgabe des alten Baumeisters bestand darin, diese Elemente der Himmelsreligion in den Entwurf des Bauwerks aufzunehmen. Letzten Endes diente die Pyramide dem Zweck, die Wiedergeburt des toten Königs zu begünstigen.

Um dieses Ziel zu erreichen, legte der Baumeister seinem Entwurf einfache geometrische Prinzipien zugrunde und benutzte rechte und halbierte Winkel, die er aufgrund einfacher mathematischer Verhältnisse bestimmte.[8] Dennoch darf uns dies nicht zu der Annahme verleiten, die elementare Mathematik sei ein wesentlicher Aspekt des Pyramidenkults gewesen; sie war lediglich ein Werkzeug, wenn auch vermutlich ein heiliges Werkzeug, mit dessen Hilfe der Priester-Baumeister sein Vorhaben ins Werk setzen konnte.

MATHEMATISCHE ASTRONOMIE ODER ASTRONOMISCHE MATHEMATIK?

Zunächst müssen wir uns fragen, worin der Auftrag des Baumeisters genau bestand: Sollte er ein Bauwerk entwerfen, um Grundsätze der heiligen Mathematik zum Ausdruck zu bringen, oder sollte er mit den *Mitteln* der Mathematik die Pyramide so gestalten, daß in ihr ein Kult vollzogen werden konnte, nämlich die Vorbereitung der Auffahrt des toten Königs zu den Sternen?

Vielleicht läßt sich diese Frage besser beantworten, wenn wir eine Analogie aus neuerer Zeit heranziehen. Im hohen Mittelalter (und manchmal auch heute noch) wurden Kirchen mit einem kreuzförmigen Grundriß angelegt und im allgemeinen nach Osten ausgerichtet. Der Haupteingang lag an der Westseite, am Fuß des Kreuzes, was bedeutete, daß die Gläubigen, welche die Kirche betraten, sich in östlicher Richtung bewegten, wie Christus bei seiner Auferstehung;[11] Kirchen sind religiöse Monumente, die den Riten der christlichen Religion dienen, und diesen Erfordernissen mußten und müssen die Baumeister entsprechen. Dazu bedienen sie sich der Geometrie und der Mathematik, um auf *symbolische* Art die liturgische Funktion des Kults zum Ausdruck zu bringen. Auch die einzelnen Bauelemente der Kirche besitzen von jeher eine tiefe symbolische Bedeutung: Die Kirchenkuppel stellt das Himmelsgewölbe dar, der Altar symbolisiert den Kopf des Kreuzes Christi.

Wenn also eine solche Kirche (beispielsweise die Kathedrale von Chartres) Jahrhunderte später von Wissenschaftlern verschiedener Fachgebiete untersucht wird, so lassen sich ihrer Anlage und Ausführung zweifellos Elemente der «heiligen» Mathematik und der beobachtenden Astronomie entnehmen. Dennoch wäre die Annahme irreführend, der Baumeister habe hauptsächlich den Zweck verfolgt, mit seinem Bauwerk Grundsätze der Mathematik oder der Astronomie zum Ausdruck zu bringen. Die zutreffende Schlußfolgerung müßte lauten, daß der Architekt sich der symbolischen Mathematik oder der beobachtenden Astronomie lediglich als eines Mittels bediente, um die liturgische Funktion des Gebäudes auszudrücken.

Dasselbe gilt für die Cheops-Pyramide. Auch hier sind die Prinzipien der geheiligten Geometrie und der beobachtenden Astronomie lediglich Werkzeuge in der Hand des Architekten und sagen nichts über den Zweck und die Funktion des Monuments aus. Die Aufgabe des Forschers besteht darin, die symbolische Bedeutung eines solchen Entwurfs und seine Verbindung mit der Liturgie des Kults herauszufinden. Diesem Prinzip folgt auch die Untersuchung der vier Schächte der Großen Pyramide.

EIN BAUAUFTRAG AUF DER GRUNDLAGE DER RELIGIÖSEN ZIELSETZUNG

Wir wissen aus den Pyramidentexten, daß die Sterne des Nordens ebenso wie die des Südens eine wesentliche Rolle bei den Wiedergeburtsritualen gespielt haben und unmittelbaren Bezug zum Sternenschicksal des verstorbenen Königs hatten.[12] Nach den bisherigen Untersuchungen ging es dabei um folgende Sternbilder:

a) Der nördliche meridionale Bezirk: die Sterne von Ursa Major, Ursa Minor und Draco. Während der Pyramidenzeit (um 2500 v. Chr.) war der hellste Stern im Sternbild des Drachen, Alpha Draconis, zugleich der Polarstern.

b) Der südliche meridionale Bezirk: die Sternbilder Orion und Canis Major oder Großer Hund (zu dem auch der Sirius gehörte). Hierzu zählte außerdem das Sternbild des Taurus (Stier) samt den Hyaden, das ebenfalls von kultischer Bedeutung war.

Die religiösen Riten, die nach dem Tod des Königs vollzogen wurden, waren im wesentlichen die einer Wiedergeburt. Manche haben sie als Osiris-Riten bezeichnet, da der tote König zu einem Osiris wurde und zum himmlischen Reich dieses Gottes, in das Sternbild des Orion, aufstieg.[13] Zuvor mußten jedoch verschiedene Kulthandlungen vorgenommen werden. Die wichtigste von ihnen war die sogenannte Mundöffnung, bei der der «Horus» und «seine vier Söhne» dem verstorbenen König mit zeremoniellen Schneidwerkzeugen den Mund öffneten, um ihm die Wiedergeburt zu ermöglichen. Auch diese Zeremonie hatte einen starken Bezug zu den Sternen, diesmal jedoch zu denen im Umkreis des Polarsterns. Nach gängiger Meinung waren die beiden zur Mundöffnung verwendeten Instrumente nach dem Bild von Ursa Minor oder Ursa Major geformt.[14] Ein weiterer wichtiger Bestandteil des Rituals war die symbolische Geburt eines neuen Horus (des neuen Königs), der ebenfalls einen Bezug zu den Sternen hatte, wie sich aus den Pyramidentexten («Horus, der in der Sothis (Sirius) ist» [PT 632d] ergibt.

Wir dürfen somit den Schluß ziehen, daß der Baumeister der Cheops-Pyramide den Auftrag hatte, bei der Anlage der Wiedergeburtskammern bauliche Elemente vorzusehen, die das wichtige Ritual der Mundöffnung ebenso ermöglichten wie die Geburt des «Horus, der in der Sothis (Sirius) ist», und schließlich die Auffahrt der Seele in das himmlische Reich des Osiris/Orion. Ich habe an anderer Stelle dargelegt, daß die beiden südlichen Schächte der Pyramide auf den Oriongürtel und den Sirius, mythologisch gesprochen also auf Osiris und Isis, ausgerichtet wurden.[15] Die beiden nördlichen Schächte waren auf den Polarstern Alpha Draconis und den Kopf von Ursa Minor, die himmlische Dechsel des Horus orientiert, die auch die «Dechsel des UPUAUT» genannt wird.[16] Unter Berücksichtigung der Präzession der Erdachse läßt sich errechnen, daß die erwähnten Orientierungen der vier Schächte auf vier verschiedene Sterne mit einem Fehlerspielraum von ± 25 Jahren allesamt für den Sternenhimmel des Jahres 2450 v. Chr. gelten.[17]

WERKZEUGE UND TECHNIKEN DES BAUENTWURFS

Wenn wir die Techniken des Bauentwurfs erörtern, müssen wir auch den umfassenderen historischen Kontext berücksichtigen. Zu jener Zeit (um 2450 v. Chr.) waren die beiden Pyramiden von Dahschur und die in Medum im Auftrag von König Snofru, dem Vater von Cheops, bereits fertiggestellt. Dabei wurden offenbar bereits gewisse Erfahrungen beim Pyramidenbau gesammelt. Wenn wir davon ausgehen, daß der Baumeister der Cheops-Pyramide sich beim Entwurf und der Anlage seines Bauwerks grundlegender geometrischer und astronomischer Kenntnisse bediente, dann können wir annehmen, daß diese Kenntnisse auch in den Bau der Pyramiden von Dahschur und Medum eingegangen sind und daß der Architekt überdies eine innere Vorstellung von der Totenstadt Gizeh insgesamt gehabt hat.[18] Alle diese Elemente mußten in einem einheitlichen Gesamtplan im Hinblick auf den Bau und die Anlage der Pyramiden in Dahschur und Gizeh und letztlich auf den Bau der Cheops-Pyramide zusammengefaßt werden.[19]

ANHANG 6

Der Horizont des Chufu. Ein astronomischer Name für die Cheops-Pyramide

Von Robert Bauval

In *Discussion in Egyptology*, Nr. 13, habe ich behauptet, daß die drei Pyramiden von Gizeh nach einem einheitlichen Plan erbaut wurden und daß der religiöse Sinn dieser Bauwerke darin bestand, die zentrale Region der Himmels-Duat, des Sternenreichs des Osiris/Orion, definiert durch die drei Sterne des Oriongürtels, darzustellen.[1] Diese Hypothese wird durch bestimmte Stellen in den Pyramidentexten gestützt, in denen die Seele des verstorbenen Königs aufgerufen wird, sich zu Osiris/Orion am Himmel zu begeben[2], sowie durch den Umstand, daß der südliche Schacht der Königskammer zum Zeitpunkt der Errichtung der Pyramide auf den unteren Stern im Oriongürtel, Al Nitak, ausgerichtet war.[3]

EINE VERBINDUNG ZWISCHEN DEN SÜDLICHEN UND DEN NÖRDLICHEN SCHÄCHTEN

In einem weiteren Aufsatz in der gleichen Zeitschrift habe ich gezeigt, daß der nördliche Schacht der Königskammer im Jahr 2450 v. Chr. auf den Stern Alpha Draconis und der nördliche Schacht der Königinkammer auf einen Stern im Sternbild von Ursa Minor ausgerichtet war, der der Spitze der himmlischen «Dechsel des UPUAUT» entsprach. Nach dem Wortlaut der Pyramidentexte wurde dieses Instrument von dem Horus von Letopolis während der Zeremonie der Mundöffnung gebraucht.[5] Dieser bestimmte Stern ging durch seinen Meridian, wenn der Stern Al Nitak (für den nach meiner Theorie die Cheops-Pyramide steht) am Horizont aufging. Im Zusammenhang mit den Sternenritualen, von denen in den Pyramidentexten die Rede ist, erfahren wir, daß genau in diesem Augenblick auch die Wiedergeburt und die Auffahrt des Osiris-Königs stattfand: «Siehe er ist (wieder) gekommen als Orion, siehe Osiris ist (wieder) gekommen als Orion, ... Dich empfängt der Himmel zusammen mit dem Orion, dich gebiert die Dämmerung [Duat] zusammen mit dem Orion ... Du steigst auf mit dem Orion auf der östlichen Seite des Himmels...» [PT 819c–821b]

Außerdem wird das Pyramidenbauwerk selbst mit «Osiris» gleichgesetzt: «... Diese Pyramide des Königs ist Osiris, dieses sein Bauwerk ist Osiris ...» [PT, Spruch 600]

DER NAME DER CHEOPS-PYRAMIDE

Badawy hat gezeigt, daß die den Pyramiden von den alten Ägyptern gegebenen Namen deutlich auf die Sterne bezogen waren. Andere Pyramiden tragen Seelennamen; nach den Vorstellungen der alten Ägypter waren Seelen Sterne.[7] Somit stellt sich die Frage, ob der Name der Cheops-Pyramide möglicherweise der Name eines Sterns war und ob es sich dabei um Al Nitak, den untersten Stern im Gürtel des Orion, gehandelt hat.

Es gibt viele Variationen, wie sich der Name der Cheops-Pyramide lesen läßt. Die beste Wiedergabe stammt von Edwards: «Chufu [Cheops] bedeutet: der, der zum Horizont gehört.»[8] In Hieroglyphen wurde der Name so geschrieben:[9]

Aachu-t Chufu 

Das bedeutet: «Der Horizont des Chufu», ein Name, der die Möglichkeit bietet, den ursprünglichen Text für sich selbst sprechen zu lassen. Wir haben gesehen, daß diese Pyramide sehr wahrscheinlich dem Stern Al Nitak entsprach. Der südliche Schacht der Königskammer war auf den Kulminationspunkt dieses Sterns um 2450 v. Chr. ausgerichtet.[10] Außerdem war der nördliche Schacht der Königinkammer (der wie eine heilige Dechsel geformt war[11]) auf den Kulminationspunkt von

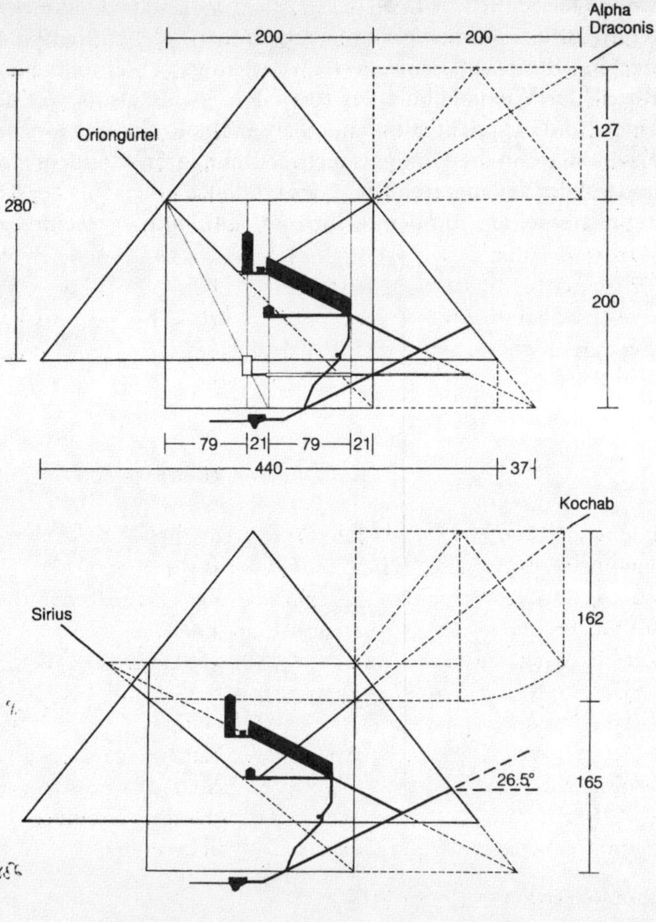

Die Astrogeometrie der Schächte und Kammern im Innern der Großen Pyramide mit den oberen Kulminationspunkten der Sterne um das Jahr 2450 v. Chr.
(Alle Abmessungen sind in königlichen Ellen angegeben. 1 königliche Elle = 0,5237 Meter)

Ursa Minor ausgerichtet, der zu dem Zeitpunkt erreicht war, als Al Nitak am Horizont aufging. Im Papyrus Westcar wird die Pyramide tatsächlich als Horizont bezeichnet[12], und vor dem Hintergrund der astronomischen Bedeutungen solcher Namen ist sie ein «Stern am Horizont». Das wichtigste Sternbild beim Ritual der Wiedergeburt des toten Königs als Osiris war der Orion, und es spricht alles dafür, daß Al Nitak, der am Horizont erschien, wenn die Himmelsdechsel durch ihren Meridian ging und auf der verlängerten Linie des nördlichen Schachts der Königinkammer lag, mit dem «Horizont des Chufu» gemeint war.

ANHANG 7

Der «Sohn des Rê» und die Wiedergeburt der Pyramidenkönige als Osiris

Von R. G. Bauval und R. Cook

1. DIE «OSIRIS»-SÖHNE DES RÊ

Es war kein Geringerer als J. H. Breasted, der 1912 in den Pyramidentexten (um 2300 v. Chr.) den Ausdruck einer Sonnenreligion zu erkennen glaubte, die eine ältere und quasi abgelebte Sternenreligion aus der Pyramidenzeit «absorbiert» hatte.[1] Leider wurde diese Auffassung zur herrschenden Lehrmeinung in der Ägyptologie und bis auf den heutigen Tag von zahlreichen Ägyptologen übernommen.[2] Noch 1966 sah R. O. Faulkner in den Pyramidentexten ein deutliches astronomisches Element, hielt dieses jedoch ebenfalls für einen älteren und untergeordneten Aspekt des Kults aus der Pyramidenzeit, der überwiegend der Kult einer Sonnenreligion gewesen sei.[3]

Diese Auffassung wurde bereits 1964 in Frage gestellt, als A. Badawy und V. Trimble nachweisen konnten, daß die sogenannten Belüftungsschächte in der Königskammer der Großen Pyramide zum Zeitpunkt ihrer Anlage auf die Sterne des Gürtels des Orion/Osiris am südlichen und auf die Zirkumpolarsterne mit Alpha Draconis als Nordstern am nördlichen Sternenhimmel ausgerichtet waren.[4] Und in den Jahren 1989–1990 konnte R. G. Bauval zeigen, daß zwischen den Sternen des Oriongürtels und den Pyramiden von Gizeh eine eindeutige Korrelation besteht.[5]

Solange das Verhältnis zwischen Sternenreligion und Sonnenreligion bei den alten Ägyptern durch die Brille Breasteds

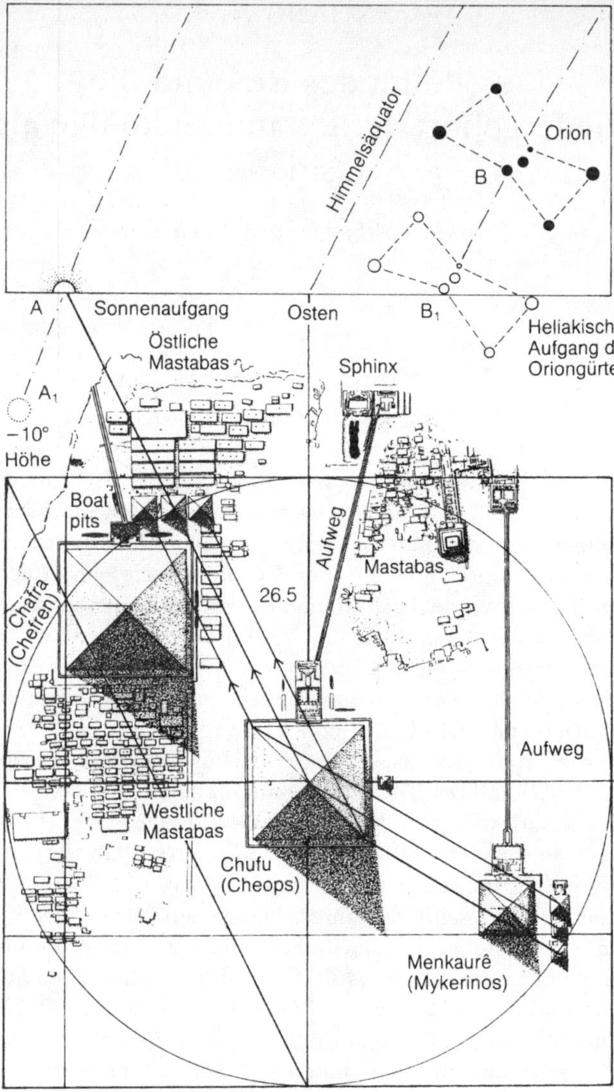

Der heliakische Aufgang des Oriongürtels und die Ausrichtung der Satelliten-pyramiden in Gizeh

gesehen wurde, hatte es immer den Anschein, als hätte es zur Pyramidenzeit einen «religiösen Streit» zwischen den verschiedenen religiösen Fraktionen des Staates gegeben, bei dem die eine Fraktion dafür eintrat, daß die Seele des verstorbenen Königs als Sonne weiterlebte, während der andere für ein Fortleben als Stern plädierte. Demgegenüber vertreten wir die Auffassung, daß es eine solche religiöse Auseinandersetzung, wie sie Breasted vorschwebte, in Wirklichkeit nie gegeben hat. Wir halten es für wahrscheinlicher, daß die Könige der Pyramidenzeit sich nicht als Reinkarnationen des Rê verstanden, sondern als die lebenden «Söhne des Rê», und daß sie als solche mit der göttlichen Nachkommenschaft des Rê in der Person des «Horus» identifiziert wurden, solange sie lebten, und mit der des «Osiris», wenn sie gestorben waren. Da Osiris ein Sternengott war, der mit dem Sternbild des Orion gleichgesetzt wurde, erwarteten die Könige, nach ihrem Tod als ein Osiris wiedergeboren und in einen Stern im Sternbild des Osiris/Orion verwandelt zu werden, wo sie als «Söhne des Rê» in ähnlicher Weise weiterleben würden wie der ursprüngliche «Osiris». Diese Auffassung, die sich mit den Überzeugungen in den Pyramidentexten und allen übrigen religiösen Texten anderer Epochen in Einklang bringen läßt, macht die Annahme eines angeblichen «Streits» zwischen den auf die Sonne und den auf die Sterne bezogenen religiösen Vorstellungen der alten Ägypter während der Pyramidenzeit ebenso entbehrlich wie die Annahme, damals sei eine ursprünglich herrschende Sternenreligion von einer Sonnenreligion verdrängt worden.

2. DER HELIAKISCHE AUFGANG DES «HORIZONTS DES CHUFU»

Es läßt sich mit einfachen Mitteln zeigen, daß der heliakische Aufgang des Oriongürtels und insbesondere des Sterns Zeta Orionis (Al Nitak) zu der Zeit, als die Cheops-Pyramide errichtet wurde (um 2450 v. Chr.), einige Wochen vor der Sommersonnenwende erfolgte.[6] Das bedeutete, daß das geodätische, von Norden aus gerechnete Azimut des Sonnenaufgangspunkts an diesem Tag 63,5° betrug (entspricht 26,5° von Osten nach Norden oder einem astronomischen – von Süden aus gerechneten – Azimut von 116,5°).

3. DIE «COOK-ORIENTIERUNG» DER SATELLITENPYRAMIDEN VON GIZEH

Vor kurzem hat Robin Cook gezeigt, daß der Winkel von 25,5° NO die Hauptorientierungsachse des gesamten Pyramidenfelds von Gizeh darstellt und insbesondere bei der Anlage der drei Satellitenpyramiden des Cheops, die auf der Ostseite seiner Pyramide liegen, eine Rolle spielt. Diese Orientierung lenkte kurz gesagt die gesamte Aufmerksamkeit eines Betrachters, der um das Jahr 2450 v. Chr. am Tag des heliakischen Aufgangs des Oriongürtels mit einer nördlichen Abweichung von 26,5° auf den östlichen Himmel blickte. Dieser Winkel ist angesichts seiner kultischen Verbindung mit der «Wiedergeburt» des Osiris/Orion unmöglich ein Zufall. Außerdem findet er sich in der inneren Anlage der Großen Pyramide wieder, beispielsweise in der Neigung der auf- und absteigenden Gänge, die zur Königs- und Königinkammer führten. Bekanntlich beträgt der Winkel zwischen der Diagonale eines Doppelquadrats und dessen langer Seite ebenfalls 26,5°, und dieser Winkel wurde von den alten Ägyptern beim Entwurf baulicher Monumente häufig verwendet. Cook hat erstmals nachgewiesen, daß er auch in der allgemeinen Anlage der Totenstadt von Gizeh Verwendung gefunden hat. Mit dieser Entdeckung wird die Hypothese, daß der gesamten Anlage des Pyramidenfeldes von Gizeh ein einheitlicher Plan zugrunde liegt, noch weiter untermauert.

4. DIE STERNENUHR DER ZIRKUMPOLARSTERNE

R. Bauval hatte schon früher den Nachweis erbracht, daß der Aufgang des Sterns Zeta Orionis im Osten mit dem Meridiandurchgang des Sterns Kochab in Ursa Minor, auf den der nördliche Schacht der Königinkammer ausgerichtet war, zusammenfiel.[7] Bauval hatte damit seiner Meinung nach eine Erklärung für den Namen der Cheops-Pyramide – «Der Horizont des Chufu» – gefunden; außerdem wurde damit der Pyramide der Name eines Sterns zugeordnet, wie das im alten Ägypten auch bei anderen Pyramiden üblich war.[8]

Aus dem Gesagten folgt demnach, daß die alten Baumeister das überaus wichtige Ereignis des heliakischen Aufgangs – der Wiedergeburt – von Zeta Orionis vorhersagen konnten, indem sie sowohl den nahenden Sonnenaufgang mit einer nördlichen Abweichung von 26,5° im Osten beobachteten als auch die obere Kulmination des Sterns Kochab. Auf diese Weise war es den Astronomen und Priestern möglich, falls sich der heliakische Aufgang von Sternen aufgrund ungünstiger Witterungsbedingungen nicht exakt beobachten ließ, statt ihrer die Zirkumpolarsterne als «Zeiger» einer Art Sternenuhr zu benutzen, wobei die obere oder untere Kulmination eines Zirkumpolarsterns auf seinem Meridian gleichsam den Zeitpunkt des heliakischen Aufgangs eines anderen Sterns im Osten «anzeigte».

ANMERKUNGEN

EINLEITUNG: DIE LETZTEN WUNDER DER ALTEN WELT

1. Die Cheops-Pyramide allein besteht aus 6,3 Millionen Tonnen fein behauenen Bruchsteinen, die Pyramiden der Totenstadt von Memphis, die sich in der Westlichen Wüste bei Kairo befindet, aus über 25 Millionen Tonnen Bruchstein. Die grob behauenen Steinblöcke von Stonehenge in England dagegen wiegen ganze 10000 Tonnen. Für den Bau der ägyptischen Pyramiden wurde 2500mal soviel Material verwendet, für den Bau der Großen Pyramide 600mal soviel.
2. Die als Zikkurats bezeichneten stufenförmigen Bauten im antiken Ur und in Babylon sind möglicherweise zur selben Zeit entstanden (um 2750 v. Chr.) wie die ägyptischen Stufenpyramiden der 2. Dynastie des Alten Reiches. Die echten Pyramiden (mit glatter Oberfläche) hingegen sind eine Erfindung der Ägypter aus der Zeit um 2550 v. Chr. Die mexikanischen Pyramiden sind weit jünger; keine ist vor dem 1. Jahrtausend v. Chr. entstanden. Die berühmten Sonnen- und Mondpyramiden von Teotihuacan in Mexiko datieren aus einer Zeit um 600 v. Chr. (wobei die ursprüngliche Anlage noch älter sein könnte). Das beste und aktuellste Buch über die Pyramiden der Welt ist das von J. Kerisel: *La Pyramide à travers les Ages*. Paris, 1991.
3. Die Pyramidenanlagen des Alten Reiches befinden sich in einem etwa 80 Kilometer langen und drei Kilometer breiten Wüstenstreifen in der Nähe von Kairo, der als Totenstadt von Memphis bezeichnet wird.
4. Der arabische Chronist El-Makrizi (15. Jh. n. Chr.) berichtet in seinem Werk *Hitat* oder «Topographische und historische Beschreibung Ägyptens» über el-Mamun, daß dieser, als er feststellte, daß in der Großen Pyramide keine Schätze verborgen waren, heimlich Goldstücke in den Sarkophag in der Königskammer legen ließ, damit seine Arbeiter nach den monatelangen Mühen nicht enttäuscht waren. Vgl. auch P. Tompkins: *Cheops – Die Geheimnisse der Großen*

Pyramide. Klagenfurt, o.J. Zur Geschichte der Pyramidenforschung vgl. auch Cottrell: *The Mountains of Pharaoh.* London, 1956.

5. Herodot: *Historien.* Buch I. Viele von Herodots Aussagen über die Pyramiden sind äußerst fragwürdig. Er war es auch, der 2000 Jahre nach dem Bau der Großen Pyramide aufgrund von Gerüchten behauptete, die alten Ägypter hätten Cheops für einen «Verbrecher» gehalten, der sein Volk versklavt habe. Erst im 18. Jahrhundert begannen die Europäer mit der wissenschaftlichen Erforschung der Pyramiden, wobei sie sich auf die Pyramiden von Gizeh und besonders die Cheops-Pyramide konzentrierten. Während die einen nach Schätzen suchten, hofften die anderen, einen religiösen, auf die Bibel weisenden Zusammenhang zu entdecken. Im 19. Jahrhundert beschäftigten sich vor allem die Briten eifrig mit solchen Theorien. Neben den Arbeiten von Colonel Howard-Vyse und Perring von 1837 gilt F. Petrie: *The Pyramids and Temples of Gizeh.* London, 1883, als das erste ernsthafte archäologische Werk über die ägyptischen Pyramiden. Petrie führte die erste umfassende topographische Vermessung durch, deren Daten zum großen Teil auch heute noch benutzt werden. Allerdings hat Gantenbrink nachgewiesen, daß einige Maße des Pyramideninneren, besonders was die Schächte in der sogenannten Königinkammer betrifft, leicht korrigiert werden müssen. Das Standardwerk über die ägyptischen Pyramiden ist zweifellos I. E. S. Edwards: *Die ägyptischen Pyramiden.* Wiesbaden, 1967.
6. Zahlreiche nationale und internationale Zeitungen und Zeitschriften berichteten über Gantenbrinks Entdeckung, darunter *The Daily Telegraph* (17. 4. 1993), *The Independent* (16. 4. 1993), *The Times* (17. 4. 1993), *The Los Angeles Times* (17. 4. 1993), *Chicago Sun-Times* (23. 4. 1993), *Le Monde* (17. 4. 1993), *Le Figaro* (17. 4. 1993), *France-Soir* (17. 4. 1993), *The Daily Mail* (17. 4. 1993), *Today* (17. 4. 1993), *Stern* (8. Juli 1993), *Bild* (16. 4. 1993), *Bild am Sonntag* (18. 4. 1993), *Hannoversche Allgemeine* (17. 4. 1993), *Neue Presse* (17. 4. 1993), *Hamburger Abendblatt* (17. 4. 1993) sowie *die Welt, El Pais* und *Le Matin* (17. 4. 1993). Am 16. April 1993 brachten der BBC und Channel 4 das Ereignis in den Nachrichten, andere Fernseh- und Rundfunksender in der ganzen Welt zogen nach.
7. Siehe Bibliographie, Bauval R. G.
8. *Independent,* 16. 4. 1993; *Daily Mail,* 17. 4. 1993.
9. *Daily Mail,* 17. 4. 1993; *Today,* 17. 4. 1993.

1

DIE ANFÄNGE DES ORION-RÄTSELS

1. R.K.G. Temple: Das *Sirius-Rätsel.* Stuttgart u.a., 1977.
2. In der Nähe von Wad Madani, in der Al-Fau-Region, etwa 350 Kilometer von Khartum entfernt.
3. Sirius hat eine Helligkeit von –1,5 mag. und ist 8,6 Lichtjahre von der Erde entfernt. Er geht ungefähr eine Stunde nach dem Sternbild des Orion auf.
4. M. Griaule und G. Dieterlen: «Un Systeme Soudanais de Sirius» in: *Journal de la Société des Africanistes*, 20, Heft 1, 1950.
5. 1862 sah ihn jedoch Alvin Clark zum ersten Mal durch ein Teleskop.
6. R.K.G. Temple, a.a.O., S. 7.
7. Eine ausführliche Erörterung der Aton-Religion gibt J. H. Breasted: *Development of Religion and Thought in Ancient Egypt.* Philadelphia, 1972, S. 312–43.
8. Porphyrios (3. Jahrhundert n. Chr.) berichtet, daß «die Könige von Ägypten ... [Ägypten] Ausländern unzugänglich gemacht hatten».) (Porphyrios, *De Abstin*, IV, 6.) Das stellten auch viele antike Historiker wie Diodorus von Sizilien (1. Jahrhundert n. Chr.) fest (Diodorus, I, 69).
9. Die altägyptischen Könige fühlten sich nicht einem bestimmten Herrschergeschlecht zugehörig, sondern sahen sich als Teil einer fortlaufenden Ahnenreihe göttlicher Könige. Die Idee, mehrere Pharaonen in Dynastien zusammenzufassen, ist viel neuer und stammt von dem ägyptischen Priester und Historiker Manetho, der im 3. Jahrhundert v. Chr. zur Zeit der Ptolemäer-Herrschaft lebte. Die moderne Chronologie hat Manethos Einteilung in Dynastien im wesentlichen übernommen.
10. I.E.S. Edwards: *Die ägyptischen Pyramiden.* Wiesbaden, 1967, S. 3.
11. In sehr früher Zeit war die Totenstadt von Memphis das Land oder das Königreich des Sokar. Ihr Zentrum war Ro-Setau, was mit dem Pyramidenfeld in Gizeh in Verbindung gebracht wurde. In der Pyramidenzeit verschmolz Osiris mit Sokar (Edwards, a.a.O., S. 7) und trug häufig den Titel «Herr von Ro-Setau» oder «Bewohner von Ro-Setau». Während der gesamten Pharaonenzeit galt Ro-Setau als Eingang zum Totenreich.
12. Die Stadt Annu oder On wird im 1. Buch Mose (41; 45) in Verbindung mit Joseph und seiner ägyptischen Frau Asnath erwähnt, die die Tochter eines Priesters in On war. Annu oder On (auf altägyp-

tisch Iunu) bedeutet offenbar Säulenstadt (vgl. S.B. Mercer: *The Religion of Ancient Egypt.* London, 1946, S. 127) und wurde wahrscheinlich im 4. Jahrhundert v. Chr. von den Griechen in Heliopolis umbenannt (Herodot: *Historien*, Buch I, S. 100).

13. Ebd.
14. Aubrey Noakes beschreibt in seinem Buch *Cleopatra's Needles* (London, 1962) ausführlich, wie es zur Verschickung der Obelisken nach London und New York kam.
15. Ihre hieroglyphischen Namen lassen sich am besten mit Chufu (Cheops), Chefre (Chephren) und Menkaure (Mykerinos) wiedergeben.
16. Dieses Gebiet erstreckt sich von Abu Roasch im Norden bis Dahschur im Süden. Die Kairo naheste Pyramidenstätte ist Gizeh.
17. G. Goyon: *Die Cheops-Pyramide.* Bergisch Gladbach, 1979, S. 119–20.
18. Vgl. Anmerkung 12.
19. R.T. Rundle Clark: *Myth and Symbol in Ancient Egypt.* London, 1978, S. 37–61.
20. Ebd., S. 37–38.
21. Ebd., S. 246. Vgl. auch H. Frankfort: *Kingship and the Gods.* Chicago, 1978, S. 153, 380 und Anmerkung 26, sowie R. Bauval in: *DE*, Nr. 14, 1989, S. 7. Auch Mercer ist der Meinung, daß der Benben-Stein vermutlich auf der Säule in On stand (a.a.O., S. 127).
22. R.T. Rundle Clark, a.a.O., S. 246.
23. J. Baines, in: *Orientalia*, 39, 1970, S. 389–95. Vgl. auch R. Bauval in: *DE*, Nr. 14, S. 7.
24. Breasted, a.a.O., S. 70–72. Vgl. auch I.E.S. Edwards, a.a.O., S. 200.
25. I.E.S. Edwards, a.a.O., S. 202.
26. Die Hieroglyphen-Schrift wurde wahrscheinlich lange vor der Pyramidenzeit erfunden, vorsichtigen Schätzungen zufolge um 3000 v. Chr. Zur Regierungszeit von Cheops war sie bereits voll entwickelt.
27. Die Große Neunheit wird in den Pyramidentexten (vgl. Kapitel 3) erwähnt; auch in älteren Grabtexten finden sich Hinweise auf die Große Neunheit, wobei Osiris allerdings – zumindest in den uns erhaltenen Quellen – nicht erwähnt wird.
28. R.T. Rundle Clark, a.a.O., S. 246. Clark sieht auch eine Verbindung zum Planeten Venus (den die alten Ägypter für einen Wandelstern hielten). Näheres zur Gleichsetzung der Seele des Osiris mit den Sternen von Orion in Kapitel 6. Somit erhält der Benben eher eine stellare Bedeutung (vgl. dazu auch Kapitel 11).

29. E.A. Wallis-Budge: *Osiris and the Egyptian Resurrection*. Bd. I, New York, 1973, geht ausführlich auf dieses Thema ein.
30. Das Wort *mastaba* wurde in den sechziger Jahren des vergangenen Jahrhunderts von Auguste Mariette eingeführt, den die Grabbauten an die niedrigen Sitzbänke (*mastabas*) erinnerten, die vielfach auf dem Land vor den Häusern der Ägypter standen.
31. «Häuser der Ewigkeit» sind natürlich die Stufenpyramiden und später auch die echten großen Pyramiden.
32. I.E.S. Edwards, a.a.O., S. 15.
33. Ebd., S. 15.
34. Ebd., S. 26–52.
35. Ebd., S. 26 und 202. Edwards sagt dazu: «Der Titel des Imhotep «Erster der Schauenden» ... [wurde] zum üblichen Titel des heliopolitanischen Hohenpriesters.«
36. W. Lethaby: *Architecture, Mysticism and Myth*. Dorset, 1993, S. 129.

2
DIE BERGE DER STERNENGÖTTER

1. I.E.S. Edwards: *The Pyramids of Egypt*. London, 1993, S. 292–93.
2. Die echten Pyramiden waren mit Sicherheit mit einem Benben versehen. Vgl. I.E.S. Edwards: *Die ägyptischen Pyramiden*. Wiesbaden, 1963, S. 200. Alles spricht dafür, daß dies auch für die früheren Stufenpyramiden galt.
3. Es gibt mehrere Pyramidia. Das am besten erhaltene Exemplar ist das Pyramidion von Amenemhet III., das sich in der Haupthalle des Ägyptischen Museums in Kairo befindet.
4. Helio-Polis heißt, wörtlich aus dem Griechischen übersetzt, «Sonnenstadt».
5. A. Moret: *Le Nil et la Civilisation Égyptienne*. Paris, 1926, S. 203; I.E.S. Edwards, a.a.O., S. 201.
6. Ebd.
7. Die geschätzte Zahl von 30 Millionen Tonnen beruht auf Daten von J. Baines und J. Malék: *Atlas of Ancient Egypt*. Paris, 1981, S. 140. Nicht einberechnet wurden vorübergehende und dauerhafte Bestandteile der Anlage wie Tempel, Aufwege, Transportrampen usw. Die Dichte des Kalksteins wurde mit 2400 kg pro Kubikmeter veranschlagt.
8. J. Baines und J. Malék, a.a.O., S. 135 und 140.
9. I.E.S. Edwards, a.a.O., S. 3.
10. Zur Pyramide von Medum vgl. K. Mendelssohn: *Das Rätsel der Py-*

ramiden. Bergisch Gladbach, 1974. Vgl. auch I.E.S. Edwards, a.a.O., S. 53–55.

11. K. Mendelssohn, a.a.O., S. 40, gibt für die Pyramide des Djoser 850 000 Tonnen an. I.E.S. Edwards, a.a.O., S. 71, gibt für die beiden Pyramiden in Dahschur 9 Millionen Tonnen an, rechnet aber auch die Verkleidung der Pyramide von Medum mit.
12. Die südliche Pyramide von Dahschur, auch «Knickpyramide» genannt, hat eigentlich eine rhombische Form; die untere Hälfte der Pyramide weist eine Neigung von 54 Grad auf, die obere Hälfte eine Neigung von 43,5 Grad. Die nördliche Pyramide von Dahschur weist ebenfalls eine Neigung von 43,5 Grad auf.
13. An der südlichen Pyramide sind noch die meisten Verkleidungssteine erhalten. Von weitem wirkt auch die nördliche Pyramide noch halbwegs intakt. Dagegen gleicht die viel jüngere Pyramide von Amenemhet III. aus der 12. Dynastie einem Geröllhügel.
14. J. Malék, *In the Shadows of the Pyramids*. London, 1986, S. 47.
15. A. Badawy: *A History of Egyptian Architecture*. Bd. I. Gizeh, 1954, S. 124.
16. I.E.S. Edwards, a.a.O., S. 53.
17. Ebd., S. 58.
18. Ebd., S. 57.
19. Ebd., S. 58.
20. Ebd., S. 69. Edwards, dessen Buch 1947 zum erstenmal erschien, hat angesichts neuer Daten und Erkenntnisse seine ursprüngliche Einschätzung revidiert. In der Neuausgabe von 1993 schreibt er die beiden Pyramiden in Dahschur Snofru zu.
21. Ebd.
22. Ebd.
23. Ebd., S. 71.
24. Ebd.
25. Vgl. Kapitel 3. In der Großen Pyramide wurden zwar keinerlei offizielle Inschriften gefunden, dafür entdeckte man aber in den Entlastungskammern einige Graffiti, in denen manche den Namen Chufu entziffert haben. Das ist der einzige Beweis für die Annahme der Ägyptologen, daß die Große Pyramide Chufu (Cheops) gehörte. Eine konträre Meinung vertritt W.R. Fix: *Pyramid Odyssey*. Toronto, 1978, S. 75–89.
26. Bis zum Bau des Pariser Eiffelturms (300 Meter) im Jahre 1888 war die Große Pyramide das höchste Bauwerk der Welt (146 Meter) Doch solche Vergleiche sind irreführend; im Gegensatz zum Eiffelturm, der ein Gewicht von 7175 Tonnen hat, weist die Große

Pyramide ein Gewicht von 6,3 Millionen Tonnen auf. Das Empire State Building ist 381 Meter hoch, und man schätzt, daß für den Bau nicht mehr als 300000 Tonnen Material verwendet wurden.

27. I.E.S. Edwards, a.a.O., S. 112.
28. E.A. Wallis-Budge: *The Mummy*. New York, 1972, S. 10.
29. Vgl. Anhang 2.
30. I.E.S. Edwards: *The Pyramids of Egypt*. London, 1993, S. 289; J. Malék, a.a.O., S. 124; J.B. Sellers: *The Death of Gods in Ancient Egypt*. London, 1992, S. 338.
31. J. Baines und J. Malék, a.a.O., S. 36. Baines und Malék geben den Beginn von Chufus Regierungszeit mit ca. 2551 v. Chr. an, was meiner eigenen Schätzung am nächsten kommt (siehe *DE*, 26, 1993).
32. Brief von I.E.S. Edwards an R.G. Bauval vom 27. 1. 1993.
33. R.G. Bauval in: *DE*, Nr. 26, 1993, S. 5.
34. I.E.S. Edwards: Die *ägyptischen Pyramiden*. Wiesbaden, 1967, S. 202. Edwards erwähnt auch, daß der Hohepriester einen mit Sternen verzierten Umhang trug.
35. Ebd. Im Gegensatz zur vorherrschenden Meinung sehen wir Heliopolis (Annu) als eine «Schule der Weisheit», deren Schwerpunkt in der Beobachtung und Aufzeichnung von Sternbewegungen lag.
36. Es ist durchaus möglich, daß Imhotep noch lebte, als die Pyramide des Djoser vollendet wurde und Snofru an die Macht kam. Die einschneidenden Veränderungen in der Pyramidenbauweise legen diese Vermutung nahe. Es könnte aber auch sein, daß Imhoteps Nachfolger von ihm selbst ausgebildet worden war.
37. Wir benutzen hier unser neu errechnetes Datum, das wir in *DE*, Nr. 26, 1993, S. 5, veröffentlichten.
38. M. Lehner, in: *MDAIK*, 41, 1985, Tafel 1–3. Siehe auch die Mitteilungsblätter Nr. 131 und 135 von *JARCE* sowie K. Lehners Aufsatz in: *JARCE*, 20, 1983, S. 7–21.
39. M. Lehner, in: *MDAIK*, a.a.O., S. 114–18.
40. An einem klaren Tag kann man vom Hochplateau von Gizeh aus die Pyramiden von Dahschur sehen. Wenn man auf der Asphaltstraße am Kanal Richtung Süden fährt, tauchen die Pyramiden von Dahschur erst auf, wenn man schon ganz nah bzw. östlich von ihnen ist.
41. P.D. Ouspensky: *A New Model of the Universe*. London, 1937, S. 350–51.
42. I.E.S. Edwards, a.a.O., S. 73.
43. Diese Schätzung halten die meisten Ägyptologen für realistisch.

Dr. Jean Kerisel (siehe Anmerkung 2, Einleitung) hält diese Zahl allerdings für zu hoch und verweist auf die «Hohlräume», die durch die breiten Fugen im Kern der Pyramide entstanden waren. Seine Schätzung bewegt sich um die 4,7 Millionen Tonnen (Kerisel, op. cit., S. 67). Beide Zahlen sind insofern spekulativ, als niemand weiß, wie viele solcher Hohlräume es tatsächlich gibt. Bei den geschätzten 6,3 Millionen geht man davon aus, daß die Hohlräume mit Schutt aufgefüllt wurden.

44. P.D. Ouspensky, a.a.O., S. 352.
45. I.E.S. Edwards: *The Pyramids of Egypt*. London, 1993, S. 291–92.
46. I.E.S. Edwards: *Die ägyptischen Pyramiden*. Wiesbaden, 1967, S. 78. Siehe auch Kapitel 12 in diesem Buch.
47. Waynman Dixon war bei der North England Iron Company angestellt. Er war bekannt mit Petries Vater, mit dem er korrespondierte und dem er 1873 begegnete. 1865 lernte er Piazzi Smyth kennen, und die beiden wurden enge Freunde. 1875 beauftragte Sir Erasmus Wilson (der 1883 den Egyptian Exploration Fund gründete und dessen erster Präsident war) Dixon und seinen Bruder John damit, die Verschickung des Obelisken zu organisieren. «Cleopatras Needle» steht heute in London. Vgl. auch unser Nachwort.
48. Als Waynman Dixon die Schächte 1872 entdeckte, waren sie verschlossen. Dixon und sein Kollege Dr. Grant entzündeten vor ihren Öffnungen in der Königinkammer ein Feuer, um festzustellen, ob der Rauch ins Freie drang, aber es war kein Rauch zu entdecken. Rätselhafterweise schien sich der Qualm im südlichen Schacht im Innern der Pyramide zu verflüchtigen (C. Piazzi Smyth: *The Great Pyramid: Its Secrets and Mysteries Revealed.* New York, 1990 [1983], S. 428).
49. Der südliche Schacht ist etwa 65 Meter lang, aber niemand weiß, was sich noch dahinter befindet. Der nördliche Schacht, der allerdings noch nicht vollständig erforscht ist, ist mindestens 24 Meter lang.
50. P.O. Ouspensky, a.a.O., S. 354.
51. Platons Dialoge *Timaios* und *Kritias* handeln auch vom sagenhaften Atlantis.
52. Proctor war ein anerkannter Astronom. Er gründete das populärwissenschaftliche Magazin *Knowledge.*
53. An die 1500 Tonnen Granit wurden von Assuan herbeigeschafft, über eine Entfernung von 1000 Kilometern, um die Königskammer und ihre fünf darüber liegenden Entlastungskammern zu bauen.

Weshalb man nicht wie in der Königinkammer Kalkstein benutzte, bleibt rätselhaft. Die Königskammer liegt in etwa 40 Meter Höhe; es muß also äußerst schwierig gewesen, sie ohne Hilfe von Hebevorrichtungen und Maschinen zu bauen.

54. Dies wird von Dr. Richard Parker vom Britischen Museum bestätigt. Vgl. auch A. Gardiner, in: *JEA*, 2, 1925, S. 2–5, und E. Hornung in: *ZAS*, 100, 1973, S. 33.
55. P. Tompkins: *Cheops – Die Geheimnisse der Großen Pyramide*. Klagenfurt, o.J., S. 233 und 307.
56. Zu den Steinbrüchen von Zawyet el-Aryan und Abu Roasch: vgl. Edwards' 1993 erschienene Neuauflage *The Pyramids of Egypt*.
57. Diese Zahl würde sich auf 26 Millionen erhöhen, wenn wir Transportrampen und Füllmaterial mitrechnen würden.
58. J. Malék, a.a.O., S. 117.
59. Die Pyramide des Sahure (5. Dynastie) ist trotz ihres bedauernswerten Zustands immer noch die besterhaltene der Pyramiden aus der 5. Dynastie.
60. Bis weit in die nachchristliche Zeit hinein wurden noch kleine Pyramiden gebaut, etwa in Meroe im Sudan.
61. A. Badawy, a.a.O., S. 143.
62. J. Malék, a.a.O., S. 119.
63. I.E.S. Edwards, a.a.O., S. 112.
64. J.A. Kane: *The Ancient Building Science*. Ann Arbor, 1940, Einleitung.
65. M. Isler in: *JARCE*, 26, 1989. Isler vertritt nach wie vor die Sonnentheorie, obgleich Edwards, Lauer und andere schon vor langem nachgewiesen haben, daß die Große Pyramide mit Hilfe von Sternbeobachtungen ausgerichtet wurde.
66. I.E.S. Edwards, a.a.O., S. 175.
67. Ebd., S. 176–79.
68. R.O. Faulkner in: *JNES*, 25, 1966, S. 153.
69. Ebd.
70. 1984 stellte M. Lehner die sogenannten «Edgar-Cayce-Vorträge» in einem Buch mit dem Titel *The Egyptian Heritage* zusammen. Cayce war ein Mystiker, der seine Vorträge in Trance hielt. Er behauptete, daß die Große Pyramide 10450 v. Chr. von den Überlebenden von Atlantis gebaut wurde. In einem Kommentar auf der Rückseite des Buches scheint sich Lehner dieser Ansicht anzuschließen. Mehr zu Edgar Cayce in T. Sogrue: *There is a River*. Virginia, 1963.
71. M. Lehner, in: *MDAIK*, 41, S. 109.
72. R.J. Cook: *The Pyramids of Giza*. Glastonbury, 1992. Studie.

73. J.A.R. Legon in: *Report of the Archaeological Society of Staten Island*, 1, New York, 1979.
74. J.A.R. Legon in: *DE*, Nr. 10, 1988, S. 33–39.
75. Ebd., S. 38.
76. Ebd.
77. Offenbar wird er dies noch nachholen. Allerdings erörtert Legon die mögliche Bedeutung der Pyramiden-Anordnung unter rein geometrisch-mathematischen Gesichtspunkten.
78. R. J. Cook, a.a.O.
79. Ebd.
80. Robin Cook, der auch die Diagramme für dieses Buch erstellte, ist der Meinung, daß die Motive rein religiöser Natur waren und mit Hilfe einer Kombination aus geometrischen und astronomischen Daten umgesetzt wurden. Wir stimmen mit Cook überein. Die antiken Baumeister lassen sich durchaus mit unseren modernen Architekten vergleichen; sie waren in vielen Disziplinen ausgebildet, darunter Geometrie, Astronomie, Religion, Geschichte und Symbolik, und ihre Kunst bestand darin, all dies in einen architektonischen Entwurf einfließen zu lassen.

3
DIE ENTDECKUNG DER PYRAMIDENTEXTE

1. Der anglophile Taufik Pascha war offenbar Mitglied einer Freimaurerloge. Er war eine Zeitlang Großmeister der ägyptischen großen Landesloge (P. Naudon: *Histoire générale de la Franc-Maçonnerie*, Paris 1987, S. 224). 1881 bat er die britische Regierung, gegen seinen Kriegsminister Arabi Pascha vorzugehen, der einen Putsch gegen ihn plante. Im Juli 1882 traf Wolesley mit einem britischen Heer in Alexandria ein und eröffnete das Feuer auf die Stadt. Bei Tell el-Kebir trafen Wolesleys Truppen auf Arabis Armee, die unterlag. Von diesem Zeitpunkt an stand Ägypten praktisch unter britischem Protektorat.
2. Es wurde von mehreren solcher Vorfälle berichtet. Im Juni und Juli 1882 zogen randalierende Anhänger Arabis durch Alexandria, plünderten Villen und Geschäfte der Europäer und ermordeten einige von ihnen. Dieser Vorfall diente wahrscheinlich als Legitimation für Wolesleys militärisches Vorgehen, der die Stadt von seinen Kriegsschiffen aus, die außerhalb des alten Hafens vor Anker lagen, beschoß.
3. G. Maspero in: *RT*, 5, 1875, H. 1–2, S.1 57.

4. P. Montet: *Isis: Ou à la Recherche de l'Egypte Ensevelie.* Paris, 1956. Montets Buch enthält eine hervorragende Darstellung von Mariettes Leben und Werk. Mariette hatte offenbar ein Talent, sich bei bekannten Persönlichkeiten unbeliebt zu machen. Er stritt sich beispielsweise mit Verdi über dessen Oper *Aida* oder stieß Kaiserin Eugénie vor den Kopf, als er sich weigerte, ihr altägyptischen Schmuck zu schenken. Außerdem war er ständig in hitzige wissenschaftliche Debatten verwickelt. Eine besonders erbitterte Auseinandersetzung führte er mit den deutschen Ägyptologen um Carl Lepsius.
5. P. Montet, a.a.O., S. 48. Mariette erhielt für die Fortführung der Ausgrabungen in Sakkara eine Summe von 30000 französischen Francs, was zur damaligen Zeit ein kleines Vermögen war.
6. Vgl. Kapitel 2, Anmerkung 25.
7. P. Montet, a.a.O., S. 157.
9. Ebd.
10. Ebd.
11. Ebd. P. Montet (a.a.O.) schrieb, daß dies ein so erfahrener Ägyptologe wie Mariette hätte wissen müssen. Wir können nur vermuten, daß sein Urteilsvermögen durch seine Voreingenommenheit getrübt wurde.
12. G. Maspero in: *BES*, 2, H. 6.
13. Ebd.
14. G. Maspero in: *RT*, 3, 1873, S. 179.
15. Ebd.
16. J.H. Breasted: *Development of Religion and Thought in Ancient Egypt.* Philadelphia, 1972, S. 102.
17. W.R. Dawon und E.P.S. Uphill: *Who Was Who in Egyptology.* London, 1972, S. 38.
18. J.H. Breasted, a.a.O., S. 38.
19. W.R. Dawson und E.P.S. Uphill, a.a.O., S. 38.
20. J.H. Breasted, a.a.O., S. 93.
21. Ebd.
22. J.H. Breasted, a.a.O., S. XIV–XV.
23. Ebd., S. 312–43.
24. Ebd.
25. Ebd., S. XI.
26. E.A. Wallis-Budge: *The Egyptian Book Of The Dead.* New York, 1967, S. IX.
27. Ebd. S. XII.
28. I.E.S. Edwards: op. cit., S. 129.

29. Die wichtigsten Werke sind: K. Sethe: *Die Altägyptischen Pyramidentexte*. Leipzig, 1908–12, und *Übersetzung und Kommentar zu den altägyptischen Pyramidentexten*. 6 Bde, Glückstadt, 1935–1962, sowie A. Piankoff: *The Pyramid of Unas*. Princeton, 1968.
30. R.O. Faulkner: *The Ancient Egyptian Pyramid Texts*. Warminster, 1993.
31. R.O. Faulkner, a.a.O., S. V.
32. Vgl. dazu auch J.B. Sellers: *The Death of Gods in Ancient Egypt*. London, 1992, S. 7–9.
33. Brief von C. Keller an R. Bauval, 8. 10. 1986.
34. R.T. Rundle Clark: *Myth and Symbol in Ancient Egypt*. London, 1978, S. 13.
35. Ebd., S. 12.
36. Ebd., S. 13.
37. Brief eines Schweizer Ägyptologen an R.G. Bauval, 9. 12. 1986.
38. Brief von C. Keller an R.G. Bauval, 8. 10. 1986.
39. S. Hassan: *Excavations At Giza*. Bd. 6, Teil 1, Kairo, 1946, S. 43.
40. S.A.B. Mercer: *The Pyramid Texts*. 4 Bde., New York, 1952.
41. R.O. Faulkner, a.a.O., S. VII.
42. S.A.B. Mercer: *The Religion of Ancient Egypt*. London, 1946, S. 25 und 112.
43. Ebd., S. 121–22.
44. R.O. Faulkner, a.a.O., S. VII.
45. In: *JNES*, 25, 1966, S. 153–61.
46. Brief von I.E.S. Edwards an R.G. Bauval, 20. 7. 1986.
47. Wie Anmerkung 42.
48. H. Frankfort: *Ancient Egyptian Religion*. New York, 1961, Vorwort.
49. A. Piankoff: *The Tomb of Ramesses VI*. New York, 1954.
50. J. B. Sellers, a.a.O. Sellers machte ihren Abschluß an der University of California und studierte dann am Oriental Institute in Chicago Ägyptologie.
51. Ebd.
52. Ebd., S. 173–75.
53. Ebd., S. 8.

4

LASST DIE PYRAMIDENTEXTE SPRECHEN

1. Zwischen 305. v. Chr. und 642 n. Chr. war Alexandria eines der großen wissenschaftlichen Zentren des Altertums. Zu den zahlreichen Gelehrten, die damals dort lebten und studierten, gehörten die Mathematiker Euklid und Heron, die Astronomen Eratosthenes, Hipparchos, Timocharis, Poseidonius und Ptolemäus, die Philosophen Theophrast und Klemens von Alexandria und der Theologe Arius.
2. Das Wort «kopt» stammt von dem griechischen Wort Aigyptios ab, das Ägypten bedeutet (die Griechen verliehen Ägypten seinen modernen Namen; die Araber nannten ihr Land Misr). Kopten oder Aigyptii waren Einheimische, die unter griechisch-römischer Herrschaft den christlichen Glauben annahmen. Die koptische Kirche, deren geistliches Oberhaupt ein Patriarch ist, spielt auch heute noch eine wichtige Rolle in Ägypten. Im März 1993 begegnete ich kurz dem koptischen Bischof von Kairo, Seiner Heiligkeit Bischof Musa (Moses).
3. Das ist ein Bestandteil des altägyptischen Osiris-Mythos. Ursprünglich war die Wiedergeburt als Osiris ein Privileg des Königs. Erst nach und nach wurde diese Vorstellung «demokratisiert», so daß schließlich jeder Ägypter das Anrecht auf ein Osiris-Schicksal hatte. Wenn ein Pharao starb, konnten die Wiedergeburts-Zeremonien, die äußerst kompliziert waren, Monate dauern. Die Mumie (ein modernes Wort, das von dem arabischen Substantiv mummia abgeleitet ist und Pech oder Teer bedeutet) wurde als Osiris-Form des Verstorbenen angesehen.
4. S.A.B. Mercer: *The Religion of Ancient Egypt.* London, 1946, S. 25.
5. Ebd., S. 112.
6. J.B. Sellers: *The Death of Gods in Ancient Egypt.* London, 1992, S. 70.
7. S. Hassan: *Excavations at Giza.* Bd. 6, Teil 1, Kairo, 1946, S. 276–317. Hassan beschreibt ausführlich die Bedeutung der Duat.
8. O. Neugebauer und R. Parker: *Egyptian Astronomical Texts.* Bd. 1, London, 1964, S. 24–25.
9. Ebd.
10. Ebd.
11. R.T. Rundle Clark: *Myth and Symbol in Ancient Egypt.* London, 1978, S. 122.
12. S.A.B. Mercer, a.a.O., S. 270.

13. E.A. Wallis-Budge: *Osiris and the Egyptian Resurrection*. Bd. 1, New York, 1973, S. 107.
14. Dieses Datum wurde mit dem Astronomie-Programm Skyglobe 3.5 errechnet und wurde bereits mehrfach bestätigt.
15. Im Zeitraum der 4. Dynastie erfolgte der heliakalische Aufgang des Sirius etwa 5 bis 7 Tage nach der Sommersonnenwende. Zu dieser Zeit geht die Sonne in einem Azimut von ziemlich genau 62,5 Grad auf, und Sirius ging in dieser Epoche in einem Azimut von 116,5 Grad auf.
16. Dies ist eine unter Ägyptologen allgemein bekannte Tatsache. Nach dem religiösen Kalender begann das neue Jahr, wenn Sirius seinen heliakalischen Aufgang hatte. Wegen der Differenz von einem Vierteltag zwischen dem tatsächlichen und dem kalendrischen Jahr von 365 Tagen verlor der religiöse Kalender alle vier Jahre einen Tag. Alle 1461 Jahre stimmten der religiöse und der bürgerliche Kalender wieder überein (4 x 365,25 = 1461). Dieser Zeitraum von 1461 Jahren wird häufig als Sothis-Zyklus bezeichnet.
17. E.A. Wallis-Budge, a.a.O., gibt die verschiedenen Quellen des Osiris-Mythos an. Plutarchs *De Iside et Osiride* ist die ausführlichste Darstellung aus klassischer Zeit (ca. 50 n. Chr.).
18. Maat wurde als geflügelte Göttin mit einer Feder auf dem Kopf dargestellt.
19. H. Frankfort: *Kingship and the Gods*. Chicago, 1978.
20. R.O. Faulkner: «The king and the star-religion ...», in: *JNES*, 25, 1966, S. 153–61.
21. Nach Skyglobe 3.5 unter Berücksichtigung einer durch die Eigenbewegung bedingten Deklination um –1.21 Bogensekunden pro Jahr. J. Legon (siehe Bibliographie) hat mit Hilfe seines eigenen Präzessionsberechnungs-Programms –21 Grad 38,38 Minuten errechnet. Für die Epoche 2500 v. Chr. gab er –20,85 Grad an; auf diesen Wert kommt auch der Astronom und Nautiker H.R. Mills: *Positional Astronomy and Astro-Navigation Made Easy*, S. 232. Mills gibt für 2500 v. Chr. –20,83 Grad an, was –20 Grad 49 Minuten entspricht. Für die Epoche 2450 v. Chr. (Bauzeit der Cheops-Pyramide) errechnet Skyglobe 3.5, unter Berücksichtigung der Eigenbewegung, –20 Grad 30 Minuten, wobei bei direkter, mausgesteuerter Ablesung vom Bildschirm ein Wert von ± 5 Minuten veranschlagt werden muß. Mit dem EZ-Cosmos-Programm erzielt man annähernd dasselbe Ergebnis, wenn man die durch die Eigenbewegung bedingte Deklination berücksichtigt.

22. J. Greaves: *Pyramidographia*. London, 1646, S. 73.
23. Abbé le Mercier: *Description de l'Egypte, composeé sur les mémoires de M. de Maillet*. Paris, 1735.
24. E.-F. Jomard: *Description de l'Egypte*. Paris, 1821–1829, Band IX, S. 491.
25. J.S. Perring: *The Pyramids of Gizeh. Part I: The Great Pyramid*. London, 1839.
26. W.M. Flinders Petrie: *The Pyramids and Temples of Gizeh*. London, [1883] S. 29.
27. C. Piazzi Smyth: *The Great Pyramid*. New York, 1990 [1878], S. 428.
28. W.M. Flinders Petrie, a.a.O., S. 24.
29. *Archeologia*, Bd. 293, September 1993, S. 6. Vgl. auch die Zeitschrift *Stern*, Nr. 28, Juli 1993, S. 24–25.
30. J. Capart: *Études et Histoires*. Bd. 1, Brüssel, 1924, S. 182.
31. G. Steindorff: *Egypt*. Baedeker 1929, S. 140.
32. I.E.S. Edwards: *Die ägyptischen Pyramiden*. Wiesbaden, 1967, S. 80.
33. J. Vandier: *Manuel d'Archaeologie Egyptienne*. Bd. 2, Paris, 1954, S. 88.
34. A. Badawy: «The Stellar Destiny of Pharaoh and the so-called Air-shafts in Cheop's Pyramid» in: *MIOAWB*, 10, 1964, S. 189–206.
35. In: *MIOAWB*, 10, 1964, (V. Trimble) S. 183–87 und S. 189–206 (Badawy).
36. A. Badawy, a.a.O., S. 190.
37. Ebd.
38. Ebd.
39. Ebd.
40. V. Trimble: «Astronomical Investigation concerning the so-called Air-shafts of Cheops's Pyramid» in: *MIOAWB*, 10, 1964, S. 183–87.
41. Ebd., S. 187.
42. I.E.S. Edwards: «The Air-channels of Chephren's Pyramid» in: *Studies in Honor of Dows Dunham*. Boston, 1981, S. 55–57.

5
DER GIZEH-PLAN

1. Das Pyramidion wurde 1902 von Maspero in der Nähe der Pyramide von Amenemhet III. bei Dahschur gefunden (ASAE 3, 1902, S. 206). Der erstaunlich gut erhaltene Stein besteht aus fein poliertem schwarzen Granit und wiegt etwa vier Tonnen.
2. Ein Vermessungsingenieur ist für die Erstellung eines Koordinatennetzes verantwortlich, mit dessen Hilfe das Bauwerk ausgerichtet und in die Höhe gezogen werden kann. Ein Vermessungsinge-

nieur benötigt für seine Arbeit in der Regel folgende Ausrüstung: einen Theodoliten, verschiedene Meßlatten, 30 bis 100 Meter Meßband, eine Kippregel, Senkbleie (225 Gramm), einen Satz Winkel, Nylonschnur (Hank), Lineal (Stahl), außerdem noch einen Klauenhammer, ein Winkelmaß, Fluchtstäbe usw. Wenn man von dem Theodoliten, der Kippregel und den Stahlwerkzeugen einmal absieht, hätten die altägyptischen Vermessungsingenieure zur Durchführung ihrer exakten Vermessungen all diese Hilfsmittel benötigt. Um eine Gleichschicht herzustellen, arbeitete man mit Winkel-Verhältnissen und einem Netz aus Wassergräben; gerade Linien auf dem Boden wurden mit Hilfe von astronomischen Beobachtungen am Meridian (I.E.S. Edwards: *Die ägyptischen Pyramiden*. Wiesbaden, 1967, S. 175–180) gezogen. Bis heute ist man sich unter Ägyptologen noch nicht über die genauen Methoden einig.

3. Die Pyramide besteht aus 250000 Steinblöcken. Wenn man davon ausgeht, daß 20 Blöcke pro Tag verlegt wurden, ergibt das eine Bauzeit von 34 Jahren. Bei einer Bauzeit von 10 Jahren hätten jedoch 69 Blöcke pro Tag, also 7 Blöcke pro Stunde verlegt werden müssen, was uns höchst unrealistisch erscheint, wenn man bedenkt, daß es zu jener Zeit weder Räder noch Hebevorrichtungen gab.
4. Zur Baustellenausstattung gehörten alle für die Dauer des Bauprojektes notwendigen Einrichtungen wie Arbeiterunterkünfte, vorübergehende Zufahrtsstraßen, Materiallager, Büros, Werkstätten, Entwässerung, Wasserversorgung und so weiter. Bei großen Bauprojekten, besonders in abgelegenen Gebieten (wie die Westliche Wüste in der Nähe des antiken Memphis), konnten diese Maßnahmen leicht 15 bis 20 Prozent des Gesamtaufwands ausmachen.
5. J.-P. Lauer: *Observations sur les Pyramides*. Kairo, 1960, S. 99.
6. Ebd.
7. Ebd., S. 99–124.
8. Z. Zába: *L'orientation astronomique* ... Prag, 1953.
9. Natürlich ist es für einen Vermessungsingenieur einfacher, statt drei nur ein Koordinatennetz zu erstellen. Während der Bauarbeiten könnte dann jede Pyramide als Orientierungspunkt für die nächste dienen.
10. J. Phaure: *Introduction à la Geographie Sacrée de Paris*. Borrengo, S. 29.
11. *National Geographic*, 180, Nr. 2, August 1991, S. 122–134.

GIZEH UND DER GÜRTEL DES ORION

1. J. Lacouture: *Champollion: Une vie de lumières.* Grasset und Fasquelle, Paris, 1988, S. 428 und 456. Das rief Champollion am 14. September 1822 seinem älteren Bruder zu, als ihm die Entzifferung der ägyptischen Hieroglyphen gelungen war.
2. E.A. Wallis-Budge: *The Egyptian Heaven and Hell.* London, 1925, S. X, 131–135 und 348. Vgl. auch S. Hassan: *Excavations at Giza.* Kairo, 1946, S. 315.
3. I.E.S. Edwards: *Die ägyptischen Pyramiden.* Wiesbaden, 1967, S. 7f.
4. Eingemeißelt in den sogenannten Schabaka-Stein im Britischen Museum, Ausstellungsstück Nr. 498.
5. Schabaka-Texte, Z. 18c.
6. S. Hassan, a.a.O., S. 302.
7. J.B. Sellers: *The Death of Gods in Ancient Egypt.* London, 1992, S. 164.
8. Ebd., S. 165.
9. R.T. Rundle Clark: *Myth and Symbol in Ancient Egypt.* London, 1978, S. 27.
10. P. Tompkins: *Die Geheimnisse der Großen Pyramiden.* Klagenfurt, o.J., S. 233f., 306f.
11. J. Baines und J. Malék: *Atlas of Ancient Egypt.* Paris, 1981.
12. R.T. Rundle Clark, a.a.O., S. 97.
13. G. Goyon: *Die Cheops-Pyramide.* Bergisch Gladbach, 1999, S. 209.
14. R.T. Rundle Clark, a.a.O., S. 108.
15. M. Lichtheim: *Ancient Egyptian Literature.* Bd. 1, Los Angeles, 1975, S. 204.
16. R.O. Faulkner: *The Book of the Dead.* London, 1972, Stichwortverz. «Rostau».
17. E. Hornung, *Das Totenbuch der Ägypter.* Zürich/München, 1979, S. 358 (Spr. 173).
18. R.O. Faulkner, a.a.O.
19. Hyginus Poet Astr. 2.32; A.B. Cook: *Zeus.* Bd. 2, Cambridge, 1940, S. 481.
20. Diodor's von Sicilien *Historische Bibliothek*, Bd. 1, Stuttgart, 1827, S. 27 (I, 12).
21. Eusebius, Praep. Ev. III, 3,6.
22. R.H. Allen: *Star Names: Their Lore and Meaning.* New York 1963, S. 216.
23. E.A. Wallis-Budge, *The Egyptian Book of the Dead.* New York 1967, S. CXXIII.

24. In einer Pyramide der 5. Dynastie (Unas), vier Pyramiden der 6. Dynastie sowie in drei kleinen Königinnenpyramiden.
25. I.E.S. Edwards, a.a.O., S. 204.

7
DIE THEORIE DER PYRAMIDEN-ORION-KORRELATION

1. Dr. Edwards ging 1974 in den Ruhestand, ist jedoch noch immer sehr aktiv. Er lebt mit seiner Frau in der Nähe von Oxford.
2. I.E.S. Edwards: «The Air-Channels of Chephren's Pyramid» in: *Studies in Honor of Daws Dunham*. Boston, 1981, S. 55ff.
3. Brief v. 8. 1. 1985. Seitdem bin ich zu verschiedenen Gelegenheiten mit Dr. Malék zusammengekommen. Gegenwärtig leitet er das Unternehmen, alle ägyptischen Archive für das Griffith Institute zu erfassen. Der Abdruck seiner Briefe erfolgte mit seiner freundlichen Genehmigung.
4. Die heutige scheinbare Bewegung des Oriongürtels nimmt im negativen Bereich ab, erfolgt also aufwärts in Richtung Himmelsäquator. Etwa ab 2500 n. Chr. bewegt er sich wieder abwärts.
5. J.A.R. Legon: «A Ground Plan at Giza», in: *DE*, Nr. 10, 1988. Legon unternimmt offenbar eine religiöse Deutung des Plans, ohne jedoch auf Orion/Osiris einzugehen.
6. R.G. Bauval: «The Seeding of the Star Gods», in: *DE*, Nr. 16, 1990.
7. Ebd.
8. Vgl. Vorwort, Anmerkung 8.

8
DER BRUDER DES OSIRIS

1. R. G. Bauval: «A Master Plan for the Three Pyramids of Giza» in: *DE*, Nr. 13, 1989.
2. I.E.S. Edwards: *Die ägyptischen Pyramiden*. Wiesbaden, 1967, S. 204.
3. Eine von ihnen ist kaum noch zu erkennen, so daß die meisten Besucher zunächst den Eindruck haben, in Abusir gebe es nur drei Pyramiden.
4. I.E.S. Edwards, a.a.O., S. 112.
5. J. Malék: I*n the Shadow of the Pyramids*. London, 1986, Innenseite des Schutzumschlags.
6. Schätzung nach J. Baines und J. Malék: *Atlas of Ancient Egypt*. Paris,

1981, sowie anhand einer Geländekarte der ägyptischen Regierung.

7. Die Wahl eines Abstands von zwei Kilometern Länge für die gleichzeitige Errichtung von zwei Monumenten für denselben König mutet unter dem Aspekt der Baustellenorganisation befremdlich an. Es wäre wesentlich einfacher gewesen, die Pyramiden wie in Gizeh nur 500 Meter voneinander entfernt zu bauen.
8. R.G. Bauval: «Cheop's Pyramid ...» in: *DE*, Nr. 26, 1993, S. 5.
9. Die meisten Ägyptologen nehmen eine Regierungsdauer Snofrus von 24 Jahren an.
10. J.B. Sellers: *The Death of Gods in Ancient Egypt*. London, 1992.
11. Ebd., S. 11.
12. Ebd., S. 174.
13. Ebd.
14. Für dieses Buch wurde das Programm Catalogue 2000.0 verwendet.
15. E.C. Krupp (Hg.): *Astronomen, Priester, Pyramiden*. München, 1980, S. 204 und 206.
16. J. Cornell: *Die ersten Astronomen*. Stuttgart, 1983, S. 100f.
17. J.B. Sellers, a.a.O., S. 116.
18. M. Lichtheim: *Ancient Egyptian Literature*. Bd. 1, Los Angeles, 1975, S. 51.
19. Im Jahr 1986 habe ich hierüber eine kurze Abhandlung geschrieben und ihren Inhalt mit Dr. Edwards erörtert.
20. M. Lichtheim, a.a.O.
21. Ebd.
22. J.B. Sellers, a.a.O., S. 90.
23. In den Pyramidentexten wird Geb häufig als der irdische Vater von Osiris bezeichnet. Er ist der legitime Gemahl Nuts, der Himmelsgöttin und Mutter des Osiris. Nach denselben Pyramidentexten hat jedoch Nut mit Rê oder Atum-Rê, dem Sonnengut, sexuell verkehrt.
24. M. Lehner: *The Egyptian Heritage*. Virginia Beach, 1974, S. 128f.
25. Ebd.
26. In der nördlichen Halbkugel, vom Äquator bis zum Nordpol.
27. J.B. Sellers, a.a.O., S. 116.
28. I.E.S. Edwards, a.a.O., S. 112.
29. Ebd.
30. P.B. 3033 im Ostberliner Museum. Im September 1993 erhielt ich von Dr. Wildung und seinem Assistenten Dr. Müller die Erlaubnis, den Papyrus einzusehen und zu fotografieren.

31. I.E.S. Edwards, a.a.O., S. 113f.
32. Ebd.
33. Plutarch, *Das Leben Alexanders des Großen*. Die Geschichte wird von vielen Biographen Alexanders berichtet. In einer der Versionen heißt es, der letzte eingeborene König Ägyptens, Nektanebo II., habe sich in eine Schlange (Zeus-Ammon) verwandelt und Olympia geschwängert. Zeus-Ammon wurde zur Zeit Alexanders bei den Griechen sehr verehrt, und nach Herodot (*Historien*, II) war sein Orakel in Siwa (Westägypten) symbolisch mit dem Zeusorakel in Dodona verbunden.
34. M. Lyttleton und W. Forman: *The Romans: Their Gods and Their Beliefs*. London, 1984, S. 29. Nach anderen Legenden wurde seine wirkliche Mutter von einer Schlange schwanger, die möglicherweise wie in der von Olympia erfundenen Legende Zeus-Ammon verkörperte.
35. Im Jahr 325 n. Chr. unter der Schirmherrschaft Konstantins des Großen; I. Wilson, *Jesus: The Evidence of the Shroud*. London, 1985, S. 140.
36. Der Begriff «Sonnenerbe» geht auf den neuplatonischen Philosophen Thomas Campanella zurück, der ihn 1736 prägte. Er legte anscheinend das Sonnenhoroskop für den künftigen König von Frankreich, Ludwig XIV.
37. I.E.S. Edwards, a.a.O., S. 112.
38. Das ergibt sich aus den sogenannten Sargtexten, der im Mittleren Reich gängigen Version der älteren Pyramidentexte.
39. Diese Idee von den 14 Teilen des Körpers des Osiris in Analogie zu den 14 Pyramiden von Memphis ist nicht neu. Sie wird verschiedentlich in der Literatur erwähnt; s. z.B. T. Holland: *Freemasonry from the great Pyramids of Ancient Times*. London, 1885, wo es auf S. 14 heißt: «... da Osiris 14 Gräber für seinen zerstückelten Leib hatte, mußten ihm 14 Pyramiden gewidmet worden sein.»
40. A.W. Shorter: *The Egyptian Gods*. London, 1983, S. 39. Vgl. auch E.A. Wallis-Budge: *The Egyptian Book of the Dead*. New York, 1967, S. LI.
41. E.A. Wallis-Budge: *Osiris and the Egyptian Resurrection*. Bd. 1, New York, 1973, S. 99.
42. A.W. Shorter, a.a.O. S. 43.
43. Vgl. beispielsweise den Tierkreis von Dendera. Eine Abbildung findet sich in O. Neugebauer und R. Parker: *Egyptian Astronomical Texts*. Bd. Plates, London, 1964. Vgl. auch im vorliegenden Buch Abb. 19, S. 290.

44. Das ergibt sich aus der Stellung des Orion (Mithra). Vgl. die Statue *Mithra tötet den Stier* im Britischen Museum.
45. Auf diesen Abbildungen hält in der Regel Orion, der Große Jäger, den Kopf des Stiers mit der linken Hand, während er in der rechten seine Keule schwingt. Der Kopf des Sternbilds Stier wird von den Hyaden gebildet.
46. Der Stern 311 befand sich nördlich von Aldebaran.
47. A.W. Shorter, a.a.O., S. 41–43.
48. Ebd.
49. Ebd.
50. J.B. Sellers, a.a.O., S. 116.

9
INTERMEZZO BEI DEN PYRAMIDEN

1. A.G. Gilbert (Hg.): *The Hermetica.* Dorset, 1992, Vorwort, S. 5–29.
2. A.G. Gilbert: T*he Cosmic Wisdom Astrology.* Dorset, 1991.
3. Vgl. Kapitel 10.
4. I.E.S. Edwards: «Do the Pyramid Texts Suggest an Explanation for the Abandonment of the Subterranean Chamber of the Great Pyramid?» in: *Festschrift für J. Leclant* [erscheint 1994].
5. In unserer Begleitung befand sich außerdem Frau Marion Krause-Jach, eine Pharmazeutin aus Berlin und langjährige gute Freundin von mir. Sie leistete uns große Dienste während der Tagungen, die am 22. April in London und am 21. Juni 1993 in Paris von Rudolf Gantenbrink abgehalten wurden.
6. Vgl. Kapitel 4, Anmerkung 40.
7. *DE*, Nr. 26 erschien im Mai, *DE*, Nr. 27 im September 1993.
8. Vgl. Kapitel 11 und 12.
9. *News at Seven* in Channel 4, 16. 4. 1993.
10. Vgl. das Vorwort.
11. Professor J. Kerisel schlug als erster einen Plan zur Belüftung der großen Pyramide vor: «Chauffage Ventilation Conditionnement» in: *Revue de l'Association des Ingénieurs Climatique, Ventilation et Froid*, Nr. 12, Dez. 1990, S. 54.
12. R.T. Rundle Clark: *Myth and Symbol in Ancient Egypt.* London, 1978, S. 263.

10
DIE GROSSE STERNENUHR DER EPOCHEN

1. Papyrus 10371/10435 im Britischen Museum; Übersetzung bei R.B. Parkinson: *Voices of Ancient Egypt.* London, 1991, S. 65.
2. R.T. Rundle Clark: *Myth and Symbol in Ancient Egypt.* London, 1978, S. 263.
3. Ebd.
4. Vgl. Kapitel 3.
5. E.A. Wallis-Budge: *The Egyptian Book of the Dead.* New York, 1963, S. XII, Fußnote.
6. Die Länge des südlichen Schachts («Gantenbrink-Schacht») in der Königinkammer macht dies deutlich (vgl. Vorwort).
7. E.C. Krupp: *Das Geheimnis der Pyramiden.* S. 207. Fairerweise muß angemerkt werden, daß Krupp der altägyptischen Astronomie mit Respekt begegnet und zumindest die Möglichkeit zuläßt, daß uns in den ägyptischen Gräbern und Tempeln in astronomischer Hinsicht noch einige Entdeckungen bevorstehen können. Es waren erstaunlicherweise R. Parker und O. Neugebauer, die keine «wissenschaftliche» Anwendung in der Astronomie der alten Ägypter zu erkennen vermochten. Der Astronom J. Cornell war dagegen überzeugt, daß die gesamte Wissenschaft im alten Ägypten der Religion unterworfen war.
8. S. Mayassis: *Mystères et Initiations de l'Egypte Ancienne.* Athen, 1956, S. 1–13.
9. Diodor's von Sicilien *Historische Bibliothek.* Bd. 1. Stuttgart, 1827, S. 110.
10. Strabo: *Erdbeschreibung.* Berlin, 1908 (ff.), S. 113 (XVII, 1).
11. Herodot: *Historien.* Stuttgart, 1955, S. 100 (II, 2–8).
12. Dion Chrysostomos: *Sämtliche Reden.* Zürich/Stuttgart, 1967, S. 184 (XI, 37).
13. Schwaller de Lubicz: *Sacred Science.* New York, 1982, S. 11.
14. Brief von Dr. G. Haeny (Schweizer Archäologisches Institut, Kairo) an R.G. Bauval, 9.12.1986.
15. Schwaller de Lubicz, a.a.O., S. 16.
16. K. Mendelssohn, zit. in J. Cornell: *Die ersten Astronomen.* Stuttgart, 1983, S. 93.
17. A. Weigall: *A History of the Pharaohs.* Bd. 1. London, 1925, S. 1–15.
18. Ebd. Vgl. auch R. Parkinson, a.a.O., S. 48. Parkinson zeigt ein Graffito aus Wadi Hammamat, auf dem Kartuschen von Königen der 4. Dynastie abgebildet sind, darunter von Cheops, Rêdedef (De-

defrê), Chefren, Hordjedef und Baufrê, und das die Namen bestimmter Goldschmiede verzeichnet.

19. Schwaller de Lubicz, a.a.O., S. 19. Vgl. auch A.G. Gilbert (Hg.): *Hermetica*. Dorset, 1992, S. 20.
20. Diodor von Sizilien, a.a.O., S. 74.
21. Schwaller de Lubicz, a.a.O., S. 57.
22. C. Cerf und Y. Navasky: *The Experts Speak: The Definitive Compendium of Authoritative Misinformation*. New York, 1984, S. 9f. Die Lektüre dieses Buches ist unverzichtbar für alle Forscher, deren Ansichten der Meinung von Wissenschaftlern und «Experten» entgegenstehen.
23. Ebd., S. 3f.
24. R.T. Rundle Clark, a.a.O., S. 246.
25. Abbate-Pascha: «Le Phénix Egyptien» in: *BIE*, H. 4, S. 11.
26. R.T. Rundle Clark: T*he Legend of the Phoenix*. Teil 1, Birmingham, 1949, S. 1–17.
27. G.W. Osterhout: «The heliacal Rising of Sirius» in: *DE*, Nr. 24, 1992. Vgl. auch M.F. Ingham: «The Length of the Sothic Cycle» in: *JEA*, 55, 1969, S. 36–40, zu einer eingehenden Erörterung des «sothischen» Zyklus und die Periode der Unsichtbarkeit des Sirius.
28. J.B. Sellers: *The Death of Gods*. London, 1992, S. 204.
29. Ebd., S. 193.
30. P. Tompkins: *Die Geheimnisse der großen Pyramiden*. Klagenfurt, o.J., S. 190f.
31. J.B. Sellers, a.a.O., 174.
32. Schwaller de Lubicz, a.a.O., S. 175–178.
33. Heute, im Jahr 1994, können wir fast die höchste Deklination beobachten – wir sind nur wenige Jahrhunderte (nach der Präzessionsuhr nur einige Minuten) von der Mitternachtsstunde des großen Orion/Osiris-Zyklus entfernt.
34. *Platons Dialoge. Timaios und Kritias*. Leipzig, 1923, S. 39ff.
35. Ebd., S. 62f.
36. *Hermetica*. (Übers. W. Scott) Dorset, 1992, S. 228.
37. W. Scott hat diese Ansicht in seiner Ausgabe der *Hermetica* als erster vertreten.
38. Sie verfaßten ihre Abhandlungen zwar in griechischer Sprache, waren jedoch wahrscheinlich Ägypter mit griechischer Bildung. Scott glaubte, der Autor von «Asklepios I», eines der Bücher der *Hermetica*, sei wahrscheinlich ägyptischer Herkunft gewesen (*Hermetica*, a.a.O., S. 228).

39. Spätestens zu Herodots Zeiten (5. Jahrhundert v.Chr.) glaubten die Griechen, die Priester in Heliopolis verfügten über ein höheres Wissen, das in heiligen Büchern festgehalten sei, die sie dem Gott Thot zuschrieben, dem Erfinder der Hieroglyphen und der Geometrie; die Griechen nannten Thot später Hermes Trismegistos. Thot war in ihrer Vorstellung ein Botschafter oder Vertrauter Gottes und als solcher mit unendlicher Weisheit begabt; deshalb sprach aus seinen Schriften göttliche Erkenntnis. In ägyptischen Darstellungen besitzt Thot eine menschliche Gestalt und den Kopf eines Ibis, des Symbols der Weisheit. Häufig hält er eine Schreibtafel und einen Griffel in der Hand als Vermittler göttlicher Botschaften und Chronist menschlicher Taten, vor allem jener, die am Gericht des Osiris in der Nachwelt als besonders schwerwiegend beurteilt werden. In dieser Eigenschaft urteilte Thot darüber, ob die Verstorbenen göttliche Erkenntnis erlangt und ein Anrecht auf einen Platz im kosmischen Reich der Toten unter der Herrschaft des Osiris erworben hatten.
40. *Hermetica*, «Asclepius III», a.a.O., S. 136.
41. W.M. Fix: *Pyramid Odyssey*. Toronto, 1978, S. 99. Vgl. auch M. Lehner: *The Egyptian Heritage*. Virginia Beach, 1974, S. 131f.
42. T. Sugrue: *There is a River*. Virginia, 1963, S. 356, Cayce starb am 3. Januar 1945.
43. T. Sugrue, a.a.O., S. 468. Vgl. auch J.E. Furst: *Cayce's Story of Jesus*. New York, 1976, S. 101.

11
DER SAMEN DES PHÖNIX

1. R.T. Rundle Clark: *Myth and Symbol*. London, 1978, S. 246.
2. Herodot: *Historien*, S. 130f. (II, 73).
3. A. Lucas: *Ancient Egyptian Materials and Industries*, S. 299.
4. J. Baines, in: *Orientalia*, 39, 1970, S. 389–395.
5. «Ben» oder «bin», wörtlich «Sohn», wird in den arabischen Ländern und in Israel allgemein in der Bedeutung «Sohn des ...» gebraucht.
6. I.E.S. Edwards: *Die ägyptischen Pyramiden*. Wiesbaden, 1967, S. 200.
7. R.T. Rundle Clark: *The Legend of the Phoenix*. Birmingham, 1943, S. 5f.
8. R.T. Rundle Clark: *Myth and Symbol*. London, 1978, S. 246.
9. R.T. Rundle Clark: *The Legend of the Phoenix*, S. 17.
10. Ebd.

11. Ebd., S. 15; I.E.S. Edwards, a.a.O., S. 200.
12. Ebd.
13. Es wird durch die Schockwellen in der Atmosphäre hervorgerufen.
14. Eingehender zu den Meteoritenkulten G.A. Wainwright in: *JEA*, 17, S. 185–195; *JEA*, 18, S. 3–15; *JEA*, 21, S. 152–170. Vgl. auch C. Daremberg und E. Saglio: *Dictionnaire des antiquités grecques et romaines*. 5 Bde., Paris, 1873–1919, Stichworte «Elagalabus» und «Baetylia»; A.B. Cook: Zeus. Bd. 3, Cambridge 1940, S. 881–903.
15. Ich bin Vagan Buchwald, einer Kapazität auf dem Gebiet der Eisenmeteorite am Instituttet for Metallaere in Lyngby, Dänemark, zu Dank verpflichtet. Er hat mir Aufnahmen des Meteoriten «Morito» geschickt, die er selbst gemacht hat. Ich danke ferner Brian Mason von der Smithsonian Institution in Washington, D.C., für die Genehmigung zum Abdruck eines Fotos des Meteoriten «Willmette», das in den vierziger Jahren aufgenommen wurde. «Willmette» befindet sich heute im Amerikanischen Museum für Naturgeschichte in New York.
16. Vgl. Anmerkung 14.
17. Ebd.
18. Ebd.
19. Pausanias: *Beschreibung von Griechenland*. Berlin, 1907, Bd. 1, S. 248; L.R. Farnell: *The Cults of the Greek States*. Bd. 1, Oxford, 1896, Kap. 5.
20. Plinius: *Naturkunde*. München/Zürich, 1988, S. 59.
21. Herodianus, V, 3, 5; Vgl. C. Daremberg und E. Saglio, a.a.O., Stichwort «Elagalabus»; P.K. Hitti: *History of Syria*. London, 1951, S. 312.
22. Vgl. Anmerkung 14.
23. Ebd.
24. Ebd.
25. G.A. Wainwright, in: *ASAE*, 28, S. 177.
26. G.A. Wainwright; «Some Aspects of Amun» in: *JEA*, S. 147.
27. G.A. Wainwright, «Iron in Egypt», in: *JEA*, 18, 1931.
28. Ebd. Das Wort *bja* bedeutet auch Meteoriteisen, da dies die einzige Form von Eisen war, die um 2400 v. Chr. in Ägypten bekannt war.
29. Ebd., S. 14. Dies wird bei Plutarch (um 50 n. Chr.) erwähnt: «De Iside et Osiride», in: *Moralia*. Hg. J.F. Kindstrand, Leipzig, 1990, S. 536.
30. Seit den zwanziger Jahren sind viele Forscher auf diese Idee gekommen. E.A. Wallis-Budge war anscheinend der erste, der diese Verbindung gesehen hat (vgl. Anmerkung 31). Soweit ich feststel-

len kann, hat vor mir noch niemand die Vermutung geäußert, daß es sich um einen konischen Meteoriten von rund 15 Tonnen Gewicht gehandelt haben könnte; vgl. R.G. Bauval, in: *DE*, 14, 1989, S. 5–17.

31. E.A. Wallis-Budge: *Cleopatra's Needle*. London, 1926, Kap. 1; J. Leclant und J.P. Lauer (Hg.): *Le Temps des Pyramides*. Paris, 1978, S. 79 und 336.
32. G. Goyon: *Die Cheops-Pyramide*. Bergisch Gladbach, 1979, S. 186. Goyon schätzt das Gewicht des Pyramidions der Cheops-Pyramide auf 6842,5 kg. Kerisel nimmt eine ähnliche Zahl von 4000 bis 6000 kg an, zweifelt jedoch, ob er jemals existiert hat (*La Pyramide à travers les Ages*. Paris, 1991, S. 83).
33. Ein großer Meteorit ist entgegen einer landläufigen Meinung nicht glühend heiß, wenn er auf die Erde aufschlägt, sondern kalt. Das liegt zum einen an den niedrigen Temperaturen im Weltraum und zum anderen daran, daß beim Flug des Meteoriten durch die Erdatmosphäre nur eine dünne äußere Schicht durch die Reibungswärme erhitzt wird. Sobald sich der Körper in Ruhe befindet, kühlt diese Schicht schnell ab.
34. H. Frankfort: *Kingship and the Gods*. Chicago, 1978, S. 153, 380 und Anm. 26.
35. Vgl. Kapitel 4, Anmerkung 11.
36. E.A. Wallis-Budge: *The Mummy*. New York, 1972, S. 175.
37. Das sind vermutlich Titel, die sich auf dieselbe Person in unterschiedlichen Phasen ihres Lebenswegs beziehen, d.h. Horus als Kind, als Thronerbe und als König. Zur Rolle des Horus als wirklicher Sohn des Königs vgl. I.E.S. Edwards, a.a.O., S. 9 und 24.
38. Die vier Horussöhne hießen Amset, Duamutef, Hapi und Kebehsenuf. Nach den Pyramidentexten bestand ihre hauptsächliche Aufgabe darin, bei der Zeremonie der Mundöffnung behilflich zu sein und den toten König in den Himmel zu erheben. Wie G.A. Wainwright gezeigt hat, ist dies zugleich ein astronomischer Text, in dem die untere Kulmination der vier Sterne des «Kopfs» im Sternbild des Kleinen Bären beschrieben wird, während sie langsam über dem Horizont im Norden «auftauchen» und anschließend in eine Höhe von 15° über dem Pol aufsteigen (um 2450 v. Chr.).
39. G.A. Wainwright, «A Pair of Constellations», in: *Studies for F. L. Griffith*, 1932; E.A. Wallis-Budge: *The Egyptian Book of the Dead*. New York, 1967, S. CXXIV. Als Götter der vier Himmelsrichtungen symbolisierten sie die vier Pfeiler, an denen der Baldachin des

Himmels aufgehängt war. Außerdem standen sie für die vier Ecken eines Zimmers, in dem die Bestattungszeremonie abgehalten wurde; Sellers, a.a.O., S. 248. Bei den Begräbnisritualen wurden die vier Horussöhne auch durch vier Krüge symbolisiert, in denen sich Lunge, Leber, Magen und Eingeweide des Verstorbenen befanden.

40. PT, 1983–1984.
41. G.A. Wainwright: «Iron in Egypt» in: *JEA*, 18, 1931.
42. Ebd., S. 11.
43. B. Scheel: *Egyptian Metalworking and Tools*. Aylesbury, 1989, S. 17.
44. G.A. Wainwright, a.a.O., S. 11.
45. J.-P. Lauer: *The Pyramid Texts in Translation and Commentaries*. Kommentarband, S. 106, Fn. 1.
46. Der Prager Ägyptologe und Astronom Zbynek Zába gelangte 1953 weitgehend zur selben Schlußfolgerung. Sein Buch *L'Orientation astronomique dans l'ancienne Egypte et la précession de l'axe du monde* (Prag, 1953) fand unter den Ägyptologen allgemein Zustimmung. Lauer hob in einer Besprechung dieses Buchs Zábas Entdeckung hervor, daß ein ähnliches Instrument wie jenes, das von den altägyptischen Pyramidenbauern zum Anvisieren der nördlichen Polarsterne gebraucht wurde, symbolisch auch bei der Zeremonie des Mundöffnens benutzt wurde (J.A. Lauer, a.a.O., S. 108; Z. Zába, a.a.O., S. 72). Offenbar wurde dieses Instrument auf einen Holzwürfel aufgesetzt und ermöglichte durch seine Verbindung mit einer Lotschnur eine sehr präzise Ausrichtung an den Sternen. Interessanterweise wurden 1972 drei Instrumente in diesen Schächten aufgefunden, die einen solchen Schluß nahelegten (vgl. Nachwort). Wainwright hat zutreffend behauptet, daß bei dieser Zeremonie zwei «Dechseln» gebraucht wurden, die eine von Horus und die andere von seinen vier Söhnen («A Pair of Constellations», 1937, in: *Studies for F. L. Griffith.)*
47. Rudolf Gantenbrink stellte mir dankenswerterweise eine Aufsicht auf die beiden nördlichen Schächte zur Verfügung, aus der der genaue Verlauf der «Knicke» dieser Schächte hervorgeht.
48. Vgl. Kapitel 12.
49. G. Goyon, a.a.O., S. 119f.
50. Ebd., S. 68; G.A. Wainwright, a.a.O., S. 6.
51. G. Goyon, a.a.O.
52. Ebd.
53. Ebd., S. 119f.
54. G. A. Wainwright, a.a.O., S. 6–15.

55. J. Baines und J. Malék: *Atlas of Ancient Egypt.* Paris, 1981.
56. J.B. Sellers; *The Death of Gods in Ancient Egypt.* London, 1992.

12
DIE WEGE DES OSIRIS

1. Sesostris I. (12. Dynastie) war der Heldenkönig des Mittleren Reiches. Er war der Sohn von Amenemhet I., der anscheinend am Hof ermordet wurde. Amenemhet I. und Sesostris I. ließen ihre Pyramiden in El Lischt, wenige Kilometer südlich von Dahschur errichten.
2. Brief vom 9. 12. 1986.
3. J.H. Breasted: *Geschichte Ägyptens.* Wien/Berlin, 1936, S. 136; R.B. Parkinson: *Voices of Ancient Egypt.* London, 1991, S. 41. Das Wort Benben wird auch mit «Pyramidion» übersetzt.
4. J.H. Breasted: *Development of Religion and Thought in Ancient Egypt.* Philadelphia, 1972, S. 71.
5. Ebd.
6. J.H. Breasted: *Geschichte Ägyptens.* S. 125.
7. Papyrus Nr. 344 im Leidener Museum (LMP 344). Vgl. auch J.H. Breasted: *Development of Religion and Thought in Ancient Egypt.* S. 204.
8. LMP 344; 6–12. Vgl. auch J.H. Breasted: *Geschichte Ägyptens.* S. 125.
9. LMP 344; 5, 10.
10. J.H. Breasted: *Development of Religion and Thought in Ancient Egypt.* S. 204.
11. LMP 344; 11, 6–8.
12. Angesichts ihres gleichen Alters (vor der Pyramidenzeit) und ihrer gemeinsamen religiösen Funktion ist diese Ausrichtung höchstwahrscheinlich kein Zufall.
13. J.B. Sellers: *The Death of Gods in Ancient Egypt.* London, 1992, S. 164, gibt ebenfalls eine Übersetzung der Stelle.
14. G.A. Wainwright: «Iron in Egypt» in: *JEA*, 18, 1931, S. 6–11.
15. G. Goyon: *Die Cheops-Pyramide.* Bergisch Gladbach, 1979, S. 71.
16. I.E.S. Edwards: *Die ägyptischen Pyramiden.* Wiesbaden, 1967, S. 175f., und J.-P. Lauer: *Das Geheimnis der Pyramiden.* München/Berlin, 1980, gehen nur auf die Sterne am nördlichen Himmel ein. Doch Vermessungsingenieure «kippen» bekanntlich ihre Meßinstrumente (Theodoliten) um 180 Grad, um die Gebäudeflucht zu überprüfen. Demnach würde ein ähnlicher Visierpunkt im Süden jene Genauigkeit sichern, die von den alten Baumeistern erreicht worden ist.

17. Faruk I. dankte 1952 ab. Goyon ließ sich in Frankreich nieder und wurde zum Forschungsdirektor des Centre National des Recherches Scientifiques (CNRS) ernannt. Er war ein Schüler Pierre Montets, des berühmten französischen Ägyptologen am Collège de France.
18. G. Goyon, a.a.O., S. 72.
19. Strabo: *Erdbeschreibung.* Berlin, 1908ff., Bd. 7, S. 113 (XVII, I, 30).
20. Herodot: *Historien.* Stuttgart, 1955, S. 105f. (II, 15–17).
21. G. Goyon, a.a.O., S. 71.
22. Ebd.
23. M. Lichtheim: *Ancient Egyptian Literature.* Bd. 1, Los Angeles, 1975, S. 204.
24. G. Goyon nimmt an, daß die Scheiben nach beiden Seiten konkav gewölbt waren, so daß sie während des größten Teils des Tages wie ein Funkfeuer wirken konnten.
25. S.A.B. Mercer: *The Religion of Ancient Egypt.* London, 1946, S. 121.
26. R.G. Bauval, in: *DE*, Nr. 14, 1989, S. 7.
27. Louvre: Stele Nr. C 30.
28. Die Djed- oder Tat-Säule, die wahrscheinlich in Heliopolis stand, war dem Osiris geweiht. Möglicherweise stellte sie seine Wirbelsäule dar; vgl. E.A. Wallis-Budge: *Osiris and the Egyptian Resurrection.* Bd. 1, New York, 1973, S. 51ff.
29. M. Lichtheim, a.a.O., S. 203.
30. Das beste Beispiel für eine Wiedergeburt als Osiris ist natürlich der Goldsarg des Tut-ench-Amun im Ägyptischen Museum von Kairo.
31. In *DE* erscheint 1994 ein Aufsatz von R.G. Bauval, «The Horizon of Khufu». Vgl. auch in diesem Buch, Anhang 6.
32. Es ist unwahrscheinlich, daß ein Monument, dessen Errichtung mehrere Jahrzehnte in Anspruch nahm und die Bevölkerung bis an deren Grenze belastete, nur ein einziges Mal für ein Wiedergeburtsritual verwendet wurde. Vgl. hierzu P. Tompkins: *Cheops – Das Geheimnis der großen Pyramide.* Klagenfurt, o.J., S. 257 und 276–279.
33. R. G. Bauval, in: *DE*, Nr. 26, 1993, S. 5; *DE*; 27, 1993.
34. Ich danke an dieser Stelle Rudolf Gantenbrink, der mir eine Videoaufnahme von dieser «Nische» im südlichen Schacht der Königinkammer gezeigt hat, die von UPUAUT 1 gemacht wurde.
35. Auf diesen Punkt hat mich Dr. G. Haeny in seinem erwähnten Brief aufmerksam gemacht. Durch einen kurzen Blick auf die Karte kann man sich von der Richtigkeit dieser Behauptung überzeugen.

36. Möglicherweise bereits zu Beginn der 4. Dynastie. Zweifellos hatten die Tempelbauten in Heliopolis bis zur Zeit von Sesostris I. Plünderungen und Beschädigungen erlitten, denn Sesostris ordnete umfangreiche Restaurierungsarbeiten an.
37. J. Kerisel: *La Pyramide à travers les Ages*. Paris, 1991, S. 83. Er führt einen Bericht von Diodor aus Sizilien an (um 100 v. Chr.), demzufolge die Spitze der Pyramide wie eine «Plattform» aussah, doch zur Zeit des Diodor war die Pyramide bereits 2400 Jahre alt.
38. Papyrus Westcar, Berlin 3033.
39. «Nach Brugsch gab es im Sonnentempel von Heliopolis eine geweihte, verschlossene Kammer in Form einer Pyramide, die als benben bezeichnet wurde» – W. Lethaby: *Architecture, Mysticism and Myth*. Dorset, 1993, S. 38f.
40. T. Sogrue: *There is a River*. Virginia, 1963.
41. Ebd., S. 393.

NACHWORT

1. Alle Zitate sind diesen persönlichen Briefen, Notizen und Tagebüchern entnommen. Die Originale befinden sich in den Archiven des Royal Observatory in Edinburgh unter der Aufsicht des Bibliothekars Angus Macdonald.

ANHANG 1

1. W.M. Flinders Petrie: *The Pyramids and Temples of Gizeh*. London (1883) 1990, S. 53.
2. W.W. Smith: *The Art and Architecture of Ancient Egypt*. London, 1958, S. 30.
3. A. Badawy: *A History of Egyptian Architecture*. Gizeh, 1954, S. 163.
4. Zwar kommen Alpha Cephei und Alpha Lyrae (Wega) in den Jahren 7500 und 14000 n. Chr. bis auf vier Grad in die Nähe des Nordpols, werden dann jedoch weniger genaue Nordsterne sein als der Polarstern oder Alpha Draconis, die dem Nordpol bis auf 30 Bogenminuten nahekommen.
5. R.H. Baker: *Astronomy*. New York, 1950, S. 57.
6. O. Neugebauer und R.A. Parker: *Egyptian Astronomical Texts*. Bd. 1, London, 1964, S. 25.
7. Ebd., S. 110.
8. R.K. Glanville: *The Legacy of Egypt*. Oxford, 1942, S. 32.

9. P.V. Neugebauer: *Tafeln zur astronomischen Chronologie.* Bd. 1, Leipzig, 1912, S. 8 und 20.
10. Ebd., S. 21–82.
11. Diese Kulmination war natürlich etwa das halbe Jahr über wegen des Sonnenlichts nicht zu erkennen. Um 2700 v. Chr. wäre sie von Ende Juli bis Anfang Januar sichtbar gewesen.

ANHANG 2

1. Die folgenden PC-Programme sind einfach in der Anwendung und bis zum Jahr 4000 v. Chr. ziemlich genau: Skyglobe 3.5, EZ Cosmos und Starmap 2.10 High Precision. Außerdem sind sie zu einem günstigen Preis erhältlich. Daneben gibt es weitere Programme unterschiedlicher Preisklassen.
2. Hirshfeld und R.W. Sinnot: *Sky Catalogue 2000.0.* Bd. 1, Cambridge, 1982, S. XIV.
3. Ebd., S. 119, 121 und 124.
4. Dr. John O'Byrne vom Chatterton Astronomy Department der Universität Sydney hat Präzessionsrechnungen für Epsilon Orionis, den mittleren Stern des Oriongürtels angestellt und dabei für beide Koordinatenrichtungen eine minimale Eigenbewegung berücksichtigt, um die Größenordnung ihrer Effekte festzustellen. Das Ergebnis war 4 Sekunden in der Rektaszension und 65 Sekunden in der Deklination, was seiner Meinung nach unrealistisch viel ist.
5. I.E.S. Edwards: *Die ägyptischen Pyramiden.* Wiesbaden, 1967, S. 176–180.
6. J.B. Sellers: *The Death of Gods in Ancient Egypt.* London, 1992, S. 194.
7. J.E. Manchip-White: *Ancient Egypt.* London, 1990, S. 138.
8. O. Neugebauer und R. Parker: *Egyptian Astronomical Texts.* Bd. 1, London, 1964.

ANHANG 3

1. So, beispielsweise, A. Erman: *Die Literatur der Ägypter.* Leipzig, 1923, S. 70 und 72.
2. Gemeint sein kann ein Haus, ein Raum oder jeder Gegenstand, wie eine Schachtel, die sich in einem Gebäude befindet.
3. Die Aufnahme ist unbestimmt.
4. *JEA*, 3, 1917, Abbildung 12, zwischen S. 96 und 97.
5. Auf S. 54 seines Kommentars.

ANHANG 4

1. E.A. Wallis-Budge: *An Egyptian Hieroglyphic Dictionary*. Bd. 2, New York, 1978, S. 942.
2. Ebd., S. 946.
3. I.E.S. Edwards: *Die ägyptischen Pyramiden*. Wiesbaden, 1967, S. 1.
4. Nach R.O. Faulkner: *The Book of the Dead*. Warminster, 1993, S. 12.
5. Ebd.
6. Ebd.
7. I.E.S. Edwards, a.a.O., S. 10.
8. Ebd., S. 11.
9. R.T. Rundle Clark: *Myth and Symbol, in Ancient Egypt*. London, 1978, S. 102.
10. *Coffin Texts*, Bd. 2, S. 104.
11. O. Neugebauer und R.A. Parker: *Egyptian Astronomical Texts*. Bd. 1, London, 1964.
12. Ebd., S. 41.
13. Ebd.
14. Papyrus Carlsberg I, Teil 1, A.I, 1–6, Abb. der Nut.
15. Ebd., G. IV, 26–29.
16. *Dramatic Texts*, VI, S. 3–6.
17. Ebd., S. 38–43.
18. O. Neugebauer und R. Parker, a.a.O., S. 3.
19. R.G. Bauval, in: *DE*, Nr. 14, 1989, S. 12; *DE*, Nr. 16, 1990, S. 21–28; W. Horig, in: *DE*, Nr. 14, 1989, S. 52.
20. E.A. Wallis-Budge: *The Mummy*. New York, 1972, S. 175.
21. H. Frankfort, *Kingship and the Gods*. Chicago, 1978.
22. S.G. de Santillana und H. von Deschend: *Hamlet's Mill*. Boston, 1969, zu alten Himmelsreligionen und dem Prinzip der Dualität.

ANHANG 5

1. Zur Astronomie vgl. R.G. Bauval, in: *DE*, Nr. 13, 14, 16, 26 und 27; zur Geometrie und Mathematik vgl. J.A.R. Legon, in: *DE*, Nr. 10 und 14. Vgl. auch I.E.S. Edwards: *Die ägyptischen Pyramiden*. Wiesbaden, 1967, S. 174–180.
2. R. Cook, *The Pyramids of Giza*.
3. I.E.S. Edwards, a.a.O.
4. Vgl. R.G. Bauval, in: *DE*, Nr. 13 und 14.
5. *Archaeologia*, Nr. 283, September 1993, S. 6.
6. R.G. Bauval, in: *DE*, Nr. 13, 14 und 16.

7. R.G. Bauval, in: *DE*, Nr. 26.
8. J.A.R. Legon, in: *DE*, Nr. 10 und 14; R. Cook, a.a.O.; R. Gantenbrink (unveröffentlichtes Manuskript).
9. I.E.S. Edwards, a.a.O., S. 216; R.G. Bauval, in: *DE*, Nr. 13, 16, 26 und 27.
10. A. Badawy: «The Stellar Destiny of Pharaoh ...» in: *MJOAWB*, 10, 1964.
11. W. Lethaby: *Architecture, Mysticism and Myth*. Dorset, 1993.
12. R.O. Faulkner: «The King and the Star Religion ...» in: *JNES*, 25, 1966.
13. *Pyramidentexte*, beispielsweise §§ 820, 882 und 2180.
14. *DE*, Nr. 28 und 29.
15. R.G. Bauval, in: *DE*, Nr. 13 und 16.
16. *Pyramidentexte*, § 13.
17. R.G. Bauval, in: *DE*, Nr. 26 und 27.
18. J.A.R. Legon, in: *DE*, Nr. 10 und 14; ders.: «The Geometry of the Bent Pyramid» in: *Göttinger Miszellen*, 116, 1990.
19. Vgl. Anmerkung 21. Vgl. auch R. Cook, a.a.O.

ANHANG 6

1. *DE*, Nr. 13, 1989, S. 7–18.
2. R.O. Faulkner: «The King and the Star Religion ...» in: *JNES*, 25, 1966.
3. *DE*, Nr. 26, 1993, S. 5f.
4. Ebd.
5. *DE*, Nr. 28, 1994.
6. A. Badawy: «The Periodic System ...» in: *JEA*, 63, 1977.
7. R.G. Bauval, in: *DE*, 14, 1989.
8. I.E.S. Edwards: *Die ägyptischen Pyramiden*. Wiesbaden, 1967, S. 226.
9. E.A. Wallis-Budge: *An Egyptian Hieroglyphic Dictionary*. Bd. 1, New York, 1978, S. 25a.
10. *DE*, Nr. 26, 1993, S. 5f.
11. *DE*, Nr. 28, 1994.
12. G. Goyon: *Die Cheops-Pyramide*. Bergisch Gladbach, 1979.

ANHANG 7

1. J.H. Breasted: *Development of Religion and Thought in Ancient Egypt*. Philadelphia, 1972, S. 101f.
2. I.E.S. Edwards: *Die ägyptischen Pyramiden*. Wiesbaden, 1967, S. 201.
3. R.O. Faulkner: «The King and the Star Religion ...» in: *JNES*, 25, 1966.
4. A. Badawy: «The Stellar Destiny of Pharaoh ...» in: *MIOAWB*, 10, 1964. Vgl. auch V. Trimple in Anhang 1b.
5. R.G. Bauval, in: *DE*, Nr. 13, 14, 16, 26 und 27 sowie drei weitere Artikel in dieser Zeitschrift, die 1994 erscheinen werden.
6. Dieser Sachverhalt läßt sich mit Hilfe von Computerprogrammen wie Skyglobe 3.6, Starmap oder EZ Cosmos auf dem Bildschirm sichtbar machen.
7. R.G. Bauval: «The Adze of UPUAUT» und «The Horizon of Khufu» in: *DE*, erscheint 1994.
8. A. Badawy: «The Periodic System ...» in: *JEA*, 63, 1977, S. 58.

BIBLIOGRAPHIE

ABKÜRZUNGEN

ASAE	Annales du Service des Antiquités de l'Égypte
BES	Bulletin Égyptologie Service
BIE	Bulletin de l'Institut d'Égypte
DE	Discussions in Egyptology
JARCE	Journal of the American Research Centre in Egypt
JEA	Journal of Egyptian Archeology
JNES	Journal of Near Eastern Studies
MDAIK	Mitteilungen des Deutschen Archäologischen Instituts, Abteilung Kairo
MIOAWB	Mitteilungen des Instituts für Orientforschung, Akademie der Wissenschaften zu Berlin
RT	Recueil de Travaux Relatifs à la Philologie et à l'Archéologie Égyptiennes et Assyriennes
RA	Revue Archéologique
RE	Revue d'Égyptologie
ZAS	Zeitschrift für Ägyptische Sprache und Altertumskunde

ABATTE-PASCHA, «Le Phénix égyptien», in: *BIE*, 2, 1920, H. 4, S. 9–15.
ABBOTT, P.: *Geometry*. London, 1977.
ALLEN, J. P.: «The Pyramid Texts of Queens Jpwt and Wdbtn(j)» in: *JARCE*, 23, 1986, S. 1–25.
ALLEN, R. H.: *Star Names: Their Lore and Meaning*. New York, 1963.
ANTONIADI, E. M.: *L'Astronomie égyptienne depuis les temps le plus resculés*, Paris, 1934.
BADAWY, A.: *A History of Egyptian Architecture*. Gizeh, 1954.
–, «The Stellar Destiny of Pharaoh and the so-called Airshafts in Cheops's Pyramid» in: *MIOAWB*, 10, 1964, S. 189–206.
–, «The Periodic System of Building a Pyramid» in: *JEA*, 63, 1977, S. 528.
BAINES, J., und J. MALÉK: *Atlas of Ancient Egypt*. Paris, 1981 (Franz. Ausg.).
BAKER, R. H.: *Astronomy*. New York, 1950.
BAUVAL, R. G.: «A Master Plan for the Three Pyramids of Giza Based on the Configuration of the Three Stars of the Belt of Orion» in: Nr. 13, *DE*, 1989, S. 7–18.
–, «Investigations on the Origin of the Benben Stone: Was It an Iron Meteorite?» in: *DE*, Nr. 14, 1989, S. 5–17.
–, «The Seeding of the Star Gods: A Fertility Ritual inside Cheops's Pyramid?» in: *DE*, Nr. 16, 1990, S. 21–29.
–, «Cheops's Pyramid: A New Dating Using the Latest Astronomical Data» in: *DE*, Nr. 26, 1993, S. 5–7.
–, «The Upuaut Project: New Findings in the Southern Shaft in the Queen's Chamber of Cheops's Pyramid» in: *DE*, Nr. 27, 1993.
– und A. Gilbert: «The Adze of Upuaut: The Opening of the Mouth Ceremony and the Northern Shafts in Cheops's Pyramid» [erscheint 1994].
–, «The Horizon of Khufu: A Stellar Name for Cheops's Pyramid» [erscheint 1994; vgl. in diesem Buch Anhang 6].
–, «Logistics of the Shafts in Cheops's Pyramid: A Religious Function expressed with Geometrical Astronomy and Built-in Architecture» [erscheint 1994; vgl. in diesem Buch Anhang].
BLACKER, C., und M. LOEWE: *Ancient Cosmologies*. London, 1975.
BRANDON, S. G. F.: *Religion in Ancient History*. London, 1973.
BREASTED, J. H.: *Ancient Records of Egypt*. London, 1988.
–, *Development of Religion and Thought in Ancient Egypt*. Philadelphia, 1972.
–, *Geschichte Ägyptens*. Wien/Berlin, 1936.

BRECHER, K., und M. FEIRTAG: *Astronomy of the Ancients*. Cambridge, Mass., 1979.
BRIGHTRY, S. G.: *Setting-Out: A Guide for Engineers*. London, 1975.
BUCKWALD, V. F.: *Handbook on Iron Meteorites*. Berkeley, 1975.
BURNHAM, JR. R.: *Burnham's Celestial Handbook*. New York, 1978.
CAUVILLE, S.: *La Théologie d'Osiris à Edfou*. Institut Français d'Archéologie Orientale du Cairo, 1983.
CHURTON, T.: *The Gnostics*. London, 1987.
COOK, A. B.: *Zeus*. 3 Bde., Cambridge, 1940.
COOK, R. J.: *The Pyramids of Giza*, Glastonbury, 1992.
JAMES CORNELL: *Die ersten Astronomen. Eine Einführung in die Ursprünge der Astronomie*. Stuttgart, 1983.
COTTRELL, L.: *The Mountains of Pharaoh*. London, 1956.
CRICHLOW, K.: *Order in Space. A Design Source Book*. London, 1973.
DARENBERG, C., und E. SAGLIO: *Dictionnaire des antiquitées grecques et romaines*. 5 Bde., Paris, 1873–1919.
DARESSY, M. G.: «Une ancienne liste des décans égyptiens» in: *ASAE*, 1, 1946, S. 79–90.
DAVID, R.: *Mysteries of the Mummies. The Story of the Manchester University Investigation*. London, 1978.
DAVIDSON, M.: *The Stars and the Mind*. London, 1947.
DAVIS, V. L.: «Identifying Ancient Egyptian Constellations» in: *Arch. Ast.*, Bd. 9, JHA XVI, 1985, S. 102.
DAWSON, W. R., und E. P. UPHILL: *Who Was Who in Egyptology*. London, 1972.
DIODOR's von Sicilien: *Historische Bibliothek*. Übers. F. J. Wurm, 3 Bde., Stuttgart, 1827.
DION CHRYSOSTOMOS: *Sämtliche Reden*. Übers. Winfried Ellinger, Zürich/Stuttgart, 1967.
DORMION, G., und J. P. GOIDON: *Kheops Nouvelle enquête*. Paris, 1986.
DUNHAM, D.: «Building an Egyptian Pyramid» in: *Archaeology*, 9, 1956.
– und W. K. Simpson: *The Mastaba of Queen Mersyank III*, G 7530–7540. Boston, 1974.
EDWARDS, I. E. S.: *Die ägyptischen Pyramiden*. Wiesbaden, 1967.
–, *The Pyramids of Egypt*. London, 1993.
–, «The Air-Channels of Chephren's Pyramid» in: *Studies in Honor of Dows Dunham*. Boston, 1981, S. 55 ff.
ERMAN, A.: *Die Religion der Ägypter*. Berlin, 1934.
FAULKNER, R. O.: *The Ancient Egyptian Pyramid Texts*. Warminster, 1993.

–, *The Book of the Dead.* London, 1972.
–, «The Kind and the Star-religion in the Pyramid Texts» in: *JNES,* 25, 1966, S. 153–161.
FIX, W. R.: *Pyramid Odyssey.* Toronto, 1978.
FLINDERS PETRIE, W. M.: «The Building of a Pyramid» in: *Ancient Egypt,* Juni 1930, Teil II.
–, *The Pyramids and Temples of Gizeh.* London, [1883] 1990.
FRANKFORT, H.: *Kingship and the Gods.* Chicago, 1978.
–, *Ancient Egyptian Religion.* New York, 1961.
GARDINER, A. H.: «The Secret Chambers of the Sanctuary of Thot», in: *JEA,* 11, 1925, S. 2–5.
GARDINER, A.: *Egyptian Grammar.* Oxford, 1957.
GEESON, A. F.: *Building Science: Structures.* London, 1967.
GILBERT, A. G. (Hg.): *The Cosmic Wisdom Beyond Astrology: Towards a New Gnosis of the Stars.* Dorset, 1991.
GILLINGS, R. J.: *Mathematics in the Time of the Pharaohs.* New York, 1982.
GLANVILLE, R. K.: *The Legacy of Egypt.* Oxford, 1942.
GOYON, G.: *Die Cheops-Pyramide. Geheimnis und Geschichte.* Bergisch Gladbach, 1979.
GREAVES, J.: *Pyramidographia,* London, 1646.
GRIFFITHS, J. G.: *The Origins of Osiris and his Cult.* Leiden, 1980.
GRINSELL, L. V.: *Barrow, Pyramids and Tombs. Ancient Burial Customs in Ancient Egypt, the Mediterranean and the British Isles.* London, 1975.
HASSAN, S.: *Excavations at Giza.* Bd. 6, Teil 1, Kairo, 1946.
HENBEST, N.: *The Mysterious Universe.* London, 1981.
HERODOT: *Historien.* Übers. August Horneffer, Stuttgart, 1955.
HIRSHFELD, A., und R. W. SINNOT: *Sky Catalogue 2000.0.* Bd. 1, Cambridge, 1982.
HORNUNG, E.: «Die Kammern des Thot-Heiligtumes» in: *ZAS,* 100, 1973, S. 33–36.
– (Übers.), *Das Totenbuch der Ägypter.* Zürich/München, 1979.
HOWARD-VYSE, R. W.: *Operations Carried on in the Pyramids of Gizeh.* 3 Bde., London, 1840 ff.
INGHAM, M. F.: «The Length of the Sothic Cycle» in: *JEA 55,* 1969, S. 36.
ISLER, M.: «An Ancient Method of Finding and Extending Direction» in: *JARCE,* 26, 1989, S. 191–206.
–, «The Gnomon in Ancient Egypt» in: *JARCE,* 28, 1991, S. 155–185.
JONES, M. «The Temple of Apis in Memphis» in: *JEA*; 76, 1990, S. 141–147.

KANE, J. A.: *The Ancient Building Science*. Ann Arbor, 1940.
KERISEL, J.: *La Pyramide à travers les âges*. Paris, 1991.
KINGSLAND, W.: *The Gnosis or Ancient Wisdom in the Christian Scriptures*. Dorset, 1993.
KRUPP, EDWIN C. (Hg.): *Astronomen, Priester, Pyramiden. Das Abenteuer der Archäoastronomie*. München, 1980.
LAUER, J.-P.: *Das Geheimnis der Pyramiden. Baukunst und Technik*. Müchen/Berlin, 1980.
–, *The Pyramid Texts in Translation and Commentaries*.
– und J. LECLANT (Hg.): *Le Temps des pyramides*. Paris, 1978.
LEGON, J. A. R.: «A Ground Plan at Giza» in: *DE*, Nr. 10, 1988, S. 33–39.
–, «The Giza Ground Plan and Shinx», in: Nr. 14, *DE*, 1989, S. 53–61.
–, «The Geometry of the Bent Pyramid» in: *Göttinger Miszellen*, 116, 1990, S. 65–73.
LEHNER, M.: *The Egyptian Heritage*. Virginia Beach, 1974.
–, «Some Observations on the Layout of the Khufu und Khafra Pyramids» in: *JARCE*, *20*, 1983, S. 7–21.
–, «The Development of the Giza Necropolis: the Khufu Project» in: *MDAIK*, *41*, 1985, S. 109–143.
–, «The Giza Mapping Project: Season 1984–1985» in: *JARCE*, Newsletter 131, 1985, S. 23–45.
–, «The Giza Mapping Project: Season 1986» in: *JARCE*, Newsletter 135, 1986, S. 29–48.
LETHABY, W.: *Architecture, Mysticism and Myth*. Dorset, 1993 (Vorwort A. Gilbert).
LICHTHEIM, M.: *Ancient Egyptian Literature*, Bd. 1: *The Old and Middle Kingdom*. Los Angeles, 1975.
LOCKYER, J. N.: *The Dawn of Astronomy*. London, 1894.
LUCAS, A.: *Ancient Egyptian Materials and Industries*. London, 1989.
MALÉK, J.: *In the Shadow of the Pyramids*. London, 1986.
MANCHIP-WHITE, J. E.: *Ancient Egypt, Its Culture and History*. London, 1970.
MASPERO, G.: «La pyramide du roi Teti» in: *RT*, 5, 1875, H. 1–2, S. 1.
–, «La pyramide du roi Pepi I» in: *RT*, 5, 1875, S. 157.
–, «Note sur le pyramidion d'Amenemhait III à Dahcour» in: *ASAE*, 3, 1902, S. 206–208.
MAYASSIS, S.: *Mystères et initiations de l'Égypte ancienne*. Athen, 1956.
MCNAIR, W. A.: *Starland of the South*. Sydney, 1950.

MEAD, G. R. S.: *The Doctrine of the Subtle Body in the Western Tradition.* Dorset, 1993 (Vorwort A. Gilbert).
MENDELSSOHN, K.: *Das Rätsel der Pyramiden.* Bergisch Gladbach, 1974.
MERCER, S. A. B.: *The Pyramid Texts in Translation and Commentaries.* 4 Bde., New York, 1952.
–, *The Religion of Ancient Egypt.* London, 1946.
MILLS, H. R.: *Positional Astronomy and Astro-Navigation Made Easy.* 1978.
MONTET, P.: *Géographie de l'Égypte ancienne.* Paris, 1947.
–, *Isis: Ou à la recherche de l'Égypte ensevelie.* Paris, 1956.
MOORE, P.: *Guide to the Stars.* London, 1974.
–, *The Story of Astronomy.* London, 1974.
NEUGEBAUER, O.: *A History of Ancient Mathematical Astronomy.* New York, 1975.
– und R. PARKER: *Egyptian Astronomical Texts.* 3 Bde., London, 1964.
NEUGEBAUER, P. V.: *Tafeln zur astronomischen Chronologie.* Bd. 1: *Sterntafeln.* Leipzig, 1912.
NOAKES, A.: *Cleopatra's Needles.* London, 1962.
OOSTERHOUT, G. W.: «The Heliacal Rising of Sirius» in: *DE*, Nr. 24, 1992, S. 73–111.
OUSPENSKY, P. D.: *A New Model of the Universe,* London, 1937.
PARKINSON, R. B.: *Voices of Ancient Egypt. An Anthology of Middle Kingdom Writings.* London, 1991.
PARMAN, A., und I. EL-SAID: *Geometric Concepts in Islamic Art.* London, 1976.
PAUSANIAS: *Beschreibung von Griechenland.* Übers. J. H. Chr. Schubart, Berlin, 1907.
PIANKOFF, A.: *The Pyramid of Unas. Texts Translated with Commentaries.* Princeton, 1968.
PIAZZI SMYTH, C.: *The Great Pyramid: Its Secrets and Mysteries Revealed.* New York, [1878] 1990.
PLATON: *Dialoge. Timaios und Kritias.* Übers. Otto Apelt, Leipzig, 1922.
PLINIUS: *Naturkunde.* Übers. G. Winkler und R. König, München/Zürich, 1988.
REISNER, G. A.: *Mycerinus. The Temple of the Third Pyramid at Giza.* Cambridge, Mass., 1931.
ROCCATI, A.: *La Littérature historique sous l'ancien empire égyptien.* Paris, 1982.

ROUSSEAU, J.: «Analyse dimensionelle de la pyramide de Chéops» in: Nr. 22, *DE*, 1992, S. 29–52.
RUKL, A. (Hg. S. Dunlop): *The Hamlyn Encyclopedia of Stars & Planets*. London, 1988.
RUNDLE CLARK, R. T.: *Myth and Symbol in Ancient Egypt*. London, 1978.
–, *The Legend of the Phoenix*. Birmingham, 1949.
SAGAN, C.: *Cosmos*. London, 1981.
SANFORD, J.: *Observing the Constellations*. London, 1989.
SANTILLANA, G., und H. VON DESCHEND: *Hamlet's Mill*. Boston, 1969.
SCHEEL, B.: *Egyptian Metalworking and Tools*. Aylesbury, 1989.
SCHWALLER DE LUBICZ, R. A.: *Sacred Science, the King of Pharaonic Theocracy*. New York, 1982.
SCOTT, W. (Übers.): *Hermetica*. Dorset, 1992 (Vorwort A. Gilbert).
SELLERS, J. B.: *The Death of Gods in Ancient Egypt*. London, 1992.
SETHE, K.: *Übersetzung und Kommentar zu den altägyptischen Pyramidentexten*. 6 Bde., Hamburg, 1961.
SHORTER, A. W.: *The Egyptian Gods*. London, 1983.
SMART, W. M.: *Text-Book on Spherical Astronomy*. Cambridge, 1931.
SPENCE, L.: *Myths and Legends*. London, 1985.
STADELMANN, R.: *Die ägyptischen Pyramiden*. Darmstadt, 1985.
STRABO: *Erdbeschreibung*, Übers. A. Forbiger, Berlin, 1908 ff.
TEMMAN, R.: *Mysteries of Universe*. London, 1991.
TEMPLE, R. K. G.: *The Sirius Mystery*. London, 1981.
THOMAS, E.: «Air-Channels in the Great Pyramid» in: *JEA*, 39, 1953, S. 113.
THOMPSON, S. E.: «The Origin of the Pyramid Texts Found on Middle Kingdom Saqqara Coffins» in: *JEA*, 76, 1990, S. 17–25.
TOMPKINS, P.: *Cheops – Die Geheimnisse der Großen Pyramide*. Klagenfurt, o.J.
WAINWRIGHT, G. A.: «Iron in Egypt» in: *JEA* 18, 1931, S. 3–15.
–, «Orion and the Great Star» in: *JEA*, 21, 1936, S. 45f.
–, «Some Celestial Associations of Min» in: *JEA*, 21, 1936, S. 152–171.
–, «A Pair of Constellations» in: *Studies for F. L. Griffith*, 1932.
WALLIS-BUDGE, E. A., *An Egyptian Hieroglyphic Dictionary*. 2 Bde., New York, 1978.
–, *Egyptian Language*. New York, 1983.
–, *Osiris and the Egyptian Resurrection*. Bd. 1, New York, 1973.
–, *The Egyptian Book of the Dead*. New York, 1967.
–, *The Egyptian Heaven and Hell*. London, 1925.

–, *The Mummy*. New York, 1972.
WEIGALL, A.: *A History of the Pharaohs*. Bd. 1, London, 1925.
WOO, H.: *The Southern Sky*. Sydney, 1967.
WOOD JARVIS, H.: *Pharaoh to Farouk*. London, 1955.
WORTHAM, J. A.: *British Egyptology, 1549–1906*. Newton Abbot, 1971.
ZÁBA, Z.: *L'Orientation astronomique dans l'ancienne Égypte et la précession de l'axe du monde*. Prag, 1953.

BILDNACHWEIS

Für die freundliche Genehmigung zum Abdruck der Fotos danken wir folgenden Rechteinhabern: Rudolf Gantenbrink (Nr. 10b, 11b); Dr. I. E. S. Edwards (Nr. 6); The Royal Observatory, Edinburgh (Nr. 8); *Burham's Celestial Handbook*, Dover Publishing (Nr. 7); Dr. Vagan Buchwald (Nr. 14b); Dr. Brian Mason (Nr. 14a); Dee Gilbert (Nr. 1a, 2a, 9b, 10a), Museum von Kairo (Nr. 11a).

Alle Zeichnungen wurden von Robin Cook angefertigt, mit Ausnahme der Schemata in Anhang 1.

REGISTER